投资项目经济评价与决策

主 编 游达明

副主编 杨艳军

TOUZI XIANGMU

JINGJI PINGJIA YU JUECE

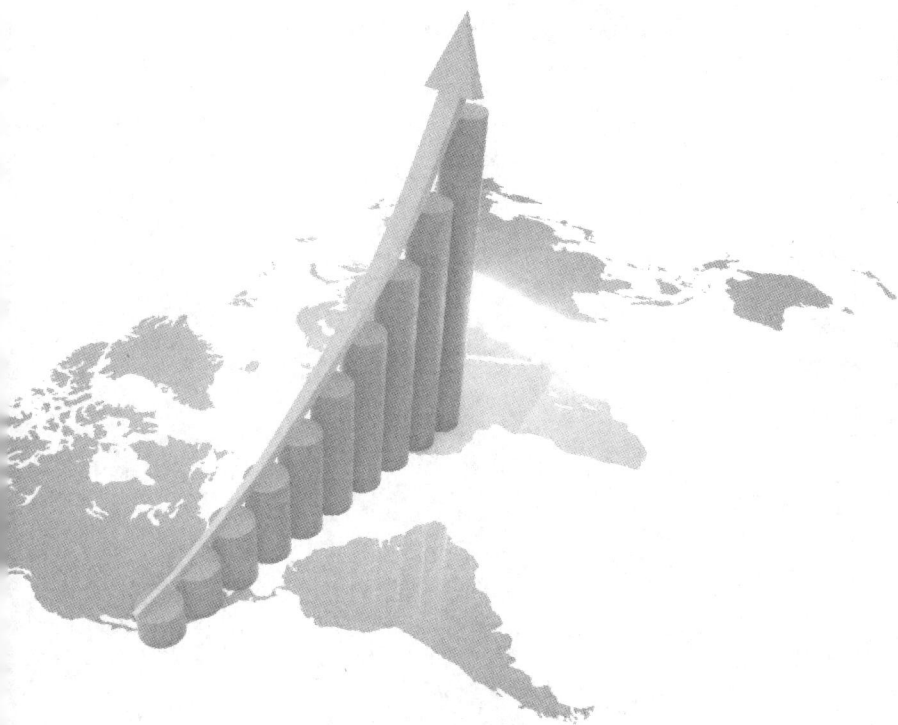

中南大学出版社
www.csupress.com.cn
·长沙·

U0668927

前言

本书融入了多年的技术经济学和投资项目经济评价课程教学实践经验，吸取我国技术经济与项目评价上的最新理论研究、实践成果和国内同类教材的精华，并考虑经济管理类专业学生的学习需要撰写而成的。本书具有如下几方面的特点。

第一，把习近平新时代中国特色社会主义思想融入投资项目的评价与决策中。如项目评价与决策中要坚持中国特色社会主义事业五位一体总体布局思想，贯彻创新、协调、绿色、开放、共享五大发展理念和坚持"绿水青山就是金山银山"的重要思想，处理好经济建设与生态文明建设的关系。

第二，突出重点内容。投资项目经济评价的内容广泛，既包括宏观、中观的经济评价问题，也包括微观层面的经济评价问题，本书考虑管理及理工科学生学习的需要，重点讨论投资项目微观经济效果评价问题。

第三，突出内容的实用性。本书特别注意理论与实践相结合，突出各种分析方法的实用性与可操作性，既强调了投资项目经济评价基本原理的阐述，也重视基本理论与方法的实际应用。为适应教学需要，本书选编了许多实际案例和练习思考题，这对培养学生的实践能力有较好的作用。

第四，内容撰写力求简练，并且有新颖性。对于投资项目经济评价的基本理论的表述尽量清晰、准确、简练，以适应作为教材的需要。同时，本书还吸取了评价理论的一些最新研究成果，以开拓学生的视野。

本书由游达明教授主编并撰写第 8、9、10 章，并与刘亚铮教授合写第1、2、6章，张根明教授撰写第4章，杨艳军副教授撰写第3章，郑连元副教授撰写第5章，曾蔚副教授撰写第7章。

本书可作为高等院校经济管理类专业和理工科各专业教材，也可作为工程技术人员和经济管理工作者的参考书。

本书在编写过程中，得到了中南大学商学院的领导和财务与投资管理系教师的大力支持，在此表示衷心的感谢。

尽管编者做了许多努力，但是由于我们的水平所限，教材中的缺点和不足之处在所难免，望读者提出宝贵意见。

编者

2020 年 12 月于中南大学

目录

第1章

绪 论

1.1 投资项目评价的基础理论：技术经济学

1.1.1 技术经济学的研究对象

技术经济学是技术科学和经济科学相结合的边缘科学，是应用经济学的一个分支，它是研究技术领域的经济问题和经济规律、研究技术进步与经济增长之间相互关系的科学。它的研究对象主要有以下三方面：

1. 技术经济学是研究技术方案、技术措施、技术政策、新技术装备的经济效果，寻求提高经济效果的途径和方法的科学

在这里，作为社会生产要素的技术是广义的，是指把科学知识、技术能力和物质手段等要素所形成的一个能够改造自然的运动系统。技术作为一个系统，既不是科学知识、技术能力或物质手段三者中任何一个孤立的部分，也不是三者简单的机械组合，而是在解决特定问题中体现的有机整体。从表现形态上看，技术可体现为机器、设备、基础设施等生产条件和工作条件的物质技术（或称硬技术）与体现为工艺、方法、程序、信息、经验、技巧和管理能力的非物质技术（或称软技术）。

技术的使用都会直接或间接地涉及生产活动中的投入与产出。所谓投入是指由于技术的使用而引起的各种资源（包括机器设备、厂房、基础设施、原材料能源等物质要素和具有各种知识与技能的劳动力）的消耗和占用；所谓产出是指由于技术的使用而带来的各种形式的产品或服务。而技术的经济效果分析，就是研究各种技术在使用过程中，如何以最小的投入取得最大的产出的学问。投入和产出分析在技术经济学中一般归纳为以货币计量的费用与效益之间关系的分析。所以也可以说，技术的经济效果学是研究技术应用的费用与效益之间关系的科学。

技术经济学能帮助我们在一个投资项目尚未实施之前估算出它的经济效果，并通过不同方案的比较，选出最有效利用现有资源的方案，从而使投资决策建立在科学分析的基础上，为投资决策的科学化提供理论与方法。技术经济学还能帮助我们在日常的生产活动中选择合理的技术方案，改进产品设计和工艺，改进产品结构，降低产品成本，提高工业企业生产的经济效益和社会效益。因此，技术经济分析是技术服务于生产、建设的一个重要的中间环节。必须看到，通过技术经济分析还能指导和建立新的技术方案，能动地指导选择新工艺方案和技术装备。

因此，技术经济学的一个重要的研究对象是技术实践的经济效果。

2. 技术经济学是研究技术与经济相互关系，寻求技术与经济相互促进、协调发展的科学

技术与经济是人类生产发展过程中不可缺少的两个紧密联系的重要方面，从广义上讲，技术与经济之间的关系，反映了生产力与生产关系的关系。具体来说，二者之间存在着一种相互促进又相互制约的辩证关系。

首先，技术进步是推动经济发展的强大动力。人类有史以来的三次工业技术革命充分证明了这一点。第一次工业革命始于18世纪60年代，以蒸汽机的广泛应用为主要标志；第二次工业革命发生在19世纪70年代，以电力的开发利用为主要标志；第三次工业革命始于20世纪40年代，以核能、电子计算机和空间技术的开发利用为重要标志。每一次革命都带来了生产手段和生产方法的重大突破，有力地推动了社会经济的发展和进步。

其次，经济发展是技术进步的基础、方向和目的。这是因为，一方面技术只有在一定的经济水平下才能产生与发展，并且在相当大的程度上是由于经济发展的需要，新技术才得以产生与应用。另一方面，科学技术只有转化为生产力在经济活动的实践中发挥促进作用，显示它推动经济增长、社会进步的力量，才有价值和生命力。倘若技术只是一纸空文，永远不能转化成生产力，失去了技术为经济服务的目标，这样的"技术"对于人类的生产活动便毫无价值可言。

再次，技术与经济之间又相互排斥和限制。一方面，受条件的限制，最先进的技术方案不一定是经济效益最好的方案；另一方面，先进技术的发明在推动经济增长的同时，可能因不适当的使用而带来负面影响。

总之，技术与经济之间这种相互促进、相互制约的关系，使任何技术的发展与应用都不仅是一个技术问题，而且是一个经济问题。经济的发展也不单是一个经济问题，必然会涉及技术问题。研究技术与经济之间的关系，探讨它们协调发展的途径，也是技术经济分析学科的研究对象。

在这一领域中，与技术经济学关系最密切的问题是技术选择问题，即在特定的经济环境条件下，选择什么样的技术去实现特定的目标。技术选择分为宏观技术选择和微观技术选择。宏观技术选择是指涉及面广的一般性的战略性的技术选择，其影响面超过一个特定企业的范围。宏观技术选择的目的在于揭示备选技术对经济和社会发展全局的影响，选择对整个国民经济发展有利的技术方向，为国家制定产业政策、技术政策和重大技术经济决策提供科学依据。例如，从近期来看，发展中国的电力工业，是优先发展火电，还是优先发展水电，或者是优先发展核电，从长远看又应如何选择？又如，要解决中国的城市交通问题，是大力发展小汽车，还是发展公共交通加自行车，辅之以发展小汽车？这些都是涉及范围很广的宏观技术决策问题，都影响着整个行业甚至整个国民经济的发展。微观技术选择是指一个企业范

围内的产品、工艺、设备和管理的技术选择。企业生产什么样的产品，选择什么样的产品结构，用什么工艺生产，选用什么样的设备等，都是影响企业市场竞争能力和经济效益的关键性问题。所以，微观技术选择是企业经营活动的重要决策，直接关系到企业的生存与发展，最终也将影响到整个国民经济的发展。

指导各个层次技术选择的是各级的技术政策。每个企业都应根据自己的发展目标、资源条件和外部环境制订企业的技术政策，在这种技术政策的指导下，进行具体的技术选择。每个产业部门也应该根据国民经济对本部门的要求、本部门技术发展的趋势及各种客观条件制订本产业部门的技术政策，用以指导本产业部门的技术选择和发展规划。同样，国家也必须有明确的技术政策，用以指导、控制全国范围内各个层次的技术选择。国家的技术政策影响到整个国家长远的经济发展和技术进步。这些政策的制定必须建立在充分了解世界技术发展的大趋势，客观分析国情，深入研究技术与经济之间关系的基础之上。

我国是一个发展中国家，我国的技术选择要注意经济效果，兼顾技术的适用性与先进性。要防止两种倾向：一方面，要防止不顾国情，盲目追求技术先进性的倾向；另一方面，要防止片面强调现有基础，不敢采用先进技术的倾向。我国现阶段的技术体系应该同时包容多种层次的技术，既要有国际先进水平的新技术、高技术，也要有某些在工业发达国家已被淘汰但与我国经济发展水平相适应的传统技术。当然，随着我国经济技术的发展，在整个技术体系中，前一种技术的比例会不断增加，后一种技术的比例会不断减少。

因此，技术经济学的另一个重要的研究对象是技术与经济的关系。

3. 技术经济学是研究如何通过技术创新推动技术进步，进而推动经济增长的科学

经济增长是指在一国范围内，年生产的商品和劳务总量的增长，通常用国民收入或国民生产总值的增长来表示。经济的增长可以通过多种途径来取得，例如，可以通过增加投资（最终形成新的生产能力）、增加劳动力等要素的投入等以实现经济增长，亦可通过提高劳动生产率，即提高单位投入资源的产出量来实现经济增长。

技术进步一般是指技术系统为了提高在实现一定目标方面的总体效能而进行的技术变革的动态过程。所谓一定目标，是指人们对技术应用所期望达到的目的及实现程度。这种技术进步表现为创造新的技术系统或变革原有的技术系统，从而使技术效能得到扩大或提高。

目前，对技术进步的理解有狭义和广义之别。狭义的技术进步主要是硬件技术（或称物质形态技术）应用的直接目的方面所取得的进步。这种技术进步采取技术进化（渐进式）和技术革命（跃进式）两种形式。广义技术进步是经济学界提出的一个属于经济学范畴的概念，是指新技术成果从被创造到在社会生产过程中应用和推广的全过程，使生产要素使用效率得以提高。即在产出中扣除劳动力和资金投入数量增长的因素后，所有其他因素之和就是技术进步因素的影响。按广义技术进步的定义，当产出的增长率大于投入要素的增长率，即单位投入量对产出量的贡献增大时，便是技术进步。历史表明，技术进步促进了经济增长，技术进步是推动经济增长的主要条件和手段。

技术创新是技术进步中最活跃的因素，它是生产要素一种新的组合，是创新者（企业家）将科学知识与技术发明用于工业化生产，并在市场上实现其价值的一系列活动，是科学技术转化为生产力的实际过程。技术创新包括新产品的生产，新技术、新工艺在生产过程中的应用，新资源的开发，新市场的开辟。

技术创新不断促进新产业的诞生和传统产业的改造，不断为经济注入新的活力。因此，各工业发达国家无不想尽各种办法，利用各种经济技术政策，力图形成一种推动技术创新的机制与环境。像中国这样一个发展中的大国，只有在引进、消化吸收基础上加速自身的技术创新，才能从根本上解决技术落后、效率低下的问题。这才是把我国建成现代化的社会主义强国的根本途径。

因此，技术经济学的第三个重要研究对象就是，从实际出发，研究技术创新的规律及其与经济发展的关系。探求如何建立和健全技术创新的机制，如何实现技术创新的转移和扩散，如何进行技术创新的测度，为制定有关的经济政策和技术政策提供理论依据。

1.1.2　技术经济学的性质、特点与研究方法

1.技术经济学的性质与特点

从性质上说，技术经济学属于经济类的科学，但它是介于技术科学与经济科学之间的一门讲求经济效益的应用性、交叉性的边缘科学，是技术与经济相结合、相渗透的学科，是以特定的技术科学或泛指的科学为基础，研究经济问题的学科，是软科学的重要组成部分之一。

技术经济学是一门综合性应用科学，也是一门决策性科学，在对方案进行分析评价的过程中，只有真实地反映客观现实，才能对实践起指导作用。而客观条件是错综复杂的，技术经济分析工作面对着一个非常广阔的世界，必须考虑到多种因素的影响。因此，技术经济学具有综合性、预测性、实用性的特点。

（1）综合性

技术经济学是一门介于自然科学和社会科学之间的边缘学科。它是自然科学和社会科学不断发展的产物，本身具有综合的特点。其理论基础与研究方法综合了政治经济、战略管理、工程技术、各行业生产经营管理、财务管理、经济学、数学等多种学科的基本理论和方法。它所研究的问题往往是多目标、多因素的，它分析的问题所涉及的指标包括技术因素的指标、经济因素的指标、社会因素的指标以及环境因素的指标等；它既要分析近期的技术、经济因素，也要考虑远期的技术、经济因素。而各种影响因素，有的可用数量指标衡量，有的只能用定性指标衡量，有的是直接的影响因素，有的是间接的影响因素，因此研究和处理技术经济问题时，需要用多学科的知识进行分析与评价，要综合考虑诸多目标、诸多因素，且在动态中、联系中进行系统分析。这就反映了技术经济学的综合性特点。

（2）预测性

技术经济学要研究并回答的问题，大多是对在未来可能实现的或要在未来实现的技术政策、措施和技术方案事先进行分析、计算、比较、评价和选优，以便为科学决策提供依据。所以，它研究的全过程即是预测的过程，既要预测方案所需消耗的人力、物力、财力，也要预测方案所能带来的各种效果，更要预测方案面临的风险等。由于方案未实施之前，不确定的因素以及未知因素很多，所以研究时所有分析都带有明显的预测性。正是它的预测性决定了它的分析结果带有一定的不确定性，其分析结果的应用带有一定的风险性。

（3）实用性

技术经济学是一门应用性学科，其发展一开始就直接为社会经济活动服务。它的研究直

接和实际相结合，它所研究的具体对象往往是从实践中提出来的实际工程项目和技术方案等，它所采用的理论和方法是为了解决实际问题，它研究的成果通常表现为规划、计划、方案、建议书、报告(如可行性报告)等形式。这些成果将直接应用于实际，所以说实用性是技术经济学的又一特点。

2. 技术经济学的研究方法

技术经济学的实用性要求它有一套比较完善的分析方法，以适应各类经济活动的需要。从总体上讲，由于技术经济学综合了自然科学、社会科学等多种学科，其研究方法也与纯粹的自然科学和社会科学的研究方法不同，带有很强的针对性，很难用一个统一的分类标准将所有的方法包括进去。

一般来说，其基本方法可以分为系统分析法、方案比较法、定量分析与定性分析相结合的方法。

第一，技术经济学应当采用系统分析的思维方法和工作方法。首先，就是要用系统的观点去研究问题，把研究对象作为由若干服务于一个共同目标、互相联系又互相影响的单元组成的有机整体，研究时要着眼于总体，抓住主要关系，着重于总体的优化，而不能只注意局部优化而忽略总体优化。其次，要采用系统分析方法，如运筹学等方法，更系统、更周密地分析问题的各个方面、各个因素，以取得更为科学的分析结果。

第二，方案比较法是技术经济学最常用的传统方法，比较简单，易于掌握，而且已有一套较为完整、成熟的程序。这种方法，主要是通过若干从不同方面说明方案技术经济效果的指标，对完成同一任务的几个技术方案进行计算、分析和比较，从中选出最优的方案。方案比较中的关键环节，是使各备选方案的条件等同化，把不可比因素化为可比因素。这样，才能保证比较结果的准确性。

第三，技术经济学采用了许多定量分析的方法，把分析的因素定量化，通过数学计算进行分析比较，特别是近年来由于电子计算机和计算技术的迅速发展，定量分析的范围愈益扩大，许多过去只能定性分析的因素，今天已可以定量计算了。然而，至今在技术经济学的研究领域中，仍存在着大量无法定量的因素，在很大程度上只能进行定性分析。因此，定量分析与定性分析相结合，亦是技术经济学的基本方法之一。

具体来说，由于所研究的对象的不同(如工艺流程、技术方案、项目建设、产业结构、社会系统、经济系统等)和分析目标的不同(如利润目标、经济效益目标、社会效益目标、效率目标、风险目标、时间目标等)，技术经济学的研究方法包括以下几种：

(1)效益分析法。指以经济效益为目标，计算分析多个拟订方案的成本费用和效益，选择最佳方案。该方法包括费用效益法、投资回收期法、净现值法、内部收益率法、比较法、增量法等。

(2)可行性分析法。这是以可行性为目标，计算分析、评价各种技术方案、工程项目、生产经营决策的经济效益和社会效益的方法，适用于对新建、改建、扩建项目一些主要问题(如市场需求、资源配置、工艺流程、企业规模、社会环境、政策导向等)，从技术和经济两方面进行详细的调查研究和分析论证，从而提出该项目是否值得投资及如何投资建设的意见，为决策提供依据。

(3)投入产出法。这是以经济效益或生产效率为目标，宏观研究国民经济综合平衡和经济预测的科学方法。它是在一定的经济理论指导下，应用高等数学和电子计算机研究经济系统中投入与产出关系的理论与方法。此方法广泛应用于解决国民经济的战略规划、计划、产业分析、生产函数等问题中，是经济计划中应用极广的一种方法。

（4）优化规划法。这是在一组资源的特定分配约束条件下，寻求以某种数量表示的产出效果为最优方案的科学方法，包括线性规划、动态规划等方法。

（5）价值分析法。这是以产品功能为研究对象，通过对产品各项功能的分离、计量、计算、评价，寻求产品价值最大的方法。这是一种定性分析的方法，适用于产品发明、产品设计和产品改进等。

（6）不确定性分析方法。这是一种在投资过程中，影响项目建设或技术方案实施的经济效果的一些重要因素，如投资额、成本、产品价格、利率、寿命期、现金流量、销售额等发生变化时，研究相应的投资经济效果会如何变化的方法。当因素的变化在一定范围时，可采用敏感性和盈亏分析法；当因素的变化遵循统计规律时，可采用概率分析的方法；当因素的变化既无范围又无规律时，可采用不确定型决策准则分析的方法。

此外，还有决策法、模拟法、统筹法以及近期出现的实物期权分析法等也都是技术经济学的研究方法。本书所介绍和使用的技术经济分析方法以定量方法为主，主要包括效益分析法、可行性分析法、价值分析法、不确定性分析方法等。

1.1.3 技术经济分析的步骤

技术经济分析一般包括以下基本步骤：

1. 确定目标

确定目标是确定所需研究的问题后的第一步。目标包括社会目标和具体目标两部分。社会目标是从国家及社会需要来考虑的，一般遵循国家的整体战略和科技经济发展的基本方针。具体目标是部门、地区、企业所要达到的目标，这个目标应该符合社会总目标的要求，是社会总目标的一部分，如经济目标、环保目标等。根据技术实践的内容，确定具体的目标是最重要的问题之一。要根据本部门发展的环境（外在条件）以及内在条件拟定出先进而又可行的目标。

2. 收集资料，调查研究

对需要进行决策的问题，根据确定的目标，进行调查研究，搜集与问题有关的资料、数据。如，目前技术发展水平、各项技术的适用条件、过去与现在达到的各项技术经济指标。所需资料的内容和范围取决于所需决策问题的性质。另外，还需要掌握为达到目标，在各项资源上有哪些约束条件。

3. 设计各种可能的技术经济方案

为实现某一目标，一般可以采取许多不同的彼此可以替代的方案。为了选择最优的技术方案，首先要列出所有可能实行的技术方案。既不能漏掉实际可能的技术方案，又不要把在技术上不能成立或不可能实现或技术上尚未过关的方案列出来，避免选出的方案不是最优方案，或虽选出最优方案，但在实际上无法实施或兑现。

4.分析各种可能的技术方案在达到预定目标时的优缺点

对每个技术方案的优缺点分析得愈细致、愈透彻、愈全面,对每个技术方案的经济评价就愈准确。在分析技术方案的优缺点时,必须进行充分的调查研究,并且必须从国民经济整体利益出发,客观地分析不同技术方案所引起的内外部各种自然、技术、经济、社会等方面所产生的影响,从而准确地找到具体条件下最优的技术方案。

5.定量与定性分析

(1)定量分析
①建立相应的技术方案评价指标体系与各项技术经济参数间的数量关系的数学模型
为了衡量各种可能的技术方案的经济效益的大小,对其功能做出评价,要拟定一系列的技术经济指标,建立一套指标体系,并规定这些指标的计算方法,建立数学模型。
②指标计算分析
输入各种数据,运用科学的分析计算方法,对指标进行计算分析。
(2)定性分析
对于不能用定量指标计算的各技术方案的效果,应采用定性描述,说明各方案在达到预定目标方面的贡献或付出的代价。

6.综合评价与方案选优

由于技术方案的许多优缺点往往不能用数学指标来描述,而且一个方案不可能兼备各种优点(或缺点),这就要求从各个侧面对某技术方案进行综合分析与论证,最后选出在技术、经济、社会、政治等方面最优的方案。当各技术方案都不能达到预期目的时,有必要进一步完善某些技术方案,若确实无法进一步完善时,可做出否定的决策。

1.2 技术经济与项目经济评价

1.2.1 项目评价的概念及分类

1.项目评价的概念与作用

项目是一个特殊的将被完成的有限任务,它是在一定时间内,满足一系列特定目标的多项相关工作的总称。

评价是对任何一项有意义的实践活动,从各方面进行论证与分析,并通过论证与分析选择较为满意的方案。这种论证、分析、选择方案的过程就是评价。对技术方案从技术角度进行论证、分析、选择的过程称为技术评价。对方案从经济角度进行论证、分析、选择的过程称为经济评价。

项目评价是根据国家有关部门颁布的政策、法律法规、方法和参数等,从项目(或企业)、国民经济和社会的角度出发,由投资者对实现某一目标的多个技术方案、建设方案进行论证、分析、比较，选出技术上先进、可靠，经济上合理的方案并对其进行全面的技术、经济、社会等各方面的评价，提出对建设项目的技术、经济、社会等方面的全面评价意见的全过程。项目评价是建设项目前期研究中的重要内容和有机组成部分。项目评价的结论是投资决策的重要依据，也是国家宏观调控、总结项目建设的经验及教训、评价项目管理成果的重要依据。

2.项目评价的分类

项目评价根据评价的时间、内容、方法不同，有以下几种分类。

（1）按项目评价的时间划分，可分为事前评价、事中评价和事后评价

事前评价（用于投资决策即狭义的项目评价），是指在建设项目实施前投资决策阶段所进行的评价。如在初步可行性研究阶段所做的初步评价、项目可行性研究阶段的项目评价都属于事前评价。

事中评价（亦称跟踪评价），是指在项目建设过程中所进行的评价。世界银行等国际组织把它列为后评价的一种类型。这是由于在项目建设前所做的评价结论及评价所依据的外部条件发生大的变化，或因事前评价时考虑不周、失误或根本未做事前评价，而在建设中遇到困难，而不得不反过来重新进行评价，以决定原决策有无全部或局部修改的必要性。如果有必要，应对项目进行修改、补充，甚至停止项目的建设或转产等。

事后评价（亦称项目后评价），是在项目建设投入生产并达到正常生产能力后，总结评价项目投资决策的正确性、项目实施过程中的项目管理的有效性、项目市场预测的可靠性、技术的先进性和竞争能力等。

（2）按项目评价的内容划分，可分为技术评价、经济评价、社会评价和综合评价

技术评价，指对项目所选技术、工艺、装备的先进性（生产率、精度、自动化程度等）、可靠性、耐用性、适用性、配套性、节能性、环保性（噪声，排放与处理废气、废水、废渣等）的评价。

经济评价，包括财务评价与国民经济评价。财务评价（也称财务分析），是在国家现行财税制度和价格体系的前提下，从项目的角度出发，计算项目范围内的财务效益和费用，发现项目的盈利能力和清偿能力，评价项目在财务上的可行性。国民经济评价是在合理配置社会资源的前提下，从国家经济整体利益的角度出发，计算项目对国民经济的贡献，分析项目的经济效率、效果和对社会的影响，评价项目在宏观经济上的合理性。

社会评价，包括资金再分配的效果和一些不易定量的项目的实施对社会产生的影响（就业效果、环境效果等）。社会评价亦称社会影响分析，是分析项目对其所在地民众生活的影响，分析项目可能引起的消极社会影响和社会问题，以保证项目符合公众利益。项目社会评价是分析评价项目对实现国家（地方）各项发展目标所做贡献的影响，包括项目对改善公平分配的效果及环境和生态的影响。在项目社会评价中要遵循中国特色社会主义事业"经济建设、政治建设、文化建设、社会建设、生态文明建设"五位一体总体布局思想，必须贯彻创新、协调、绿色、开放、共享五大发展理念。特别是建设生态文明，是关系人民福祉、关乎民族未来的长远大计。面对资源约束趋紧、环境污染严重、生态系统退化的严峻形势，必须树立尊重自然、顺应自然、保护自然的生态文明理念，把生态文明建设放在突出地位，融入经济建设、政治建设、文化建设、社会建设各方面和全过程，努力建设美丽中国，实现中华民族永续

发展。

综合评价，即评价项目的实施对技术、经济、社会、政治、国防、资源利用等各方面的目标产生的影响。项目的立项与投资决策，不能单看某一方面的效果，必须综合分析各方面的效果。

(3)按项目评价的方法划分，可分为定量分析和定性分析

定量分析是指对项目通过效益与费用计算进行经济效益分析和比较。而定性分析是对一些不能量化的影响因素所进行的描述性的分析。

在项目经济评价定量分析中，按分析指标是否涉及折现，具体分为动态分析和静态分析。动态分析是指利用资金时间价值原理对现金流量进行折现分析。静态分析是指不对现金流量进行折现的分析。

1.2.2　财务评价、国民经济评价与社会评价的区别

投资项目经济分析和决策是一项细致而复杂的工作，应对各种影响因素进行综合考虑。建设项目经济评价内容的选择，应根据项目性质、项目目标、项目投资者、项目财务主体以及项目对经济与社会的影响程度等具体情况确定。对于费用效益计算比较简单、建设期和运营期比较短、不涉及进出口平衡等一般项目，如果财务评价的结论能够满足投资决策需要，可不进行国民经济评价；对于关系公共利益、国家安全和市场不能有效配置资源的经济和社会发展的项目，除应进行财务评价外，还应进行国民经济评价；对于特别重大的建设项目应辅以区域经济与宏观经济影响分析方法进行国民经济评价。三种评价的关系，参见表 1-1、表 1-2 及表 1-3。

表 1-1　国民经济评价与财务评价的区别

方法		国民经济评价	财务评价
目的		提高对社会的投资效益	评价经济上最优方案的财务生存能力
出发点		国家	经营项目的企业
价格		计算价格(或影子价格)	市场价格
一般的通货膨胀		不考虑	考虑
间接费用和效益		计入	不计
费用数据	税收和补贴	不考虑	考虑
	沉没费用	不计	计入
	折旧	不考虑	考虑
	贷款和归还	不考虑	考虑
结果		净现值或内部经济收益率	净利润(或利润净现值)或内部财务收益率

表1-2　国民经济评价与社会评价的区别

方法	目的	社会目的	影子价格	价格计算方法
国民经济评价	使有限的资源达到最有效的分配	增长目标	效率价格	机会费用法
社会评价	改进收入分配(消费和积累之间、贫富阶层之间、贫富地区之间)	增长目标和公平目标	社会价格	机会费用法和分配权重法(价值判断)

表1-3　各种分析结果和推荐决策

分析类型	各种分析结果			
	1	2	3	4
经济分析	+	+	−	−
财务分析	+	−	−	+
推荐决策	+	+	−	−

表中:"+"——可行,"−"——不可行。

1.2.3　投资项目经济评价的原则

在投资项目经济效果评价中,除了应对项目的单个方案进行评价外,更多更重要的是对众多的项目投资方案可能存在的多方面、多因素错综复杂的差异进行比较。通过多方案的对比分析,从中选出最满意的方案。比如,在进行项目评价时,应根据项目的具体情况(如生产规模、可利用的资源、投资的时间等)拟定若干个有价值的方案,并通过科学的方法分析、比较,选择最佳实施方案。一般而言,在方案评价中要遵循效益最佳原则、方案可比原则和系统分析原则。

1. 效益最佳原则

由于各种形式的技术经济活动的时间、空间不同,效益主体各异,经济效益的评价有不同的视角,效益主体间也存在一定的矛盾。因而在以经济效益为中心进行经济效果评价时,要按照效益最佳化原则,正确处理以下各种关系。

(1)正确处理宏观和微观的关系

国民经济的运行,一般分为宏观和微观两个层次。宏观经济具有全局性,宏观经济效益是微观经济效益的前提和保证;微观经济是宏观经济的子系统,具有局部性,微观经济效益是宏观经济效益的基础,没有微观经济效益的提高,宏观经济效益的提高也是难以实现的。

在经济效果分析中,应以遵守国家制定的有关经济政策为前提,坚持微观利益服从宏观利益,同时要兼顾地方、企业各方利益,创造条件努力使微观与宏观效果相结合,减少矛盾与失误。

（2）正确处理当前与长远的关系

经济效益的获得在时效上表现为当前和长远两个方面，当前利益的获得有利于满足人们的现实需求，调动劳动者的积极性；长远利益有利于事业持续稳定的发展，并为劳动者满足对美好生活的向往提供条件。因此在技术经济活动中，既要重视当前的经济效益，也要重视长远的经济效益，绝不能只关心眼前，而不顾长远，否则将不利于经济的可持续发展。要坚持"绿水青山就是金山银山"的重要思想，处理好经济建设与生态文明建设的关系。例如，在冶金工业的矿山开采中，如果只顾眼前利益，采富弃贫，或者重开采轻剥离，在冶炼过程中忽视资源的综合回收利用，都会造成资源的大量浪费。在环境保护上也同样存在这样的问题，不采取措施防止环境污染，虽然可以得到一些眼前的利益，但是后患无穷，将造成难以弥补的损失。

在投资活动中还应处理好短期的经济目标和中长期的技术目标的关系。如果为了追求当前经济效益，不惜寅吃卯粮，不保持必要的生产技术储备，不及时维护修理设备，不建设必要的基础设施，不爱惜劳动力等，其结果必然损害今后的长远经济效益。对于技术效益的滞后和潜在性，也应正确地分析评价，不要因追求近期的、一时的资金回报，而放弃对先进技术的应用、消化和创新。

（3）正确处理直接经济效益和间接经济效益的关系

实现某些技术措施和技术方案，可以为企业带来经济效益，这种直接为技术方案实施单位带来的效益叫直接经济效益。有些技术措施，技术方案实施以后并不能给方案实施单位带来明显的经济效益，但是措施方案的实施能给它的投入供应单位带来明显的经济效益。这种为措施实施单位以外的其他单位带来的经济效益叫间接经济效益。

2. 方案可比原则

方案经济比选是寻求合理的经济和技术方案的必要手段，也是项目评价的重要内容。项目经济评价中应对互斥方案和可转化为互斥型方案的方案进行比选。即为了实现同一种经济目标，对多方案进行比较，从中择优，这是技术经济分析的基本任务。对备选方案进行比选，应该满足一定的条件，包括备选方案的整体功能应达到目标要求，其经济效率应达到可以接受的水平，其包含的范围和时间应一致，效益和费用计算口径应一致。具体来说，方案比较时应遵循满足需要、消耗费用、价格和时间等四个方面可比原则。

（1）满足需要的可比性

一般技术方案都以其产品、数量、品种、质量、功能等作为满足国民经济和社会需要的指标，所以不同方案满足需要的可比条件，就必须在产品、产量、品种、质量、功能等指标下可比。其中技术方案产出功能的一致性是不同方案比选的前提。如果不同方案的产出功能不同，或产量、品种、质量不同，也就是满足需要不同，例如钢铁与布匹的技术方案；或产出虽然相同，但规模相差悬殊的技术方案，或产品质量差别很大的技术方案，都是满足需要不同的方案，不能直接相比。这里所说的不能直接相比，指的是各方案的原始指标不能直接相比。比如生产相同品种、质量产品但产量不同的方案，其总投资、销售收入、经营费用等指标就不可直接相比。我们说这些方案在满足需要上不具有可比性。

当然，满足需要上绝对相同的技术方案是很少的。只要满足需要上基本趋于一致，可以认为它们之间具有可比性。

为了使方案在满足需要上具有可比性，应该对产品数量不同或品种不同，或质量不同的不可比因素进行适当处理，使各个方案基本上处于一个可比的基础之上，然后再进行比较和评价。例如，当方案的产出功能、品种、质量是相同的时，如果只是规模相差悬殊，可以采取用几个规模小的方案合起来，与规模大的方案相比较。当规模相差不大时，也可以采用单位产品的投入量，或单位投入的产出量指标来衡量其经济效益。

（2）消耗费用上的可比性

不同的方案在劳动消耗和劳动占用上是不相同的，为了使各方案能正确地进行比较，必须采用同一的费用计算原则、方法和范围。

（3）价格上的可比性

不同的技术方案，所使用的价格应当可比。费用及效益的计算，都应采用同一时点的价格及同一价格指数。不能一个方案采用现行价格而另一个方案采用远景价格，也不能在价格指数变化时，取不同的指数。当使用不同货币时，要取统一的汇率进行换算。现实生活中，有的产品价格和价值相背离，这时要考虑影响因素，并对现行价格进行调整后，再进行方案比较分析。

（4）时间上的可比性

时间因素的可比条件，主要包括两个方面，一是要求对比方案具有统一的计算期，即要考虑生产何时开始、生产年限有多长、消耗的年限有多长等；二是应考虑投资费用发生的时间先后与效益发挥的时间对经济效果产生的影响。应该指出，即使是同一个技术方案，由于劳动耗费投入的时间不同，或者产生效果的时间不同，那么取得的经济效果也会不一样。所以在对技术方案进行经济评价时，要严格遵循时间因素可比性这一原则。

3. 系统分析原则

一个工程项目是一个多因素多层次的复合系统，技术方案的决策与实施受到经济、政治、科技、市场、法律、环境生态等多因素的综合影响和制约，因而在投资项目的经济分析中必须运用系统理论与方法。

（1）用系统思想确立投资项目经济分析的导向

系统思想强调以下观点：整体性观点，即整体大于它的部分的总和；相关性观点，即系统、要素、环境相互联系，相互依存；结构性观点，即系统的有序结构是系统保持总体性并具有功能的基础；层次性观点，即系统由不同层次的要素组成，系统本身又是更大一层系统组成的要素；动态性观点，即系统是作为过程而展开的动态系统，具有时序性；目的性观点，即首先确立系统应该达到的目标，然后通过反馈作用，调节控制系统，使其顺利地导向目标。比如，项目评价时，要全面、系统分析影响项目的各因素。这是由于，决定项目是否可行，不但包括项目内部因素，如项目的技术水平、产品质量、产出物和投入物的价格等，而且包括外部因素，如项目所需的外部配套条件、国家的金融政策、税收政策和一定时期的区域规划等。所以，在进行项目评价时，必须全面、系统地考虑，综合分析、评价项目的可行性。以上的系统思想，也就是技术经济分析应遵循的指导思想，对于做好技术经济分析工作具有重要意义。

（2）用系统分析确立投资项目经济分析的内涵

系统分析是指对系统的各个方面进行全面分析评价，以求得系统总体的优化目标的方法体系。它包括功能分析、要素分析、结构分析、可行性分析和评价分析。而上述系统分析的内涵，正是技术经济分析应包括的内容和应遵循的逻辑程序。

（3）用系统方法作为技术经济分析的方法

按照系统方法论，在投资项目经济分析中，要注重研究事物的总体性、综合性、定量化及最大化。做到定性分析与定量分析、静态分析与动态分析、总体分析与层次分析、宏观效益分析与微观效益分析、价值量分析与实物量分析、预测分析与统计分析相结合。

1.2.4　技术经济学与项目评价的关系

比较技术经济学的研究对象与内容以及项目评价的概念，可知技术经济学涵盖了项目评价的全部内容，而且项目评价是技术经济学重要的实质性与实务性的内容之一。技术经济学的基本理论与方法，奠定了项目评价的理论基础和方法论基础，项目评价充分体现了技术经济学的综合性、预测性、实用性等特点。

技术经济学内容丰富，涉及范围广泛。本书将重点介绍其基本核心内容，即技术经济的基本理论与方法，以及投资新建、技术改造、中外合资、公用事业等项目评价及相关内容。

1.3　项目评价与可行性研究

1.3.1　项目可行性研究的概念和作用

可行性研究，亦称可行性分析，是国际通用的一种技术经济论证的理论与方法。项目可行性研究是在投资决策之前，对拟投资项目进行技术、市场、经济、社会等方面的调查研究、分析比较、效果测算，并据此提出该项目投资可行性的评价和如何进行建设的意见，为项目投资决策提供可靠依据的一种科学方法。

可行性研究的对象，一般包括政府、企业、私人等各类投资主体新建的工业、交通运输、农林水利、城市基本设施等基本建设项目、技术改造项目、科研项目、地区开发、技术措施的应用与技术政策的制定等。

可行性研究是投资活动的一项基础性工作，可行性研究结论是投资决策的重要依据。同时，它也为银行贷款、咨询评估、合作者签约、工程设计等提供依据和基础资料。可行性研究在项目建设中主要起到以下几个方面的作用。

（1）项目决策的依据

可行性研究对拟建项目所做出的技术经济评价，将用以鉴定该项目是否可行，是投资与否及怎样投资的重要依据。可行性研究的准确性将直接影响项目投资后的经济效益。

（2）向银行申请贷款的依据

贷款银行在接受项目贷款申请前，需对项目的可行性研究报告进行评估或审查。只有在确认该投资项目具有偿还能力和不会承担很大风险的情况下，才能贷出资金，以避免盲目投资带来的资源浪费和资金损失。因此，可行性研究已成为获得银行贷款的一项必要条件。

（3）向当地政府及环境保护部门申请允许建设和施工的依据

可行性研究报告中有环境保护篇章进行环保设计和评价。地方规划部门及环保部门以可行性研究报告为依据，审查项目的环保设计以及厂址选择对城市、区域规划布局和环境保护的影响。如果不符合当地政府或区域规划及当地环保要求，那项目就不能得到审批和兴建。

（4）进行下一阶段项目设计、施工的依据

可行性研究报告拟定的诸因素中有关技术方面的内容，如厂址、总平面及车间平面布置、工艺方案、设备选型、生产规模等，确认可行后，就要确定下一步设计任务书的具体内容。设计任务书批准后，将成为项目全面设计，包括初步设计、技术设计和施工图设计的依据，没有批准的设计任务书，也就无法具体做出技术设计及施工图等设计，即无法开展项目的建设工作。

（5）与有关部门签订各项协议或合同的依据

根据经审批的可行性研究所拟定的方案，投资企业或部门就可以与有关部门签订下面各阶段，如项目建设期和生产期所需的设计以及原材料、协作件、配套件、燃料、水电、运输、通信甚至产品销售等诸多方面的协议和合同，以确保项目建设及投产后的正常运转。

项目如涉及外资或需向国外引进技术或设备，同样先要进行可行性研究，即在确认有投资经济效果，并具有外汇偿还能力，以及国内投资、原材料、动力、运输、销售等各项因素配套后，方能同外商签订合同。

可行性研究作为一种思想和方法，不仅可用于物质生产领域的新技术应用、工程建设项目，在非生产领域的科、教、文、卫项目中同样可以应用，只是具体的研究内容有所区别。

1.3.2 可行性研究的分类

一个投资项目从设想、提出、开发、建设直到建成投产的全过程，称为项目发展周期。项目发展周期大致分为投资前期、投资时期及运营时期三个时期，每个时期又分为若干个阶段。其全过程可大致用图 1-1 表示。

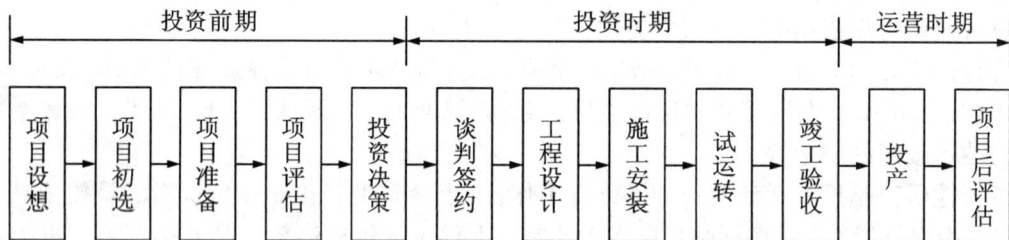

图 1-1 投资项目发展周期

投资前期又称建设前期，包括项目设想、项目初选、项目准备、项目评估、投资决策等阶段。联合国工业发展组织编写的《工业项目可行性研究手册》规定，建设前期可行性研究工作可分为投资机会研究、初步可行性研究、详细可行性研究和项目评估决策四个阶段。这几个阶段的可行性研究工作分别与项目发展周期中的项目设想、项目初选、项目准备和项目评估时期相对应。这个时期的主要任务是围绕投资决策进行可行性研究和资金筹措，是决定项目效果的关键时期，是我们研究的重点。

可行性研究一般分为投资机会研究、初步可行性研究和详细可行性研究三种类型，对应着可行性研究的三个阶段。

投资机会研究亦称投资机会鉴定，属于项目设想阶段。它的主要任务是提出项目投资方向的建议，即根据市场需求与国家和地区的相关政策(如产业政策)，结合企业发展和经营规划，提出投资项目的设想，并对设想进行粗略分析，初步选择项目，编写项目建议书。投资机会研究阶段由于是利用现有资料及经验，对投资和成本进行粗略估计，然后在几个投资机会中进行快速而经济的选择，确定一个有希望的投资方向，因此它要求的精度不高，投资估算允许误差一般为±30%；进行时间较短，大中型项目仅为 1~2 个月；所用经费占总投资的比例小，一般为 0.1%~1%。这一阶段的研究结论如可行，则进入下一阶段的研究，否则予以终止。

初步可行性研究亦称预可行性研究，属于项目初选阶段，是介于投资机会研究和详细可行性研究之间的一个研究阶段。它的主要任务是进一步判断拟建项目的投资机会大小，即在项目建议书提交并获批准后，对拟建项目的各种预选的技术方案和建设方案进行筛选，以便决定项目意向大体上的合理性和可能性，进行项目初步决策分析，最后选定投资少、收益高和风险低的项目，并写出初步可行性研究报告，判断是否有必要继续研究，如果需要继续研究，则研究结果应做出是否投资的初步决定；如果研究结果表明该项目设想不可行，则中止研究工作。初步可行性研究要求投资估算比较精确，允许误差为±20%；进行时间比上阶段稍长，为 4~6 个月；所需费用占项目总投资的 0.25%~1.5%。

详细可行性研究简称可行性研究，属于项目准备阶段，是投资决策的重要阶段。其主要任务是为投资决策拟订和形成可供选择的项目建设方案，在初步可行性研究结论为"可行"的基础上，进一步解决投资项目"怎样做"的问题，即对拟建项目进行深入的技术经济论证和方案比较，对项目有关的技术经济指标进行较为准确的计算和全面的分析论证，并最终形成可行性研究的最终成果"可行性研究报告"。详细可行性研究的投资估算要求的精确度较高，允许误差范围为±10%；所用时间一般为 8~12 个月，有的大型项目该阶段长达 3~4 年；所用经费占投资总额的比例，中小型项目为 1%~3%，大型或复杂的项目为 0.2%~1%。

初步可行性研究和详细可行性研究基本内容相同，只是研究的详细程度、深度与精度不同，有时可合并或可省略一个。

1.3.3 可行性研究的内容

项目可行性研究的内容非常广泛，按拟建项目规模的大小和性质的不同有所侧重，但其重要内容是相近的。可行性研究的内容主要包括三大块：一是论证项目的必要性问题，在这个方面需要研究的是市场需求问题，以及相应建设规模和产品方案；二是论证项目的技术可行性问题，在这个方面需要研究的是生产技术问题，包括场址选择、技术方案选择、工程方案选择和设备选型等；三是论证项目的经济合理性问题，这是可行性研究的核心和重点，在这个方面需要研究投资估算、资金筹措、经济评价等内容。

可行性研究报告是可行性研究的工作总结和成果，是项目投资者科学决策的依据。根据国家计委(现为国家发展和改革委员会)委托中国国际工程咨询公司组织编写的《投资项目可行性研究指南》中的建议，一般工业项目的可行性研究报告应按以下结构和内容编写。

(1)总论

这是可行性研究报告的前言和综述。①项目背景。包括项目名称、承办单位概况(新建项目指筹建单位情况、技术改造项目指原企业情况、合资项目指合资各方情况)、可行性研究报告编制依据、项目提出的理由与过程。②项目概况。包括拟建地点、建设规模与目标、主要建设条件、项目投入总资金及效益情况、主要技术经济指标。③问题与建议。

（2）市场预测

①产品市场供应预测。包括国内外市场供应现状、国内外市场供应预测。②产品市场需求预测。包括国内外市场需求现状、国内外市场需求预测。③产品目标市场分析。包括目标市场确定、市场占有份额分析。④价格现状与预测。包括产品国内市场销售价格、产品国际市场销售价格。⑤市场竞争力分析。包括主要竞争对手情况、产品市场竞争力优劣势、营销策略。⑥市场风险分析。

（3）资源条件评价（指资源开发项目）

①资源可利用量。包括矿产地质储量、可采储量、水利水能资源蕴藏量、森林蓄积量等。②资源品质情况。包括矿产品位、物理性能、化学组分、煤炭热值、灰分、硫分等。③资源赋存条件。包括矿体结构、埋藏深度、岩体性质、含油气地质构造等。④资源开发价值。包括资源开发利用的技术经济指标。

（4）建设规模与产品方案

①建设规模。包括建设规模方案比选、推荐方案及其理由。②产品方案。包括产品方案构成、产品方案比选、推荐方案及其理由。

（5）场址选择

①场址所在位置现状。包括地理位置、场址土地权属类别及占地面积、土地利用现状、技术改造项目现有场地利用情况。②场址建设条件。包括地形、地貌、地震情况；工程地质与水文地质；气候条件；城镇规划及社会环境条件；交通运输条件。③公用设施社会依托条件。包括水、电、气、生活福利；防洪、防潮、排涝设施条件；环境保护条件；法律支持条件；征地、拆迁、移民安置条件；施工条件。④场址条件比选。包括建设条件比选、建设投资比选、运营费用比选、推荐场址方案、场址地理位置图。

（6）技术方案、主要设备方案和工程方案

①技术方案。包括生产方法（包括原料路线）；工艺流程；工艺技术来源（需引进国外技术的，应说明理由）；推荐方案的主要生产工艺（生产装置）流程图、物料平衡图、物料消耗定额表。②主要设备方案。包括主要设备选型、主要设备来源（进口设备应提出供应方式）、推荐方案的主要设备清单。③工程方案。包括主要建构筑物的建筑特征、结构及面积方案；矿建工程方案；特殊基础工程方案；建筑工程质量及"三材"用量估算；技术改造项目原有建构筑物利用情况；主要建构筑物工程一览表。

（7）主要原材料、燃料供应

①主要原材料供应。包括主要原材料品种、质量与年需要量；主要辅助材料品种、质量与年需要量；原材料、辅助材料来源与运输方式。②燃料供应。包括燃料品种、质量与年需要量；燃料供应来源与运输方式。③主要原材料、燃料价格。包括价格现状；主要原材料、燃料价格预测。④编制主要原材料、燃料年需要量表。

（8）总图运输与公用辅助工程

①总图布置。包括平面布置（列出项目主要单项工程的名称、生产能力、占地面积、外形尺寸、流程顺序和布置方案）；竖项布置（场区地形条件、竖向布置方案、场地标高及土石方工程量）；技术改造项目原有建构筑物利用情况；总平面布置主要指标表。②场内外运输。

包括场外运输量及运输方式、场内运输方式及运输量、场内运输设施及设备。③公用辅助工程。包括给水工程(用水负荷、水质要求、给水方案);排水工程(排水总量、排水水质、排放方式和泵站管网设施);供电工程(供电负荷、供电回路及电压等级的确定、电源选择、场内供电输变电方式及设备设施);通信设施(通信方式、通信线路及设施);供热设施、空分、空压及制冷设施;维修设施;仓储设施。

(9)节能措施

①节能措施。②能耗指标分析。

(10)节水措施

①节水措施。②水耗指标分析。

(11)环境影响评价

①场址环境条件。②项目建设和生产对环境的影响(项目建设对环境的影响、项目生产过程产生的污染物对环境的影响)。③环境保护措施方案。④环境保护投资。⑤环境影响评价。

(12)劳动安全、卫生与消防

①危害因素和危害程度。包括有毒有害物品的危害、危险性作业的危害。②安全措施方案。包括采用安全生产和无危害的工艺和设备、对危害部位和危险作业的保护措施、危险场所的防护措施、职业病防护和卫生保健措施。③消防设施。包括火灾隐患分析、防火等级、消防措施。

(13)组织机构与人力资源配置

①组织机构。包括项目法人组建方案、管理机构组织方案和体系图、机构适应性分析。②人力资源配置。包括生产作业班次、劳动定员数量及技能素质要求、职工工资福利、劳动生产率水平分析、员工来源及招聘方案、员工培训计划。

(14)项目实施进度

①建设工期。②项目实施进度安排。③项目实施进度表(横线图)。

(15)投资估算

①投资估算依据。②建设投资估算。包括建筑工程费、设备及工器具购置费、安装工程费、工程建设其他费用、基本预备费、涨价预备费、建设期利息。②流动资金估算。③投资估算表。包括项目投入总资金估算汇总表、单项工程投资估算表、分年投资计划表、流动资金估算表。

(16)融资方案

①资本金筹措。包括新设项目法人项目资本金筹措、既有法人资本金筹措。②债务资金筹措。③融资方案分析。

(17)财务评价

①新设项目法人项目财务评价。②既有法人项目财务评价。③不确定性分析。④财务评价结论。

(18)国民经济评价

①影子价格及通用参数选取。②效益费用范围调整。③效益费用数字。④调整国民经济效益费用流量表。⑤国民经济评价指标。⑥国民经济评价结论。

（19）社会评价

①项目对社会的影响分析。②项目与所在地互适性分析。包括利益群体对项目的态度及参与程度、各级组织对项目的态度及支持程度、地区文化状况对项目的适应程度。③社会风险分析。④社会评价结论。

（20）风险分析

①项目主要风险因素识别。②风险程度分析。③防范和降低风险对策。

（21）研究结论与建议

①推荐方案的总体描述。②推荐方案的优缺点描述。包括优点、存在问题、主要争论与分歧意见。③主要对比方案。包括方案描述、方案采纳的理由。④结论与建议。

可行性研究报告大纲还须附有必要的附图、附表和附件，其中附图包括场址位置图、工艺流程图和总平面布置图；附表包括投资估算表、财务评价表、国民经济评价表；附件包括项目建议书（初步可行性研究报告）的批复文件，环保部门对项目环境影响的批复文件，资源开发项目有关资源勘察及开发的审批文件，主要原材料、燃料及水、电、气供应的意向书协议，项目资本金的承诺证明及银行等金融机构对项目贷款的承诺函，中外合资、合作项目各方草签的协议，引进技术考察报告，土地主管部门对场址批复文件，新技术开发的技术鉴定报告，组织股份公司草签的协议。

1.3.4 可行性研究报告编制步骤

《可行性研究报告》（以下简称《报告》）是投资项目详细可行性研究阶段工作成果的体现，是投资者最终决策的重要依据。为保证《报告》的质量，应在占有充分信息资料基础上，进行科学分析比选论证，按照一定的步骤进行编制，使《报告》深度能满足投资决策和初步设计的需要。《报告》编制步骤如下：

（1）签订委托协议

即《报告》编制单位与委托单位，就《报告》编制工作的范围、重点、深度要求、完成时间、费用预算和质量要求交换意见，并签订委托协议，据以开展可行性研究各阶段的工作。

（2）组建工作小组

即根据委托项目可行性研究的工作量、内容、范围、技术难度、时间要求等组建项目可行性研究工作小组。一般工业项目和交通运输项目可分为市场组、工艺技术组、设备组、工程组、总图运输及公用工程组、环保组、技术经济组等专业组。为使各专业组协调工作，保证《报告》总体质量，一般应由总工程师、总经济师负责统筹协调。

（3）制订工作计划

内容包括研究工作的范围、重点、深度、进度安排、人员配置、费用预算及《报告》编制大纲，并与委托单位交换意见。

（4）调查研究、收集资料

各专业组根据《报告》编制大纲进行实地调查，收集整理有关资料，包括向市场和社会调查，向行业主管部门调查，向项目所在地区调查，向项目涉及的有关企业、单位调查，收集项目建设、生产运营各方面所必需的信息资料和数据。

（5）方案编制与优化

在调查研究、收集资料的基础上，对项目的建设规模与产品方案、场址方案、技术方案、设备方案、工程方案、原材料供应方案、总图布置与运输方案、公用工程与辅助工程方案、环境保护方案、组织机构设置方案、实施阶段方案以及项目投资与资金筹措方案等，研究编制备选方案。进行方案论证比选优化后，提出推荐方案。

（6）项目评价

对推荐方案进行环境评价、财务评价、国民经济评价、社会评价及风险分析，以判别项目的环境可行性、经济可行性、社会可行性和抗风险能力。当有关评价指标结论不足以支持项目方案成立时，应对原设计方案进行调查或重新设计。

（7）编写《报告》

项目可行性研究各专业方案，经过技术经济论证和优化之后，由各专业组分工编写。项目负责人衔接协调综合汇总，提出《报告》初稿。

（8）与委托单位交换意见

《报告》初稿形成后，与委托单位交换意见，修改完善，形成正式《报告》。

习 题 一

[1-1]技术经济学的研究对象是什么？其研究范围如何？

[1-2]怎样理解技术与经济的关系？

[1-3]试举例说明技术经济学的特点。

[1-4]为什么要学习技术经济学？其研究方法有哪些？

[1-5]在进行技术经济评价时要遵循哪些评价原则？为什么要强调可比性原则？应注意哪些可比条件？

[1-6]什么是项目评价？

[1-7]试述经济评价、财务评价和社会评价的区别与联系。

投资项目现金流量测算及资金时间价值

2.1 现金流量及基本经济要素

2.1.1 现金流量与现金流量图

1. 现金流量

在投资项目经济分析中，常把被评价的项目视为一个独立的经济系统，这个系统可以是一个企业，也可以是一个地区或一个部门。现金流量是指某一系统在一定时期内流入和流出该系统的现金量。在这里，现金是指货币资本，它包括纸币、硬币、汇票等。现金流量有正负之分。通常，将流入系统的资金收入叫现金流入量，简称为现金流入，为正现金流量；将流出系统的资金支出叫现金流出量，简称为现金流出，为负现金流量；某一时期内现金流入量与现金流出量的代数和叫净现金流量。现金流入量、现金流出量和净现金流量统称为现金流量或现金流。现金流量包含两个要素，即现金活动的方向和现金活动量。

2. 现金流量图

为了评价项目的经济效益，常借助现金流量图和现金流量表进行分析。关于现金流量表的形式和内容，详见本书第6章，本节着重介绍现金流量图。

现金流量图是表示项目系统在整个寿命期内各时间点的现金流入和现金流出状况的一种示意图。现金流量图如图2-1所示。

对现金流量图需做几点说明：

(1)图中横轴是时间轴，向右延伸表示时间的延续。轴线等分成若干间隔，每一间隔代表一个时间单位(年、季、月、日)。时间轴上的点称为时点，时点通常表示该期的期末，同时也是下一期的期初。零点为第一期的始点。

(2)箭头表示现金流动的方向，箭头向下表示现金流出，箭头向上表示现金流入，箭线的

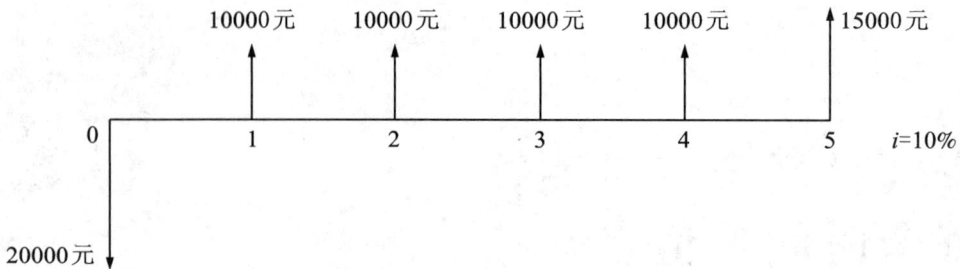

图 2-1　现金流量图

长短与收入或支出的大小基本成比例。

（3）现金流量图与分析计算的立足点有关。对于同一方案中的资金，借款人的收入就是贷款人的支出，因而分析计算时首先要确定立足点。

（4）为方便计算，画现金流量图时约定，投资发生在期初，经营费用、营业收入等均发生在各期期末，回收固定资产净残值与回收流动资金则在项目寿命周期终了时发生。

3.净现金流量计算的基本格式

为了全面地考察项目的经济性，必须对项目计算期内的收入和支出进行研究。项目计算期是指经济评价中为进行动态分析所设定的期限，包括建设期和运营期（分为投产期和达产期）。以新建工业项目为例，根据各阶段现金流动的特点，具体可把一个项目分为四个时期：建设期、投产期、达产期和回收处理期，如图 2-2。建设期是指从项目资金正式投入开始到项目建成投产为止所需要的时间段；投产期是指项目投入生产，但生产能力尚未完全达到设计能力时的过渡阶段；达产期是指生产运营达到设计预期水平后的时间段；回收处理期是指项目完成预计的生产周期后停产并进行善后处理的时期。

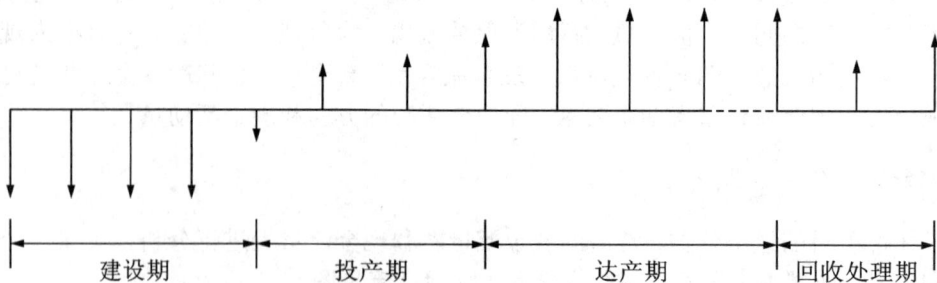

图 2-2　新建工业项目的现金流量示意图

在计算项目的现金流量时，首先要计算项目各年的现金流量，再根据各年的现金流量计算出寿命期内的现金流量。由于考察的角度和范围不同以及计税方法的差异，年现金流量的计算方法也有所不同，但总体上计算格式有一定的共性。

在进行项目财务评价时，站在项目角度或站在全部投资角度，当企业与债权人属于同一系统时，此系统的年净现金流量计算的基本格式如图 2-3 所示。

在进行项目财务评价时，站在企业角度或站在资本金角度进行考察时，则企业年净现金流量计算基本格式如图 2-4 所示。

营业收入	营业收入
− 营业税金及附加	− 营业税金及附加
− 经营成本	− 经营成本
付税前现金流	付税前现金流
− 折旧费	− 折旧费
− 利息	− 利息
付税前利润（应付税现金流）	付税前利润（应付税利润）
− 所得税	− 所得税
付税后利润	付税后利润
+ 折旧费	+ 折旧费
企业年净利	企业年净利
+ 利息	− 偿还借款本息
付税后现金流（年净现金流）	付税后现金流（年净现金流）

图 2-3　项目净现金流量计算图　　　　**图 2-4　企业年净现金流量计算图**

例 2-1　某项目建设投资为 130 万元，使用寿命为 6 年，残值 10 万元，每年折旧费 20 万元，每年的营业收入及经营成本分别为 100 万元和 50 万元，营业税金及附加为 9 万元，所得税率为 25%，试计算年净现金流量和全寿命期净现金流量，并画出现金流量图。

解：根据已知条件，可知该项目不涉及银行贷款，依现金流量基本计算格式，可得年净现金流如下：

年营业收入	100	万元
营业税金及附加	− 9	万元
年经营成本	− 50	万元
付税前现金流	41	万元
折旧费	− 20	万元
付税前利润	21	万元
所得税：21万 × 25%	5.25	万元
付税后利润	15.75	万元
折旧费	20	万元
付税后现金流	35.75	万元（每年）

项目现金流量图如图 2-5 所示。

全寿命期的净现金流量 $= 35.75 \times 5 + 45.75 - 130 = 94.5$（万元）

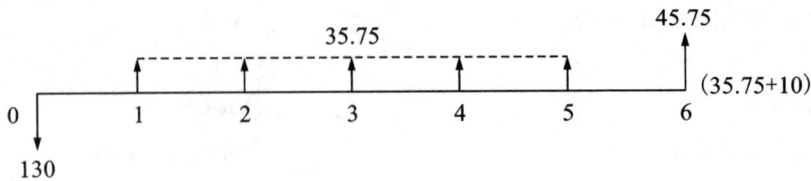

图 2-5 例 2-1 现金流量图

2.1.2 项目投资估算

对建设项目进行经济分析和评价时，将涉及许多基本经济要素，如建设投资、成本、营业收入、补贴收入、税金、利润等。这些基本经济要素是构成经济系统现金流量的基本要素，也是进行经济分析最重要的基本数据。分析评价人员必须明确这些基本经济要素的概念与构成，掌握其估算的基本方法。

1. 项目总投资构成

项目总投资是指保证项目建设和活动正常进行的必要资金，是建设项目从筹建开始到达到设计能力为止，一次或分次投入的而被长期占用的资金。建设项目中的总投资包括建设投资、建设期利息和流动资金。

建设投资是项目费用的重要组成部分，按概算法分类，建设投资由工程费用、工程建设其他费用和预备费三部分构成。其中工程费用又由建筑工程费、设备购置费(含工器具及生产家具购置费)和安装工程费构成。工程建设其他费用内容较多，且随行业和项目的不同而有所区别。预备费包括基本预备费和涨价预备费。

按概算法划分，总投资与建设投资的构成见图 2-6。

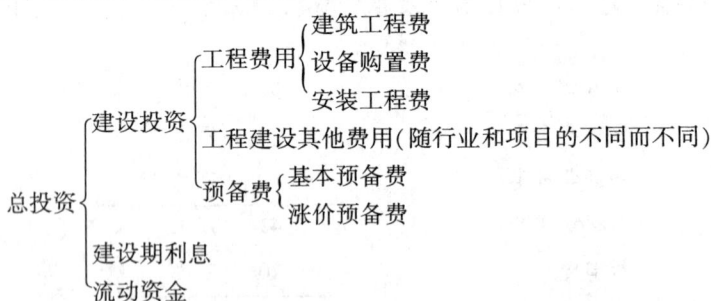

图 2-6 项目总投资构成(按概算法分类)

根据资金保全原则和企业资产划分的有关规定，投资项目在建成交付使用时，项目投入的全部资金分别形成固定资产、无形资产和其他资产。按形成资产法分类，建设投资由形成固定资产的费用、形成无形资产的费用、形成其他资产的费用和预备费用四部分组成。

固定资产是指为生产商品、提供劳务、出租或经营管理而持有的，使用期限超过一个会计年度的，在使用过程中保持原来物质形态的资产，包括房屋及建筑物、机器设备、运输设备、工具器具等。固定资产费用指项目投产时将直接形成固定资产的建设投资，包括工程费用和工程建设其他费用中按规定将形成固定资产的费用，后者被称为固定资产其他费用，主要包括建设单位管理费、可行性研究费、研究实验费、勘察设计费、环境影响评价费、场地准备及临时设施费、引进技术和引进设备其他费、工程保险费、联合试运转费、特殊设备安全监督检验费和市政公用设施建设及绿化费等。无形资产是指企业拥有或者控制的没有实物形态的可辨认的非货币性资产。无形资产费用指将直接形成无形资产的建设投资，主要是专利权、非专利技术、商标权、土地使用权和商誉等。其他资产（原称递延资产）是指除流动资产、长期投资、固定资产、无形资产以外的资产。其他资产费用指建设投资中形成固定资产和无形资产以外的部分，主要包括生产准备费、开办费、样品样机购置费、农业开荒费、租入固定资产改良支出等。

按形成资产法分类，建设投资的构成如图 2-7 所示。

固定资产投资、无形资产投资、其他资产投资是系统的现金流出项，在进行企业财务评价时，建设期利息也应作为系统的现金流出量计算，在进行国民经济评价时只计算国外借款利息，而国内借款利息则属于系统内现金转移。

流动资金是指在项目投产前预先垫付，在投产后的运营过程中用于购买原材料、燃料动力、备品备件，支付工资和其他费用以及被在产品、半成品、产成品和其他存货占用的周转资金。在整个寿命期内，流动资金始终被占用并且周而复始地流动。到项目寿命期结束时，全部流动资金才能退出营运，以货币资金的形式被回收。流动资产是指现金以及其他能在以一年或一个营业周期以内变现或被耗用的资产，通常包括库存现金、银行存款、交易性金融资产、应收票据、应收账款、存货等。

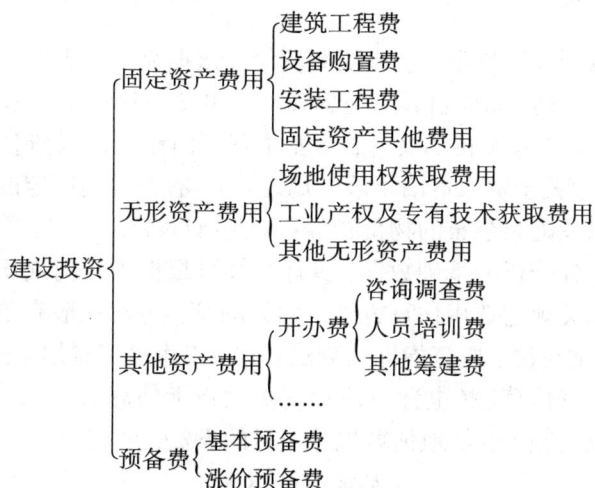

图 2-7 建设投资构成（按形成资产法分类）

在项目建成投产时，要向系统投入流动资金，以保证生产经营活动的正常进行。在项目经济寿命周期终了、停止生产经营活动时，要如数回收投产时或投产后投入的流动资金。在技术经济分析和评价中，流动资金投资是系统的现金流出量，回收流动资金要作为现金流入项计算。

总投资中的流动资金与流动负债共同构成流动资产，其构成如图 2-8 所示。

$$\text{流动资产} \begin{cases} \text{流动资金} \begin{cases} \text{货币资金} \begin{cases} \text{现金(库存现金)} \\ \text{银行存款} \end{cases} \\ \text{应收及预付账款} \begin{cases} \text{应收账款} \\ \text{预付账款} \\ \text{待摊费用等} \end{cases} \\ \text{存货} \begin{cases} \text{原材料及主要材料} \\ \text{辅助材料} \\ \text{燃料} \\ \text{包装物} \\ \text{低值易耗品} \\ \text{在产品} \\ \text{外购商品} \\ \text{协作件} \\ \text{自制半成品} \\ \text{产成品} \end{cases} \\ \text{流动负债:应付账款等} \end{cases} \end{cases}$$

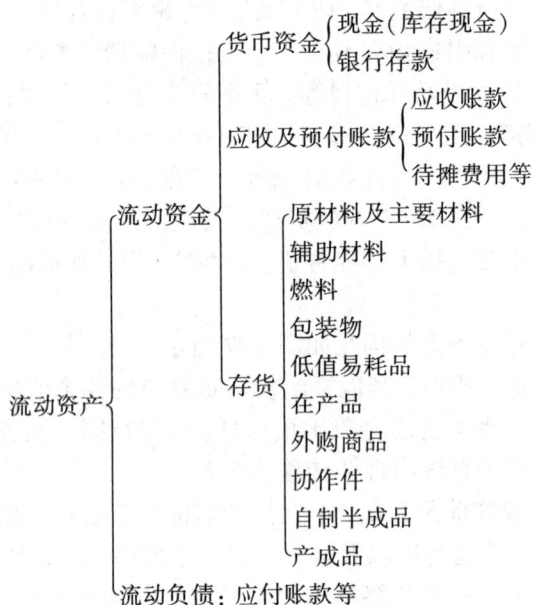

图 2-8 工业企业流动资金的构成

2. 项目建设投资估算

项目投资估算要做到方法科学、基础资料完整、依据充分、适当运用估算标准,主要依据的标准和文件有专门机构(如项目建设管理部门)颁发的建设工程造价费用构成、估算指标、计算方法及有关计算工程造价的文件;行业主管部门制定的投资估算办法、估算指标和定额(如行业实施细则中关于资产折旧年限的规定等);有关部门制定的工程建设其他费用的计算方法和费用标准以及国家公布的物价指数;拟建项目各单项工程的建设内容及工程量。

项目建设投资是财务分析的基础数据,具体估算可根据项目前期研究的不同阶段、对投资估算精度的要求及相关规定选用估算方法。估算的基本方法一般有单位生产能力投资估算法、比例估算法、指数估算法、概算指标估算法、分项工程投资累加法等。

①单位生产能力投资估算法(也称单位投资扩大指标估算法)。该法依据已知的同类型项目的单位生产能力投资额,近似地估算拟建项目的投资,公式为:

$$K_f = K_0 \times X_0 \times P_f \tag{2-1}$$

式中:K_f——拟建项目固定资产投资;

K_0——同类项目的单位生产能力投资额;

X_0——拟建项目生产能力;

P_f——价差系数,$P_f = P_1/P_2$(P_1 为投资估算年份的价格,P_2 为单位生产能力投资额数据取得年份的价格)。

单位生产能力投资是通过对历史数据的调查统计、分析得出的。该法把建设项目的投资与生产能力之间的关系看成简单的线性关系,比较简单易行,但项目建设时间、地点、内外部条件等多方面的差异决定了这种方法是比较粗略的。一般来说,它适用于项目的机会研究阶段。

②比例估算法。该法是事先对过去同类工程进行调查分析，找出项目主要设备投资或者主要生产车间投资占建设投资的比例，只要估算出已建项目主要设备或主要车间投资，即可按比例估算出项目建设投资，具体又包括设备投资估算和建筑物、构筑物投资估算等。

设备投资应按出厂价格加上运输费、保险费、包装费、安装费等进行估算，公式为：

$$K_m = \sum_{i=1}^{n} \left[Q_{mi} \times P_{mi}(1 + L_{mi}) \right] \tag{2-2}$$

式中：K_m——设备的投资估算值；

Q_{mi}——第 i 种设备所需的数量；

P_{mi}——第 i 种设备的出厂价格；

L_{mi}——同类项目同类设备的运输、安装费用系数（目前国内尚无公认的合理数据，国外一般采用 0.43）；

n——所需设备的种数。

建筑物、构筑物投资估算公式为：

$$K_b = K_m \times L_b \tag{2-3}$$

式中：K_b——建筑物、构筑物投资估算值；

L_b——同类项目中建筑物、构筑物投资占设备投资的相对比重，露天工程一般取 0.1 ~ 0.2，室内工程一般取 0.6 ~ 1.0。

③指数估算法。该法又称为生产规模指数法、指数成本估算法、0.6 指数法，用于估算整个建设项目的投资费用。这是国外在分析研究化工厂的投资和生产规模的关系的基础上得出的一种投资估算方法。公式为：

$$K_2 = K_1 \left(\frac{X_2}{X_1}\right)^n \cdot CF \tag{2-4}$$

式中：K_2——拟建项目的投资额；

K_1——已建成同类项目的实际投资额；

X_2——拟建项目的规模；

X_1——已建成项目的规模；

n——工程能力指标；

CF——新老项目建设间隔内物价上涨的校正系数（按新老《工业产品价格目录表》测定）。

用此法进行投资估算时，工厂类型应相似，规模扩大的幅度应小于 50 倍。如果规模的扩大依靠的是增加设备的容量，则 $n = 0.6 ~ 0.7$；如果规模的扩大依靠的是增加相同容量设备的数量，则 $n = 0.8 ~ 1.0$。

④概算指标估算法。用概算指标估算法进行投资估算，适用于详细可行性研究阶段，因为用各类系数、指数估算的投资一般比较粗糙，已不能满足详细可行性研究的深度和精度要求。

概算一般是在初步设计（或扩大初步设计）阶段，在厂址选择、工艺流程、总体布置、设备选型和确定、公用辅助设施、"三废"处理设施、生活设施、主要建筑物、构筑物等项目设计完成，以及设备表、材料表汇总出来的基础上编制的。在可行性研究阶段，初步设计尚未开始，资料也没有初步设计阶段那样齐全、详尽，因此不可能做出详细的概算，只能参照概算的程序进行估算。其方法与步骤如下：

第一步，将建设项目分解为单项工程，如主要生产装置、辅助生产装置、公用工程、服务工程、厂外工程等项目。

第二步，依据概算手册中的概算定额或指标分别估算各单项工程所需的建筑工程费、设备及工器具购置费、安装工程费。

第三步，在汇总各单项工程费用的基础上，估算工程建设其他费用和基本预备费，得出项目的静态投资部分。

第四步，估算涨价预备费和建设期利息。

第五步，加总求得建设投资总额。

⑤分项工程投资累加法。分项工程投资累加法是将拟建项目分解成若干个可以进行独立估算的投资环节或部分，分别对各环节或各部分进行单独的投资估算，各环节或各部分投资的合计就是整个工程项目的投资。各环节或各部分投资的估算方法由具体条件确定，可以用扩大指标法，可以用比例估算法或概算指标估算法。分项估算后，再逐项累加，即得整个拟建项目的建设总投资。各子项的划分也可粗可细，视具体情况而定。因此，这种方法估算的针对性较强，准确度相对较高，而且方便灵活，所以广泛适用于各类工程项目的投资估算。国内可行性研究中的投资估算，多采用此法。

3. 建设期利息估算

建设期利息又称本金化利息或资本化利息，是指项目借款在建设期间内发生并计入固定资产的利息，包括借款利息及手续费、承诺费、管理费等财务费用。固定资产投资借款的应计利息。建设期利息计算到设计规定的全部工程完工且移交生产为止。从移交生产到达到设计能力时的生产期收尾工程的投资借款利息，不作为建设期利息，而计入生产期的财务费用。估算建设期利息应按以下步骤进行：

①明确建设投资分年计划。即根据项目进度计划，提出建设投资分年计划，列出各年投资额，并明确其中的外汇和人民币金额。

②选择利率。估算建设期利息，应采用年有效利率。故应注意年名义利率和年有效利率的换算，将年名义利率折算为有效利率的计算公式为

$$R = (1+r/m)^m - 1 \qquad (2-5)$$

式中：R——有效年利率；

r——名义年利率；

m——每年计息次数。

当建设期用自有资金按期支付利息时，可不必进行换算，直接采用名义年利率计算建设期利息。

③计算建设期利息。因为银行实行的是"随支随贷"原则，各年度借款并非在年初一次支出，而是分期借支，逐步使用。为了简化计算，通常假定借款均在每年的年中支用。所以，借款当年按半年计息，其余年份按全年计息，计算公式如下：

采用自有资金付息时，按单利计算：

各年应计利息 =（年初借款本息累计+本年借款额/2）×名义年利率   (2-6)

采用复利方式计算时：

各年应计利息 = (年初借款本息累计+本年借款额/2) ×有效年利率　　　(2-7)

在实践中，为了反映各项贷款每年的支用与利息情况，通常采用列表方式表达，参见表2-1。

表 2-1　建设期利息计算表

序号	项目	计算说明	合计	建设期			
				1	2	⋯	N
1	建设期利息	$\sum$ 1.3					
1.1	期初借款余额	前期 1.4					
1.2	当期借款	按资金使用计划					
1.3	当期应计利息	按公式计算					
1.4	期末借款余额	(1.1+1.2+1.3)					
2	其他融资费用						
3	小计(1+2)						

注：各项都应按资金来源列分项，如借款、债券。

在具体进行项目经济评价时，应了解清楚贷款机构的贷款条件、发放时间、利息计算、费用情况(如承诺费、管理费等)，再进行计算，如有的贷款规定按年初用款计算，则借款发生当年也要按全年计算。

例 2-2　某项目拟贷款1200万元，建设期三年，按资金使用计划，贷款在建设期间平均分配安排使用。其中，国内建设银行贷款600万元，年利率10%，其他融资费用为当期支用额的5‰；国外信贷折合人民币600万元，年利率12%，其他融资费用为当期支用额的6‰，试计算建设期借款利息总额。

解：计算结果见表2-2

表 2-2　某项目建设期利息计算表　　　　　　　　　　单位：万元

序号	项目	合计	建设期		
			第一年	第二年	第三年
1	建设期利息		22	68.44	120.03
1.1	期初借款余额		0	422	890.44
1.1.1	建设银行($i=10\%$)		0	210	441
1.1.2	国外信贷($I=12\%$)		0	212	449.44
1.2	当期借款	1200	400	400	400
1.2.1	建设银行	600	200	200	200
1.2.2	国外信贷	600	200	200	200
1.3	当期应计利息		22	68.44	120.03

续表2-2

序号	项目	合计	建设期		
			第一年	第二年	第三年
1.3.1	建设银行		10	31	54.1
1.3.2	国外信贷		12	37.44	65.93
1.4	期末借款余额		422	890.44	1410.47
1.4.1	建设银行		210	441	695.1
1.4.2	国外信贷		212	449.44	715.37
2	其他融资费用		2.2	2.2	2.2
2.1	建设银行（5‰）		1.0	1.0	1.0
2.2	国外信贷（6‰）		1.2	1.2	1.2
3	小计		24.2	70.64	122.23

4. 流动资金估算

项目运营需要流动资产投资，但项目评价中需要估算并预先筹措的是从流动资产中扣除流动负债，即企业短期信用融资（应付账款）后的流动资金。项目评价中流动资金的估算应考虑应付账款对需要预先筹措的流动资金的抵减作用。对有预收账款的某些项目，还可同时考虑预收账款对流动资金的抵减作用。流动资金的估算一般有两种方法，一种是粗估法，即扩大指标估算法，另一种是分项详细估算法。项目经济评价时，要依深度要求适当选用。

（1）扩大指标估算法

一般可参照同类企业流动资金占营业收入、经营成本、固定资产投资的比率，以及单位产量占用流动资金的比率来确定。例如，美国公司估算我国某矿山的流动资金，按经营成本的25%计。在国外的化工企业还有按固定资产投资的15%～20%或按年营业价值的25%计算的。从理论上讲，按经营成本估算比较合理。扩大指标估算法可用于项目建议书阶段，某些行业在可行性研究阶段也可采用此方法，该方法简单易行，但准确度不高。

（2）分项详细估算法

该法是国际上通行的流动资金估算方法。需要分项详细估算流动资金时，可采用下列公式：

$$流动资金 = 流动资产 - 流动负债 \tag{2-7}$$
$$流动资产 = 应收账款 + 预付账款 + 存货 + 现金 \tag{2-8}$$
$$流动负债 = 应付账款 + 预收账款 \tag{2-9}$$
$$流动资金本年增加额 = 本年流动资金 - 上年流动资金 \tag{2-10}$$

流动资金估算的具体步骤是首先确定各分项最低周转天数，计算出周转次数，然后进行分项估算。

①周转次数的计算

$$周转次数 = 360/最低周转天数 \qquad (2-11)$$

各类流动资产和流动负债的最低周转天数参照同类企业的平均周转天数并结合项目特点确定,或按部门(行业)规定,在确定最低周转天数时应考虑储存天数、在途天数,并考虑适当的保险系数。

②流动资产估算

a.应收账款估算。应收账款是指企业对外销售商品、提供劳务时尚未收回的资金,计算公式为:

$$应收账款 = 年经营成本/应收账款周转次数 \qquad (2-12)$$

b.预付账款估算。预付账款是指企业为购买各类材料、半成品或服务所预先支付的款项,计算公式为:

$$预付账款 = 外购商品或服务年费用金额/预付账款周转次数 \qquad (2-13)$$

c.存货的估算。存货是指企业在日常生产经营过程中持有已备出售,或者仍然在生产过程中,或者在生产、提供劳务过程中将消耗的材料或物料等,包括各类材料、商品、在产品、半成品和产成品等。为简化计算,项目评价中仅考虑外购原材料、燃料、其他材料、在产品和产成品,并分项进行计算。计算公式为:

$$存货 = 外购原材料、燃料 + 其他材料 + 在产品 + 产成品 \qquad (2-14)$$

$$外购原材料、燃料 = 年外购原材料、燃料费用/分项周转次数 \qquad (2-15)$$

$$其他材料 = 年其他材料费用/其他材料周转次数 \qquad (2-16)$$

$$在产品 = (年外购原材料、燃料动力费用 + 年工资及福利费 +$$
$$年修理费 + 年其他制造费用)/在产品周转次数 \qquad (2-17)$$

$$产成品 = (年经营成本 - 年其他营业费用)/产成品周转次数 \qquad (2-18)$$

注意:外购原材料、燃料应按种类分项确定最低周转天数进行估算。

d.现金需要量估算。项目流动资金中的现金是指为维持正常生产运营必须预留的货币资金,计算公式为:

$$现金 = (年工资及福利费 + 年其他费用)/现金周转次数 \qquad (2-19)$$

$$其他费用 = 制造费用 + 管理费员 + 营业费用 -$$
$$(以上三项费用中所含的工资及福利费、折旧费、摊销费、修理费) \qquad (2-20)$$

③流动负债估算

流动负债是指将在一年(含一年)或者超过一年的一个营业周期内偿还的债务,包括短期借款、应付票据、应付账款预收账款、应付工资、应付福利费、应付股利、应交税金、其他暂收应付款项、预提费用和一年内到期的长期借款等。在项目评价中,流动负债的估算可以只考虑应付账款和预收账款两项。

计算公式为:

$$应付账款 = 外购原材料、燃料及其他材料年费用/应付账款周转次数 \qquad (2-21)$$

$$应收账款 = 预收的营业收入年金额/预收账款周转次数 \qquad (2-22)$$

在流动资金估算中应注意以下问题:

第一,在项目评价中,最低周转天数取值对流动资金估算的准确程度有较大的影响。在确定最低周转天数时应根据项目的特点、投入和产出性质、供应来源以及各分项的属性,并考虑保险系数分项确定。

第二，当投入物和产出物采用不含税价格时，估算时应注意将销项税额和进项税额分别包括在相应的年费用金额中。

第三，流动资金一般应在项目投产前开始筹措。为了简化计算，流动资金可在投产第一年开始安排，并随生产运营计划的不同而有所不同，因此流动资金的估算应根据不同的生产运营计划分年进行。

第四，用详细估算法计算流动资金，需以经营成本及其中的某些科目为基数，因此实际上流动资金估算应在经营成本估算之后进行。

2.1.3　项目成本费用估算

1. 总成本费用构成

总成本费用指在运营期内为生产产品提供服务所发生的全部费用，等于经营成本与折旧费、摊销费和财务费用之和。

按生产成本加期间费用构成法，总成本费用由生产成本与期间费用构成，即：

$$总成本费用=生产成本+期间费用 \qquad (2-23)$$

式中

$$生产成本=直接材料费+直接燃料和动力费+直接工资$$
$$+其他直接费用+制造费用 \qquad (2-24)$$
$$期间费用=管理费用+营业费用+财务费用 \qquad (2-25)$$

按生产要素构成法，总成本费用构成如下：

$$总成本费用=外购原材料、燃料和动力+工资及福利费+折旧费$$
$$+摊销费+修理费+财务费用（利息支出）+其他费用 \qquad (2-26)$$

为方便进行盈亏平衡分析等，需要将产品成本费用分为可变成本和固定成本。在产品总成本费用中，有一部分费用随产量的增减而成比例地增减，称为可变成本，可变成本主要包括外购原材料、燃料及动力费和计件工资等。另一部分费用与产量的多少无关，称为固定成本，固定成本一般包括折旧费、摊销费、修理费、工资及福利费（计件工资除外）和其他费用等，通常把运营期的全部利息也作为固定成本。还有一些费用，虽然也随着产量增减而变化，但非成比例地变化，称为半可变（半固定）成本。通常将半可变成本进一步分解为可变成本与固定成本。因此，产品总成本费用最终可划分为可变成本和固定成本。即：

$$总成本费用=可变成本+固定成本 \qquad (2-27)$$

总成本费用构成如图 2-9、2-10 所示。

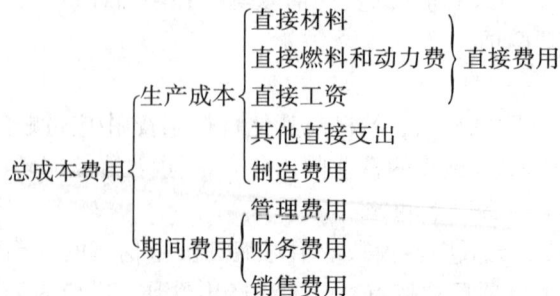

图 2-9　总成本费用构成（生产成本加期间费用构成法）

外购原材料费

外购燃料动力费

计件工资及福利

计时工资及福利

修理费

其他费用

折旧费

摊销费

贷款利息支出（运营期）

可变成本

固定成本

总成本费用

经营成本

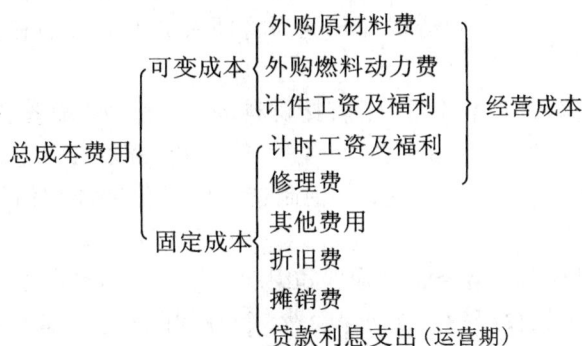

图 2-10　总成本费用构成（要素成本构成法）

2. 总成本费用估算

总成本费用可用生产成本加期间费用估算法和生产要素估算法通过编制总成本费用估算表分别进行估算。总成本费用估算的行业性很强，估算时应注意反映行业特点，或遵从行业规定。以下所述的总成本费用估算法与注意事项适用于工业项目，在折旧、摊销、利息和某些费用计算方面也基本适用于其他行业。

应当指出，在技术经济分析中，对费用与成本的理解与企业财务会计中的理解不完全相同，主要表现在三个方面：其一，财务会计中的费用和成本是对企业经营活动和产品生产过程中实际发生的各种耗费的真实记录，所得到的数据是唯一的，而技术经济分析中使用的费用和成本数据是在一定的假定前提下对拟实施投资方案的未来情况的预测结果，带有不确定性；其二，会计中对费用和成本的计量分别针对会计期间的企业生产经营活动和特定产品的生产过程，而技术经济分析中对费用和成本的计量则一般针对某一投资项目或技术方案的实施结果；其三，技术经济分析强调对现金流量的考察分析，在这个意义上费用和成本具有相同的性质，在本书后面的叙述中如无特殊说明一般不严格区分费用与成本的概念。另外，为了分析与计算的方便，还要引入财务会计中不常使用的一些费用与成本概念，这些费用与成本的经济含义有别于会计中的费用与成本。

（1）生产成本加期间费用法

按生产成本加期间费用估算法估算总成本费用，涉及生产成本（制造费用）、管理费用、营业费用和财务费用的估算。

①生产成本。生产成本由生产过程中消耗的直接材料费、直接燃料和动力费、直接工资、其他直接支出和制造费用构成。

直接材料是指在生产中用来形成产品主要部分的材料，直接燃料和动力是指直接用于生产的燃料和动力，直接工资是指在产品生产过程中直接对材料进行加工使之变成产品的人员的工资、奖金、津贴和补贴等。其他直接支出包括直接从事产品生产人员的职工福利费等。

制造费用是指企业为生产产品和提供劳务而发生的各项间接费用，包括生产单位管理人员工资和福利费、折旧费、修理费（生产单位和管理用房屋、建筑物、设备）、办公费、水电费、劳动保护费、季节性和修理期间的停工损失等，但不包括企业行政管理部门为组织和管理生产经营活动而发生的管理费用。项目评价中的制造费用指项目包含的各分厂或车间的总制造费用，为了简化计算，常将制造费用归类为管理人员工资及福利费、折旧费、修理费和其他制造费用。

在构成产品生产成本的上述各项中，直接材料、燃料和动力费按消耗定额及物料单价分项估算；工资按劳动定员及工资指标估算；职工福利费一般按对应工资总额的一定比例计取；修理费可按折旧费的某一比例计提；其他制造费用可分项详细估算，也可按工资及福利费的一定比例估算。

②管理费用。管理费用是指企业为管理和组织生产经营活动所发生的各项费用，包括公司经费、工会经费、职工教育经费、劳动保险费、待业保险费、董事会费、咨询费、聘请中介机构费、诉讼费、业务招待费、排污费、房产税、车船使用税、土地使用税、印花税、矿产资源补偿费、技术转让费、研究与开发费、无形资产与其他资产摊销费、计提的坏账准备和存货跌价准备等。为了简化计算，项目评价中可将管理费用归类为管理人员工资及福利费、折旧费、无形资产和其他资产摊销、修理费和其他管理费用几部分。

③营业费用。营业费用是指企业在销售商品过程中发生的各项费用以及专设销售机构的各项经费，包括由企业负担的运输费、装卸费、包装费、保险费、广告费、展览费，以及专设销售机构人员工资及福利费、类似工程性质的费用、业务费等经营费用。为了简化计算，项目评价中将营业费用归为销售人员工资及福利费、折旧费、修理费和其他营业费用几部分。

④财务费用。财务费用是指企业在筹集资金等财务活动中发生的费用，包括生产经营期间发生的利息净支出、汇兑净损失、银行手续费以及筹集资金时发生的其他费用。

采用生产（服务）成本加期间费用法估算总成本费用时，需要各分单元（如分车间、装置或生产线）的有关数据或服务的有关数据，主要有原材料和公用工程消耗，各车间、装置或生产线等的定员和固定资产原值等。要先分别估算各分单元的生产（服务）成本，再加总得出总的生产（服务）成本，然后与期间费用（管理费用、营业费用和财务费用）相加得到总成本费用。

成本费用估算应遵循国家现行的企业财务会计制度规定的成本和费用核算方法，同时应遵循有关税收制度中准予在所得税前列支科目的规定。当两者有矛盾时，一般应按税收原则处理。

（2）生产要素法

项目评价中通常采用生产要素法估算总成本费用，涉及外购原材料和燃料动力费、人工工资及福利费、固定资产原值及折旧费、固定资产修理费、无形资产和其他资产原值及摊销费、其他费用和利息的估算。具体估算过程如下。

①外购原材料、燃料及动力费估算。按生产要素法估算总成本费用时，原材料和燃料动力费指外购的部分，其估算所需要的基础资料为相关专业所提出的外购原材料和燃料动力年耗用量，以及在选定价格体系下的预测价格，该价格应按入库价格即到厂价格计，并考虑途库损耗。采用的价格时点和价格体系应与营业收入的估算一致。

②人工工资及福利费估算。财务分析中的人工工资及福利费是指企业为获得职工提供的服务而给予的各种形式的报酬，通常包括职工工资、奖金、津贴和补贴，职工福利，以及医疗保险费、养老保险费、失业保险费、工伤保险费、生育保险费等社会保险费和住房公积金中

由职工个人缴付的部分。按生产要素法估算总成本费用时，人工工资及福利费按项目全部人员数量估算。确定人工工资及福利费时需考虑项目性质、项目地点、行业特点等因素。依托老企业的项目，还要考虑原企业的工资水平。

根据不同项目的需要，财务分析中可视情况选择按项目全部人员年工资的平均数值计算或按照人员类型和此次分别设定的不同档次的工资进行计算。

③固定资产原值及折旧费估算。项目投入运营后，固定资产在使用过程中会逐渐磨损与贬值，其价值逐步转移到产品中去。这种伴随固定资产损耗发生的价值转移称为固定资产折旧。转移的价值以折旧费的形式计入产品成本。计算折旧需要先计算固定资产原值，固定资产原值是指项目投产（达到可使用状态）时按规定由投资形成固定资产的部分，主要有工程费用、固定资产其他费用、预备费和建设期利息。

计提折旧的固定资产范围：企业的房屋、建筑物；在用的机器设备、仪器仪表、运输车辆、工具器具；季节性停用和在修理停用的设备；以经营租赁方式租出的固定资产；以融资租赁方式租入的固定资产。

融资租赁的固定资产，承租人应将租赁开始日租赁资产的公允价值与最低租赁付款额的现值中的较低者作为租入资产的入账价值。计算最低租赁付款额的现值所用的折现率，应首先择出租人的租赁内含利率，其次使用租赁合同中规定的利率，如都无法知悉，应用同期银行贷款利率。项目评价中条件不清楚的，也可直接按资产公允价值计算。

按财税制度规定，企业固定资产应当按月计提折旧，并根据用途计入相关资产的成本或者当期损益。财务分析中，按生产要素法估算总成本费用时，固定资产折旧可直接列支于总成本费用。固定资产的折旧方法可在税法允许的范围内由企业自行确定，一般采用直线法，包括年限平均法和工作量法。我国税法也允许对某些机器设备采用快速折旧法，即双倍余额递减法和年数总和法。

固定资产折旧年限、预计净残值率可在税法允许的范围内由企业自行确定，或按行业规定确定。项目评价中一般采用税法明确规定的分类折旧年限，也可按行业规定的综合折旧年限。

对于融资租赁的固定资产，如果能够合理确定租赁期届满时承租人会取得租赁资产所有权，即可认为承租人拥有该资产的全部尚可使用年限，因此应以其作为折旧年限；否则，应以租赁期与租赁资产尚可使用年限两者中之较短者作为折旧年限。

我国允许的固定资产折旧方法如下：

a. 年限平均法。年限平均法亦称直线法，是根据固定资产原值、估计的净残值率和折旧年限计算折旧的方法。其计算公式为

$$年折旧率 = [（1-预计净残值率）/折旧年限] \times 100\% \qquad (2-28)$$

$$年折旧额 = 固定资产原值 \times 年折旧率 \qquad (2-29)$$

b. 工作量法。工作量法又分两种，一是按照行驶里程计算折旧，二是按照工作小时计算折旧。

按照行驶里程计算折旧的公式为

$$单位里程折旧额 = [原值 \times （1-预计净残值率）]/总行驶里程 \qquad (2-30)$$

$$年折旧额 = 单位里程折旧额 \times 年行驶里程 \qquad (2-31)$$

按照工作小时计算折旧的公式为

$$每工作小时折旧额 = [原值×(1-预计净残值率)]/总工作小时 \qquad (2-32)$$
$$年折旧额 = 每工作小时折旧额×年工作小时 \qquad (2-33)$$

c.加速折旧法。加速折旧法是指固定资产每期计提的折旧数额在使用初期多，而在使用后期少，从而相对加快折旧速度的一种方法。按照现行企业财务制度规定，在国民经济中具有重要地位、技术进步快的电子企业、船舶工业企业、生产"母机"的机械企业、飞机制造企业、汽车制造企业、化工生产企业和医药生产企业以及其他经财政部批准的特殊行业的企业，其机器设备可以采用双倍余额递减法或年数总和法。

双倍余额递减法。双倍余额递减法是以直线折旧法折旧率两倍的折价率计算折旧额的方法。其计算公式为

$$年折旧率 = [2/折旧年限]×100\% \qquad (2-34)$$
$$年折旧额 = 固定资产净值×年折旧率 \qquad (2-35)$$

固定资产账面净值按原值减去累计折旧额计算。应当注意的是，采用双倍余额递减法计算固定资产折旧时，应当在其固定资产折旧年限到期前两年内，将固定资产净值扣除预计净残值后的净额平均摊销。

年数总和法。年数总和法是根据固定资产原值减去预计净残值后的余额，按照逐年递减的系数（即年折旧率）来计算折旧的方法。每年的折旧率为一变化的分数。其计算公式为

$$年折旧率 = \frac{折旧年限-已使用年限}{折旧年限} × \frac{折旧年限+1}{2} ×100\% \qquad (2-36)$$
$$年折旧额 = (固定资产原值-预计净残值)×年折旧率 \qquad (2-37)$$

应明确，无论采用何种方法计提折旧，在整个固定资产折旧年限内，折旧总额都是一样的。采用加速折旧法折旧，只是在固定资产使用前期计提折旧较多，而使用后期计提折旧较少。一般来说，加速折旧有利于进一步发展。

④固定资产修理费估算。修理费是指为保持固定资产的正常运转和使用，充分发挥使用效能，对其进行必要修理所发生的费用，按修理范围的大小和修理时间间隔的长短可以分为大修理和中小修理。按现行的财务制度，修理费允许直接在成本中列支，如果当期发生的修理费用数额较大，可实行预提或摊销的办法。

当按生产要素法估算总成本费用时，固定资产修理费指项目全部固定资产的修理费，可按固定资产原值（扣除所含的建设期利息）的一定百分数估算。百分数的选取应考虑行业和项目特点。在生产运营的各年中，修理费率的取值，一般采用固定值。根据项目特点也可以间断性地调整修理费率，开始取较低值，以后取较高值。

与折旧费相同，修理费也包括在制造费用、管理费用、营业费用之中。在估算总成本费用时，可以单独计算修理费。

⑤摊销费估算。摊销费是指无形资产和其他资产在一定期限内分期摊销的费用。构成无形资产原值的费用主要包括技术转让费或技术使用费（含专利权和非专利权）、商标权和商誉。构成其他资产原值的费用主要包括生产准备费、开办费、样品样机购置费和农业开荒费。与固定资产类似，无形资产和其他资产的原始价值也要在规定的期限内逐步转移到产品价值中去，这一部分被转移的无形资产和其他资产的原始价值称为摊销费。无形资产和其他资产的摊销费均计入产品成本。企业通过计提摊销费，回收无形资产和其他资产的资本支出。

按照有关规定，无形资产从开始使用之日起，在有效使用期限内平均摊入成本。法律和合同规定了法定有效期或者受益年限的，摊销年限从其规定，否则摊销年限应符合税法的要求。无形资产的摊销一般采用平均年限法，不计残值。

其他资产的摊销可以采用平均年限法，不计残值，摊销年限应符合税法要求。

固定资产折旧费与无形资产、其他资产摊销费在技术经济分析中具有相同的性质。虽然在会计中折旧费与摊销费被计入总成本费用，但在进行现金流量分析时，折旧费与摊销费既不属于现金流入，也不属于现金流出。

⑥其他费用估算。其他费用包括其他制造费用、其他管理费用和其他营业费用这三项费用，指从制造费用、管理费用和营业费用中分别扣除工资及福利费、折旧费、摊销费、修理费以后的其余部分。产品出口退税和减免税项目按规定不能抵扣的进项税额也可包括在内。

其他制造费用。其他制造费用是指企业为生产产品和从制造费用中扣除生产单位管理人员工资及福利费、折旧费修理费后的部分。项目评价中常见的估算方法有按固定资产原值（扣除所含的建设期利息）的百分比估算、按人员定额估算等，具体估算方法可遵从行业规定。

其他管理费用。其他管理费用是指从管理费用中扣除工资及福利费、折旧费、摊销费、修理费后的部分。项目评价中常见的估算方法是按人员定额获取工资及福利费总额的倍数估算。若管理费用中的技术转让费、研究与开发费以及土地使用税等数额较大，应单独核算，并入其他管理费用，或单独列项。

其他营业费用。其他营业费用是指从营业费用中扣除工资及福利费、折旧费、修理费后的部分。项目评价中常见的估算方法是按营业收入的百分数估算。

不能抵扣的进项税额。对于产品出口项目和产品国内销售的增值税减免税项目，应将不能抵扣的进项税额计入总成本费用的其他费用或单独列项。

⑦利息支出计算。按照会计法规，企业为筹集所需资金而发生的费用称为借款费用，又称财务费用，包括利息支出（减利息收入）、汇兑损失（减汇兑收益）以及相关的手续费等。在大多数项目的财务分析中，通常只考虑利息支出。利息支出的估算包括长期借款利息、流动资金借款利息和短期借款利息三部分。

长期借款利息是指建设期间借款余额（含未支付的技术期利息）应在生产期支付的利息，项目评价时可以选择等额还本付息方式或者等额还本利息照付方式来计算长期借款利息。

a. 等额还本付息方式：

$$A = I_c \cdot \{i(1+i)^n / [(1+i)^n - 1]\} \qquad (2-38)$$

式中：A——每年还本付息额（等额年金）；

I_c——还款起始年年初的借款余额（含未支付的技术期利息）；

i——年利率；

n——预定的还款期；

$i(1+i)^n / [(1+i)^n - 1]$——资金回收系数，可以自行计算或查复利系数表。

其中：每年支付利息 ＝年初借款余额×年利率

每年偿还本金 ＝A－每年支付利息

年初借款余额 ＝I_c－本年以前各年偿还的借款累计。

b. 等额还本利息照付方式：

设 A_t 为第 t 年的还本付息额，则有

$$A_t = I_c/n + I_c \cdot [1-(t-1)/n] \cdot i \tag{2-39}$$

其中：每年支付利息 = 年初借款余额 × 年利率

即： 第 t 年支付的利息 $= I_c \cdot [1-(t-1)/n] \cdot i$

每年偿还本金 $= I_c/n$

流动资金借款利息。项目评价中估算的流动资金借款从本质上说应归类为长期借款，但目前企业往往有可能与银行达成共识，按期末偿还、期初再借的方式处理，并按一年期利率计息。流动资金借款利息可以按下式计算：

年流动资金借款利息 = 年初流动资金借款余额 × 流动资金借款年利率 （2-40）

财务分析中对流动资金的借款可以在计算期最后一年偿还，也可在还完长期借款后安排。

短期借款。项目评价中的短期借款指运营期间由于资金的临时需要而发生的短期借款，短期借款的数额应在财务计划现金流量表中得到反映，其利息应计入总成本费用表中的利息支出，中、短期借款利息的计算同于流动资金借款利息，短期借款的偿还按随借随还的原则处理，即当年借款尽可能于下年偿还。

以上各项合计，即得出各年的总成本费用。

2.1.4 投资评价相关成本概念

1. 经营成本

经营成本是财务分析的现金流量分析中的特定概念，它是为分析方便从总成本费用中分离出来的一部分费用，或者说经营成本是项目建成投产后，为生产产品或提供劳务而发生的经常性的费用支出。经营成本作为项目现金流量表中运营期内现金流出的主体部分，应得到充分的重视。

对工业项目或技术方案进行技术经济分析时，必须考察特定经济系统的现金流出与现金流入。按照会计核算方法，总成本费用中含有既不属于现金流出也不属于现金流入的折旧费与摊销费。因此，要计算项目运营期间各年的现金流出，必须从总成本费用中将折旧费与摊销费剔除。借款利息是使用借款资金所要付出的代价，对于企业来说是实际的现金流出。但在评价工业项目全部投资的经济效果时，为了计算与分析的方便，技术经济分析时通常将经营成本作为一个单独的现金流出项。如果分析时需要考虑借款利息支出，则另列一个现金流出项。即：

经营成本 = 总成本费用 - 折旧与摊销费 - 借款利息支出 （2-41）

或 经营成本 = 外购原材料、燃料和动力费 + 各种及福利费 + 修理费 + 其他费用（2-42）

经营成本与融资方案无关。因此在完成建设投资和营业收入估算后，就可以估算经营成本，为项目融资前分析提供数据。

经营成本估算的行业性很强，不同行业在成本构成科目和名称上都可能有较大的不同。估算应按行业规定，没有规定的也应注意反映行业特点。

2. 沉没成本

沉没成本是指以往发生的与当前决策无关的费用。经济活动在时间上是具有连续性的，但从决策的角度来看，以往发生的费用只是造成当前状态的一个因素，当前状态是决策的出发点，当前决策所要考虑的是未来可能发生的费用及所能带来的收益，不考虑以往发生的费用，即技术经济分析时通常不考虑沉没成本。

3. 机会成本

机会成本是指将一种具有多种用途的有限资源置于特定用途时所放弃的收益。当一种有限的资源具有多种用途时，可能有许多投入这种资源获取相应收益的机会，如果将这种资源置于某种特定用途，必须要放弃其他资源投入机会，同时也放弃了相应的收益，在放弃的机会中的最佳机会可能带来的收益，就是将这种资源置于特定用途的机会成本。

4. 可变成本与固定成本

总成本费用按其与产品产量的变化关系分为变动成本与固定成本和半可变（或半固定）成本。

固定成本一般包括折旧费、摊销费、修理费、工资及福利费（计件工资除外）和其他费用等，通常把运营期发生的全部利息也作为固定成本。

可变成本主要包括外购原材料、燃料及动力费和计件工资等。

有些成本费用属于半固定（半可变）成本，即介于固定成本和变动成本之间，既随产量变化又不成正比例变化，具有固定成本和变动成本的特征。必要时可进一步分解成固定成本和可变成本。项目评价时可根据行业特点进行简化处理。

经营成本、固定成本和可变成本根据"总成本估算表"直接计算。

2.1.5　营业收入和利润及估算

1. 营业收入

营业收入是指销售产品或者提供服务所获得的收入，是现金流量表中现金流入的主体，也是利润表的主要科目。营业收入是财务分析的重要数据，其估算的准确性极大地影响着项目财务效益的估算。

①营业收入估算的基础数据。营业收入的基础数据包括产品或服务的数量和价格，都与市场预测密切相关。在估算营业收入时应对市场预测的相关结果以及建设规模、产品或服务方案进行概括的描述或确认，特别应对采用价格的合理性进行说明。

②一般工业项目营业收入的估算。工业项目评价中对营业收入的估算基于一项重要假定，即当期的产出（扣除自用量后）当期全部销售，也就是当期商品产量等于当期销售量。主副产品（或不同等级产品）的销售收入应全部计入营业收入，其中某些行业的产品成品率按行业习惯或规定确定，其他行业提供的不同类型服务收入也应同时计入营业收入。

对产品产量、销售价格、供求情况和价格趋势要通过对市场的研究进行分析和预测。

产品营业收入的表达式为：

$$S = \sum_{i=1}^{n} Q_i P_i \qquad (2-43)$$

式中：Q_i——第 i 种产品的年产量；

P_i——第 i 种产品的单价；

n——产品品种数。

如果项目的产品比较单一，用产品单价乘产量即可得到每年的营业收入；如果项目的产品种类比较多，要根据营业收入和营业税金及附加估算表进行估算。

③分年运营量的确定。分年运营量可根据经验确定负荷率后计算，或通过制订销售（运营）计划确定。

a.按照市场预测的结果和项目具体情况，根据经验直接判定分年的负荷率，判定时应考虑项目性质、技术掌握难易程度、产出的成熟度及市场的开发程度等诸多因素。

b.根据市场预测的结果，结合项目性质、产出特性和市场的开发程度制订分年运营计划，进而确定各年产出数量。相对而言，这种做法更具合理性，国际上更多采用。

运营计划或分年负荷的确定不应依据固定的模式，应根据具体项目具体分析，一般开始投产时负荷较低，以后各年逐步提高，提高的幅度取决于上述因素的分析结果。有些项目的产出寿命期较短、更新快，达到一定负荷后，在适当的年份开始减少产量，甚至要实时终止生产。

2. 补贴收入

某些项目还应按有关规定估算企业可能得到的补贴收入（仅包括与收益相关的政府补助，与资产相关的政府补助不在此处核算。与资产相关的政府补助是指企业取得的，用于构建或以其他方式形成长期资产的政府补助），包括先征后返的增值税、按销量或工作量等依据国家规定的补助定额计算并按期给予的定额补贴，以及属于财政扶持而给予的其他形式的补贴等。补贴收入同营业收入一样，应列入利润与利润分配表、财务计划现金流量表和项目投资现金流量表与项目资本金现金流量表。以上几类补贴收入，应根据财政、税务部门的规定，分别计入或不计入应税收入。

3. 税费及估算

项目评价涉及的税费主要包括关税、增值税、营业税、消费税、所得税、资源税、城市维护建设税、教育费附加等，有些行业还包括土地增值税。在会计处理时，营业税、消费税、土地增值税、资源税、城市维护建设税、教育费附加均可包含在营业税金及附加中。

（1）营业税金及附加估算

①营业税。营业税是对在中华人民共和国境内从事交通运输业、建筑业、金融保险业、邮电通信业、文化体育业、娱乐业、服务业或有偿转让无形资产、销售不动产行为的单位和个人，就其营业额所征收的一种税。营业税是价内税，包含在营业收入之内。营业税税率为3%~20%，不同行业采用不同的适用税率。应纳税额的计算公式为

$$应纳税额 = 营业额 \times 适用税率 \qquad (2-44)$$

在一般情况下，营业额为纳税人提供应税劳务、转让无形资产、销售不动产向对方收取

的全部价款和价外费用。

②消费税。我国对部分货物征收消费税。消费税是对工业企业生产、委托加工和进口的部分应税消费品按差别利率或税额征收的一种税。消费税是在普遍征收增值税的基础上，根据消费政策、产业政策的要求，有选择地对部分消费品征税。如我国对特殊消费品（烟、酒）、奢侈品、高能耗及高档消费品、再生稀缺资源消费品等征收消费税。项目评价时对适用消费税的产品，应按税法规定计算消费税。

目前，我国的消费税共设 11 个税目 13 个子目。消费税的税率有从价定率和从量定额两种。黄酒、啤酒、汽油、柴油采用从量定额；其他消费品均采用从价定率，税率 3% ~ 5%。

从价定率征收消费税的计算公式为：

$$应纳税额 = 应税消费品销售额 \times 适用税率$$
$$= 组成计税价格 \times 消费税率$$
$$= [销售收入(含增值税)/(1+增值税率)] \times 消费税率 \tag{2-45}$$

从量定额征收消费税的计算公式为：

$$应纳税额 = 应税消费品销售数量 \times 单位税额 \tag{2-46}$$

应税消费品的销售额是指纳税人销售应税消费品向买方收取的全部价款和费用，不包括向买方收取的增值税税款，销售数量是指应税消费品数量。

③土地增值税。土地增值税是按转让房地产取得的增值额征收的税种。房地产开发项目应按规定计算土地增值税。土地增值税的征税范围是有偿转让的房地产，包括国有土地使用权及地上建筑物和附着物。土地增值税税率采用 30% ~ 60% 的四级超率累进税率，房地产增值额未超过扣除项目金额 50% 的部分，税率为 30%；超过 50% 未超过 100% 部分，税率为40%；超过 100% 未超过 200% 的部分，税率为 50%；超过 200% 的部分，税率为 60%。

土地增值税的计算步骤是

$$增值额 = 转让房地产收入 - 扣除项目金额 \tag{2-47}$$

按增值额与扣除项目金额之比，求出增值比例；按增值比例找出适用税率。

$$土地增值税额 = 增值额 \times 适用税率 \tag{2-48}$$

扣除项目主要包括取得土地使用权时支付的价款，对土地进行开发的成本和费用及销售税金等。

④资源税。资源税是为了合理开发利用资源、调节资源级差收入，对具有商品属性的（也即具有使用价值和价值）的矿产品、盐等征收的税。其中矿产品包括原油、天然气、煤炭、金属矿产品和其他非金属矿产品等；盐指固体盐、液体盐，具体包括海盐原盐、湖盐原盐、井矿盐等，通常按矿产的产量计征。

资源税应纳税额的计算公式为

$$应纳税额 = 应税产品课税数量 \times 单位税额 \tag{2-49}$$

课税数量是指纳税人开采或者生产应税产品用于销售的，以销售数量为课税数量；纳税人开采或者生产应税产品自用的，以自用数量为课税数量。

⑤城市维护建设税和教育费附加。城市维护建设税和教育费附加统称营业税金附加。

城市维护建设税是一种地方附加税，目前以流转税额（包括增值税、营业税和消费税）为计税依据，税率根据项目所在地分市区，县、镇和县、镇以外三个不同等级。即项目所在地为市区的，税率为 7%，项目所在地为县城、镇的税率为 5%，项目所在地为乡村或矿区的，税率为1%。

城市维护建设税以纳税人实际缴纳的增值税、消费税、营业税税额为计税依据，分别与上述3种税同时缴纳。其应纳税额的计算公式为

$$应纳税额=（增值税+消费税+营业税）的实际缴纳额×适用税率 \qquad (2-50)$$

教育费附加是为了加快地方教育事业的发展，扩大地方教育经费的资金来源而收取的专项费用。教育费附加收入纳入预算管理，作为专项基金，主要用于各地改善教学设施和办学条件。计税依据也是流转税额，税率由地方确定，项目评价中应注意当地的规定。

教育费附加的计征依据是各纳税人实际缴纳的消费税、增值税、营业税税额。其计算公式为

$$应纳教育费附加额=实际缴纳的（消费税+增值税+营业税）税额×税率 \qquad (2-51)$$

（2）增值税、关税、所得税估算

①增值税估算。增值税是对中华人民共和国境内销售货物或提供加工、修理修配劳务以及进出口货物的单位和个人，就其商品流转的增值额为课税依据征收的一种流转税。所谓增值额，是指纳税人从事应税货物生产经营或劳务而新增加的价值额。

财务分析时应按税法规定计算增值税。须注意，当采用含（增值）税价格计算销售收入和原材料、燃料动力成本时，利润和利润分配表以及现金流量表中应单列增值税科目；采用不含（增值）税价格时，利润和利润分配表以及现金流量表中不包含增值税科目。应注意明确说明采用何种计价方式，同时注意涉及出口税（增值税）时的计算及相关报表的联系。

按照现行税法的规定，增值税作为价外税不包括在营业税金及附加中，产出物的价格不含有增值税中的销项税，投入物的价格中也不含有增值税中的进项税。但在财务分析时要单独计算增值税，因为营业收入和成本中是包含增值税的，为使计算口径一致，在计算利润总额时，还要从营业收入中扣除增值税。另外，增值税还是城市维护建设税和教育费附加的计算基数。

增值税是按增值额计税的，可按下列公式计算：

$$增值税应纳税额=销项税额-进项税额 \qquad (2-52)$$

式中：销项税额=销售额×增值税率

$\qquad\qquad$ =［销售收入（含税销售额）/（1+增值税率）］×增值税率

$\qquad\quad$ 进项税额=［外购原材料、燃料及动力费/（1+增值税率）］×增值税率

销项税额是指纳税人销售货物或者提供应税劳务，按照销售额和规定的增值税率计算并向购买方收取的增值税额。

进项税额是指纳税人购进货物或者接受应税劳务，所支付或者负担的增值税额。准予从销项税额中抵扣的进项税额为：从销售方取得的增值税专用发票上注明的增值税额；从海关取得的完税凭证上注明的增值税额；购进免税农产品准予抵扣的进项税额。

需要特别注意的是，目前我国大部分地区仍然采用生产型增值税，不允许抵扣购进固定资产的进项税额。2004年7月起，开始对东北老工业基地的部分行业试行扩大增值税抵扣范围，允许抵扣购置固定资产的增值税额。2007年5月，财政部、国家税务总局又印发了《中部地区扩大增值税抵扣范围暂行办法》（财税〔2007〕75号）通知，对中部地区扩大增值税抵扣范围的行业做出规定，项目评价时须注意按相关规定采用适宜的计税方法。

②关税估算。关税是以进出口的应税货物为纳税对象的税种。项目评价涉及引进设备、

技术和加快原材料时，可能需要估算进口关税。项目评价时应按有关税法和国家的税收优惠政策，正确估算进口关税。我国仅对少数货物征收出口关税，而对大部分货物免征出口关税。若项目的出口产品属征税货物，应按规定估算出口关税。

进出口关税的税额计算公式为：

$$关税应纳税额=完税价格×适用税率 \qquad (2-53)$$

进口关税的完税价格通常按到岸价格确定。出口货物的完税价格计算公式为：

$$出口货物完税价格=离岸价格/（1+出口关税税率） \qquad (2-54)$$

③所得税估算。企业所得税是针对企业应纳税所得额征收的税种。凡在我国境内实行独立经营核算的各类企业或者组织，来源于我国境内、境外的生产、经营所得和其他所得，均应依法缴纳企业所得税。

项目评价时应注意按有关税法对所得税前扣除项目的要求，正确计算应纳税所得额，并采用适宜的税率计算企业所得税，同时注意正确使用有关的所得税优惠政策，并加以说明。企业所得税应纳税额可按下式计算：

$$企业所得税应纳税额=应纳税所得额×所得税率 \qquad (2-55)$$

应纳税所得额是纳税人每一纳税年度的收入总额减去准予扣除项目的余额。纳税人发生年度亏损的，可以用下一年度的所得弥补；下以年度的所得不足弥补的，可以逐年延续弥补，但延续弥补期最长不得超过 5 年。

在项目评价时，一般是按照利润总额以及 25% 所得税率计算所得税。如法律、法规和国务院有关规定给予减免税，按照法律或规定执行。

4.维持运营投资估算

某些项目在运营期间需要一定的固定资产投资才能得以维持正常运营，例如设备更新费用、油田的开发费用、矿山的井巷开拓延伸费用等。不同类型和不同行业的项目投资的内容可能不同，发生维持运营投资时应将其列入现金流量表作为现金流出，参与内部收益率等指标的计算。同时，也应反映在财务计划现金流量表中，参与财务生存能力分析。

按照《企业会计准则——固定资产》，该投资是否能予以资本化，取决于其是否能为企业带来经济利益且该固定资产的成本是否能够可靠地计量。项目评价时，如果该投资投入后延长了固定资产的使用寿命，或使产品质量有实质性提高，应予以资本化，即应计入固定资产原值，并计提折旧。否则该投资只能费用化，不形成新的固定资产原值。

5.利润

利润是企业经济目标的集中表现，是一定时期内全部生产经营活动的净成果，利润的实现表明企业生产耗费得到了补偿，并取得了盈利。项目的利润是项目在一定时期内的经营净成果，它已包含在营业收入中，不再作为单独的现金流入项目。但为了计算税金支出和分析项目盈利能力，必须对利润进行测算。

利润就其构成而言，有不同的层次。根据经济分析的不同需要，项目投产后所获得的利润主要有营业利润、利润总额和税后利润。

①营业利润。营业利润是企业利润的主要来源，是营业收入减去营业成本和营业税金及

附加后的余额。这一指标能够比较恰当地代表企业管理者的经营业绩。计算公式为：

$$营业利润=营业收入-营业税金及附加-总成本费用 \qquad (2-56)$$

②利润总额。利润总额是一定时期内实现盈亏的总额，是企业生产经营成果的综合反映。根据我国企业会计准则的规定，企业的税前利润即利润总额。计算公式为：

$$利润总额=营业利润+营业外收入-营业外支出 \qquad (2-57)$$

营业外收入是指与企业生产经营活动没有直接关系的各种收入，包括固定资产盘盈、处置固定资产净收益、教育费附加返还款、出售无形资产净收益等。营业外支出是指不属于企业生产费用，与企业生产经营活动没有直接的关系，但应从实现的利润总额中扣除的支出，包括固定资产盘亏、处置固定资产净损失、非常损失、公益救济金捐赠、违约金赔偿金罚款等。

③税后利润。税后利润又称净利润，是利润总额减去所得税的余额。企业的利润总额是劳动者为社会创造的新价值，其中一部分由国家以税收形式无偿征收，作为国家的财政收入，另一部分就是企业的净利润。税后利润计算公式为：

$$税后利润=利润总额-所得税 \qquad (2-58)$$

2.2　资金时间价值的概念与计算方法

2.2.1　资金时间价值的概念与衡量尺度

1.资金时间价值的概念

资金与时间的关系体现在资金的时间价值中。所谓资金的时间价值，是指资金在生产或流通领域不断运动，随时间的推移而产生的增值，或说是资金在生产或流通领域的运动中随时间的变化而产生的资金价值的变化量。

资金的时间价值可以从两方面来理解：

首先，将资金用作某项投资，由资金的运动（流通—生产—流通）可获得一定的收益或利润，这就是资金的"时间价值"。

其次，如果放弃资金的使用权利，相当于失去收益的机会，或牺牲了现期消费，即相当于付出一定的代价，这也是资金时间价值的体现。

2.资金时间价值的衡量尺度

资金时间价值是以一定的经济活动所产生的增值或利润来表达的。因此，利息、利润是资金时间价值的体现，是衡量资金时间价值的绝对尺度。

利息是资金占有者转让使用权所取得的报酬，也是使用者所付出的代价，无论个人或企业向银行贷款，都要支付利息，同理，个人或企业向银行存款，银行也要支付利息。即使使用自有资金，不需要向别人支付利息，但失去了将这笔资金存入银行或贷款给别人投资而获利的机会，这种机会的损失也就是使用自有资金的代价。

利润是资金投入生产流通领域直接获取的增值，也是衡量资金时间价值的绝对尺度。

衡量资金时间价值除可用绝对尺度外，也有相对尺度。通常我们习惯上把银行储蓄或债务资本支付中，单位时间的利息额与本金的比例称为利率，而把单位时间内直接投资生产、流通中所获得的利润额与投资额的比值称为资金利润率或投资收益率，在技术经济学中，把资金增值的利息、利润可统称为收益。因此，利润率、利率也可用收益率来统称，它们是衡量资金时间价值的相对尺度。

2.2.2　资金时间价值的基本计算方法

计算利息的时间单位为计息周期，计息周期有年、季、月、周、日之分，在技术经济分析中计息周期多采用年。计算资金时间价值的基本方法有单利法和复利法。

1. 单利法

单利法是指仅以本金计算利息的方法。即在下期计算利息时不把已产生的利息作为本金计算利息，也就是说利息不再计息。按单利计息方式，利息和占用资金的时间、本金量成正比例关系，比例系数即利率。本金在资金占用期所产生的总利息即为本金在资金占用期所产生的资金的时间价值。其总利息计算公式为：

$$I_n = P \cdot i \cdot n \tag{2-59}$$

期末本利和计算公式为：

$$F_n = P + P \cdot i \cdot n = P(1 + i \cdot n) \tag{2-60}$$

式中：I_n——总利息；

P——本金额；

n——计利期数；

i——每个计利期的利率；

F_n——n 期末的本利和。

例 2-3　借款 10000 元，借期 3 年，年利率 5%，按单利计息，第 3 年末应还本利共多少？

解：根据公式(2-59)

∵　$P = 10000$，$n = 3$，$i = 5\%$

∴　$I_3 = P \cdot i \cdot n = 10000 \times 5\% \times 3 = 1500$（元）

$F_3 = P + I_3 = 10000 + 1500 = 11500$（元）

答：第三年末应共还本利和 11500 元。

单利的经济含义是，一笔投资在投入生产后的全部生产机能时间内，每年以一定的效果系数为社会提供一定的经济效果。因此，当评价一个企业在某一段时间内为社会提供了多少财富时可用单利计算，可以说单利法是从简单再生产的角度计算经济效果的。

单利法虽然考虑资金的时间价值，但仅以本金为基数在整个资金占用期期末一次计算利息，对以前已经产生的利息并没有转入计息基数而累计利息，等于忽略了这笔资金的时间价值，没能完全反映出各期利息的时间价值，因此单利法计算资金的时间价值是不完善的。

2. 复利法

复利法是用本金和前期累计利息总额之和为基数计算利息的方法。即除最初的本金要计算利息外，每一计息周期的利息都要并入本金，再生利息，俗称"利滚利"。复利计算的本利和公式为：

$$F = P(1+i)^n \qquad (2-61)$$

式(2-61)的推导如下：

计息周期 n	本利和 F_n
1	$F_1 = P + P \cdot i = P(1+i)$
2	$F_2 = P(1+i) + P(1+i) \cdot i = P(1+i)^2$
3	$F_3 = P(1+i)^2 + P(1+i)^2 \cdot i = P(1+i)^3$
⋮	⋮
n	$F_n = P(1+i)^{n-1} + P(1+i)^{n-1} \cdot i = P(1+i)^n$

按复利法，本金在 n 期的资金占用期所产生的资金时间价值(总利息)为

$$I_n = F - P = P(1+i)^{n-P} \qquad (2-62)$$

例 2-4　基础数据同上例，但按复利计息，问第 3 年末的本利和是多少？

解：根据公式　$F = P(1+i)^n$　得

$F = 10000 \times (1+5\%)^3 = 11576.25(元)$

答：第 3 年末的本利和为 11576.25 元。

从例 2-3、例 2-4 中可以看出，同一笔借款，在 i 和 n 相同的情况下，用复利计算出的利息金额比用单利计算出的大。本金愈大、利率愈高、期限愈长，两者差距就愈大。

复利法由于考虑了利息的时间价值，即利息再生利息，比较符合资金在社会再生产过程中的实际情况，因此它是一种比较完善的计算方法。在技术经济分析时若不另加说明，均按复利法计算。我国基本建设投资借款以及国外资金借款都是按复利法计算的。

复利法有间断复利和连续复利两种。间断复利是按一定期限(如年、季、月、日)复利计息的方法，连续复利是按瞬时(即计息周期趋于无限短)复利计息的方法。从理论上讲，复利计算应该采用连续复利计息，因为资金实际上是在不停地运动着，每时每刻都通过生产过程增值，但是为了简化计算，在实际工作中是按照一定期限计息的。因此，除有特殊要求外，在技术经济分析中通常采用间断(普通)复利计息法计算利息。

2.3　资金等值计算——复利法

2.3.1　资金等值

在资金时间价值的计算中，等值是一个十分重要的概念。由于资金具有时间价值，因此，等量资金所处的时点不同时，其价值一般不同；不同时点的不等量资金，其价值可能是相同的。资金等值是指在考虑时间因素的情况下，一笔资金与不同时点绝对值不等的另一笔或一系列资金，按某一利率换算至某一相同时点时，可能具有相等的价值。例如，现在的 100 元与 1 年以后的 110 元，绝对值不等，但如果年利率为 10%，则两者是等值的。因为现在的

100 元，1 年后的本利和应该是本金 100 元与利息 100×10%＝10 元之和，即 110 元。同样 1 年后的 110 元等于现在的 110/（1+10%）＝100 元。

影响资金等值的因素有三个：资金额的大小、利率的大小、资金发生的时间。三个因素中任何一个因素变化都将导致等值的变化，如现在的 100 元与 1 年后的 110 元，只有在 10% 的情况下才等值，而其中利率是一个关键因素，一般等值计算中是以同一利率为依据的。

2.3.2 等值计算中的典型现金流

利用等值概念，可以把某一时点的资金按一定利率换算为与之等值的另一时点或另一序列时点的资金，反之亦然。这个换算过程即为资金的等值计算。

在技术经济分析中，为了考察投资项目的经济效果，必须对项目寿命期内不同时间发生的全部费用和全部收益进行计算和分析。在考虑资金时间价值的情况下，不同时间发生的收入或支出，其数值不能直接相加减，只能通过等值计算将它们换算到同一时点上，再进行分析。

等值计算包括：

（1）单个现金流之间的计算；

（2）单个现金流与系列现金流之间的计算；

（3）系列现金流之间的计算。

在等值计算中，有四种现金流是最基本最典型的。

1. 现在值 P

一方面，现在值属于现在一次支付（或收入）性质的金额，简称现值。另一方面，现在值也可以是未来某一时刻的货币资金按某种利率折算到现在的值。现金流如图 2-11 所示：

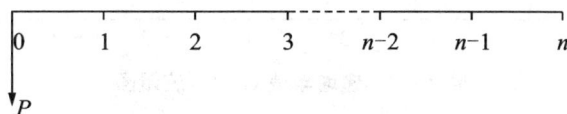

图 2-11 现在值 P 现金流量图

2. 将来值 F

这是指站在现在时刻来看，发生在未来某时刻一次支付（或收入）的货币资金，常简称为终值。现金流如图 2-12 所示：

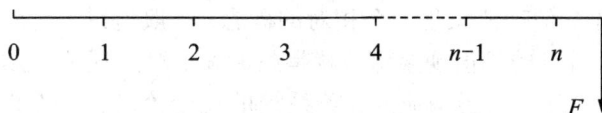

图 2-12 将来值 F 现金流量图

3. 等年值 A

等年值（等额年金）是从现在时刻来看，以后分次等额支付（或收入）的货币资金，通常每期金额间隔周期为一年，故称"等年值"，也可称"年金"。等额年金包括期末年金、期初年金、延期年金等，常用的期末年金应当满足三个条件：

（1）各期支付金额相等，即 A；

（2）支付期（n）中各期的间隔应相等（如一年）；

（3）第一次支付在第一年末，以后每一次支付都在每一期末。其现金流如图 2-13 所示：

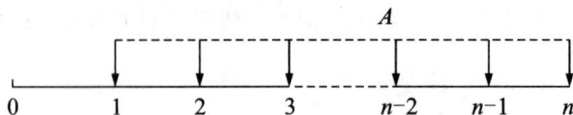

图 2-13　等额年金现金流量图

4.递增（递减）年值 G

即在第一年末的现金流值的基础上，以后每年递增（或递减）一个数量 G，G 也称为"等差值"或"梯度"，第一年末的现金流值称为基础值。以递增年值为例，其现金流如图 2-14 所示：

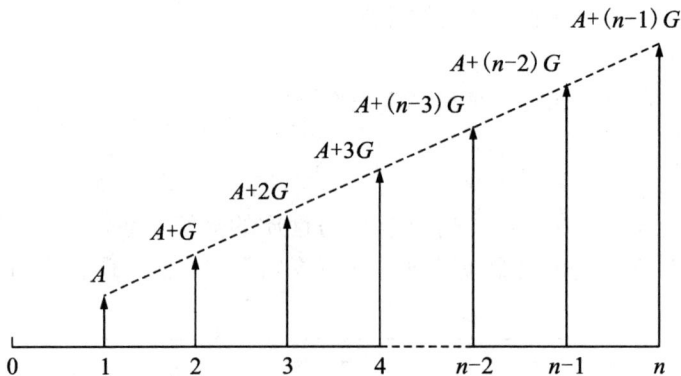

图 2-14　递增年值 G 现金流量图

我们实践中遇到的各种现金流，都可以理解成上述几种典型现金流的某种组合。

在等值计算中，把将来某一时点或一系列时点的现金流量按给定的利率换算为现在时点的等值现金流称为"贴现"或"折现"，换算过程中所用的利率称为"贴现率"或"折现率"，贴现后的现金流称为"现值"，而把现在时点或一系列时点的现金流按给定的利率计算所得的将来某时点的等值现金流称为"将来值"或"终值"。应当指出，现值常指计算期的期初即第一年初（第零年）的现金流。但现值又是一个相对的概念，一般地讲，凡是把第 $t+k$ 个时点发生的现金流贴现到第 t 个时点的等值现金流，就是第 $t+k$ 个时点现金流贴现后在第 t 个时点的现值。在等值计算中，无论是流出还是流入，若系统的现金流均在一个时点上一次全部发生，则称为"整付"或"一次支付"。相对于整付而言，某笔款项分别在几个时点上多次发生，则称为"分付"。分付可以是等额分付，也可以是不等额分付。连续等额分付中，等额分付值通常称"系列值"，如果以年为计息期，即称为"等额年金"或"年值"。在连续不等额分付中，又有"等差分付"和"等比分付"。

利用等值的概念，我们可以将现值（P）、将来值（F）、年值（A）、等差值（G）等进行相互变换。下面介绍的资金等值的复利计算公式就是利用等值的原理得出的。

2.3.3　普通复利公式

资金等值计算公式和复利计算公式是相同的。根据资金的支付方式不同，可将等值计算公式分为四类，现将主要计算公式介绍如下。

1. 一次支付类型

一次支付类型的现金流量图(图 2-15)，涉及一次性发生的两笔现金流量，即现值与终值，我们约定现值发生在期初、终值发生在期末，对应的等值计算公式有一次支付终值公式和一次支付现值公式。

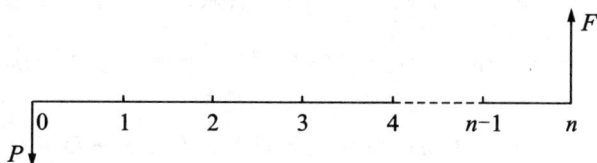

图 2-15　一次支付现金流量图

(1)一次支付终值公式(已知 P 求 F)

一次支付终值公式又称一次支付复利公式，与复利计算的本利和公式(2-61)是一样的，它是等值计算的基本公式，其他计算公式都可以从此派生出来。

一次支付终值公式为：

$$F = P(1+i)^n = P(F/P, i, n) \tag{2-63}$$

此公式是在折现率为 i、计息周期数为 n 的条件下，已知现值 P 求 n 期末的终值 F 的等值计算公式。系数 $(1+i)^n$ 称为一次支付终值系数，可用符号 $(F/P, i, n)$ 表示。其中，斜线右边字母表示已知的数据与参数，左边表示欲求的等值现金流。该系数可由复利系数表查出。

例 2-5　为对企业进行技术改造，向银行贷款 100 万元，年利率为 5%，两年还清，借款期末应向银行偿还本利和共多少？

解：画现金流量图，如图 2-16 所示。

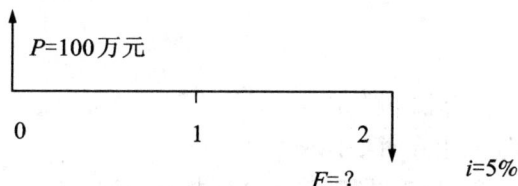

图 2-16　例 2-5 现金流量图

两年后归还银行的本利和应与现在的借款金额等值，折现率就是银行利率。由式(2-63)可得出：

$$F = P(1+i)^n = 100 \times (1+5\%)^2 = 110.25(万元)$$

也可以查复利系数表(见本书附录),当折现率为5%时,$n=2$的一次支付终值系数(F/P,5%,2)为1.1025,故

$$F = P(F/P, i, n) = 100(F/P, 5\%, 2) = 100 \times 1.1025 = 110.25(万元)$$

答:两年末应向银行偿还本利和110.25万元。

(2)一次支付现值公式(已知F求P)

这是已知终值F求现值P的等值计算公式,是一次支付终值公式的逆运算式。由式(2-66)可直接导出:

$$P = \frac{F}{(1+i)^n} = P(P/F, i, n) \tag{2-64}$$

式中$\dfrac{1}{(1+i)^n}$称为一次支付现值系数,或称贴现系数,可用符号(P/F,i,n)表示,可理解为已知F、i、n求现值P,可查复利系数表求得。它和一次支付终值系数$(1+i)^n$互为倒数。

例2-6 某公司对报酬率为10%的项目进行投资,为在5年后获得1000万元,现在应投资多少?

解:画现金流量图,如图2-17所示。

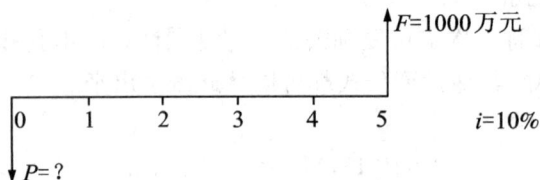

图2-17 例2-6现金流量图

由公式(2-64)得

$$P = \frac{1000}{(1+10\%)^5} = 620.9(万元)$$

也可查表计算

$$P = F(P/F, i, n) = 1000(P/F, 10\%, 5) = 1000 \times 0.6209 = 620.9(万元)$$

答:现在应投资620.9万元。

2. 等额分付类型

对于等额分付类型,我们有如下约定:

①等额支付值A连续地发生在每期期末;

②现值P发生在第一期的期初,即与第一个A相差一期;

③未来值F与最后一个A同时发生。

等额支付且连续发生的现金流,我们称之为等额系列现金流。下面介绍等额系列现金流的四个等值计算公式。

（1）等额分付终值公式（已知 A 求 F）

等额分付终值公式也称为年金终值公式，该公式按利率 i 复利计息，计算与 n 期内等额系列现金流 A 等值的第 n 期末的本利和 F。也就是已知 A、i、n，求 F。其现金流量图如图 2-18 所示。

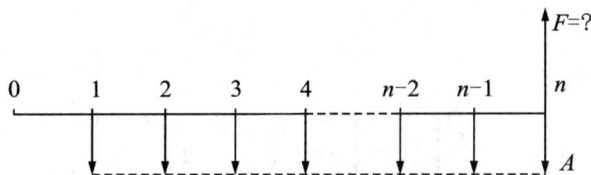

图 2-18　等额分付终值现金流量图

依据图 2-18，可把等额序列视为 n 个一次支付的组合，利用一次支付终值公式可推导出等额分付终值公式：

$$F = A + A(1+i) + A(1+i)^2 + \cdots + A(1+i)^{n-2} + A(1+i)^{n-1}$$
$$= A[1 + (1+i) + (1+i)^2 + \cdots + (1+i)^{n-2} + (1+i)^{n-1}]$$

利用等比级数求和公式 $S = \dfrac{a_1(1-q^n)}{1-q}$

得

$$F = A \cdot \frac{(1+i)^n - 1}{i} = A(F/A, i, n) \tag{2-65}$$

式中 $\dfrac{(1+i)^n - 1}{i}$ 称为等额分付终值系数或年金终值系数，记为 $(F/A, i, n)$，可理解为已知 A、i、n，求 F。其系数值可从复利系数表中查得。

例 2-7　某项目寿命期 5 年，每年净收入 1000 万元，年利率 8%，该项目到五年末寿命期满时净收入多少？

解：画现金流量图，如图 2-19 所示。

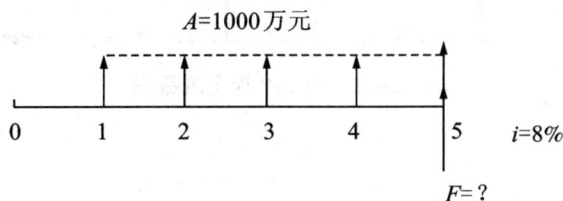

图 2-19　例 2-7 现金流量图

由公式（2-65）得

$$F = 1000 \times \frac{(1+8\%)^5 - 1}{8\%} = 5867（万元）$$

或查表计算

$$F = A(F/A, i, n) = 1000(F/A, 8\%, 5) = 1000 \times 5.867 = 5867（万元）$$

答：该项目到五年末寿命期满时净收入为 5867 万元。

（2）等额分付偿债基金公式（已知 F 求 A）

等额分付偿债基金公式又称等额分付积累基金公式。也就是求为了在未来偿还一笔债务，或为未来积累某笔基金，在利率为 i 的情况下，预先每年应存储多少资金。即已知 F、i、n，求 A。其现金流量如图 2-20 所示：

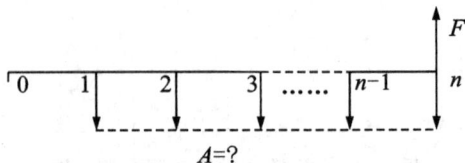

图 2-20　等额分付偿债基金现金流量图

等额分付偿债基金公式是等额分付终值公式的逆运算式。因此可由公式（2-65）直接导出：

$$A = F \cdot \frac{i}{(1+i)^n - 1} = F(A/F, i, n) \tag{2-66}$$

式中系数 $\dfrac{1}{(1+i)^n - 1}$ 称为等额分付偿债基金系数，又称积累基金因子，也可用符号 $(A/F, i, n)$ 表示，其系数值可从复利系数表中查得。

利用式（2-65）和式（2-66）进行等值计算时，必须注意的一点是，这两个公式分别适用于图 2-16 和图 2-18 所示的现金流量图。若年值 A 均发生在各期期初，F 仍发生在第 n 期末，则不能直接套用式（2-65）和（2-66），必须进行一定的变换。

例 2-8　某企业计划自筹资金在 5 年后新建一个生产车间，预计需要投资 2000 万元。若年利率为 8%，在复利计息条件下，从现在起每年末应等额存入银行多少钱？

解：画现金流量图，如图 2-21 所示。

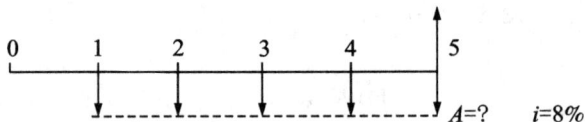

图 2-21　例 2-8 现金流量图

由公式（2-66）得

$$A = 2000 \times \frac{8\%}{(1+8\%)^5 - 1} = 2000 \times 0.1705 = 341（万元）$$

或查表计算

$$A = F(A/F, i, n) = 2000(A/F, 8\%, 5) = 2000 \times 0.1705 = 341（万元）$$

答：每年末应存入银行 341 万元。

例 2-9　某学生在大学四年学习期间，每年年初从银行借款 4000 元用以支付学费，若按年利率 6% 计复利，到第四年末累积欠款多少元？

解：画现金流量图，如图 2-22 所示。

$A=4000$ 元

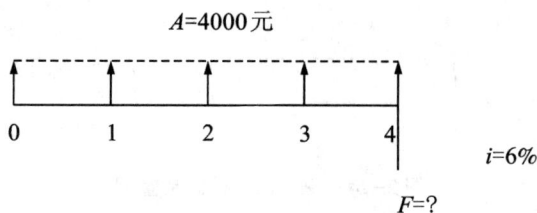

图 2-22　例 2-9 现金流量图

本例不能直接套用式(2-65)，由于每年的借款发生在年初，需要先将其折算成年末的等价金额。

$$F=A(1+i)\cdot\frac{(1+i)^4-1}{i}=4000\times(1+6\%)\times\frac{(1+6\%)^4-1}{6\%}=4000\times1.06\times4.375=18550(\text{元})$$

或查表计算

$$F=A(F/P,i,n)(F/A,i,n)=4000(F/P,6\%,1)(F/A,6\%,4)=18550(\text{元})$$

答：到第四年末累积欠款 18550 元。

(3)等额分付现值公式(已知 A 求 P)

在收益率为 i 的情况下，如果希望在今后几年内，每年末能取得等额的存款或收益 A，现在必须投入多少资金？即已知 A、i、n，求 P。其现金流量图如图 2-23 所示：

A

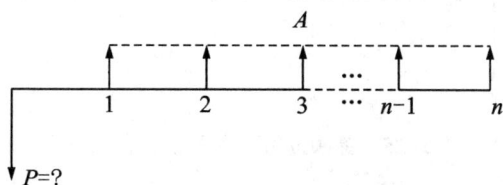

图 2-23　等额分付现值现金流量图

由等额分付终值公式 $F=A\cdot\dfrac{(1+i)^n-1}{i}$ 和一次支付终值公式 $F=P(1+i)^n$ 可得：

$$P(1+i)^n=A\cdot\frac{(1+i)^n-1}{i}$$

移项得：

$$P=A\cdot\frac{(1+i)^n-1}{i(1+i)^n}=A(P/A,i,n) \tag{2-67}$$

式中 $\dfrac{(1+i)^n}{i(1+i)^n}$ 称为等额分付现值系数，也可用符号$(P/A,i,n)$表示，其系数值可从复利系数表中查得。

例 2-10　购买某项专利技术，预计每年平均可获利 200 万元，在年利率 6% 的情况下，5年后要求连本带利全部回收投资，问期初购买专利一次性投入的资金应不超过多少钱才合算？

解：画现金流量图，如图 2-24 所示。

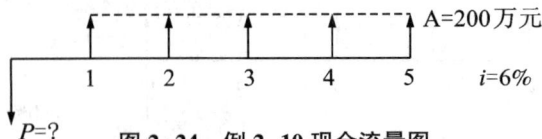

图 2-24 例 2-10 现金流量图

由公式 $P = A \cdot \dfrac{(1+i)^n - 1}{i(1+i)^n}$ 得

$$P = 200 \times \frac{(1+6\%)^5 - 1}{6\%(1+6\%)^5} = 842.47 \text{（万元）}$$

或查表计算

$$P = A(P/A, i, n) = 200(P/A, 6\%, 5) = 200 \times 4.212 = 842.4 \text{（万元）}$$

答：购买专利的金额不能超过 842.4 万元才合算。

(4) 等额分付资本回收公式（已知 P 求 A）

该公式是指，如果现在投资 P 元，按复利计算，希望分 n 期，期末等额回收，那么每次应回收多少，才能连本带利全部回收？即已知 P、i、n，求 A。其现金流量图如图 2-25 所示：

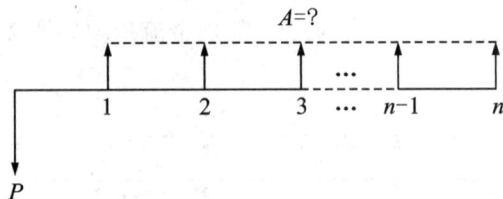

图 2-25 等额分付资本回收现金流量图

等额分付资本回收公式是等额分付现值公式的逆运算式，由式(2-67)可直接导出：

$$A = P \cdot \frac{i(1+i)^n}{(1+i)^n - 1} = P(A/P, i, n) \tag{2-68}$$

式中 $\dfrac{i(1+i)^n}{(1+i)^n - 1}$ 称为等额分付资本回收系数，可用符号 $(A/P, i, n)$ 表示，其系数值可从复利系数表中查得。这是一个重要的系数，对工业项目进行技术经济分析时，它表示在考虑资金时间价值的条件下，对应于工业项目的单位投资，在项目寿命期内每年至少应该回收的金额。如果对应单位投资的实际回收金额小于这个值，在项目的寿命期内就不可能将全部投资收回。

资本回收系数与偿债基金系数之间存在如下关系：

$$(A/P, i, n) = (A/F, i, n) + i$$

例 2-11 某房地产公司贷款 1000 万元开发房地产，银行要求 4 年内等额收回全部贷款，若贷款利率为 8%，那么该房地产公司平均每年的净收益至少应该有多少万元才能还清贷款？

解：画现金流量图，如图 2-26 所示。

由公式 $A = P \cdot \dfrac{i(1+i)^n}{(1+i)^n - 1}$ 得

$$A = 1000 \times \frac{8\%(1+8\%)^4}{(1+8\%)^4 - 1} = 1000 \times 0.3019 = 301.9(万元)$$

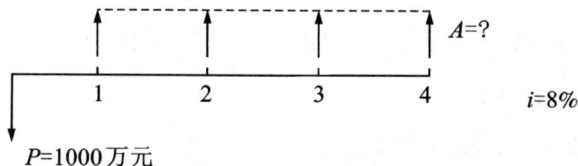

图 2-26　例 2-11 现金流量图

或查表计算

$$A = P(A/P, i, n) = 1000(A/P, 8\%, 4) = 1000 \times 0.3019 = 301.9(万元)$$

答：该房地产公司每年的净收益至少应有 301.9 万元才够还贷。

3. 等差序列类型

在实际工作中，每期支付的资金经常是不等的，常见的有逐期递增（递减）序列现金流。在不考虑第一年末的现金流值的基础上，等差序列现金流量如图 2-27 所示。我们称其为标准等差序列现金流。

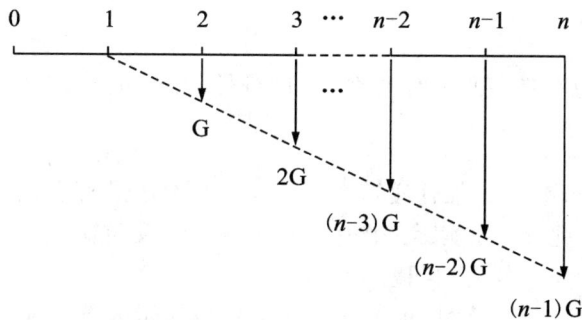

图 2-27　等差序列现金流

等差支付序列公式常用的有三种类型。

（1）等差序列终值公式（已知 G 求 F）

由一次支付终值公式得

$$F = G(1+i)^{n-2} + 2G(1+i)^{n-3} + 3G(1+i)^{n-4} + \cdots$$
$$+ (n-2)G(1+i)^{n-(n-1)} + (n-1)G \qquad \textcircled{1}$$

①式乘 $(1+i)$ 得

$$F(1+i) = G(1+i)^{n-1} + 2G(1+i)^{n-2} + 3G(1+i)^{n-3} + \cdots$$
$$+ (n-2)G(1+i)^2 + (n-1)G(1+i) \qquad \textcircled{2}$$

②-①得

$$Fi = G\left[(1+i)^{n-1}+(1+i)^{n-2}+(1+i)^{n-3}+\cdots+(1+i)^2+(1+i)+1\right]-nG$$

$$= G \cdot \frac{1-(1+i)^n}{1-(1+i)} - nG = G\left[\frac{(1+i)^n}{i}-n\right]$$

所以
$$F = \frac{G}{i}\left[\frac{(1+i)^n-1}{i}-n\right] = G(F/G, i, n) \tag{2-69}$$

式中 $\frac{1}{i}\left[\frac{(1+i)^n-1}{i}-n\right]$ 称为等差支付序列终值系数,可用符号 $(F/G, i, n)$ 表示,系数值可从等差序列复利系数表中查得。

(2)等差序列现值公式(已知 G 求 P)

由等差序列终值公式和一次支付现值公式得:

$$P = G(F/G, i, n)(P/F, i, n) = G \cdot \frac{1}{i}\left[\frac{(1+i)^n-1}{i}-n\right] \cdot \frac{1}{(1+i)^n} = G \cdot \frac{1}{i^2}\left[1-\frac{1+in}{(1+i)^n}\right]$$

$$= G(P/G, i, n) \tag{2-70}$$

式中 $\frac{1}{i^2}\left[1-\frac{1+in}{(1+i)^n}\right]$ 称为等差序列现值系数,可用符号 $(P/G, i, n)$ 表示,系数值可从等差序列复利系数表中查得。

(3)等差序列年值公式

由等差序列终值公式和等额支付序列偿债基金公式,可得等差序列年值公式为:

$$A = G \cdot (F/G, i, n)(A/F, i, n) = \frac{G}{i}\left[\frac{(1+i)^n-1}{i}-n\right] \cdot \frac{1}{(1+i)^n-1} = \frac{G}{i}\left[1-\frac{in}{(1+i)^n-1}\right] = G(A/G, i, n)$$

$$\tag{2-71}$$

式中 $\frac{1n}{(1+i)^n-1}$ 称为等差序列年值系数,可用符号 $(A/G, i, n)$ 表示,系数值可从等差序列复利系数表中查得。

应当指出,在实际工作中,既有递增型等差支付序列,又有递减型等差支付序列,其分析处理方法基本相同。此外,在实际工作中,常常遇到年支付额不是严格的等差序列,但可采用等差支付的方法近似地分析的问题。

运用等差序列公式进行计算时,应注意,各公式所表示的等差序列都是没考虑第一年末基础付款额的标准等差现金流,所表示的等差值 G 是从第二年末开始的。而依公式(2-70)计算的现值位于第零年末,因此,定差序列现金流所计算的现值永远位于等差开始的前两年。而依公式(2-71)计算的是标准的等额序列现金流,因此,第一个 A 发生的时间永远在第一个 G 的前一年。

例 2-12 某企业在商场租了一间铺面展销产品,租期 5 年,每年耗费的店租成等差序列,第一年铺租为 1 万元,以后每年在此基础上递增 3000 元,设各年的铺租都发生在年末,如果利率为 10%,求 5 年中平均每年要提取多少资金支付铺租?

解: 画现金流量图,如图 2-28 所示。

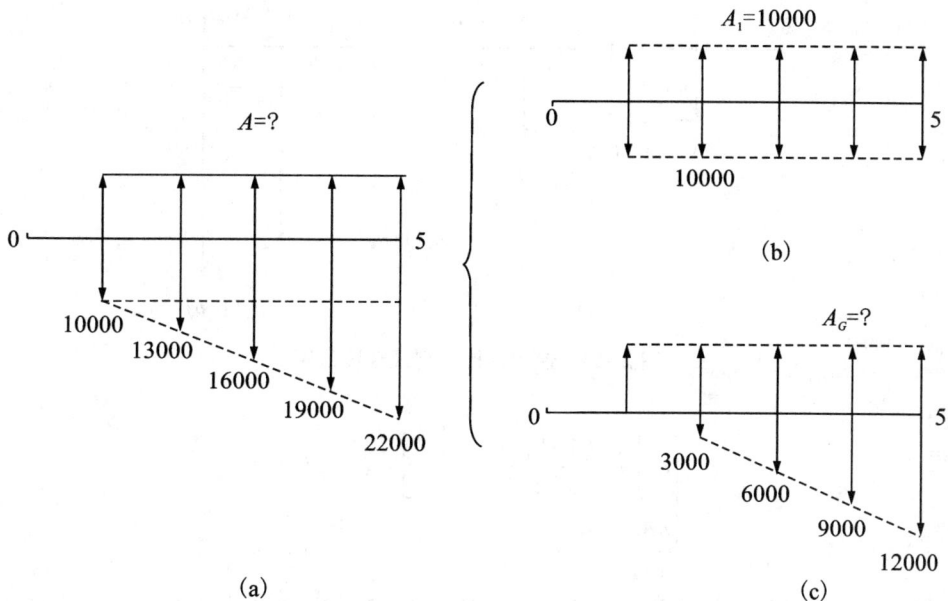

图 2-28　例 2-12 现金流量图

本题等差序列现金流含基础付款额，如图(a)所示，它可以分解为二部分，一部分为基础付款额现金流，其数值为 10000 元，如图(b)所示，另一部分为标准等差序列现金流，等差值为 3000 元，如图(c)所示。根据公式(2-71)可得：

$$A = A_1 + A_G = 10000 + \frac{3000}{10\%} \times \left[1 - \frac{10\% \times 5}{(1+10\%)^5 - 1} \right] = 15430 (元)$$

或查表计算

$$A = A_1 + A_G (A/G, i, n) = 10000 + 3000 (A/G, 10\%, 5) = 15430 (元)$$

答：平均每年应提取 1.543 万元支付铺租。

4. 等比序列现金流的等值计算

有些技术经济问题，其收支常呈现为以某一固定百分比 h 逐期递增或递减的情形。此时，现金流量就表现为等比序列，也叫几何序列，其现金流量图如图 2-29 所示。

等比序列现金流的通用公式为：

$$A_t = A_1 (1+h)^{t-1} \qquad t = 1, 2, \cdots, n \qquad (2-72)$$

式中：A_1——定值，h——等比系数。

因此，等比序列现金流的现值为：

$$P = \sum_{t=1}^{n} A_1 (1+h)^{t-1} (1+i)^{-t} = \frac{A_1}{1+h} \sum_{t=1}^{n} \left(\frac{1+h}{1+i} \right)^t$$

利用等比级数求和公式可得：

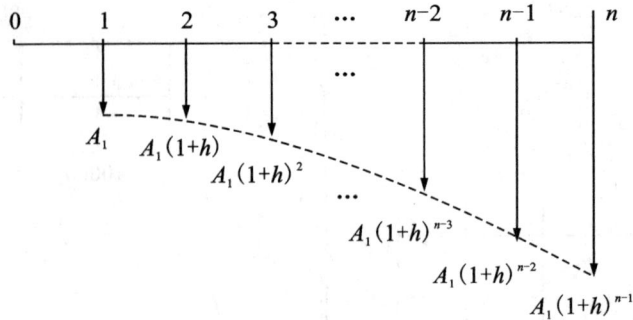

图 2-29　递增等比序列现金流量图

$$P = \begin{cases} A_1 \left[\dfrac{1-(1+h)^n(1+i)^{-n}}{i-h} \right] & (i \neq h) \\ \dfrac{nA_1}{1+i} & (i = h) \end{cases} \qquad (2\text{-}73)$$

应当指出，通过适当的变换，还可以把等比序列现值公式换算为与其等值的终值公式、等额分付年值公式。

例 2-13　若租用某仓库，目前年租金为 23000 元，预计租金水平今后 10 年内每年将上涨 5%，若将该仓库买下来，需一次支付 20 万元，但 10 年后估计仍可以 20 万元的价格售出。按折现率 15% 计算，是租合算，还是买合算？

解：若租用该仓库，10 年内全部租金的现值为：

$$P_1 = 23000 \times \left[\frac{1-(1+5\%)^{10}(1+15\%)^{-10}}{15\%-5\%} \right] = 137993(\text{元})$$

若购买该仓库，全部费用的现值为：

$$P_2 = 200000 - 200000 \times (1+15\%)^{-10} = 150563(\text{元})$$

答：租用该仓库费用更少，租合算。

为了便于理解，将以上介绍的 10 个公式汇总于表 2-3

表 2-3　普通复利公式汇总表

类别	已知	求	公式	系数	系数代号
一次支付	终值现值 P	终值 F	$F = P(1+i)^n$	$(1+i)^n$	$(F/P, i, n)$
	现值终值 F	现值 P	$P = F(1+i)^{-n}$	$(1+i)^{-n}$	$(P/F, i, n)$

续表2-3

类别		已知	求	公式	系数	系数代号
等额分付	终值	年值 A	终值 F	$F = A \cdot \dfrac{(1+i)^n - 1}{i}$	$\dfrac{(1+i)^n - 1}{i}$	$(F/A, i, n)$
	偿债基金	终值 F	年值 A	$A = F \cdot \dfrac{i}{(1+i)^n - 1}$	$\dfrac{i}{(1+i)^n - 1}$	$(A/F, i, n)$
	现值	年值 A	现值 P	$P = A \cdot \dfrac{(1+i)^n - 1}{i(1+i)^n}$	$\dfrac{(1+i)^n - 1}{i(1+i)^n}$	$(P/A, i, n)$
	资本回收	现值 P	年值 A	$A = P \cdot \dfrac{i(1+i)^n}{(1+i)^n - 1}$	$\dfrac{i(1+i)^n}{(1+i)^n - 1}$	$(A/P, i, n)$
等差分付	终值	等差 G	现值 F	$F = \dfrac{G}{i}\left[\dfrac{(1+i)^n - 1}{i} - n\right]$	$\dfrac{1}{i}\left[\dfrac{(1+i)^n - 1}{i} - n\right]$	$(F/G, i, n)$
	现值	等差 G	现值 P	$P = \dfrac{G}{i}\left[\dfrac{1}{i} - \dfrac{1+in}{i(1+i)^n}\right]$	$\dfrac{1}{i}\left[\dfrac{1}{i} - \dfrac{1+in}{i(1+i)^n}\right]$	$(P/G, i, n)$
	年值	等差 G	年值 A	$A = \dfrac{G}{i}\left[1 - \dfrac{in}{(1+i)^n - 1}\right]$	$\dfrac{1}{i}\left[1 - \dfrac{in}{(1+i)^n - 1}\right]$	$(A/G, i, n)$
等比分付	现值	年值 A_1 等比 h	现值 P	$P = \begin{cases} A_1 \cdot \dfrac{1-(1+h)^n(1+i)^{-n}}{i-h} & (i \neq h) \\ A_1 \cdot n(1+i)^{-1} & (i = h) \end{cases}$	$\begin{cases} \dfrac{1-(1+h)^n(1+i)^{-n}}{i-h} & (i \neq h) \\ n(1+i)^{-1} & (i = h) \end{cases}$	$(P/A, i, h, n)$

由普通复利的基本公式不难看出,一次支付(整付)类型、等额分付类型和等差分付类型公式的各种系数或换算因子都只与 i 和 n 有关,因此当 i 和 n 趋向某一极值时,各换算因子也将趋于某种极值,如表2-4所示。而当 n 趋于无穷时,相当于连续计利的情形,当 i 趋于零时,相当于不考虑资金时间价值的情形。

表2-4 换算因子极值

换算因子	极值($n \to \infty$)	极值($i \to 0$)	极值($i \to \infty$)
$(F/P, i, n)$	∞	1	∞
$(P/F, i, n)$	0	1	0
$(F/A, i, n)$	∞	n	∞
$(A/F, i, n)$	0	$1/n$	0
$(P/A, i, n)$	$1/i$	n	0
$(A/P, i, n)$	I	$1/n$	∞
$(F/G, i, n)$	∞	$\dfrac{n^2 - n}{2}$	∞

续表2-4

换算因子	极值($n\rightarrow\infty$)	极值($i\rightarrow 0$)	极值($i\rightarrow\infty$)
$(P/G, i, n)$	$1/i^2$	$\dfrac{n^2-n}{2}$	0
$(A/G, i, n)$	$1/i$	$\dfrac{n-1}{2}$	0

2.3.4 计息周期小于一年的复利计算

计息周期是计算利息的时间单位,付息周期是支付利息的时间单位。一般情况下,不加特别说明时,在技术经济分析时,通常以年为计息周期,即所采用的利率是年利率。但在实际经济活动中,计息周期有年、季、月、周、日等多种形式。这样就出现了不同周期的利率换算问题。

当计息周期与付息周期不相等时,就产生了名义利率与实际利率的区别。

1.名义利率

名义利率是计息周期利率与付息周期内的计息周期数的积。计算公式为:

$$r=i\cdot m \tag{2-74}$$

式中:r——名义利率(付息周期利率);

i——计息周期利率;

m——付息周期内的计息周期数。

例如:月利率1%,每月计息一次,则年名义利率为12%,它等于计息周期利率1%乘以一年内的计息周期数12;同样季名义利率为3%,它等于计息周期利率1%乘以一季度内的计息周期数3。在这里,"月利率1%,每月计息一次",也可以表示为"年利率为12%,每月计息一次"或"季利率3%,每月计息一次",而此种表示法中的年利率12%与季利率3%均为名义利率。

名义利率也称挂名利率,它只是一种习惯上的表示方法。人们通常习惯于将计息周期小于一年的利率仍用年利率的方式表达。例如,半年计算一次利息,利率4%,则表达为"年利率为8%,半年计息一次"。这里的年利率8%就是名义利率。

实际计算利息时不用名义利率,而用实际利率。

2.实际利率

实际利率是计算利息时实际采用的利率,也称有效利率。它是在对名义利率按付息周期内的计息周期长短等因素进行调整后计算所得的利率,是借款者在复利周期小于一年时,实际支付的利率值,是有效的利率。人们习惯上说的实际利率为年实际利率。在技术经济分析时应采用年有效利率。

设r表示年名义利率,i表示年实际利率(有效利率),m表示一年中计息次数,计息周期的实际利率为r/m,根据复利计息公式,本金P在一年后的本利和F为:

$$F=P(1+r/m)^m-1$$

1 年中得到的计息为：

$$F-P=P(1+r/m)^{m}-P$$

按利率定义可知：

$$实际利率=\frac{利息}{本金}=\frac{P(1+r/m)^{m}-P}{P}$$

则年实际利率为：

$$i=(1+r/m)^{m}-1 \tag{2-75}$$

当 $m=1$ 时，即一年内计息周期数为 1，一年计息一次时，名义利率等于实际利率；当 $m>1$ 时，即计息周期短于一年，一年内的计息周期数大于 1 时，实际利率大于名义利率；当 $m\to\infty$ 时，即按连续复利计算时，

$$年实际利率=\lim_{m\to\infty}[(1+i/m)^{m}-1]=\lim_{m\to\infty}[(1+i/m)^{m/i}]^{i}-1=e^{i}-1 \tag{2-76}$$

若年利率为 8%，按连续复利计算：

年实际利率 $=e^{0.08}-1=1.08329-1=8.329\%$

表 2-5 给出了当名义利率为 8% 时，对应于不同计算周期的年实际利率。

表 2-5　年名义利率为 8% 时不同计息周期情况下的年实际利率

计息周期	一年内计息周期数(m)	各计息期利率(i/m)(%)	一元钱第一年年末终值	实际年利率(%)
年	1	8.000	1.08000	8.000
半年	2	4.000	1.08160	8.160
季	4	2.000	1.08243	8.243
月	12	0.666	1.08300	8.300
周	52	0.154	1.08324	8.324
日	365	0.022	1.08328	8.328
连续	∞	—	1.08329	8.329

2.4　债务的偿还分析

2.4.1　债务的偿还方式

为了偿还一笔债务，常采用以下四种形式（见图 2-30）：

（1）到债务期限时，整付本利和[见图 2-30(a)]；

（2）每年支付利息，债务到期时支付本金[见图 2-30(b)]；

（3）在债务期间，等额还本利息照付[见图 2-30(c)]；

（4）在债务期间均匀偿还本和息，也叫作按等额年金还本付息[见图 2-30(d)]。

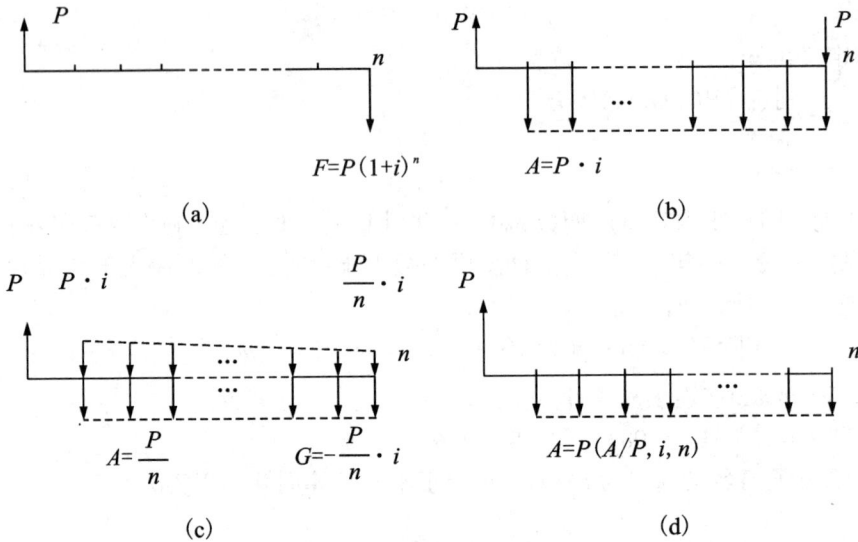

图 2-30 债务偿还方式示意图

银行信用贷款有两个特点，一是在规定的债务期内以规定的方式偿还，即偿还方式一定；二是在偿还债务期间，一般来说利率不变。对银行而言，在正确的情况下，四种偿还方式的结果都是一样的，即它们是"等值"的。因为债务人是在相同的期间内，以相同的利率偿还了同样的债务。然而，对于企业而言，却有一个偿还方式选择的问题，借款人应考虑有多少种可采用的还款方式，哪一种还款方式实际上对企业最有利。因为企业的项目投资收益率往往不同于银行利率。

2.4.2 债务偿还方式的选择

当企业的项目投资收益率高于银行的利息率时，企业当然希望把钱留在自己手中，进行利率更高的投资，而不愿过早地偿还债务。在这种情况下，企业愿意采用债务到期时一次偿付本利和的还款方式。因为企业是以银行的固定放款利率还债，故不论采用哪种还款方式，对企业来说都没有多还钱，然而整付本利和的还款方式，使企业在几年中能将本应还给银行的钱投入利润更高的投资活动，从而提高了企业的资金收益率。因此，当企业的项目投资收益率高于银行的利息率时，借款资金占用时间越长对企业越有利，反之亦然。

例 2-18 某企业现时得到一笔 500000 元的贷款，要求 5 年内以年利率 6% 偿还，可采用整付本利和、每年付利息到期限时付本金、等额还本利息照付、在债务期间的均匀偿还本和息等偿还方式，试按各种方式进行还本付息计算，并求还款总金额。

解： 计算结果见表 2-6：

表 2-6　四种等值偿还贷款方案

年数	借款	四种等值的偿还方案			
		1	2	3	4
0	500000				
1			30000	130000	118700
2			30000	124000	118700
3			30000	118000	118700
4			30000	112000	118700
5		669110	530000	106000	118700
合　　计		669110	650000	590000	593500

从表 2-6 中的数据可以发现两个问题：第一，对于偿还一笔债务，由于采取的偿还方式不同，在整个偿还过程中，现金流很不一样；第二，当企业采用的偿还方式不同时，企业付出的还款数目是不一样的。

根据资金等值的概念，四种偿还方案所反映的现金流，在 5 年期限内和银行利率为 6%的条件下，与期初的借款是等值的。企业不论采用何种方案偿还，都没有多还钱。而还款数目的差异是源于借用资金占用的时间存在差异，整付本利和方式全部资金占用时间最长，因此还款数目最大，其余依次为每期付利息到期限时付本金、债务期间均匀偿还本和息以及等额还本利息照付。由此可知不同偿还方式还款的快慢不同，等额还本利息照付是最快的还款方式，整付本利和是最慢的还款方式。

企业进行还款方式的选择时，要将企业的收益率与银行利率进行比较，当企业的投资收益率大于银行利率时，慢还的方式对企业有利，而当企业的投资收益率小于银行利率时，则应尽快冲销银行债务，故可采用快还的方式。

习题二

[2-1] 什么是现金流量？企业从事的工业投资活动中常见的现金流出与现金流入有哪些？

[2-2] 固定资产投资与流动资金的主要区别是什么？

[2-3] 解释固定资产原值、固定资产净值及固定资产残值的含义。

[2-4] 工业企业的成本费用分哪些项目？由哪些费用要素构成？

[2-5] 什么是机会成本？试举例说明之。

[2-6] 若下列各图中的 i 不变，用系数因子形式写出其计算公式。

[2-7] 什么是资金的时间价值？它具有哪些特点？

[2-8] 某项目投资额为 170 万元，使用年限 5 年，使用年限终了时固定资产残值 20 万元，若每年销售收入 180 万元、年经营费用 80 万元、税率 40%，计算现金流量，并列出历年现金流量表及画出现金流量图。

[2-9] 如果某人想从今后的 10 年中，每年年末从银行提取 800 元，若按 5%利息计年复

a. 已知 x 求 y

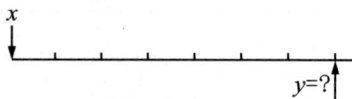

b. 已知 H 求 h

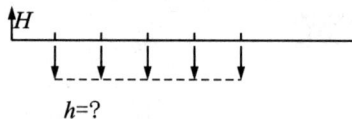

c. 已知 R 求 K

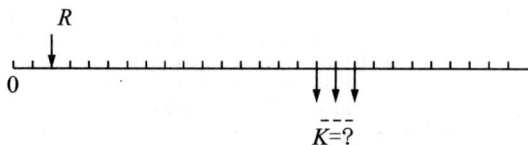

d. 已知 k 求 R

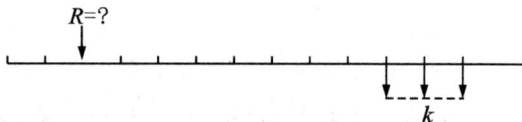

利，现在必须存入银行多少钱？

[2-10] 某人每年年初存入银行 5000 元钱，连续 8 年，若银行按 6% 计算复利，此人第 8 年年末可以从银行提取多少钱？

[2-11] 某工程项目计划 3 年建成，各年初投资分别为 400 万元、300 万元、300 万元。若贷款年利率为 5%，问相当于现在投资多少？到建成时的实际投资是多少？

[2-12] 第一年初付款 1000 元，第二年初付款 2000 元，第三年初付款 500 元，第四年末到第八年末每年付款额 4000 元，若年利率为 12%，计算等效现在值、等效将来值和等效年值，并画出现金流量图。

[2-13] 从现在开始，连续 7 年，每年末存一笔钱，第一年存 1500 元，然后每年递增 400 元。若年利率为 6%，求第 7 年末能得到多少钱。

[2-14] 某人现在存款 50000 元，利率 5%，计划从一年后开始，每年提款 5000 元，问需经过多少时间才能把款提完？

[2-15] 现有一笔存款，年利率 8%，每日复利一次，问将得到的每年及每半年实际利率是多少？（半年按 182 天计）

[2-16] 年利率 10%，每季计息一次，求在下列情况下，与其等值的第三年末的终值：
(1) 连续 3 年，每季支付 100 元的等额款；
(2) 连续 3 年，每半年支付 100 元的等额款；
(3) 连续 3 年，每年支付 100 元的等额款。

[2-17] 某企业获得 12 万元贷款，偿还期 6 年，年利率为 10%，试就下面四种还款方式，分别计算 6 年还款总额及还款额的现值：

(1)每年末还 2 万元本金和所欠利息(即到期还本付息);

(2)每年末只还所欠利息,本金在第六年末一次还清;

(3)每年末等额偿还本金和利息;

(4)第六年末一次还清本金和利息。

[2-18]某企业借款 10 万元,年利率 10%,贷方要求在 5 年内等额偿还,分析每年偿还的利息及本金各多少?

[2-19]绘出下列现金流的现值函数曲线:

年末	0	1	2	3	4	5
现金流量	-2000	1000	800	600	400	200

[2-20]某企业兴建一工业项目,第一年投资 1000 万元,第二年投资 2000 万元,第三年投资 1500 万元,投资均在年初发生,其中第二年和第三年投资使用银行贷款,贷款利息率 8%。在生产期的 10 年内每年年末获净收益 1500 万元,银行贷款分 5 年等额偿还,问每年应偿还银行多少万元?分别画出项目和企业的现金流量图。

第3章

投资项目经济效果评价方法

在本章里，将介绍一些常用的重要评价指标，并结合各种不同的决策结构特征研究各种经济效果评价方法。

3.1 经济效果评价指标

3.1.1 经济效果评价指标概述

由于项目的复杂性，任何一种具体的评价指标都只能反映项目的某一方面或某些方面。为了对项目进行系统而全面的评价，往往需要采用多个评价指标。这些相互联系又相对独立的评价指标构成了项目的经济效果评价指标体系。如何根据项目的特点选用合适有效的评价指标，进而建立恰当的经济效果评价指标体系，辅助科学决策，是投资项目评价的核心内容。因此，经济评价工作人员必须了解各种经济效果评价指标的含义、特点及相互之间的关系。

一般而言，经济效果评价指标的设定应遵循以下原则：

①经济效益原则，即所设指标应符合项目的经济效益；

②可比性原则，即所设指标必须满足排他型项目或方案的共同比较基础与前提；

③区别性原则，即所设指标具有可鉴别性，能够检验和区别各项目的经济效益与费用的差异；

④可操作性原则，即所设指标应简单易行且确有实效。

经济效果评价指标分为很多种类和层次，主要可分为两大类，一类是不考虑资金的时间价值的静态评价指标；另一类是考虑资金时间价值的动态评价指标。每一类中都包含若干常用的指标，以下将分别讨论这两类指标。

3.1.2 静态评价指标

1.静态投资回收期

投资回收期又称投资返本年限或返本期,是反映项目或方案投资回收速度的重要指标。静态投资回收期是指在不考虑资金时间价值的前提下,用项目产生的净现金流偿付全部投资所需的时间期限,能使公式(3-1)成立的 n 即为投资回收期。

$$I = \sum_{t=1}^{n} C_t \tag{3-1}$$

式中:I——投资总额;

C_t——时间 t 内产生的净现金流量;

n——投资回收期。

如果每年的现金流入量差别不大,也可以用以下公式计算:

$$n = I/C$$

式中:C——平均每年净现金流。

如果项目每年净现金流量差别较大,通常用列表法求出投资回收期。另外,还可以根据投资项目财务分析中使用的现金流量表计算投资回收期,其公式为:

$n = n_f +$ 第 n_f 年的累计净现金流量的绝对值 / 第 (n_f+1) 年的净现金流量

式中,n_f——项目各年累计净现金流第一次为正或零的前一年。

决策规则:$n \leqslant n_b$,方案可行。

n_b——标准投资回收期,是根据同类项目的历史数据确定的或投资者认可的基准投资回收期。

例 3-1　某项目需投资 15000 元,第一年可获净利 1000 元,以后各年净利将以 10% 的比率递增,若标准静态投资回收期为 8 年,该项目经济上是否可行?

解:按公式(3-1)有

$$1000 + 1000 \times (1+10\%) + \cdots + 1000 \times (1+10\%)^{n-1} = 15000$$

$$1000 \times \frac{1.1^n - 1}{1.1 - 1} = 15000$$

$$1.1^n = 2.5 \qquad n = \frac{\ln 2.5}{\ln 1.1} \approx 9.6(年)$$

有 $n > 8$,故该方案不可行。

例 3-2　经初步估计和计算,某项目的现金流量如表 3-1 所示,以此计算方案的静态投资回收期。若标准静态投资回收期为 5 年,判断方案是否可行。

表 3-1　某项目的现金流量　　　　　　　　　　　　单位:万元

年	现金流量	累计现金流量
0	−3000	
1	500	−2500

续表3-1

年	现金流量	累计现金流量
2	500	−2000
3	800	−1200
4	800	−400
5	800	400

解：依据该项目净现金流量与累计净现金流量，该方案的投资回收期为

$$n = 4 + \frac{|-400|}{800} = 4.5（年）$$

$n < n_b$，故方案可行。

指标评价：

优点：第一，计算简单，使用方便。第二，能反映项目的风险性。因为一般而言，时间越长，项目的现金流量越难以正确估计，其收益也更难以保证，而项目的回收期越短，则表明该项目初始投资回收越快，项目的风险性将越小。

缺点：第一，没有考虑资金的时间价值。第二，没有考虑项目投资回收期后发生的现金流量，因而无法反映项目在整个寿命期内的经济效果。因此用该指标进行计算，对短期收益大的方案有利，这是用其进行多方案评价时必须注意的问题。

总之，静态投资回收期作为反映项目财务上投资回收能力的重要指标，有其特有的优点，被广泛用于项目评价工作中，比较适于在技术经济数据不完备和不精确的项目初选阶段使用；又由于该指标兼顾了方案的经济性和风险性，在某些类型的方案评价中具有特别的用处（如投资者由于资金紧张、产品周期短、市场变化快等原因而希望早日收回投资）。但是必须注意的是，该指标仅适用于项目的可行性判断，多作为反映项目风险状况的辅助性指标使用，不能用来对多方案进行择优评价。

2. 投资收益率

投资收益率是指项目达到设计生产能力后在正常生产年份的净收益与投资总额的比率。根据分析目的的不同，投资收益率在具体应用中有许多不同的表达方式，其中在项目评价中最为常用的是投资利润率（也称为投资效果系数）。投资利润率的含义是单位投资所能获得的年净利，其计算公式为

$$E = P/I \tag{3-2}$$

式中：E——投资利润率；

P——正常生产年份的年利润或年均利润（对生产期内各年利润变化较大的项目而言）；

I——总投资额。

若 E_b 为标准投资收益率，则当 $E \geqslant E_b$ 时投资方案可行。

在实际应用中，可根据需要在计算时采用不同的取值口径，以达到不同的目的，因而投资收益率往往还呈现出以下不同的表达形式：

投资利税率＝（年利润+税金）/全部投资额

资本金利润率=年利润/资本金

全部投资收益率=(年利润+折旧与摊销+利息支出)/全部投资额

权益投资收益率=(年利润+折旧与摊销)/权益投资额

例3-3 某项目总投资50万元，预计正常生产年份年收入15万元，年支出6万元，若标准投资利润率为 $E_b=15\%$，该项目是否可行？

解：$E=\dfrac{15-6}{50}\times100\%=18\%$

$E>E_b$，故该项目可接受。

指标评价：

优点：第一，该指标与国家统计资料和企业有关财务资料较为对口，计算简单方便，如投资利润率就可以根据损益表的有关数据计算求得。第二，该指标的基准容易确定，实际可操作性强，可以选取银行利率、企业利税率等作为标准投资收益率。如在财务评价中，将投资利润率与行业平均利润率相比，可以衡量出项目单位投资盈利能力是否达到本行业的平均水平。因此，该指标使用范围较广。

缺点：正如所有的静态指标一样，投资收益率指标也没有反映资金的时间价值，不能体现早期收益较之后期收益的优越性。

3.1.3 动态评价指标

1.净现值

所谓净现值(*net present value*，简写为 *NPV*)是指在考虑资金时间价值的前提下，将项目整个寿命期内各年发生的现金流量按一定的贴现率贴现到同一时点上(通常是期初)的现值之总和。计算方法如下：

$$NPV = \sum_{t=0}^{n} (CI_t - CO_t)(1 + i_0)^{-t} \tag{3-3}$$

式中：*NPV*——净现值；

CI_t——第 t 年的现金流入量；

CO_t——第 t 年的现金流出量；

n——项目寿命期(一般为年)；

i_0——基准贴现率(基准收益率)。

若 $NPV \geq 0$，则表明项目超过或达到了基准收益率标准，方案可行；若 $NPV<0$，则表明项目不能达到基准收益率标准，可以考虑不接受该方案。

进行多方案择优时，首先要判断各方案是否可行，若有多个方案可行，则须依据净现值最大准则进行判断，即在投资资金充足的情况下，净现值越大的方案越优。

例3-4 某厂拟投资一项目，该项目各年的现金流量见表3-2的2~4列，若期望收益率为10%，试用净现值指标判断该项目经济上是否可行。

解：计算见表3-2：

表 3-2　某项目的净现值计算表

年份	投资额	收入	支出	净现金流量	因数	现值
0	−300	0	0	−300	1. 000	−300
1	0	250	150	100	0. 9091	90. 9
2	0	250	150	100	0. 8264	82. 6
3	0	250	150	100	0. 7513	75. 1
4	0	250	150	100	0. 6830	68. 3
5	0	250	150	100	0. 6209	62. 1
NPV 值					79(万元)	

也可由公式算出 $NPV(10\%) = -300 + 100(P/A, 10\%, 5) \approx 79$(万元)

由于 $NPV > 0$，故项目在经济效果上可以接受。这说明，该项目在整个寿命期内除保证 10% 的收益率外，还可以多收入 79 万元(零年现值)。

由 NPV 的计算公式可看出，基准贴现率是其中一个重要的因素，两者之间是什么关系呢？我们可以把基准贴现率 i_0 看作自变量，净现值看作因变量，在其他因素不变的情况下考察两者的关系。此时，NPV 的计算公式就可看作是 NPV 与 i_0 之间的函数关系，我们称之为净现值函数。

以表 3-2 显示的项目的现金流量为例，我们可分别计算 i_0 为 0、5%、10%、15%、20%、25%、30%、∞ 时的 NPV 值，结果如表 3-3 所示。

表 3-3　某项目的净现值计算表

年份	净现金流量	i_0	$NPV(i_0) = -300 + 100(P/A, i_0, 5)$
0	−300	0	200
1	100	5%	133
2	100	10%	79
3	100	15%	35
4	100	20%	1
5	100	25%	−31
		30%	−56
		∞	−300

依据表 3-3 的数据，可画出净现值函数的曲线，如图 3-1 所示。

由图 3-1 及表 3-3 可看出，净现值函数的特点如下：

(1)对某一特定项目的现金流量来说，净现值随基准贴现率 i_0 的增大而减小。

(2)存在一个临界基准贴现率 i^*，此时 NPV 为 0，净现值函数曲线与横坐标相交。当选定的 $i_0 < i^*$ 时，项目产生的 $NPV > 0$；当选定的 $i_0 > i^*$ 时，项目产生的 $NPV < 0$。

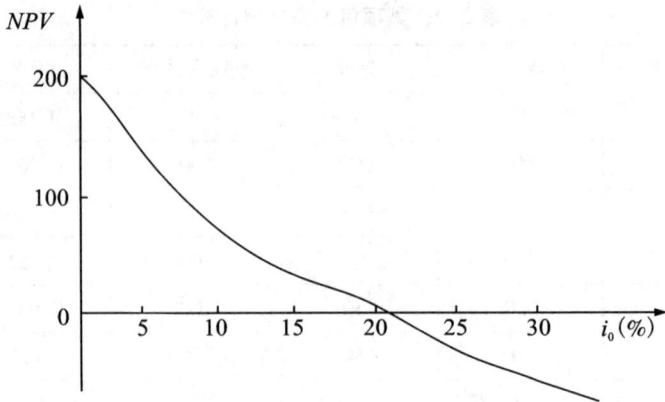

图 3-1　净现值函数曲线

（3）图 3-2 为某项目的两个备选方案的净现值函数。

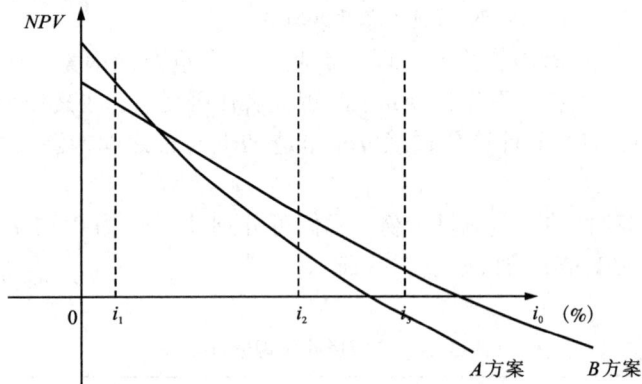

图 3-2　A、B 方案的净现值函数曲线

由图 3-2 可看出，当选定基准贴现率为 i_1 时，A、B 两方案均可行，但 A 方案最优；当基准贴现率提高为 i_2 时，B 方案更优；当基准贴现率再提高为 i_3 时，仅有 B 方案可行。这说明，各方案的净现值对基准贴现率 i_0 的敏感性不同。

（4）如图 3-1 及表 3-3 所示，一般项目往往投资集中于计算期的初期，建成投产后，每年有净收益，这类项目可称为常规投资项目。常规投资项目满足如下条件：

①净现金流量的符号，由负变正只一次；

②全部净现金流量代数和为正。

而不具有以上两个特点的项目称为非常规投资项目。

若常规投资项目的寿命 N 有限，则 $NPV(i)$ 是 $0<i<\infty$ 上的单调递减函数，且与 i 轴有唯一交点。

指标评价：

净现值是反映项目投资盈利能力的重要指标。

优点：计算简便；计算结果稳定，不会因为计算方法的不同而有任何差异；比较直观，直接以货币金额表示项目投资收益；考虑了资金的时间价值和项目在整个寿命期内的费用和收益情况。

缺点：在方案择优时，不能简单地选择净现值最优的方案为最优方案，因为初始投资额也是非常重要的考虑因素，所以，需要结合净现值指数来一起对方案进行择优。

2. 净现值指数

净现值指数是项目净现值与项目投资总额现值两者之间的比率，也叫投资的盈利能力指数。其计算方法如下：

$$NPVI = NPV/I_P \tag{3-4}$$

式中：$NPVI$——净现值指数；

I_P——项目净投资现值。

评价规则：

进行方案可行性评价时，若 $NPV>0$，则 $NPVI>0$；若 $NPV<0$，则 $NPVI<0$，所以用净现值指数评价单一项目是否可行时，评价准则与净现值相同。

另外，进行多方案比较时，$NPVI$ 还有如下的含义：

若 $NPVI<0$，则该方案产生的收益率未达到预计期望收益率；$NPVI=0$，则方案正好可以得到预计的期望收益率；$NPVI>0$，则该方案产生的收益率超过了预计期望收益率。

例 3-5　某项目有两个备选方案，其各年现金流量如表 3-4 所示。若要求基准收益率为 10%，用净现值指数法判断两方案是否可行。

解： 方案一：$NPV_1 = 79(万元)$　　$NPVI_1 = \dfrac{79}{300} \approx 0.26$

方案二：$NPV_2(i_0 = 10\%) = -1000 + 300(P/A, 10\%, 5) = 137(万元)$

$NPVI_2 = \dfrac{137}{1000} = 0.137$

$NPVI_1 > 0$　　　$NPVI_2 > 0$，故两方案均可取。

表 3-4　方案一、二的净现金流量　　　　　　　　　　　　　　　单位：万元

年末	方案一 现金流量	方案二 现金流量
0	−300	−1000
1	100	300
2	100	300
3	100	300
4	100	300
5	100	300

指标评价：

净现值指数是在净现值的基础上发展起来的，是净现值的辅助指标。因为净现值指标用于多方案比较时，没有考虑各方案投资额大小带来的差异，从而不能直接反映资金的利用效率，而净现值指数表示单位投资现值所能带来的净现值，直接反映了投资的利用效率。

缺点：对不同投资额的方案进行比较时，以 $NPVI$ 最大为择优原则，可能会导致错误的结论。因为用 $NPVI$ 指标择优有利于投资规模小的方案，这样的方案可能并未达到最佳的投资规模。所以，第一，$NPVI$ 指标择优不利于企业追求利润最大化的目标；第二，$NPVI$ 指标择优仅仅适用于各方案投资额相近的情况。

3. 净年值

净年值是在考虑资金时间价值的前提下，根据项目在其整个寿命期内的现金流量，按一定的贴现率等值分摊到各年所得的等额年值，可用符号 NAV 表示。其计算方法如下：

$$NAV = R - I(A/P, i_0, n) + SV(A/F, i_0, n) - C \tag{3-5}$$

$$NAV = R - [I - SV(P/F, i_0, n)](A/P, i_0, n) - C \tag{3-6}$$

$$NAV = R - (I - SV)(A/P, i_0, n) + SV \cdot i_0 - C \tag{3-7}$$

式中：I——投资；

SV——残值；

C——每年的成本；

R——每年的收入。

评价方法：若 $NAV \geq 0$，则方案可行。

例 3-6　某工厂欲引进一条新的生产线，需投资 100 万元，寿命期 8 年，8 年末尚有残值 2 万，预计每年收入 30 万，年成本 10 万，该厂的期望收益率为 10%，用净年值法判断该项目是否可行。

解：$NAV = 30 - 10 - 100(A/P, 10\%, 8) + 2(A/F, 10\%, 8)$

$\qquad\quad = 20 - 100 \times 0.18744 + 2 \times 0.08744$

$\qquad\quad = 1.43 (万元)$

$NAV > 0$，故该项目可行。

指标评价：

净年值可以通过项目的净现值换算而来，公式如下：

$$NAV = NPV(A/P, i_0, n)$$

由上式可以看出，净年值与净现值在判断项目是否可行时的结论总是一致的。所以，它们是等价的评价指标。又由于二者计算方法和包含的信息含义有所不同，在方案比较时，有时采用净年值比净现值更为方便。净年值法是西方国家应用最广泛的评价指标之一。

4. 费用现值与费用年值

费用现值与费用年值，指在评价项目时，仅考虑项目在整个寿命期内发生的现金流出量（即费用支出，包括总投资和各年的成本费用），而不考虑项目发生的现金流入量。和净现值与净年值的关系一样，费用现值与费用年值是等效评价指标。费用现值的计算公式如下：

$$PC = \sum_{t=0}^{n} CO_t(P/F, i_0, t) \tag{3-8}$$

费用年值的计算公式为：

$$AC = PC(A/P, i_0, t) = \sum_{t=0}^{n} CO_t(P/F, i_0, t)(A/P, i_0, t) \tag{3-9}$$

上两式中：PC——费用现值；

AC——费用年值。

评价方法：不能评价项目是否可行，只能用于多方案选优，判断准则为"费用现值和费用年值越小越好，费用最小的方案最优"。

例 3-7　某城市排污方案有两个，均能满足同样的需要，方案的基准贴现率为 $i_0 = 10\%$。两方案发生的费用如表 3-5 所示，请用费用现值和费用年值法进行方案择优。

表 3-5　方案费用表

单位：万元

方案	0 年末总投资	年运营费用(1~20 年末)
一	5200	100
二	6000	50

解：两方案的费用现值分别计算如下：

$$PC_1 = 5200 + 100(P/A, 10\%, 20) = 5200 + 100 \times 8.5136 = 6051.36(万元)$$

$$PC_2 = 6000 + 50(P/A, 10\%, 20) = 6000 + 50 \times 8.5136 = 6425.68(万元)$$

有 $PC_1 < PC_2$，故第一方案更优。

两方案的费用年值分别计算如下：

$$AC_1 = 100 + 5200(A/P, 10\%, 20) = 100 + 5200 \times 0.11746 = 710.79(万元)$$

$$AC_2 = 50 + 6000(A/P, 10\%, 20) = 50 + 6000 \times 0.11746 = 754.76(万元)$$

有 $AC_1 < AC_2$，第一方案最优。

指标评价：

和净现值、净年值指标相比，这两个指标在多方案择优时有其特定的用途。一般在下列情况下采用这两个指标：第一，各方案的产出价值相同，表现为净现值和净年值相同，仅需要考虑费用多少；第二，各方案的产出效益无法用货币计量，比如不能用现金流入量表现其多少(带有国民福利性质的项目，比如国防、教育、市政建设、医疗保健、环保等方面的项目)，用费用现值和费用年值指标最好。

5. 内部收益率

内部收益率是使项目在整个寿命期产生的净现值为零的贴现率，一般用 IRR 表示。它是项目经济评价最重要的指标之一。

对常规项目而言，所取的贴现率越大，项目的净现值就越小，如图 3-1 所示。而我们用净现值评价指标的评价标准是项目净现值不小于零。因此，内部收益率可以理解为使项目净现值指标可行的最大贴现率。也就是说，以项目在整个寿命期所产生的现金流入完全抵补其现金流出，平均每年还产生 IRR 的收益水平。IRR 可由以下公式算出：

$$NPV = \sum_{t=0}^{n} C_t / (1 + IRR)^t = 0 \tag{3-10}$$

式中：C_t——第 t 期(年)的现金流量；

IRR——内部投资收益率。

判别准则：

先确定基准投资收益率 $MARR$，若 $IRR \geq MARR$，则方案可行。

计算方法及步骤：

从 IRR 的计算公式可以看出，内部收益率的求解是对一元高次方程的求解，用代数法解较为复杂，通常采用"试算内插法"求 IRR 的近似解。

第一步，初步估算 IRR 值。

先用一个贴现率 i_1 计算相应的 $NPV(i_1)$，若 $NPV(i_1) > 0$，则表明 $IRR > i_1$，若 $NPV(i_1) < 0$，则说明 $IRR < i_1$。

第二步，根据所求得的 NPV 值观察，反复试算，可得到两个较为接近的贴现率 i_m 和 i_n，且有 $NPV(i_m) > 0$，$NPV(i_n) < 0$，则 IRR 值必定在两个贴现率之间。

第三步，用线性内插法求得 IRR 的近似值。计算方法为

$$IRR = i_m + \frac{NPV(i_m)}{NPV(i_m) + |NPV(i_n)|} \times (i_n - i_m) \tag{3-11}$$

有关上式的求解原理的证明如图 3-3 所示：

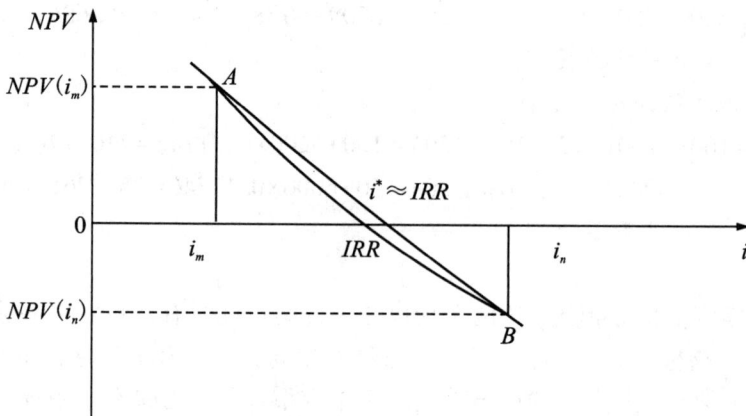

图 3-3　用内插法求 IRR 图解

在图 3-3 中，当 $i_n - i_m$ 足够小时，可以将曲线 $\overset{\frown}{AB}$ 近似看成直线段 AB，而直线 AB 与横坐标交点处的折现率 i^* 即为 IRR 的近似值。三角形 $\Delta Ai_m i^*$ 相似于三角形 $\Delta Bi_n i^*$，故有：

$$\frac{i^* - i_m}{i_n - i^*} = \frac{NPV(i_m)}{|NPV(i_n)|}$$

通过变换即可得到 IRR 的求解公式。

由求解原理可知，计算结果的误差与 $i_n - i_m$ 的大小有关，$i_n - i_m$ 越大，则误差越大。因此，为保证计算结果的可靠性与精度，应反复试算，使 $i_n - i_m < 5\%$；在工程计算中，应使 $i_n - i_m \leq 1\%$，这样产生的误差会很小。实际中，可以运用 Excel 中的 IRR 函数轻松计算 IRR 值。

例 3-8　某工程项目需投资 1000 万元，寿命期 20 年，各年的净现金流量见表 3-6，试计算该项目的内部收益率。若基准贴现率为 $i_0 = 10\%$，判断项目是否可行。

表 3-6　方案净现金流量表　　　　　　　　　　　单位：万元

年末	0	1~20
净现金流量	-1000	110

解： (1)根据公式有　$-1000+110(P/A,i,20)=0$

(2)设 $i_m=9\%$，$i_n=10\%$，分别计算其净现值。

$NPV_m=-1000+110(P/A,9\%,20)$

　　　$=-1000+110×9.1285=4.135($万元$)$

$NPV_n=-1000+110(P/A,10\%,20)$

　　　$=-1000+110×8.5136=-63.504($万元$)$

(3)用内插法算出内部收益率 i。

$$i=9\%+\frac{4.135}{4.135+63.504}×(10\%-9\%)≈9.06\%$$

由于 $i<i_0$，故该项目在经济效果上不可接受。

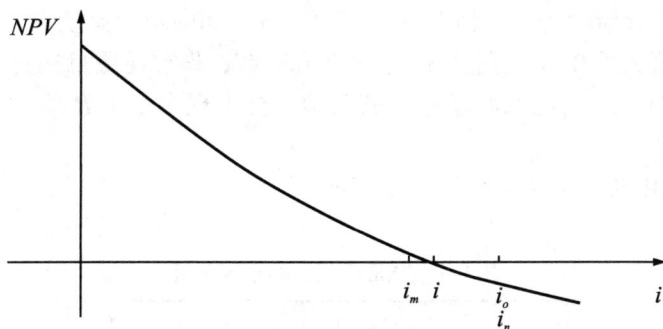

图 3-4　内部收益率计算示意图

内部投资收益率的两种特殊情况：

(1)先收入后支出项目的内部投资收益率

在计算项目内部投资收益率时，我们前面讨论的都是先支出后收入的情形，那么在先收入后支出的情形下，内部收益率又有什么特点呢？(先收入后支出项目，典型的如用租赁设备进行生产)

例 3-9　某公司用租赁设备进行生产，每年获利 10 万元，租金于 5 年末一次偿付 61.05 万元，若项目的基准收益率为 12%，判断该项目在经济效果上是否可行

解：　　　　　　　$46.41=10(F/A,I,5)$　　　$i=10\%$

$$i<MARR$$

故项目可行。

分析：先以项目取得收入，然后支付项目的有关费用，是一种较为特殊的情况。由于投资者是先获得收入，这表示要用项目每年的收入冲销未来的开支，收入是一个增值过程(每年以 i_0 递增)，因此内部收益率越低，表示项目的盈利能力越强，很低的贴现率就能满足未

来支出的要求。所以只有当项目的 $i_0 \le MARR$ 时，项目才是可行的。

这与通常项目的结论是相反的。因为对于先支出后收入的项目来说，必须以未来的收入补偿现在的支出，其收入是一个贬值过程，则贴现率（收益率）越高，表示项目盈利能力越强，即使以很高的贴现率贴现也能满足补偿现在投资的要求。

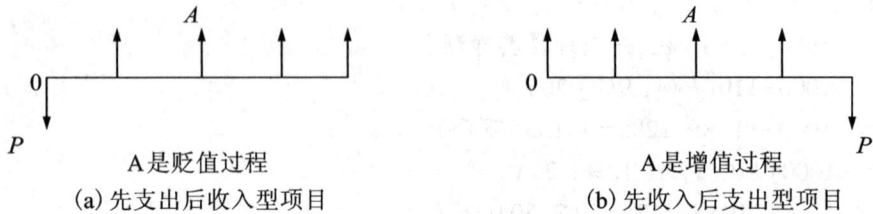

图3-5　先支后收与先收后支项目现金流量图

（2）非常规项目的内部收益率

计算期内分期投资的项目、集中偿还借款的项目、有大量设备更新的项目有可能是非常规项目。非常规项目在整个寿命期内，支出不仅发生在建设期或投产期初，而且在投产期的某些年度也发生净现金流量为负的情况。常规项目寿命期内现金流量仅有一次变号，所以只要项目积累净现金流大于0，就会有且仅有一个 IRR 解；非常规项目在整个寿命期内发生了现金流多次变号的现象，用内部收益率公式计算，会出现多个 IRR 值。下面分析为什么会这样。

例3-10　某项目现金流量表如表3-7所示。

表3-7　非常规项目的净现金流　　　　　　　　　　　单位：万元

年末	0	1	2	3
净现金流量	-500	2350	-3600	1800

按内部收益率公式计算，有3个解，$i_1 = 20\%$，$i_2 = 50\%$，$i_3 = 100\%$。

画出其曲线图，可知（以 i 为横坐标，NPV 为纵坐标）内部收益率曲线与横轴三次相交，所以出现了3个解。

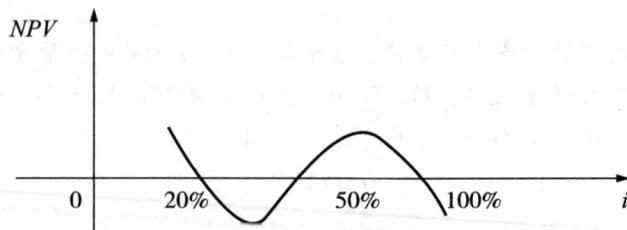

图3-6　非常规项目现值函数曲线

实际上，令 $(1+i)^{-1}=x$，则求解内部收益率的方程式是一个高次方程，令 $C_t(t=0, 1, \cdots, n)$ 为各年发生的净现金流量，

则有

$$\sum_{t=0}^{n} C_t x^t = 0$$

即

$$C_0 + C_1 x^1 + \cdots + C_n x^n = 0$$

这是一个以 x 为未知数的一元 n 次方程，必有 n 个解，但其中的虚数根、负数根并没有实际意义，而且方程的解也可能包含重根。而 x 的正实数根的个数，就是内部收益率的个数。

根据笛卡尔符号法则可以看出为什么有的项目只有一个内部收益率，而有的则有好几个。笛卡尔符号法则认为，系数为实数的 n 次多项式，其正实数根的数目不会超过其系数系列 C_t 符号变更的次数。即，当符号无变化时，方程无正根，当符号仅变化一次时，最多有一个单正根，当符号变化多次时，内部收益率方程则可能有多解。这就解释了为什么常规项目只有一个内部投资收益率，而非常规项目可能出现多个内部收益率。必须指出的是，如果非常规项目的内部收益率只有一个正实数根，则这个根就是项目的真实内部收益率；如果有 n 个正实数根解，则没有一个是真实内部收益率，此时，最好用其他经济评价指标进行项目评价。

表 3-8 常规项目和非常规项目的不同现金流量 单位：万元

年末	项目一	项目二	项目三	项目四
0	−1000	−500	−500	−1000
1	200	−200	300	500
2	400	600	300	−500
3	400	600	300	2000
4	400	600	300	2000
5	400	600	300	−500
6	400	600	−800	0
项目类别	常规项目	常规项目	非常规项目	非常规项目
内部收益率方程 正根解的个数	最多一个	最多一个	最多 2 个	最多 4 个

指标评价：

优点：第一，内部投资收益率的经济含义是项目在整个寿命期内，用其全部现金流入抵补现金流出后，还可产生 *IRR* 的投资收益率，这个收益率是项目所固有的，反映了投资项目的贡献效率。因此，该指标可以作为有关部门监控行业经济效果的衡量标准。如主管部门可以根据情况制定本行业的基准投资收益率 *MARR*。这是净现值、净年值等指标所无法比拟的。第二，当投资资金有限时，可以计算项目的内部投资收益率，从中选取投资收益率大的方案，可达到提高资金使用效率的目的；从另一方面来看，当净收益一定时，投资多的方案内部收益率会小些，所以投资收益率指标能在一定程度上起到控制投资的作用。

缺点：第一，对非常规投资项目而言，内部收益率方程可能会出现多解或无解的情况，此时不能用内部投资率指标来评价方案，宜选用净现值等其他指标。若实在需要用内部收益率，则须将项目的现金流量进行调整，才有可能求出唯一的正实数解。第二，进行多方案比较时，要结合评价目标考虑指标的适用性。比如对企业而言，若希望获得最大利润，则不能采用内部收益率作衡量指标。因为内部收益率大的方案不一定是利润最大的方案。第三，由于在对内部投资收益率的计算中采用了复利计算法，这就隐含了这样一个基本假定：项目寿命期内所获得的净收益可全部用于再投资，再投资的收益率等于项目的内部收益率。而在现实的投资中，出现这种情况的机会较少。这种假定也是造成非常规项目出现多解的原因。

内部收益率与净现值的关系：对于常规投资项目来说，只要内部投资收益率大于基准贴现率，则有 $NPV(i_0)>0$，如图 3-7 所示；只要内部投资收益率小于基准贴现率，则 $NPV(i_0)<0$。二者在评价常规投资项目时具有一致的评价结果。

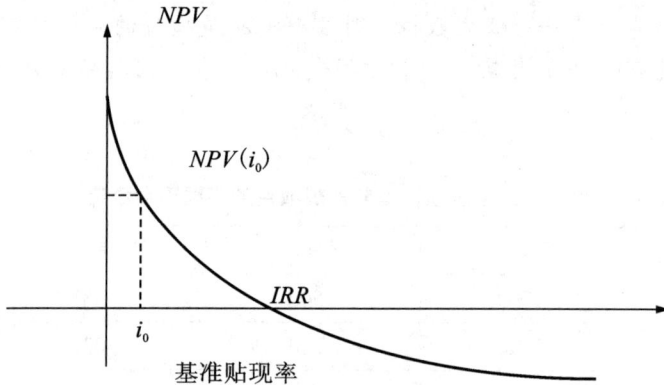

图 3-7　内部投资收益率与净现值

6. 外部投资收益率

针对内部投资收益率求解复杂及易导致非常规项目多解这两个不足之处，提出了外部投资收益率指标。外部投资收益率是对内部投资收益率的一种修正，也按复利计算，即同样假定项目寿命期内所获得的净收益可用来进行再投资，但不同的是假设再投资的收益率等于基准收益率。计算公式如下：

$$\sum_{t=0}^{n} I_t(F/P, ERR, t) = \sum_{t=0}^{n} R_t(F/P, MARR, t) \tag{3-12}$$

式中：I_t——投资；

R_t——净收益。

判别准则：

若 $ERR \geqslant MARR$，则项目可行。

指标评价：

ERR 指标具有以下特点：ERR 属于相对性指标，因此只能判断项目是否可行，不能用来进行方案择优；在实际中应用不普遍，但对非常规项目的评价效果比 IRR 要好，因为它不会出现多解的情况，而且求解更为简便。

例 3-11　某硬质合金厂需从国外引进一套先进的生产线，该项目的预计现金流量见表 3 -9，若期望收益率为 10%，计算该项目的外部投资收益率，并判断项目是否可行。

表 3-9　项目预计净现金流量　　　　　　　　　　　　　　　　单位：万元

年末	0	1	2	3	4	5
净现金流	-3100	1000	-1000	500	2000	2000

解：该项目是非常规项目，且最多有 3 个正实根解，因此计算其外部投资收益率更为简便，计算如下：

$1000(P/F, 10\%, 1)+500(P/F, 10\%, 3)+2000(P/F, 10\%, 4)+2000(P/F, 10\%, 5)$
$=3100+1000(P/F, ERR, 2)$
$(P/F, ERR, 2) \approx 0.79255$
查表有　$(P/F, 12\%, 2)=0.7972$
$(P/F, 15\%, 2)=0.7561$

$$ERR=12\%+\frac{0.7972-0.79255}{0.7972-0.7561}\times(15\%-12\%)$$

$\approx 12.3\%$

因为有 $ERR=12.3\%>10\%$，故项目在经济效果上可行。

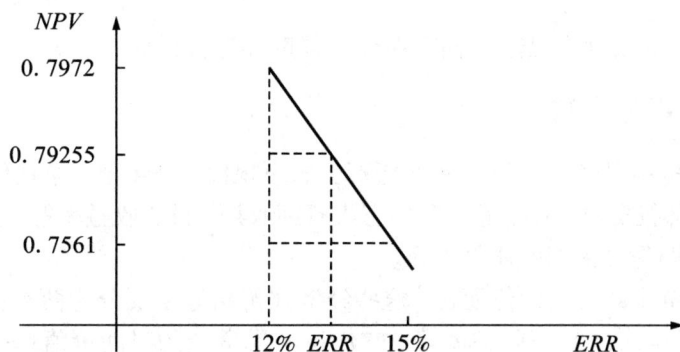

图 3-8　插值法计算示意图

7. 动态投资回收期

前面我们讨论过，投资回收期是项目经济效果评价的重要指标，在这里，我们在静态投资回收期的基础上，考虑资金的时间价值，就有了动态回收期指标。

动态投资回收期是能使下式成立的 n^*

$$\sum_{t=0}^{n^*}(CI_t-CO_t)(1+i_0)^{-t}=0 \tag{3-13}$$

评判准则：

若 $n^* \leqslant n_b^*$，则项目经济效果可行，其中 n_b^* 为基准动态回收期。

例3-12 某投资方案的现金流量见表3-10，计算项目的动态投资回收期，$i_0=10\%$，若 $n_b^*=4$ 年，判断项目是否可行。

表3-10 累计净现金流量贴现值计算 单位：万元

年末	净现金流量	贴现值	累计贴现值
0	−2000	−2000	−2000
1	500	454.6	−1545.4
2	800	661.1	−884.3
3	800	601.0	−283.3
4	800	546.4	263.1

解：根据动态投资回收期的计算公式，动态投资回收期是累计贴现值为零的时限，因此有

$$n^* = 累计贴现值首次为正或零的年数 - 1 + \frac{上一年累积贴现值的绝对值}{当年净现金流的贴现值}$$

$$n^* = 4 - 1 + \frac{|-283.3|}{546.4} \approx 3.5(年)$$

有 $n^* < n_b^*$，故项目在经济效果上可行。

指标评价：

具有静态投资回收期的特点，因而只能作为辅助性评价指标。

3.1.4 评价指标小结

本节介绍了评价项目经济效果常用的指标，如净现值、净年值、净现值指数、费用现值和费用年值、内外部投资收益率、静态和动态投资回收期、投资收益率等，其中净现值、内部收益率和投资回收期是最常用的评价指标。

从是否反映了资金的时间价值而言，这些经济评价指标主要分为两类：一类是静态评价指标，如静态投资回收期、投资收益率等，它们不考虑资金的时间价值；一类是动态评价指标，如动态投资回收期、净现值、费用现值、净年值、费用年值、内外部收益率等大多数指标。英国、美国、加拿大等发达国家在20世纪50年代还普遍采用静态评价指标。但随着技术的不断进步、经济的不断发展、投资管理水平的不断提高，从20世纪70年代以来，动态评价方法已逐步取代静态评价方法，成为主要的评价方法。目前，静态评价指标主要用于经济数据不完备和不精确的项目初选阶段，动态评价指标则主要用于项目最后决策前的可行性研究阶段。

从反映项目的经济效果的角度来看，经济评价指标可以分为三类：一类是衡量项目货币量大小的指标，如净现值、净年值、费用现值、费用年值等绝对经济指标；一类是衡量投资效率的效率型评价指标，如内部收益率、外部收益率、投资收益率等相对经济指标；一类是衡量时间长短的时间型评价指标，如静态投资回收期、动态投资回收期等。

在价值型指标中，就评价结论而言，净现值和净年值是等效评价指标，费用现值和费用年值也是等效评价指标；而费用现值和费用年值则分别是净现值和净年值的特例。时间型评价指标不仅评价了项目的经济性，而且考虑了项目的风险性。效率型指标与时间型指标在项目评价应用中的共同特点是必须与预先确定的标准值进行对比才能确定是否可行。

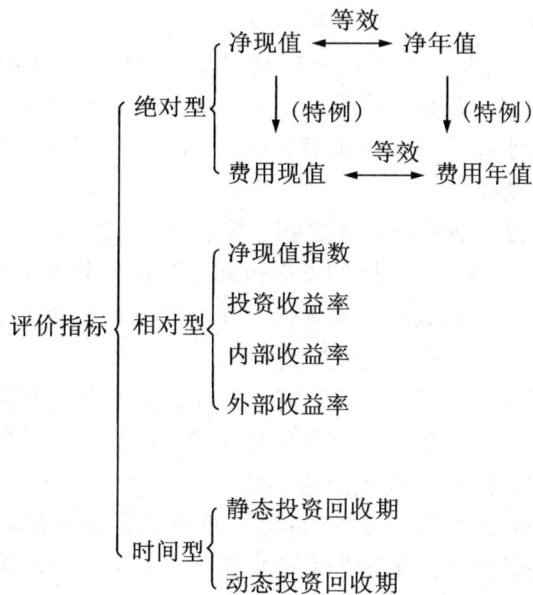

图 3-9　经济评价指标的类型和关系

3.2　决策结构与评价方法

一般来说，投资项目决策包括两方面内容。首先要判断备选方案的经济可行性，即选用本章第一节所述的各种评价指标评价各方案是否可以接受，这一过程叫作"绝对经济效果检验"；然后是方案的择优，即考察哪个方案最优，这一过程称为"相对经济效果检验"。由于现实经济生活具有复杂性，在进行项目评价时必须具体分析评价内容，采用恰当的评价方法。因此，在投资项目决策的实践中，首先要分析研究备选投资方案的相互关系与特点。

本节将在第一节评价指标的研究基础上，介绍投资方案的特点，并讨论不同决策结构下的方案评价与择优方法。

3.2.1　投资方案的相互关系和分类

在进行某项投资方案决策时，根据其涉及的投资方案之间的经济关系不同，可将这些方案分为相关方案和不相关方案两大类。

不相关方案是指若采纳其中某一方案，并不影响其他方案是否采纳。换言之，各个方案的现金流是独立的，采纳或放弃任一方案并不改变或显著改变其他方案的现金流。因此，相关方案也可被称为独立方案。如某企业可能有引进新的生产设备、企业电子商务系统的开发、新工艺研制等待决策项目。在不受资金总额的限制下，这些项目之间并不存在明显的相互关系，应视之为独立方案。

相关方案，指若采纳其中某一方案，会影响其他方案的采纳，或会影响其他方案的现金流。相关方案按其相关关系的不同，可以分为以下几种：

资金约束下的相关方案：前述的不相关方案在资金总额有限的条件下会成为相关方案。这是因为此时采纳某些方案，就不得不放弃其他方案。

完全互斥型：在方案决策时，由于经济或技术上的原因，采纳其中某一方案，就不能采纳其他所有方案。各方案之间是相互排斥的关系。现实经济方案评价与决策中，有很多这样的例子。如长江三峡工程水库的蓄水方案有三个：190 米、175 米、150 米，决策时必须从中选择其一，其他两个方案则要放弃。

完全互补型：在两个方案或一组方案之间，其中一个(或一些)方案的采纳必须是以另一个(或一些)方案的采纳为前提的，这样的方案被称为互补方案或从属方案，可以分为完全从属方案和不完全从属方案。如购买汽车和雇佣汽车司机这两个方案，前者是前提方案，后者是辅助方案，后者的采纳必须以前者的采纳为前提。

现金流相关型：待决策的经济方案既不完全互斥，也不完全互补，但是方案间的现金流有相关性，即采纳某一方案会影响另一方案的现金流，可分为互斥型现金流相关和互补型现金流相关。如在两个城市之间修建高速公路和修建铁路两个方案，两方案并不完全互斥，但采纳其中任一方案，势必会影响另一方案的收益，两者的现金流有相关性。

混合相关型：在某些情况下，方案之间的关系更为复杂。待决策的各方案中，如果出现以上各种相关关系的组合，或出现相关关系和不相关关系的组合，我们就称之为混合相关。

3.2.2 独立方案的经济效果评价

独立方案的经济评价较为简单。由于各方案的现金流是相互独立的，且任一方案的采纳不影响其他方案，因此只需对每一个方案进行"绝对经济效果检验"。而单一方案的评价可以视为独立方案的特例。

例 3-13 现有 A、B 两个独立方案，现金流量见表 3-11，基准收益率 10%，$n_b = 9$ 年。试进行方案评价与决策。

表 3-11 A、B 两方案现金流量与寿命期

方案	年初	年净现金流	寿命期
A	-500 万元	90 万元	10 年
B	-500 万元	60 万元	20 年

解：A、B 为独立方案，只需进行绝对经济效果检验。这里，我们分别用净年值、内部投资收益率、静态投资回收期进行方案评价与决策。

(1) 用净年值指标评价与决策

$NAV_A = -500(A/P, 10\%, 10) + 90 = 8.625(万元)$

$NAV_B = -500(A/P, 10\%, 20) + 60 = 1.27(万元)$

$NAV_A > 0$，$NAV_B > 0$，A、B 两方案经济效果都可行。

故 A、B 方案均可接受。

（2）用内部投资收益率指标评价与决策

令 $NPV_A = 0$，$NPV_B = 0$，分别有

$-500 + 90(P/A, i_1, 10) = 0$　　$i_1 \approx 12.45\%$

$-500 + 60(P/A, i_2, 20) = 0$　　$i_2 \approx 10.34\%$

有 $i_1 > MARR$，$i_2 > MARR$

故 A、B 两方案均可接受。

（3）用静态投资回收期辅助决策

$$n_1 = \frac{500}{90} \approx 5.56 \ 年$$

$$n_2 = \frac{500}{60} \approx 8.33 \ 年$$

$n_1 < n_b$，$n_2 < n_b$，故两方案均可取。

3.2.3　完全互斥方案的经济效果评价

1. 概述

在对完全互斥方案进行评价决策时，只能选取一个最优的方案。因此通常的评价方法是先对各方案进行绝对经济效果检验，判断各方案的可行性；然后再进行相对经济效果检验，选出相对最优的方案。这两个过程往往都不可缺少。唯一的例外是，如果方案决策要求不论方案是否可行，都必须选择一个，则此时只需进行相对经济效果检验。

要注意的是，进行互斥方案的比较时，必须使各方案在以下各方面具有可比性：

方案寿命周期和计算期的可比性；

方案的收益和费用的性质以及计算口径的可比性；

方案风险水平的可比性。

如果不具备以上各种可比性，则方案不能直接进行比较，必须经过一定处理后才能进行比较。

例 3-14　现有 A、B 两互斥方案，现金流量见表 3-11，基准收益率 10%，$n_b = 9$ 年，试进行方案择优。

解： 第一步，进行绝对经济效果检验，解法与例 3-13 的解法同。

第二步，进行相对经济效果检验，有 $NAV_A > NAV_B$，故选取 A 方案，舍弃 B 方案。

2. 增量分析法——投资额不等时的分析方法

对完全互斥方案进行相对经济效果评价时，若各方案的投资额不同，通常用增量（差额）分析法来评价。增量分析法是判断增量投资的经济合理性，即投资额大的方案比投资额小的方案的增加投资是否会带来较好的增量收益。若增量投资能带来较好的增量收益，则这笔增量投资是划算的，投资额大的方案更优；若增量投资不能带来较好的增量收益，则显然投资额小的方案更优。

在静态指标中，投资回收期和投资收益率可用于增量分析，而在动态指标中，净现值、净年值、内部收益率等可用于增量分析，下面我们就这些指标进行分析讨论。

（1）追加投资回收期

追加投资回收期也叫返本期、相对投资回收期，是指在不考虑资金时间价值的前提下，用投资额大的方案的经营成本的节约额偿还多花费的投资所需期限，通常以年表示。

$$\Delta n = \frac{I_2 - I_1}{C_1 - C_2} = \frac{\Delta I}{\Delta C} \tag{3-14}$$

式中：I_1，I_2——分别为第 1、2 方案的投资额；

C_1，C_2——分别为第 1、2 方案的年经营成本；

ΔI——两方案的差额投资（追加投资或相对投资）；

Δn——返本期（追加投资回收期、相对投资回收期）；

ΔC——投资大的方案经营成本的节约额。

决策准则：$\Delta n < n_b$，选投资大的方案；$\Delta n > n_b$，选投资小的方案。

前提：各方案均可行。

例 3-15　某装配车间有两个设计方案，产品性能与产量相同。方案一采用流水线，方案二采用自动线。投资与经营成本见表 3-12，标准投资回收期 $n_b = 5$ 年。请计算追加投资回收期，并据此对两方案进行评价决策。

表 3-12　方案费用表　　　　　　　　　　　　　　　　　　　　　　单位：万元

方案	投资额	年经营成本
一	-500	300
二	-800	250

解：这是两个互斥方案

第一步，选用投资回收期指标进行绝对经济效果检验。

$$n_1 = \frac{500}{300} < n_b \qquad n_2 = \frac{800}{250} < n_b$$

两方案均符合既定的投资回收期限要求。

第二步，用追加投资回收期进行相对经济效果检验。

$$\Delta n = \frac{800 - 500}{300 - 250} = 6 \text{ 年}$$

因为 $\Delta n > n_b$，所以选择方案一。

指标评价：

优点：计算简便；便于理解，若 $\Delta n < n_b$，说明追加投资取得了好效果，选择投资多的方案，反之，选投资少的方案。

缺点：当两方案的投资额与年经营费差别很小时，不能用该指标，否则会得出错误结论。

（2）相对投资效果系数

相对投资效果系数也叫差额投资收益率，其经济含义是单位差额投资所能获得的年盈利额。

$$\Delta E = \frac{R_1 - R_2}{I_1 - I_2} \tag{3-15}$$

式中：ΔE——差额投资；

R_1，R_2——分别为两方案产生的年净收益。

决策准则：若 $\Delta E > E_b$（E_b 为部门标准投资效果系数），则表明追加投资的经济效果好，投资大的方案为优。

前提：各方案均可行。

例 3-16　某厂需采购一台大型设备，有 A、B、C 三种型号可供选择，其投资与净收益如表 3-13 所示，若 $E_b = 0.15$，试进行方案评价决策。

表 3-13　方案投资、年净收益表　　　　　　　　　　　　　　单位：万元

方案	A	B	C
投资	10	8	12
年净收益	1.8	1.6	2.4

解：此为完全互斥方案的比选。

第一步，绝对经济效果检验。

$$E_A = \frac{1.8}{10} = 0.18 > E_b$$

$$E_B = \frac{1.6}{8} = 0.2 > E_b$$

$$E_C = \frac{2.4}{12} = 0.2 > E_b$$

可见，三种设备均可行。

第二步，相对经济效果检验。

$$E_{AB} = \frac{1.8 - 1.6}{10 - 8} = 0.1 < E_b$$

A 与 B 相比，选择 B 更优。

$$E_{BC} = \frac{2.4 - 1.6}{12 - 8} = 0.2 > E_b$$

B 与 C 相比，选择 C 更优。

故应选择购买 C 设备。

（3）差额净现值与差额净年值

净现值、净年值及其特例费用现值、费用年值均可用于进行差额分析。这里以差额净现值（即两方案各年的差额现金流的净现值）为例。

有　　　　　$$\Delta NPV = \sum_{t=0}^{n} \left[(CI_1 - CO_1)_t - (CI_2 - CO_2)_t \right] (1 + i_0)^{-t} \qquad (3-16)$$

式中：ΔNPV——差额净现值；

NPV_1，NPV_2——分别为方案一、二的净现值，其中方案一的投资大于方案二。

决策准则：若 $\Delta NPV \geqslant 0$，表明增量投资经济上可行，选用投资大的方案；反之，若 $\Delta NPV < 0$，选用投资小的方案。

例 3-17 有投资额不等的 3 个互斥方案 A、B、C，其现金流量见表 3-14，应该选哪个方案？$MARR = 10\%$。

表 3-14 互斥方案净现金流量表 单位：万元

方案	0	1	2	3	4	5
A	−1000	300	300	300	300	300
B	−1500	400	400	400	400	400
C	−2000	600	600	600	600	600

解：（1）用净现值指标进行择优

$$NPV_A = -1000 + 300(P/A, 10\%, 5) = 137.24（万元）> 0$$

$$NPV_B = -1500 + 400(P/A, 10\%, 5) = 16.32（万元）> 0$$

$$NPV_C = -2000 + 600(P/A, 10\%, 5) = 274.48（万元）> 0$$

各方案均可行，

又因为 $NPV_C > NPV_A > NPV_B$，故方案 C 最优。

（2）下面我们用差额净现值来进行比选，看是否会得出同样的结论。

由 $NPV_A > 0$，$NPV_B > 0$，$NPV_C > 0$ 可知，三方案均可行。

有 $NPV_{AB} = -1500 - (-1000) + 400(P/A, 10\%, 5) - 300(P/A, 10\%, 5)$

$$= -120.92（万元）$$

可见，B 方案相对于 A 方案的追加投资未取得好效果，故 A 方案更优。

同理，有 $NPV_{AC} = -2000 - (-1000) + (600 - 300)(P/A, 10\%, 5)$

$$= 137.24（万元）$$

可见，C 方案最优。与用净现值判断所得结论一致。

指标评价：

①当各备选方案寿命期相同投资额不等时，用净现值、净年值、费用现值、费用年值可以直接进行择优，且所得结论与用相应的差额指标一致。以差额净现值为例，实际上，因为有

$$\Delta NPV = \sum_{t=0}^{n} \left[(CI_1 - CO_1)_t - (CI_2 - CO_2)_t \right] (1 + i_0)^{-t}$$

$$= \sum_{t=0}^{n} (CI_1 - CO_1)_t (1 + i_0)^{-t} - \sum_{t=0}^{n} (CI_2 - CO_2)_t (1 + i_0)^{-t} = NPV_1 - NPV_2$$

不难解释为何两种指标所得结论一致。

除此之外，其他指标，如投资回收期、内部收益率等，在各方案投资额不等时，则不可通过直接比选而择优。

②差额净现值指标能反映出追加投资的经济效果，从而为设计人员改进方案，确定最佳方案提出帮助；但用于方案决策时，不如净现值指标简便。

(4)差额内部投资收益率

差额内部投资收益率即两备选方案各年差额现金流量的贴现率,也叫相对投资收益率。

有公式
$$\sum_{t=0}^{n} \left[(CI_A - CO_A)_t - (CI_B - CO_B)_t \right] (1 + \Delta IRR)^{-t} = 0 \qquad (3-17)$$

式中:ΔIRR——差额内部投资收益率;

CI_A,CO_A——分别为方案 A 的现金流入量和流出量;

CI_B,CO_B——分别为方案 B 的现金流入量和流出量。

由式(3-17)可变形得

$$\sum_{t=0}^{n} (CI_B - CO_B)_t (1 + \Delta IRR)^{-t} = \sum_{t=0}^{n} (CI_A - CO_A)_t (1 + \Delta IRR)^{-t} \qquad (3-18)$$

由上式可知,差额内部投资收益率实际上是两方案净现值相等时的贴现率。

决策准则:如图 3-10,图中 i_0 为基准投资收益率,A 方案投资额大于 B 方案投资额。

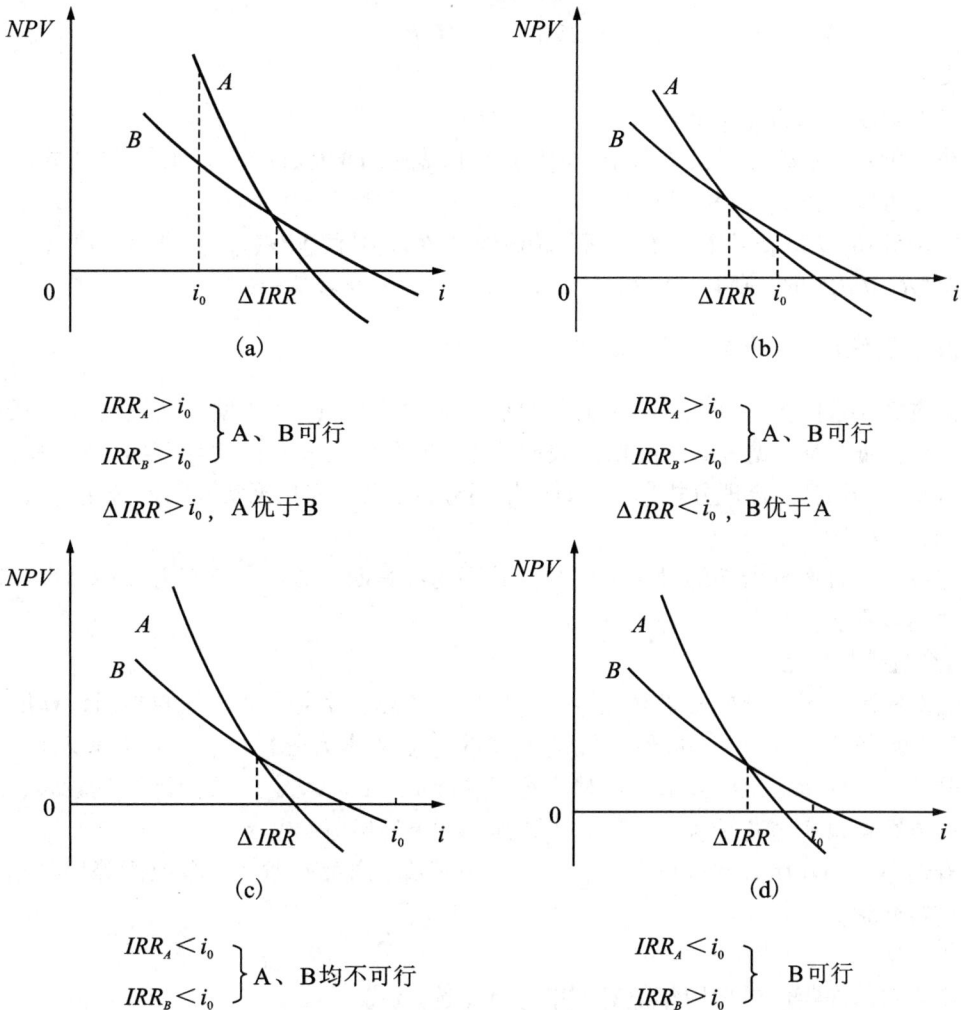

$\left. \begin{array}{l} IRR_A > i_0 \\ IRR_B > i_0 \end{array} \right\}$ A、B可行

$\Delta IRR > i_0$,A优于B

$\left. \begin{array}{l} IRR_A > i_0 \\ IRR_B > i_0 \end{array} \right\}$ A、B可行

$\Delta IRR < i_0$,B优于A

$\left. \begin{array}{l} IRR_A < i_0 \\ IRR_B < i_0 \end{array} \right\}$ A、B均不可行

$\left. \begin{array}{l} IRR_A < i_0 \\ IRR_B > i_0 \end{array} \right\}$ B可行

图 3-10　用内部收益率法比选方案示意图

例 3-18 情形如例 3-17，用内部收益率法比选方案。

解：第一步，先进行绝对经济效果检验，计算各方案的内部投资收益率，与 $MARR$ 比较。

$$-1000+300(P/A, i_1, 5)=0 \qquad i_1 \approx 15.25\%$$
$$-1500+400(P/A, i_2, 5)=0 \qquad i_2 \approx 10.44\%$$
$$-2000+600(P/A, i_3, 5)=0 \qquad i_3 \approx 15.25\%$$

$i_1 > MARR$，$i_2 > MARR$，$i_3 > MARR$

三个方案均可行。

第二步，将可行的方案按投资额大小顺序排列，计算差额内部收益率，

有　$-1000+300(P/A, i_{12}, 5)=-1500+400(P/A, i_{12}, 5)$

$(P/A, i_{12}, 5)=5 \qquad i_{12} \approx 0.25\% \quad i_{12} < MARR$

可见应选投资小的方案 A。

接着计算方案 A、C 的差额内部收益率，

有　$-1000+300(P/A, i_{13}, 5)=-2000+600(P/A, i_{13}, 5)$

$(P/A, i_{13}, 5) \approx 3.33 \qquad i_{13} \approx 15.25\% \quad i_{13} > MARR$

可见 C 方案最优。

这与差额净现值指标比选结果一致。

方法评价：用差额内部投资收益率和差额净现值、净现值比选方案可以得出相同的结论。这一点可以从图 3-10 中得到印证。

$IRR_A > MARR$，$IRR_B > MARR$ 时，若有 $\Delta IRR \geqslant MARR$，则有 $NPV(i_0)_A \geqslant NPV(i_0)_B$，A 方案较优；若 $\Delta IRR < MARR$ 时，则有 $NPV(i_0)_A < NPV(i_0)_B$，B 方案较优。

3. 寿命不等的互斥方案的评价决策

根据方案比选时寿命期或计算期必须具有可比性的原则，为了使寿命期不等的互斥方案具有可比性，通常要根据客观情况做出假设，为各方案设定一共同的计算期。常用的处理方法包括最小公倍数法、合理分析期法、研究期间分析法等，应根据实际情况选用。

(1)最小公倍数法

设定各备选方案寿命期的最小公倍数为共同的计算期。假定各方案寿命期结束后按原方案重复实施若干次。

(2)合理分析期法

根据对实际情况的分析和未来经济技术发展的预测，设定一个合理的共同计算期。在备选方案寿命期较为接近时，一般取较短的方案的寿命期作为分析期，而对寿命期长的项目，令其在分析期末保留一定的残值，并对该残值进行估算；若设定的共同计算期较长，则令寿命期短的方案重复实施若干次，同样应估算其在期末的残值。

对寿命不等的互斥方案进行比选，可以用净年值、内部收益率、净现值等评价指标，下面分别进行介绍。

①年值法

即用方案的净年值或费用年值对方案进行比选。

决策准则：净年值最大的方案为最优方案，或费用年值最小的方案为最优方案。

前提：方案可行。

例 3-19　设有两个互斥方案，其基本数据见表 3-15。

表 3-15　方案净现金流量与寿命期

MARR = 10%

方案	年初	年净现金流量	寿命期
一	−1000 万元	288 万元	6 年
二	−800 万元	180 万元	10 年

解： 第一步，分别计算两方案的净年值，判断其可行性。

$$NAV_1 = -1000(A/P, 10\%, 6) + 288 = 58.39（万元）> 0$$
$$NAV_2 = -800(A/P, 10\%, 10) + 180 = 49.8（万元）> 0$$

两方案均可行。

第二步，择优。因为有 $NAV_1 > NAV_2$，可见第一方案最优。

方法评价：在对寿命不等的互斥方案进行比选时，年值法、费用年值法最为简便。年值法对不同寿命期的处理实际上是"最小公倍数法"的特例，假定各备选方案在其寿命期结束后均可按原方案重复实施。

②用差额内部收益率法比选方案

求解寿命不等互斥方案间差额内部收益率的方法是令两方案净年值相等。因此，实际上该方法与净年值法一样，假定方案可重复实施。

用差额内部收益率法对寿命不等的互斥方案进行选择，与前述的对寿命相等互斥方案的评价方法略有不同。应用该方法有一个前提：初始投资额大的方案年均净现金流大，且寿命期长；而初始投资额小的方案年均净现金流小且寿命期较短。

方案择优的规则：在存在正的 ΔIRR 的前提下，若 $\Delta IRR \geqslant MARR$，则年均净现金流大的方案为优；若 $\Delta IRR < MARR$，则年均净现金流小的方案为优。

其中　　　　　　　　　方案的年均现金流 $= \sum_{t=0}^{n} \dfrac{C_t}{n}$　　　　　　　　　（3-19）

式中：n——方案寿命期；

C_t——各年的净现金流。

例 3-20　两互斥方案 A、B，数据如表 3-16，$MARR = 8\%$，请比选择优。

表 3-16　方案净现金流量与寿命期

方案	年初	年净现金流量	寿命期
A	−380 万元	100 万元	5 年
B	−680 万元	120 万元	10 年

解： 第一步，进行绝对经济效果检验，先分别计算 A、B 方案的内部收益率 i_1，i_2

$$-380 + 100(P/A, i_1, 5) = 0 \qquad i_1 \approx 10\%$$
$$-680 + 120(P/A, i_2, 10) = 0 \qquad i_2 \approx 12\%$$

$i_2 > i_1 > MARR$

故两方案均可行。

（由题意可知存在用内部收益率比选方案的前提条件。）

第二步，用差额内部收益率指标进行相对经济效果检验。

$$A 方案年均净现金流 = -\frac{380}{5} + 100 = 24$$

$$B 方案年均净现金流 = -\frac{680}{10} + 120 = 52$$

因此可用差额内部收益率法进行寿命不等方案的比选，有

$$-380(A/P, \Delta IRR, 5) + 100 = -680(A/P, \Delta IRR, 10) + 120$$

用内插法试算，可知 $\Delta IRR \approx 15\%$

因为 $\Delta IRR > MARR$

此时，应选择年均净现金流大的方案。

故应选 B 方案。

③用净现值法比选方案

a. 对于某些项目来说，可以按共同的分析期将各方案的年值折现。判断与择优的准则是净现值非负方案可行，净现值最大的方案最优。

该方法实际上是前述年值法的变形，与年值法所得结论相同。显然，共同分析期的取值并不会影响最终结论。

b. 对于自然资源（如矿产、煤、石油等）中的不可再生资源的开发项目来说，在进行方案择优时，不能再假定其方案可重复实施，此时不能用前述的净现值、净年值和内部收益率法。恰当的方法是直接按方案各自寿命期计算的净现值进行择优评价。其隐含的假定是用寿命期长的方案的寿命期作为共同分析期，寿命短的方案在寿命期结束后，假定其持续方案按基准贴现率取得收益。

例 3-21 对于某矿产资源的开发设计了 A、B 两个方案，预计其投资和各年现金流如表3-17，用现值法进行方案评选择优。$MARR = 10\%$

表 3-17　方案净现金流量与寿命期

方案	年初	年净现金流量	寿命期
A	-8000 万元	1000 万元	90 年
B	-10000 万元	1100 万元	80 年

解： 分别计算 A、B 两方案的净现值 NPV_1，NPV_2

$NPV_1 = -8000 + 1000(P/A, 10\%, 90) = 199.81（万元）$

$NPV_2 = -10000 + 1100(P/A, 10\%, 80) = 994.61（万元）$

两方案均可行，且 B 方案优于 A 方案。

3.2.4　相关方案的经济效果评价

从本章第一节的内容可知，相关方案的类型较多，因而评价的方法也就会有所不同，下

面仅对现金流相关型和资金约束导致的相关型方案的评价择优进行介绍。

1. 互斥方案组合法

互斥方案组合法的基本思路是把各相关方案进行组合，并把每一个项目组合看成一个投资方案，组合成若干互斥方案，再利用互斥方案的评选方法，选择最佳的方案组合。

例 3-22 运用"互斥方案组合法"比选现金流相关方案。

在两座城市间有两个投资方案 A、B，A 为建高速公路，B 为建铁路，只上一个项目时各项目的净现金流如表 3-18 所示。两个方案都上时，会对另一方案的现金流产生影响，估计有关数据见表 3-19。$MARR = 10\%$，试进行方案评价择优。

表 3-18　只有一个项目时的净现金流量　　　　单位：亿元人民币

方案	年初	年净现金流入	寿命期(年)
高速公路 A	−50	10	40
铁　路 B	−30	6	40

表 3-19　有两个项目时的净现金流量　　　　单位：亿元人民币

方案	年初	年净现金流入	寿命期(年)
高速公路 A	−50	8.5	40
铁　路 B	−30	5	40
两项目合计(A+B)	−80	13.5	40

解：A、B 两方案为现金流相关方案，可用"方案互斥组合法"评价择优。

根据"方案互斥组合法"的基本思路。第一步，先将各相关方案组合成互斥方案，见表 3-20。

表 3-20　互斥方案净现金流量与寿命期　　　　单位：亿元人民币

方案	年初	年净现金流入	寿命期(年)
高速公路 A	−50	10	40
铁　路 B	−30	6	40
两项目都上(A+B)	−80	13.5	40

第二步，对各互斥方案进行评价择优。可用前述的净年值、净现值、内部收益率等方法。这里用净年值法。

$$NAV_A = -50(A/P, 10\%, 40) + 10 \approx 4.887(亿元)$$
$$NAV_B = -30(A/P, 10\%, 40) + 6 \approx 2.933(亿元)$$
$$NAV_{A+B} = -80(A/P, 10\%, 40) + 13.5 \approx 5.319(亿元)$$

有 $NAV_{A+B} > NAV_A > NAV_B > 0$，故两个方案同时采纳为最佳。

例3-23 用"互斥方案组合法"比选资金约束条件下的相关方案。

有3个具有独立性质的方案A、B、C，各方案的有关数据见表3-21。已知总投资限额为2000万元，*MARR*为10%，试选择最佳投资方案组合。

表3-21 有独立性质方案的净现金流量 单位：万元

方案	年初	1～15
A	−1000	150
B	−600	100
C	−700	120

解： A、B、C三方案总计需投资2300万元，不能同时入选，因而为资金约束条件下的相关方案。

本例用净现值进行比选，结果见表3-22。

表3-22 互斥组合决策汇总表 单位：万元

序号	方案组合	投资额	年净现金流	净现值	决策
1	B	600	100	160.61	
2	C	700	120	212.732	
3	A	1000	150	140.915	
4	B+C	1300	220	385.42	
5	A+B	1600	250	301.525	
6	A+C	1700	270	353.647	
7	A+B+C	2300			超出投资限额

由表3-22可看出，B+C方案的净现值最大，为最优组合方案。

解题基本步骤如下：

(1)列出全部相互排斥的组合方案。对于资金约束条件下的相关方案，如果有 m 个方案，则有组合方案数 $N=2^m-1$。

本例有3个方案，则互斥组合方案共有7个，见表3-22。

(2)将所有互斥组合方案按投资额大小顺序排列，除去不满足约束条件的方案组合。

(3)用净现值、净年值、内部收益率等方法进行方案择优。

2.效率指标排序法

效率指标排序法指计算方案或其组合的投资效率，并将各种方案及其组合按投资效率的高低顺序排列，从中选取最优的方案或组合。对于资金约束相关型方案来说，运用效率指标排序法进行评价择优，可以使投资效益最大。常用的效率指标有内部收益率、净现值指数等，下面举例说明。

（1）内部收益率排序法

内部收益率排序法指将方案按内部收益率的高低依次排序，按由高到低的次序选择方案，直到达到资金约束限额为止（即方案的投资总额不能超过资金限额），其目的是使所选方案的总投资效益率最大。

例 3-24　表 3-23 中为 6 个具有独立性质的投资方案，寿命期均为 10 年。*MARR* 为 10%。（1）若资金总额为 350 万元，选择哪些方案最有利？（2）若资金总额为 280 万元，选择哪些方案最有利？

表 3-23　有独立性质方案的净现金流量　　　　　　单位：万元

方案	年初投资额	1~10 年	内部投资收益率
1	50	7.79	9%
2	70	13.95	15%
3	90	20	18%
4	100	23.85	20%
5	120	21.24	12%
6	110	30.8	25%

解： 解题步骤如下。

第一步，求出各方案的内部收益率，计算结果列于表 3-23。

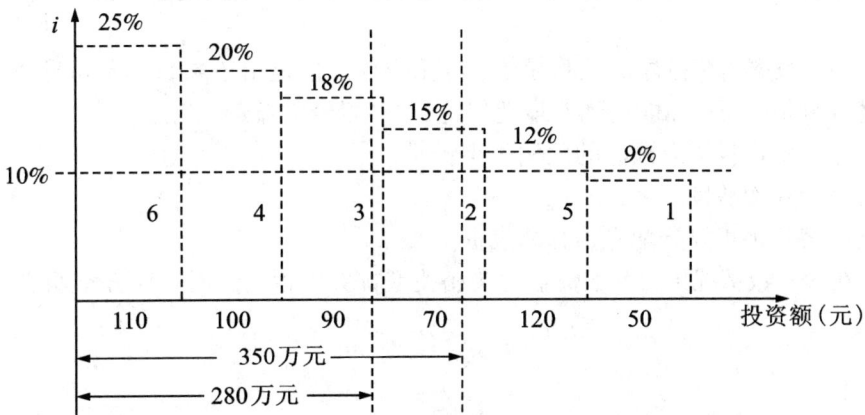

图 3-11　具有独立性质的投资方案的资金分配

第二步，按计算出的内部收益率由高到低排序，列于图 3-11 中，并将约束条件及资金成本率标注在同一图中。

第三步，根据图 3-11 择优。

在资金总额为 350 万元的约束条件下，选择第 6、4、3 方案最优，此时实际投资总额为

300万元，尚余50万元。

在资金总额为280万元的约束条件下，可选择第6、4方案，此时投资总额为210万元，尚剩余资金70万元，由于方案的不可分性，不能选择第3方案，所以第2方案还可以入选。

（2）净现值指数排序法

净现值指数排序法即将各方案的净现值指数按大小顺序排序，并依次择优，直至不超过资金约束限额为止。这样，就能使资金约束条件下总投资的净现值最大。

例3-25 数据与资金限额条件如例3-24，试用净现值指数排序法进行方案评价择优。

解：先将各方案的净现值、净现值指数计算出来，结果列于表3-24，并进行排序。

所计算的结果与用内部收益率排序法所得结果一致，其中第1方案不可行，可行的五个方案的优先顺序为第6—4—3—2—5。当资金总额为350万元时，应选择第6、4、3方案；当资金总额为280万元时，应选择第6、4、2方案。

表3-24　方案净现值指数排序表

方案	净现值(万元)	净现值指数	排序
1	-2.13	-0.04	不可行
2	15.72	0.22	第四
3	32.89	0.365	第三
4	46.60	0.466	第二
5	10.51	0.087	第五
6	79.25	0.72	第一

方法评价：效率指标排序法计算简便、应用方便。但是由于项目的不可分性，效率指标只有在下述3种情况下，才能达到或最近似达到"使投资效益最大"的目标：

①各方案投资占投资总预算的比例很小；

②各方案投资额差别不大；

③入选方案几乎正好分配完预算总投资。

否则，在大多数情况下，对于资金约束相关型方案来说，使用互斥方案组合方法所得结论更可靠。

3.3　引入期权的资本投资决策方法

如本章第一节所述，长期投资决策最早是采用静态评价指标，20世纪70年代以来，技术与经济的进步对投资决策管理提出了更高要求，动态评价指标逐步取代了静态评价指标。动态评价指标在静态指标的基础上考虑了资金时间价值的贴现评价指标，其广泛采用可以说是投资决策的一大飞跃。而引入期权理论被认为是投资决策的又一大飞跃。由此，人们将引入期权理论之前的投资决策方法称为传统的投资决策方法。传统的投资决策方法是以净现值（NPV）法为核心，根据 NPV 大小来判断一项投资计划是否可行的一系列方法的统称，主要的指标有净现值、内部投资收益率等。它仍是目前国内外投资决策中所普遍采用的方法。而将期权理论引入投资决策就产生了真实期权，其研究始于 20 世纪 70 年代，在 20 世纪 90 年代达到高潮，取得了一系列突破性的进展。

在本节中，我们将在分析传统投资决策方法缺陷的基础上，说明引入期权理论的必要性，介绍几种典型的真实期权，并展示期权理论在投资决策中的应用实例。

3.3.1　传统投资决策方法的缺陷

传统投资决策方法在以下几方面引起实际工作者的不满：第一，很难正确预测投资项目的未来现金流。第二，以净现值非负作为评价项目是否可行的准则，往往会摒弃许多很有前途的项目。第三，只能用已知的信息是传统方法的最大缺陷。虽然将 NPV 法与决策树相结合可以起到一些修正作用，但仍需估计决策树每一分枝的贴现率。第四，假定企业购入的新资产在其寿命期内只能被消极地持有，这与实际情况不符。第五，假定管理人员只能消极地决策，忽略了管理者的应变能力。

理论上，传统投资决策方法建立在以下两个假定基础上：一是投资是可逆的，即在市场出现不利状况时，可以将资产变现以收回投资；二是投资是不可推迟的，即当 NPV 大于零时，要么现在就投资，否则就不投资，以后也不再投资。实际上，大多数情况下，投资具有不可逆性和可推迟性。投资的不可逆性是指当环境发生变化时，投资所形成的资产很难在不遭受损失的前提下变现。由于投资所形成的资产都有一定程度的专有性，在二级市场上流动性较差，投资后就很难收回而变为沉没成本。例如，大多数营销和广告投资具有企业的专有性，纺织厂具有行业专有性等。此外，政府法规或制度安排也会造成投资的不可逆性。

投资的可推迟性是指投资项目在一定时间内可以被推迟的可能性。对于企业来说，有的投资不可以被推迟，如维持正常生产的重置性投资，而某些生产性投资是可以被推迟的。推迟投资可使企业在投入资金前有机会获得关于产品价格、成本等在内的各种市场信息。在面临外生风险的情况下，企业可以通过推迟投资而获得更多的收益。

综上所述，以 NPV 法为核心的传统决策方法忽视了投资的不可逆性和可推迟性，因而在实际运用中存在一些缺陷。

3.3.2　真实期权的引入及其价值

期权作为金融衍生品，以一定商品或其合约的选择性买卖为核心。期权的买方向卖方支付较少的费用（称为权利金），就购买了一种权利。即买方有权在将来约定的时间内以事先商定的价格买入（或卖出）一定数量的某种商品或其合约，卖方有义务接受买方的选择。如果将来情况对买方不利，买方可以放弃买入（或卖出）的权利，此时，买方的损失最大，丧失了权利金。但如果情况有利，买方行使其权利，其获利的机会是巨大的。因此，期权具有收益与损失非常不对称的特点，可以说，期权的买方以较少的投入获得了巨大的获利机会。

按期权买方被赋予的权利不同，期权可以分为买权和卖权。买权的买方对商定的商品或合约价格看涨，所以获得将来买入的权利，因而买权也叫看涨期权；卖权的买方对商品或合约价格看跌，所以获得将来卖出的权利，因而卖权也叫看跌期权。期权还可以按买方行使权利的时间不同分为欧式期权和美式期权。欧式期权是只能在到期日行使权利的期权，而美式期权是到期日之前都可行使权利的期权。

期权的权利金，即期权的价格，主要由内涵价值与时间价值两部分构成。内涵价值是期权买方立即行使权利时可获得的收益，它反映了期权合约买卖方商定的商品价格与商品市场价格之间的关系。内涵价值总是大于等于零，因为如果市价不利时买方就会放弃权利。因此，对买权而言，内涵价值要么为零，要么内涵价值=物品的市价−商定的商品价。

时间价值对期权的买方来说反映了期权的内涵价值在未来增值的可能性。买方希望随着时间的延长，商品价格波动可能使期权增值，因而愿意支付超过内涵价值的权利金。通常，期权的有效期越长，时间价值就越大。

一般而言，影响期权权利金的因素除了上述的商品的市价、商定的商品价、有效期的长短外，还有商品市价的波动幅度、短期利率等因素。商品市价的波动幅度是影响期权价格水平的重要因素之一，如果商品市场价格波动性大，期权内涵价值增加的可能性就大，则期权权利金也高。

以上所述的期权都是金融工程师设计的金融合约，可称之为金融期权。而真实期权是指公司进行长期资本投资决策时拥有的、能在未来根据决策时尚不确定的因素改变行为的权利，真实期权能极大地影响长期投资决策，尤其是在高风险、资本密集型的投资中。

将期权理论引入资本投资决策，可以弥补传统投资决策方法的缺陷。

对真实期权的研究是随着市场需求的多样化和灵活化，企业生产经营风险加大、竞争加剧，企业管理者和一些学者对传统资本预算技术不满而产生的。真实期权的引入，可以使管理者在获得新的信息时改变最初的策略，以抓住有利的未来机会或减少可能发生的损失。

如前所述，资本投资大多具有不可逆性和可推迟性，与美式看涨期权具有同样的特征。为了寻找有利的投资机会，推迟资本投资的权利就是一种期权。与金融期权一样，资本投资者为了获得（买入）真实期权，必须先投入资金于人力、物力及技术等，这相当于期权的权利金。在有利的投资机会下进一步投资相当于执行期权（行使权利）。同金融期权一样，这时候的投资是不可逆的。投资者只有权利而没有义务继续投资，当市场环境不利时，可以放弃进一步投资，其损失仅为权利金（初始投入）。

与金融期权一样，真实期权也具有价值。真实期权的价值也是未来投资机会的价值。企业获得投资机会的途径很多，有时来自专利、土地、自然资源的拥有权，而一般主要来自企业的管理资源、技术知识、信誉、市场地位和规模等。所有这些都要经过一定时间的积累并投入相当的财力才能取得，他们使拥有的企业能高效地进行投资，而其他企业则不能。因此，拥有这些投资机会的企业的真实期权的价值较其他企业为大。

真实期权的价值还体现在因推迟投资所带来的时间价值。一方面，推迟投资可回避风险；另一方面，推迟投资也保留了未来获利的机会。这使管理者有更多的时间调整决策行为。比如，对于具有负净现值的可推迟项目来说，推迟投资也可视为一种真实期权，若一定时间内市场变化有利，可使项目净现值变为正值，甚至表现得很有价值。

从另一个角度分析，当企业马上进行投资时，它就执行了真实期权，也就放弃了等待新的信息的机会。这也就意味着即使市场条件发生逆转，该企业也不能不投资。这种期权价值的损失应视为一种机会成本，应作为投资成本的一部分加以考虑。

综上所述,对于不可逆的、可推迟的投资项目而言,真实期权的价值必须在投资决策时加以考虑。真实期权尽管没有在市场上交易,但在理论上可以与金融期权相类似地定价。只要市场上存在同未交易的真实资产有同样的风险特征或较高的相关性的交易证券或动态的证券组合,就可以对真实期权定价。

3.3.3　Black-Scholes 期权定价公式

$$C = SN(d_1) - Xe^{-r(T-t)}N(d_2) \tag{3-20}$$

其中：
$$d_1 = \frac{ln(S/X) + (r+\sigma^2/2)(T-t)}{\sigma\sqrt{T-t}}$$

$$d_2 = \frac{ln(S/X) + (r-\sigma^2/2)(T-t)}{\sigma\sqrt{T-t}} = d_1 - \sigma\sqrt{T-t}$$

式中：C——看涨期权价值(权利金);

S——标的物市场价格；

X——约定价格；

σ——标的物市场价格波动幅度；

r——无风险利率；

$T-t$——距离到期日期剩余时间(T 为到期日, t 为当前时间)。

3.3.4　典型的真实期权

1. 增长期权

增长期权是研究得最多的期权。一项早期投资,如研究和开发、跨国投资等,可能是一系列相互联系着的项目的必需的准备,可以增加企业未来的发展机会。典型的如风险投资,其投资价值并不限于其本身产生的现金流入,更在于其增长的潜力。得到肯定的信息后,风险企业和风险投资公司将拥有极大的继续投资的机会,可能获得很大的收益;相反,得到否定的信息后,投资者能以较小的损失终止投资。也就是说,投资者有权利而无义务继续投资,有很大的获利潜力,而可能遭受的损失很小。这种投资机会本身所具有的价值,就是增长期权的价值。在对早期投资项目进行评价时,早期投资项目自身产生的现金流量的净值加上增长期权的价值,才是早期投资项目的真正价值。

2. 延迟期权

20 世纪 70 年代的石油危机带来的世界油价的剧烈波动促进了对延迟期权的研究。如某企业拥有长达一年的矿山开采权,这意味着即使在年初评估进行开采的净现值为负,在年内如果矿产品的价格变得足够高,将使进行开采具有正的净现值,这时企业有权开采;如果矿产品的价格下降得很厉害,甚至远低于年初评估时的期望价格,对企业也没有任何损害,因为企业没有义务进行开采。几乎所有的自然资源开发项目都会遇到这样的问题。这种权利与义务的不对等是延迟期权的价值所在。当产品的价格波动幅度较大或投资权的持续时间较长时,延迟期权的价值相当大,在投资时有必要进行考虑。

3. 投资期放弃权

几乎所有真实的投资项目的投资都不是在期初全额一次支出的。实际上，资本投资是由一段时间内的一系列投资组成的。在任何一个投资阶段上，当出现不利的情况时，投资者都有放弃继续投资的权利，在期初评估时，投资者就应考虑这种可以在投资的任何阶段上不追加投资的权利的价值。

在资本密集的研究和开发或具有较大风险、较长建设期的资本密集型投资或风险投资中，投资期放弃权具有较高的价值。

4. 改变运营规模权

企业适当的经营规模与市场状况的好坏密切相关。对管理者来讲，希望企业保持一定的灵活性，在市场状况变得比预期好的时候，能扩大生产的规模；而在市场变得比预期差的时候，能缩小生产的规模；在市场变得极不如意时，甚至可以暂时关闭，等市场好转再重新开始经营。

企业具有的改变运营规模期权可能会由于生产能力本身可调整而自然产生，更多的时候是在初期设计时就考虑到这种期权的价值而人为设计的。在做投资决策时，管理者为使建成的项目具有在市场需求扩大时能扩大生产规模的灵活性，可能宁愿选择较昂贵的技术设备，因为采用这种设备带来的扩大再生产规模期权的价值能弥补设备的价差。当然，缩小生产规模期权也是有价值的，特别是在市场不确定的条件下生产一种新产品。企业可能愿意选择初期投资小而维持成本高的方案，而不愿意选择初期投资大而维持成本低的方案，即便按传统净现值方法计算出的前者的净现值小于后者。因为初期投资是不可逆的，而维持成本却可以随市场状况的变化而变化，当市场状况变得不好时，前者具有的缩小生产规模、削减维持成本的缩小生产规模期权的价值大于后者。

对于石油开采、矿产开发这类企业，不一定要常年运营。当市场上石油、矿产品价格很低，企业的收入不足以弥补变动生产成本时，可以暂时停止生产，尤其是如果再次开发成本相对较低时，暂时关闭期权也是改变经营规模期权的一种。

5. 以清算价值放弃权

当一项投资不适应市场需求，完全失败，或市场状况发生极大的变化，使投资项目产生的收入长期不能弥补变动成本支出时，管理者可以考虑以清算价格将设备等资产出售，完全放弃此项目。显然，通用的设备资产比专用的设备资产有更大的变现价值，对于风险较大的资本密集型投资项目，在决策时应考虑以清算价格放弃权的价值。

6. 转换期权

市场瞬息万变，如果一个项目只能使用特定的原材料、生产特定的产品，当原材料供应不上或产品需求减少，原材料价格上涨或产品价格下降时，企业容易陷入经营上的困境。相反，如果一个项目在期初设计时就考虑了可以使用多种原材料、生产多种产品，当市场状况变化时就可以方便地转而使用另一种较便宜的原材料或生产市场更需要的产品，这就是转换期权。

企业的生产灵活性使其具有竞争优势，尤其在一些特定行业，如汽车制造业、玩具业、家电生产业等,转换期权的价值更大。

3.3.5　期权理论在投资决策中的应用实例

例 3-26　某企业 2021 年计划投资 2000 万元上马一生产线,生产 A 产品,$MARR = 20\%$,预计各年现金流量如表 3-25 所示。

假定企业的目标是通过 A 产品的生产培育销售渠道和扩大知名度,预计到 2024 年,另一替代产品 B 的技术将成熟。企业到时可以迅速上马 B 产品的生产线,迅速扩展市场份额,从而实现“蛙跳”战略。鉴于 B 产品今后的销售情况受多因素的影响,企业对上马 B 产品生产线的情况做了最保守的估计,见表 3-26,$MARR = 20\%$,估计 B 产品投资价值随市场情况变化的波动率为 35%。

表 3-25　预计现金流量表　　　　　　　　　　　　单位:万元

年末	2021	2022	2023	2024	2025	2026
净现金流	−2000	600	800	680	760	380

表 3-26　上马 B 产品生产线后的净现金流量估计　　　　　　单位:万元

年末	2024	2025	2026	2027	2028	2029
净现金流	−4800	1000	2400	1600	1900	900

问题:试分别用传统决策方法和真实期权方法评价企业上述“蛙跳”战略的可行性。

解:(1)用传统的投资决策方法

先分别计算生产 A、B 产品的净现值 NPV_A、NPV_B

$NPV_A = -2000 + 600(P/F, 20\%, 1) + 800(P/F, 20\%, 2)$
$\qquad + 680(P/F, 20\%, 3) + 760(P/F, 20\%, 4) + 380(P/F, 20\%, 5) = -31.7(万元)$

因此上马 A 产品生产线的计划不可行。

$NPV_B = -4800 + 1000(P/F, 20\%, 1) + 2400(P/F, 20\%, 2)$
$\qquad + 1600(P/F, 20\%, 3) + 1900(P/F, 20\%, 4) + 900(P/F, 20\%, 5) = -96.104(万元)$

因此,2024 年上马 B 产品生产线的方案也不可行。

将 NPV_B 贴现到 2021 年得 $NPV_B' = -55.616(万元)$

(2)用真实期权的方法

由于 B 产品投资价值具有 35% 的波动性,其净现值有可能在 3 年后大于 0。企业若上马了 A 产品生产线,就相当于获得了未来生产 B 产品的机会,否则就会失去这一机会。因此,这可以看成一个增长期权。所以,现在(2021 年)上马 A 产品生产线的实际价值应由两部分构成:NPV_A 加上一个增长期权的价值。

该增长期权相当于一个到期日为 3 年,约定价格为 4800 万元(投资额),标的资产当前价格为 2722.164 万元的看涨期权。(2722.164 万元为 B 产品 2025 年至 2029 年各年累积净现金流贴现到 2021 年的值)

有 $\sigma = 35\%$,　$T - t = 3$,　$S = 2722.164$,　$X = 4800$

假定无风险利率 $r=5\%$

根据 Black-Scholes 公式，有

$$d_1 = -0.3851 \qquad N(d_1) = 0.3502$$
$$d_2 = -0.9913 \qquad N(d_2) = 0.1608$$
$$C = 288.972(万元)$$

则 2021 年投资 A 产品生产线的实际价格为

$$NPV = -31.7 + 288.972 = 257.272(万元)$$

方案的净现值大于零，说明从企业的长期战略出发，当前应上马生产 A 产品的生产线。

习 题 三

[3-1]主要的经济评价指标有哪几种？它们各有什么特点？其中哪些指标可以用来对方案进行评价择优？

[3-3]投资回收期法的含义？

[3-4]内部收益率和外部收益率的含义？

[3-5]项目的净现值和净现值指数的含义有何不同？

[3-6]静态评价法与动态评价法有哪些共性和区别？

[3-7]同一方案用不同经济评价指标分析，结果总是一致的吗？

[3-8]在什么情况下项目会出现多个内部收益率？

[3-9]投资方案如何分类？独立方案及互斥方案各有什么特点？

[3-10]试讨论并认识传统投资决策方法的缺陷。

[3-11]真实期权有哪些种类？各有什么特点？

[3-12]某项目现金流量表如表 1 所示

表 1
单位：万元

年	0	1	2	3	4	5	6
现金流量	-250	-400	200	300	300	300	300

试计算当期望投资收益率为 10% 时，该项目的静态与动态投资回收期、净现值、净年值；计算该项目的内部收益率、净现值指数。

[3-13]购置某条生产线需 60 万元，预计该生产线上马后每年可获净收益 12 万元，问：

(1)若生产线使用 6 年后报废且无残值，其投资内部收益率是多少？

(2)若期望收益率为 10%，该生产线至少可使用多少年才值得购买？

[3-14]某项投资为 20000 元，寿命 10 年的机器，每年作业成本为 10000 元，另一部机器售价降低 15%，年作业成本 13000 元，寿命期也是 10 年。若期望收益率为 8%，选择最优方案。

[3-15]某投资项目初始投资 230 万元，预计前四年每年亏损 120 万元，四年末追加投资 80 万元，则 5~15 年每年可获利 40 万元，15 年末尚有残值 330 万元。请用四种动态评价方法确定方案是否可行。(基准投资收益率为 8%)

[3-16]某房产开发商拟建一座用于出租的写字楼,获得土地使用权的费用为1200万。写字楼有四种备选高度,不同建筑高度的建造费用和房屋建成后的租金收入及经营费用见表2。写字楼寿命为40年,寿命期结束时土地价值不变,但房屋将被拆毁,残值为零。

若期望收益率为15%,用增量分析法确定写字楼的层数。

表2　　　　　　　　　　　　　　　　　　　　　　　　单位:万元

层数	6	7	8	9
初始建造费	8000	10000	12400	15400
年运行费用	600	1000	1200	1680
年收入	1600	2400	3400	4240

[3-17]有5个备选项目,见表3。其中A与B互斥,C与D互斥,项目E必须以项目A的采纳为前提,C与D都要以B的采纳为前提,若 $MARR = 10\%$,试在以下两种情况下选择最优项目组合:

(1)资金无限制;

(2)资金限额为250万元。

表3　　　　　　　　　　　　　　　　　　　　　　　　单位:万元

项目	年初	1~4年
A	−250	100
B	−150	60
C	−70	20
D	−75	25
E	−55	35

[3-18]某拟建项目,第一年初投资1000万元,第二年初投资1500万元,第三年初投资2000万元,从第三年起连续8年每年获净收入1500万元。若期末残值不计,基准投资收益率为10%,试计算净现值和内部收益率,并判断该项目经济上是否可行。

[3-19]现有五个方案为互斥方案,见表4。试用所学的各种方案决策方法进行方案择优。 $MARR = 10\%$。

表4　　　　　　　　　　　　　　　　　　　　　　　　单位:万元

项目	年初	1~4年
A	−1000	300
B	−1500	500
C	−2300	650
D	−3200	780
E	−4500	900

第4章

投资项目风险分析

4.1 概述

投资项目的风险与不确定性是客观存在的。实践证明，人们对投资项目的分析和预测不可能完全符合未来的情况和结果。因为，投资活动所处的环境、条件及相关因素是变化发展的。而人们根据过去的数据资料和经验所做的预测很难完全符合未来事物发展的规律和实际情况，且时间距离越远，预测的误差也越大。为了提高投资决策的可靠性，降低做决策时所承担的风险，就必须对投资项目进行合适的风险分析。

4.1.1 投资项目可能遇到的不确定性和风险

睿智的投资者应该充分估计投资可能遇到的风险和不确定性，概括为以下几个方面：

1. 社会、政治、文化等方面的不确定性和风险性

社会、政治、文化等方面主要构成了投资软环境因素。其中，政治因素对投资影响最大。党的十八大以来，树立"美丽中国"建设目标，在社会主义事业总体布局中谋划生态文明建设路径，形成了"绿水青山就是金山银山""坚持人与自然和谐共生"等一系列新理念、新思想。投资项目风险分析应充分考虑由此而来的新的机遇与挑战。

2. 经济发展的周期性所带来的不确定性和风险性

应该掌握经济周期理论并把握经济周期的规律，尽量减少盲目性。一般来说在经济衰退后期即开始复苏时，是投资最好时机，因为等到项目建成投产，正好迎来了经济的高涨时期，于是市场繁荣，产品适销。相反，若在经济高涨的后期投资，项目建成投产时，面临的可能是市场不景气、购买力弱、产品滞销压库。

3. 市场因素的不确定性和风险性

（1）随着经济的增长、人均国民生产总值的提高，加上消费者有着不同的个性、心理以及特殊的消费习惯，市场需求仍然是一个难以准确估计的未知数，而且通货是否膨胀对市场的干扰也很大。

（2）供给方面，由于投资者难以掌握千变万化的市场信息，要预测未来市场的供给也具有不确定性和风险性。

4. 自然条件和资源方面的不确定性和风险性

投资项目评价，决定项目是否可行，首先要看自然条件是否满足要求。例如，气温、湿度、日照时间、风向、降水量和飓风风险等方面的气候因素的变化，以及地理勘察时的土壤条件、地下水位等情况，对厂址的选择关系重大，而这些自然条件的变化同样具有不确定性和风险性。

5. 技术发展带来的不确定性和风险性

现代科学技术飞速发展，新材料、新技术、新工艺的发展日新月异，尽管投资者在投资时所采用的技术工艺是先进适用的，但可能很快会有更适用的新技术工艺产生，新技术出现必将给行业带来新的市场机会，同时也将给相关行业的企业造成威胁。在对投资项目进行决策时，对新技术的出现及其影响难以准确地进行预测，因此，对新技术工艺发展趋势的分析是风险分析必不可少的工作。

6. 大数据技术及相关技术的应用水平带来的不确定性和风险性

大数据是基于互联网、物联网、云计算等现代科学技术的另一重大革命性成果，对所有领域都将产生深远的影响。在投资项目决策过程中，将大数据与云计算以及未来人工智能技术相整合，有利于为投资决策提供高效、系统、客观且直观的数据分析，实现由传统的经验与直觉为主的投资决策向智能决策方式的转变。

7. 评价人员的主观随意性带来的不确定性和风险性

尽管投资项目评价有严格的规定和程序，但是总要通过评价人员来实现，而评价人员的主观意念、偏好，也会带来投资项目的不确定性和风险性。

综上所述，在投资项目评价时，必须进行不确定性与风险性分析，以预测项目可能承担的风险，确定项目在财务、经济上的可靠性。

值得注意的是，在投资项目评价中，不确定性必然带来风险性。风险大的项目，必须具有较大的潜在获利能力，即风险越大，项目的内部收益率也应越大。据统计资料，国外对老厂的改造项目，一般风险较小，内部收益率控制在15%时即可接受；对采用新材料、新工艺、新技术的新建项目，一般说来风险较大，内部收益率控制在30%才可取；而对那些开辟新领域和新产品的项目，由于风险更大，内部收益率甚至须达到50%以上。

4.1.2　不确定性分析概述

1. 不确定性分析的含义

投资项目的不确定性分析是以计算和分析各种不确定性因素(如产品价格、产量、经营成本、投资费用等)的变化对投资项目财务(经济)效益的影响程度为目的的一种经济分析方法。

2. 不确定性分析的作用

(1)明确不确定因素对投资效益指标的影响范围,从而了解项目投资效益变动的大小。不确定因素多种多样,其对投资效益指标的影响也不一样,通过不确定性分析,可以确定各种因素作用力度的大小及其对投资效益指标影响的程度,从而了解项目总体效益变动的情况。

(2)确定项目评估结论的有效范围。在明确不确定因素的变动及其作用力度的大小对投资效益指标的影响及项目总体效益变动的大小以后,就可以确定按典型情况测定的项目评估结论的有效范围,以便项目决策者和执行人员充分了解不确定因素变动的作用界限,尽量避免不利因素的出现。

(3)提高项目评估结论的可靠性。经过不确定性分析,依据不确定因素变动对项目投资效益影响的大小和指标变动范围,可以进一步调整项目的评估结论,以提高评估结论的可靠性。

(4)寻找在项目效益指标达到临界点时,变量因素允许变化的极限值。由于不确定因素的影响,项目经济效益指标在某一范围内变动,当这些效益指标的变动达到临界点时,与这一临界点相应的不确定因素的变化值就是这一变量因素允许变化的极限值。寻找这一极限值,有利于投资者在项目执行和经营过程中,尽量把握住这种因素的变动幅度,避免项目经济效益的下降。

3. 不确定分析的步骤

(1)鉴别主要不确定性因素

虽然影响投资项目的不确定性因素有许多,但不同的因素在不同的投资项目中的不确定程度及其对投资项目的影响程度是不相同的。因此,在对投资项目进行不确定性分析时,首先要从各个变量及其相关诸因素中,找出不确定程度较大的和对投资项目影响较大的主要因素。这些变量和因素是不确定性分析的重点。在投资项目的不确定性分析中,其主要的不确定性因素有销售收入(产品价格和产品产量等)、生产成本、投资支出和建设工期等。引起它们变化的原因一般为物品价格上涨、技术工艺发生变化、市场变化、未能达到设计生产能力、投资变化、建设期延长等。

(2)估计不确定性因素的变化范围,进行初步分析

找出主要的不确定性因素,就要估计其变化范围,确定其边界值或变化率,也可先进行盈亏平衡分析。

（3）进行敏感性分析

对不确定性因素进行敏感性分析，即分析其对投资项目的影响程度。

4. 不确定性分析的内容

不确定性分析的内容包括盈亏平衡分析、敏感性分析。根据国家发展改革委和建设部发布的《建设项目经济评价方法与参数》，还应包括概率分析，本书中把它列入风险分析的范围。

4.1.3 风险分析概述

1. 风险分析的含义

任何投资过程都存在风险，因而任何投资决策都是冒风险的。而风险是只能减少和转移的（不能消除），这就必须借助于风险分析。风险分析是通过对工程项目投资过程的各种不确定投资变量（下面简称风险变量）进行风险分析，由风险变量的概率特征推导投资过程经济评价指标的概率特征，从而对工程项目投资进行风险评价的方法。因此，通过风险分析，决策者就能够正确认识和面对风险，做出取得合理的风险报酬的正确决策。显然，风险分析是项目经济评价不可缺少的重要组成部分。

2. 风险分析的作用

风险分析不同于不确定性分析。不确定性分析是人们主观地使投资方案的一个参数或几个参数改变某个百分数，然后确定项目评价指标对这种改变的敏感程度，或者是考察评价指标处于某个临界值时，某一参数相对应的临界值，这一临界值规定了该投资项目可行的最低界限。而风险分析则不同，它认为投资项目的经济过程是随机过程，影响项目经济效益的各项参数是随机变量，即风险变量，据以评价项目是否可行的经济指标也是随机变量，因此，风险分析必须以概率理论为基础，具有以下作用：

（1）明确风险变量

影响项目评价指标的因素有很多，有些是可变的，且变化是客观的、随机的，确定为风险变量；有些因素相对稳定，或者虽有变化，但可以人为控制，这些因素可作为确定值处理。

（2）对风险变量进行概率估计

风险变量的概率估计就是要给出风险变量变化的大小及其可能性的大小，用概率分布做出定量描述，并计算出风险变量的期望值和标准差，以便于对经济评价指标进行风险分析。

（3）明确经济评价指标可能的取值范围，估计各种取值或值域发生的概率，评价方案风险大小和对多个方案选优。

3. 风险分析的步骤

（1）风险特征

投资项目风险有其特征，要根据这些特征来识别风险因素，并进一步进行风险分析。现将投资项目风险基本特征归纳如下：

①具有不确定性和可能造成损失是风险的基本特征，要从这个基本特征入手去识别风险因素；

②投资项目不同阶段存在的主要风险有所不同，因此风险识别应考虑其阶段性；

③投资项目风险依行业和项目不同具有特殊性，因此风险因素的识别要注意针对性，强调具体项目具体分析。

（2）风险识别

风险识别是风险分析的基础，要运用系统论的方法对项目进行全面考察综合分析，找出潜在的各种风险因素，并对各种风险进行比较、分类，确定各因素间的相关性与独立性，判断其发生的可能性及对项目的影响程度，按其重要性进行排序，或赋予权重。

投资项目可行性研究阶段涉及的风险因素较多，各行业和项目又不尽相同，下面将投资项目可行性研究阶段常见的风险因素做一些归纳，以作为示例。

①市场方面的风险因素。这是竞争性项目常遇到的重要风险，市场风险主要来自三个方面：一是市场供求总量的实际情况与预测值有偏差；二是项目产品缺乏市场竞争能力；三是实际价格与预测价格的偏差。它所带来的损失，主要表现为项目产品销路不畅、产品价格低迷，以致产量和销售收入达不到预期的目标。

②供应方面的风险因素。对于外购原材料和燃料而言，主要受供应量和价格两个方面的影响，特别是对于大宗原材料和燃料来说，这种影响更显重要，其运输条件的保障程度也可能是风险因素之一。

③技术方面的风险因素。可行性研究阶段应考虑的技术方面的风险因素主要有对技术的适用性和可靠性认识不足，达不到生产能力，质量不过关或消耗指标偏高等。特别是高新技术开发项目，在这方面的风险更大。

④资源方面的风险因素。在可行性研究阶段，对地下的资源和地质结构情况尽管有所了解，但限于技术能力，有可能认识不足，成为项目的风险源，主要体现在以下几个方面：

对于矿山、油气开采等资源开发项目来说，资源因素是个很重要的风险因素。在可行性研究阶段，矿山和油气开采等项目的设计规模，一般是根据国家批准的地质储量设计的。但是，有些地区地质结构比较复杂，加之受勘探技术、时间和资金的限制，实际储量可能会与探明储量有较大的出入，致使矿山和油气开采等项目产量降低、开采成本过高或者寿命缩短，甚至无矿、油可采，造成巨大的经济损失。

在水资源短缺地区建设项目，或者项目本身耗水量大，应该重视水资源风险因素。水资源风险因素细分起来可能有水资源勘察不明、气候不正常等因素。在农业灌溉项目中，还可能有水资源分配问题。

⑤工程地质方面的风险因素。对于矿山、铁路、港口、水库以及部分加工业项目，工程地质情况十分重要。但限于技术水平，有可能勘探不清，致使在项目的生产运营甚至施工中就出现问题，造成经济损失。因此，在地质情况复杂的地区，应慎重对待工程地质风险因素。

⑥配套条件的风险因素。投资项目需要的外部配套设施，如供水排水、供电供气、公路铁路、港口码头以及上下游配套等，在可行性研究中虽都做了考虑，但是，实际上仍然可能存在外部配套设施没有如期落实的问题，致使投资项目不能发挥应有效益，从而带来风险。

⑦投融资方面的风险因素。投资项目的经济效益与投资大小及资金成本密切相关。因此，投融资方面的风险因素对项目至关重要。这方面的风险因素可以细分为投资估算不合实际、建设工期拖延、贷款利率升高以及外汇汇率不利变化等。其中有人为因素也有客观因

素，应仔细识别。

⑧外部环境因素。对于某些项目，外部环境因素（包括自然环境、经济环境和社会环境因素，个别项目还涉及政策因素）也是风险因素之一。

⑨其他风险因素。对于某些项目，还要考虑其特有的风险因素。例如，对于中外合资项目，要考虑合资对象的法人资格和资信问题，以及合作的协调性问题；对于农业投资项目，还要考虑因气候、土壤、水利等条件的变化对收成不利影响的风险因素。

上面只是列举出投资项目可能存在的一些风险因素，需要说明的是，并非每个投资项目都同时存在这么多风险因素，而可能只是存在其中的一种或者几种，要根据项目具体情况予以识别。

（3）风险估计

风险估计又称风险估算，指在风险识别之后，通过定量分析的方法测度风险发生的可能性及对项目的影响程度。

①风险估计与概率。风险估计是估算风险事件发生的概率及其后果的严重程度，因此，风险与概率密切相关。风险估计分为主观估计和客观估计两种。

a.主观估计是指人们对某一风险因素发生可能性的主观判断，用介于0到1的数据来描述。这种主观估计基于人们所掌握的大量信息或长期经验的积累，而不是随意的"拍脑袋"。

b.客观估计是根据大量的试验数据，用统计方法计算某一风险因素发生的可能性，它是不以人的意志为转移的客观存在的概率，客观估计计算需要足够多的试验数据作支持。

②风险估计与概率分布

a.风险估计的一个重要方面是确定风险事件的概率分布。概率分布用来描述损失原因所致各种损失发生的可能性的分布和情况，是显示各种风险事件发生概率的函数。概率分布函数给出的分布形式、期望值、方差、标准差等信息，可直接或间接地用来判断项目的风险。

b.常用的概率分布类型有离散概率分布和连续概率分布。离散概率适用于变量取值个数不多的输入变量。连续概率适用于取值充满一个区间，无法按一定次序一一列举出来的输入变量，常用的连续概率分布有正态分布、对数正态分布、泊松分布、三角分布等，各种状态的概率取值之和等于1。

（4）风险评价

风险评价应根据风险识别和风险估计的结果，通过项目风险判别标准，找出影响项目成败的关键风险因素。项目风险大的评价标准应根据风险因素发生的可能性及其造成的损失来确定，一般采用评价指标的概率分布或累计概率期望值、标准差作为判别标准，也可采用综合风险等级作为判别标准，具体操作应符合下列要求：

①以评价指标作为判别标准

a.财务（经济）内部收益率大于等于基准收益率的累积概率值越大，风险越小；标准差越小，风险越小。

b.财务（经济）净现值大于等于零的累积概率值越大，风险越小；标准差越小，风险越小。

②以综合风险等级作为判别标准

风险等级的划分既要考虑风险因素出现的可能性，又要考虑对风险出现后对项目的影响程度，有多种表述方法，一般选择矩阵列表法划分风险等级。矩阵列表法简单直观，将风险因素出现的可能性及对项目的影响程度构造一个矩阵，表中每一单元对应一种风险的可能性及其影响程度。为适应现实生活中人们往往以单一指标描述事物的习惯，将风险的可能性与影响程度综合起来，用某种等级表示(见表4-1)。

表 4-1　综合风险等级分类表

综合风险等级		风险影响的程度			
		严重	较大	适度	低
风险的可能性	高	K	M	R	R
	较高	M	M	R	R
	适度	T	T	R	I
	低	T	T	R	I

综合风险等级分为 K、M、T、R、I 五个等级：

K(kill)表示项目风险很强，出现这类风险就要放弃项目；

M(modify plan)表示项目风险强，需要修正拟议中的方案，改变设计或采取补偿措施等；

T(trigger)表示风险较强，设定某些指标的临界值，指标一旦达到临界值，就要变更设计或对负面影响采取补偿措施；

R(review and reconsider)表示风险较小，适当采取措施后不影响项目；

I(ignore)表示风险弱，可忽略。

(5)风险应对

风险应对是指根据风险评价的结果，研究规避、控制与防范风险的措施，尽可能地降低风险的不利影响，实现预期投资收益。

①选择风险应对的原则

a.贯穿于项目可行性研究的全过程。可行性研究是一项复杂的系统工程，而经济风险来源于技术、市场、工程等方面，因此，应在规划设计时就采取规避防范风险的措施，才能防患于未然。

b.针对性。风险对策研究应有很强的针对性，应结合行业特点，针对特定项目主要的或关键的风险因素提出必要的措施，将其影响降到最低程度。

c.可行性。可行性研究阶段所进行的风险应对研究应立足于现实客观的基础之上，提出的风险应对应在财务、技术等方面是切实可行的。

d.经济性。规避防范风险是要付出代价的，如果提出的风险应对所花费的费用远大于可能造成的风险损失，该对策将毫无意义。在风险应对研究中应将规避防范风险措施所付出的代价与该风险可能造成的损失进行权衡，旨在寻求以最少的费用获取最大的风险效益。

②决策阶段风险应对的主要措施

a.提出多个备选方案，通过多方案的技术、经济比较，选择最优方案；

b.对有关重大工程技术难题潜在风险因素提出必要研究与试验课题，准确地把握有关问题，消除模糊认识；

c. 对影响投资、质量、工期和效益等有关数据，如价格、汇率和利率等风险因素，在编制投资估算、制订建设计划和分析经济效益时，应保留有充分的余地，谨慎决策，并在项目执行过程中实施有效监控。

③投资项目可行性研究阶段的风险对策主要有以下几种：

a. 风险回避，即断绝风险来源，是彻底规避风险的一种做法。对投资项目可行性研究而言，就意味着提出推迟或否决项目的建议。在项目可行性研究过程中，通过信息反馈彻底改变原方案的做法，也属于风险回避方式。

b. 风险控制。这是一种预防与减少风险损失的对策。项目可行性研究报告的风险对策研究应十分重视风险控制措施的研究，应就识别出的关键风险因素逐一提出技术上可行、经济上合理的预防措施，以尽可能低的风险成本来降低风险发生的可能性，并将风险损失控制在最低程度。

c. 风险转移。这是试图将项目业主和投资者可能面临的风险转移给他人承担，以避免风险损失的一种方法。转移风险有两种方式：一是将风险源转移出去，如将已做完前期工作的项目转给他人投资，或将其中风险大的部分转给他人承包建设或经营。二是只把部分或全部风险损失转移出去，第二种风险转移方式又可细分为保险转移方式和非保险转移方式两种。

d. 风险自担。就是将风险损失留给项目业主和投资者自己承担。这适用于两种情况：一种情况是已知有风险，但由于可能获利而需要冒险时，必须保留和承担这种风险。例如资源勘探和资源开发项目风险很大，但由于利益驱使，总有人愿意去干。另一种情况是已知有风险，但若采取某种风险措施，其费用支出会大于自担风险的损失时，常常主动自担风险。这通常适用于风险损失小、发生频率高的风险。

e. 风险分散。这是一种将风险分散给多方承担的风险处理方法。例如银行为了减少自己的风险，只贷给投资项目所需资金的一部分，让其他银行和投资者共担风险。在资本筹集中采用多方出资的方式，也是风险分散的一种方法。

f. 风险合并。就是把分散的风险集中起来以增强风险承担能力。这种风险处理方法特别适用于高风险行业。例如资源开发和高新技术项目属于公认的高风险行业，除以上风险对策外，可由政府、行业部门、企业等共同建立风险基金，以将一个企业难以承受的风险合并起来共同承担。

g. 风险修正。指项目决策时依据用风险报酬率修正过的项目评价指标，权衡风险和效益两个方面，使决策更为科学合理。

上述风险应对不是互斥的，实践中常常组合使用。项目可行性研究中应结合实际情况，研究并选用相应的风险对策。

4. 风险分析方法

风险分析方法很多，广义的风险分析方法包括一切关于风险与不确定性情况下经济分析和评价的研究方法，本章要讨论的是指以概率理论为基础的风险分析方法，考虑到实用性和可操作性，主要介绍概率分析和蒙特卡洛模拟法。

4.2　盈亏平衡分析

4.2.1　盈亏平衡分析概述

1.盈亏平衡分析的基本原理

盈亏平衡分析是指根据建设项目正常生产年份的产品产量(销售量)、固定成本、可变成本、税金等,研究建设项目产量、成本、利润之间变化与平衡关系的方法。所谓盈亏平衡点(BEP, break even point)是指总销售收入正好等于总成本时的产量。在这一点上企业既不获利,也不亏本,即企业利润等于零。盈亏平衡分析就是要找出盈亏平衡点。在项目生产能力许可的范围内,盈亏平衡点越低,项目盈利的可能性就越大,亏损的可能性就越小,当市场等外部环境变化时,项目适应能力越强,抵抗风险能力也越强。

2.盈亏平衡分析的基本假设

进行盈亏平衡分析是以下列基本假设条件为前提的:

(1)采用投资项目在正常年份内达到设计生产能力时的数据,这里不考虑资金的时间价值及其他因素。

(2)生产量等于销售量,通常情况下,生产量会大于销售量,但在盈亏平衡分析时,假定产销平衡。

(3)产量变化时,单位可变成本不变,从而总成本线是产量的线性函数;产量变化时,销售单价不变,从而销售收入是销售量的线性函数;产量变化时,固定成本总额不变。

(4)产品品种结构稳定,否则,随着产品品种结构变化,收益和成本会相应变化,从而使盈亏平衡点处于不断变化之中,难以进行盈亏平衡分析。

4.2.2　线性盈亏平衡分析

独立方案盈亏平衡分析的目的是通过分析产品产量、成本与方案盈利能力之间的关系找出投资方案盈利与亏损在产量、产品价格、单位产品成本等方面的界限,以判断在各种不确定因素作用下方案的风险情况。

1.销售收入、成本费用与产品产量的关系

假定市场条件不变,产品价格为一常数,则销售收入与销售量呈线性关系,即

$$TR = PQ \tag{4-1}$$

式中: TR ——销售收入;

P ——单位产品价格(不含销售税);

Q ——产品销售量。

项目投产后,其总成本费用可以分为固定成本和变动成本两部分。固定成本指在一定的生产规模限度内不随产量的变动而变动的费用,变动成本指随产品产量的变动而变动的费

用。在经济分析中一般可近似认为变动成本与产品产量成正比例关系。

总成本费用是固定成本与变动成本之和，它与产品产量的关系也可以近似地认为是线性关系，即

$$TC = F + C_v Q \tag{4-2}$$

式中：TC——总成本费用；

F——总固定成本；

C_v——单位产品变动成本。

2.盈亏平衡点的确定

盈亏平衡点可以用图解法或计算法确定。

（1）图解法

将式4-1和式4-2表示在同一坐标图上，就得出线性盈亏平衡分析图4-1。从图中可以看出，当产量在$0<Q<Q^*$范围时，线TC位于线TR之上，此时企业处于亏损状态；而当产量在$Q>Q^*$范围时，线TR位于线TC之上，此时企业处于盈利状态。因此，线TR与线TC的交点所对应的产量Q^*，就是盈亏平衡点产量。

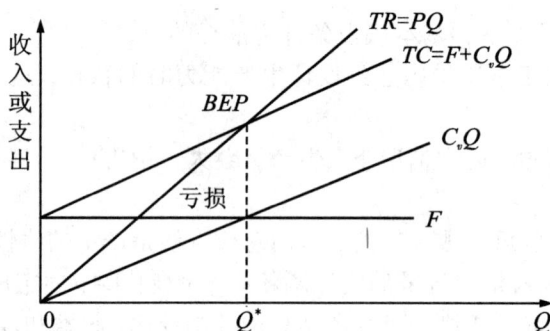

图 4-1　线性盈亏平衡分析图

（2）代数法

根据盈亏平衡点的定义，当达到盈亏平衡状态时，总成本等于总收入，即

$$TR = TC$$
$$PQ^* = F + C_v Q^*$$
$$Q^* = \frac{F}{P - C_v} \tag{4-3}$$

式中Q^*所表示的产量就是盈亏平衡点的产量。

若用含税价格P计算，则计算公式如下：

$$Q^* = \frac{F}{(1-r)P - C_v} \tag{4-4}$$

式中，r——产品销售税率。

盈亏平衡点除可用产量表示外，还可以销售收入、生产能力利用率、销售价格等指标来表示。

以销售收入表示的盈亏平衡点是指项目不发生亏损时必须达到的最低销售收入额，其计算公式为

$$TR^* = PQ^* = \frac{FP}{P-C_v} \tag{4-5}$$

式中，TR^*——盈亏平衡时的销售收入。

生产能力利用率的盈亏平衡点是指项目不发生亏损时至少应达到的生产能力利用率，可用下式表示：

$$q^* = \frac{Q^*}{Q_c} \times 100\% = \frac{F}{Q_c(P-C_v)} \times 100\% \tag{4-6}$$

式中：q^*——盈亏平衡点的生产能力利用率；

Q_c——设计年产量。

q^* 值越低，项目的投资风险度就越小。

若按设计能力进行生产和销售，则盈亏平衡销售价格为

$$P^* = \frac{TR}{Q_c} = \frac{F+C_vQ_c}{Q_c} \tag{4-7}$$

若按设计能力进行生产和销售，且销售价格已定，则盈亏平衡点单位产品变动成本为

$$C_v^* = P - \frac{F}{Q_c} \tag{4-8}$$

例 4-1 某项目生产某种产品年设计生产能力为 3 万件，单位产品价格为 3000 元，总成本为 7800 万元，其中固定成本 3000 万元，总变动成本与产品产量成正比例，销售税率 5%。求以产量、生产能力利用率、销售价格、销售收入、单位产品变动成本表示的盈亏平衡点。

解：(1) 盈亏平衡点产量

首先计算单位产品变动成本：

$$C_v = \frac{TC-F}{Q} = \frac{(7800-3000) \times 10^4}{3 \times 10^4} = 1600(元/件)$$

$$Q^* = \frac{F}{p(1-r)-C_v} = \frac{3000 \times 10^4}{3000 \times (1-5\%) - 1600} \approx 2.4 \times 10^4(件)$$

(2) 盈亏平衡点生产能力利用率

$$q^* = \frac{Q^*}{Q^c} \times 100\% = \frac{2.4 \times 10^4}{3 \times 10^4} \times 100\% = 80\%$$

(3) 盈亏平衡点销售价格

$$p^* = \frac{F+C_vQ}{Q(1-r)} = \frac{3000 \times 10^4 + 1600 \times 3 \times 10^4}{3 \times 10^4 \times (1-5\%)} = 2736.8(元/件)$$

(4) 盈亏平衡点销售收入 (税前)

$$TR^* = PQ^* = \frac{3000 \times 3000 \times 10^4}{3000-1600} = 6429(万元)$$

(5) 盈亏平衡点单位产品变动成本

$$C_v^* = p(1-r) - \frac{F}{Q_c} = 3000 \times (1-5\%) - \frac{3000 \times 10^4}{3 \times 10^4} = 1850 \, (元/件)$$

4.2.3 优劣盈亏平衡分析

盈亏平衡分析不但可用于对单个投资方案进行分析，还可用于对多个方案进行比较和选优。在对若干个互斥方案进行比选的情况下，如果是某一个共同的不确定因素影响这些方案的取舍，可以采用下面介绍的盈亏平衡分析方法帮助决策。

设两个互斥方案的经济效果都受到某不确定因素 x 的影响，可把 x 看作一个变量，把两个方案的经济效果指标都表示为 x 的函数。

$$E_1 = f_1(x) \tag{4-9}$$
$$E_2 = f_2(x) \tag{4-10}$$

式中，E_1 和 E_2 分别为方案 1 与方案 2 的经济效果指标，当两个方案的经济效果相同时，有

$$f_1(x) = f_2(x)$$

从方程中解出 x 的值，即为方案 1 与方案 2 的优劣盈亏平衡点，也就是决定这两个方案优劣的临界点。结合对不确定性 x 未来取值范围的预测，就可以做出相应的决策。

例 4-2 生产某产品有三种方案可选择：方案 A，从国外引进成套生产线，年固定成本为 800 万元，单位产品变动成本为 10 元；方案 B，从国外仅引进关键设备，年固定成本为 500 万元，单位产品变动成本为 20 元；方案 C，全部采用国产设备，年固定成本为 300 万元，单位产品变动成本为 30 元。分析各种方案适用的生产规模和经济性。

解：各方案的年总成本函数曲线如图 4-2 所示。

各方案年总成本均可表示为产量 Q 的函数：

$$TC_A = 800 + 10Q$$
$$TC_B = 500 + 20Q$$
$$TC_C = 300 + 30Q$$

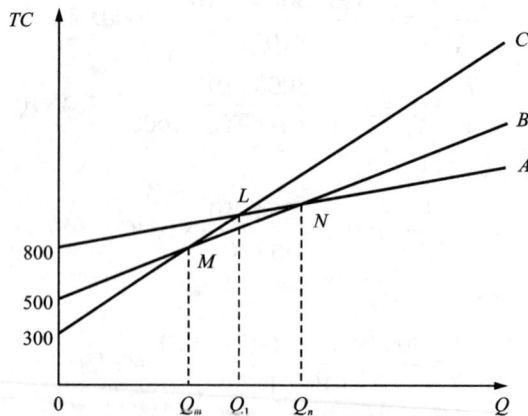

图 4-2 各方案的年总成本函数曲线

由图 4-2 可以看出，三条成本曲线分别相交于 L、M、N 三点，各个交点所对应的产量就

是相应的两个方案的盈亏平衡点。Q_m 是方案 B 与方案 C 的盈亏平衡点；Q_n 是方案 A 与方案 B 的盈亏平衡点。显然，当 $Q<Q_m$ 时，方案 C 的总成本最低；当 $Q_m<Q<Q_n$ 时，方案 B 的总成本最低；当 $Q>Q_n$ 时，方案 A 的总成本最低。

当 $Q=Q_m$ 时，

$$TC_B=TC_C$$

即

$$500+20Q_m=300+30Q_m$$
$$Q_m=20（万件）$$

当 $Q=Q_n$ 时，

$$TC_A=TC_B,$$

即

$$800+10Q_n=500+20Q_n$$
$$Q_n=30（万件）$$

由此可知，当预期产量低于 20 万件时，应采用方案 C；当预期产量为 20 万 ~ 30 万件时，应采用方案 B；当预期产量高于 30 万件时，应采用方案 A。

在上述情况中，采用产量作为盈亏平衡分析的共有变量，根据年总成本费用的高低判断方案的优劣。在各种不同的情况下，根据实际需要，也可以用投资额、产品价格、经营成本、贷款利率、项目寿命期、期末固定资产残值等作为盈亏平衡分析的共有变量，用净现值、净年值、内部收益率等作为衡量方案经济效果的评价指标。

4.2.4　非线性盈亏分析

非线性盈亏分析出现在生产成本或销售收入与产量为非线性关系时，如图 4-3 所示。

由于产品价格随着市场需求的变化而变化，所以销售收入与产量的关系往往是一根曲线。由于存在着半可变成本，所以生产成本随着产量呈阶梯形变化。因此，生产成本与销售收入曲线之间有两个相交点 E_1 和 E_2，这两个交点均为盈亏平衡点。在 E_1 点相对应的产量 x_1 以下，销售收入低于生产成本，因而企业亏损。在 E_2 相对应的产量 x_2 以上，销售收入亦低于生产成本，又出现亏损。在 x_1 与 x_2 之间的产量区，是盈利区，销售收入高于生产成本。企业只有在 x_1 和 x_2 之间安排生产计划，才可盈利。

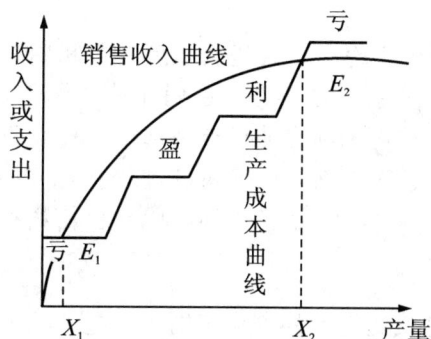

图 4-3　非线性盈亏分析示意图

4.3　敏感性分析

敏感性分析是测定各种项目效益影响因素的变化对项目效益的影响程度，进而预测项目具有多大风险的一种分析方法。

4.3.1　敏感性分析的作用

敏感性分析的作用是提高对投资项目经济效益评价的准确性和可靠性。其作用体现在以下方面：

1. 通过敏感性分析来研究相关因素的变动对投资项目经济效果评价指标的影响程度，即引起经济效果评价指标的变动幅度。

2. 通过敏感性分析找出影响投资项目经济效果的敏感因素，并进一步分析与之有关的预测或估算数据可能产生的不确定性。

3. 通过敏感性分析和不同的项目方案对某关键因素的敏感程度的对比，可区别不同项目方案对某关键因素的敏感性大小，以便选取对关键因素敏感性小的方案，降低投资项目的风险。

4. 通过敏感性分析可找出项目方案的最好与最坏的经济效果的变化范围，使决策者全面了解项目投资方案可能出现的经济效益变动情况，以便通过深入分析可能采取的某些有效控制措施，来选取最现实的项目方案或寻找替代方案，达到减少或避免不利因素的影响，改善和提高项目的投资效果，为最后确定有效可行的投资方案提供可靠的决策依据。

一般来说，相关因素的不确定性是投资项目具有风险性的根源。但是，各种相关因素的不确定性给投资项目带来的风险程度都是不一样的，敏感性强的因素的不确定性给投资项目带来的风险更大。故此，敏感性分析的核心是从诸多的影响因素中找出敏感因素，并设法采取相应的对策和措施对之进行控制，以减少项目的风险。

4.3.2　敏感性分析的步骤

1. 确定分析指标

由于投资效果可用多种指标来表示，在进行敏感性分析时，首先必须确定分析指标。一般而言，在前面经济评价指标体系中讨论的一系列评价指标，都可以成为敏感性分析指标。在选择时，应根据经济评价的深度和项目的特点来选择一种或两种评价指标进行分析。需要注意的是，选定的分析指标，必须与确定性分析的评价指标相一致，这样便于进行对比、说明问题。在技术经济分析评价实践中，最常用的敏感性分析指标主要是投资回收期、方案净现值和内部收益率。

2. 选定不确定性因素，并设定它们的变化范围

影响技术项目方案经济效果的因素众多，不可能也没有必要对全部不确定因素逐个进行分析。在选定需要分析的不确定因素时，可从两个方面考虑：第一，这些因素在可能的变化

范围内，对投资效果影响较大；第二，这些因素发生变化的可能性较大。通常设定的不确定性因素有产品价格、产销量、项目总投资、年经营成本、项目寿命期、建设工期及达产期、基准折现率、主要原材料和动力的价格等。

3.计算因素变动对分析指标影响的数量结果

假定其他设定的不确定因素不变，一次仅变动一个不确定性因素，重复计算各种可能的不确定因素的变化对分析指标影响的具体数值。然后采用敏感性分析计算表或分析图的形式，把不确定因素的变动与分析指标的对应数量关系反映出来，以便于测定敏感因素。

4.测定敏感因素

敏感因素是指能引起分析指标产生相应较大变化的因素。测定某特定因素敏感与否，可采用两种方式进行。第一种是相对测定法，即设定要分析的因素均从基准值开始变动，且各因素每次变动幅度相同，比较在同一变动幅度下各因素的变动对经济效果指标的影响，就可以判别出各因素的敏感程度。第二种方式是绝对测定法，即设各因素均向降低投资效果的方向变动，并设该因素达到可能的"最坏"值，然后计算在此条件下的经济效果指标，看其是否已达到使项目在经济上不可取的程度。如项目已不能接受，则该因素就是敏感因素。绝对测定法的一个变通方式是先设定有关经济效果指标为其临界值，如令净现值等于零，令内部收益率为基准折现率，然后求待分析因素的最大允许变动幅度，并与其可能出现的最大变动幅度相比较。如果某因素可能出现的变动幅度超过最大允许变动幅度，则表明该因素是方案的敏感因素。

5.结合确定性分析进行综合评价，选择可行的比选方案

根据敏感因素对技术项目方案评价指标的影响程度，结合确定性分析的结果做进一步的综合评价，寻求对主要不确定因素变化不敏感的比选方案。

在投资项目方案分析比较中，对主要不确定因素变化不敏感的方案，其抵抗风险能力比较强，获得满意经济效益的潜力比较大，优于敏感方案，应优先考虑接受。有时，还要根据敏感性分析的结果，采取必要的相应对策。

4.3.3　敏感性分析的应用

投资项目的敏感分析可分为单因素敏感性分析、多因素敏感性分析以及风险敏感度分析。单因素敏感性分析，指假定其他因素保持不变，针对单个不确定因素的变动对项目效益的影响进行分析；多因素敏感性分析，指针对多个不确定因素同时变动时，对项目效益的影响进行分析，来判断项目承担的风险程度；风险敏感度分析，指针对风险评价指标的影响因素变化时，对风险评价指标的影响进行分析。在实际工作中，多采用单因素敏感性分析。

1.单因素敏感性分析

例4-3　设某项目以 *FIRR* 为敏感性分析指标，选择投资额、经营成本及销售价格 3 个不确定因素作为敏感性分析因素，分别假定其中一个因素做±5%、±10%及±15%的变动（其他数据不变），那么，项目 *FIRR* 的变动状况如表4-2所示。根据表4-2，可绘制图4-4。

表 4-2 项目财务敏感性分析

敏感因素 \ 变动幅度 (FIRR)	−15%	−10%	−5%	0	5%	10%	15%
投资额	36%	34%	32%	30%	28%	26%	25%
经营成本	64%	52%	41%	30%	19%	7%	—
销售价格	—	2%	16%	30%	43%	57%	71%

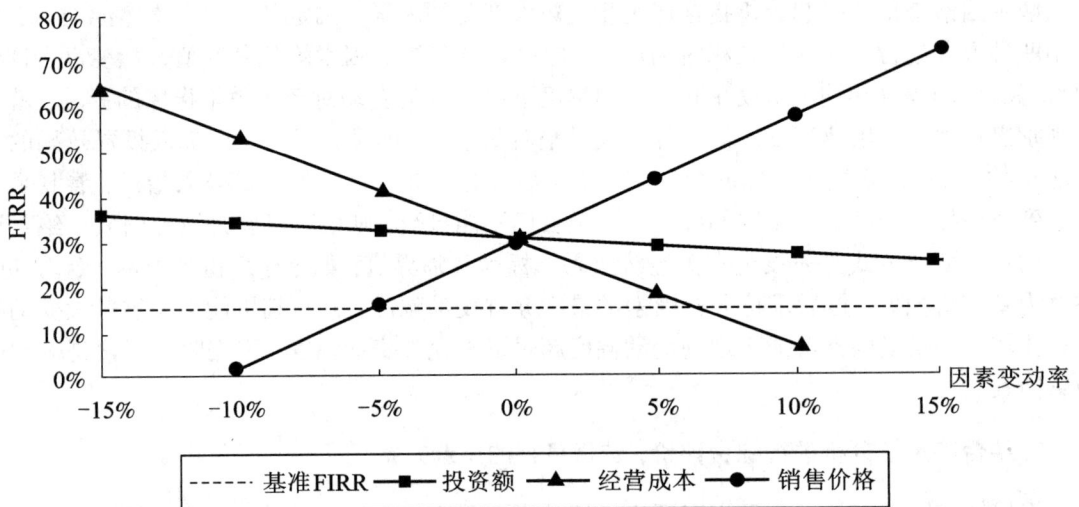

图 4-4 项目敏感性分析图

图 4-4 显示，在选定的 3 个因素中，影响项目效益最为敏感的因素是销售价格，其次是经营成本，项目对投资额的变动最不敏感。如果以 15% 作为基准内部收益率，那么销售价格只允许下降约 5%，而经营成本允许上升约 8%，投资额允许上升约 30%。因此，项目应十分注意做好产品的市场调研和开发工作，加强营销管理，争取有利的产品售价，并注意严格控制生产成本，以提高项目的抗风险能力。

2. 多因素敏感性分析

以双因素敏感性分析为例，并假定同时变动的两个因素是互相独立的，即一个因素变动的幅度、方向($\pm$)与另一个因素无关。

例 4-4 设评价某项目固定资产投资总额 I 为 17 万元，税后年销售收入 R 为 5.5 万元，年经营成本 C 为 2 万元，项目计算期为 15 年，固定资产残值 S_v 为 1.7 万元，要求达到收益率为 15%。设投资变动的百分比为 x，年销售收入变动的百分比为 y，以净现值为研究对象，进行由于投资与年销售收入这两个因素变动的敏感性分析。

解： 按净现值公式可得

$NPV(15\%) = -17(1+X) + 5.5(1+Y)(P/A, 15\%, 15) - 2(P/A, 15\%, 15) + 1.7(P/F, 15\%, 15)$按题意要求，收益率为 15% 时，$NPV(15\%) \geq 0$，项目是可行的。

$\therefore \quad NPV(15\%) = -17 - 17x + 5.5 \times 5.8473 + 5.5 \times 5.8473y - 2 \times 5.8473 + 1.7 \times 0.1229 = 3.6745 - 17x + 32.16y \geq 0$

化简得：$y \geq 0.53x - 0.1143$

以投资变化百分率为横坐标、年销售收入变化百分率为纵坐标作平面直角坐标图。在图上绘出不等式 $y \geq 0.53x - 0.1143$ 的图形，即得与横坐标截距为 21.55%，与纵坐标截距为 -11.43% 的直线，如图 4-5 所示。

由图 4-5 可以看出：

(1) $y \geq 0.53x - 0.1143$ 把平面划分为两个区域，直线上方 $NPV(15\%) > 0$ 的区域，项目可行，直线下方 $NPV(15\%) < 0$，为项目不可行区域；

(2) 只改变年销售收入，而其他因素不变，当年销售收入降低为 11.43% 以上时，项目将由可行变为不可行；

(3) 只改变投资额，而其他因素不变，当投资额增长为 21.55% 以上时，项目将由可行变为不可行。

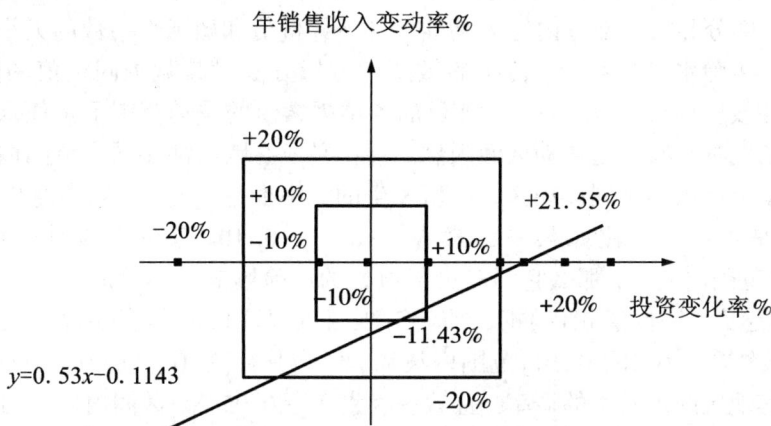

图 4-5　双因素敏感性分析示意图

3. 风险敏感度分析

传统的敏感性分析计算方法：在假定其他因素不变的条件下，某项因素变动给项目评价值所带来的变动与该因素变动的比值，其计算公式为

$$E_i = \frac{\Delta D}{D} \bigg/ \frac{\Delta P_i}{P_i} (i = 1, 2, \cdots, m) \tag{4-11}$$

其中，E_i 为 i 因素的敏感性系数值，D 为项目评价值，可选用财务净现值、财务内部收益率、投资回收期等，ΔD 为因第 i 项因素变动所引致的项目评价值的变动值，P_i 为第 i 项因素值，ΔP_i 为第 i 项因素变动值。又因为 D 为各因素值 P_i 的函数，即：$D = D(p_1, p_2, \cdots, p_m)$，若 $D(\cdot)$ 连续可微分，那么式 (4-11) 可变为

$$E_i = \frac{\Delta D}{D} / \frac{\Delta P_i}{P_i} (i = 1, 2, \cdots, m)$$

$$= \frac{p_i \partial D(p_1, p_2, \cdots, p_m)}{D(p_1, p_2, \cdots, p_m) \partial_{P_i}} \qquad (4-12)$$

由式(4-12)可以看出：如果 $E_i > 0$，则说明 P_i 的增加将使 D 值增加；如果 $E_i < 0$，则说明 P_i 的增加将使 D 值减少；如果 $E_i = 0$，则说明 P_i 的变化对 D 值没有影响。同样也可看出，E_i 值越大，则 D 值随 P_i 变动的幅度也越大，说明 i 因素在投资项目各项因素中的地位也就越重，但敏感性大小并不是投资项目不确定性分析过程中确定关键风险因素的唯一原因，为了更好地说明问题，对式(4-12)进行变形，来求取评价值的绝对变化量 ∂D：

$$\partial D = D(p_1, p_2, \cdots, p_m) \frac{\partial_{P_i}}{p_i} E_i \qquad (4-13)$$

由式(4-13)可以看出，∂D 主要由三部分内容组成：第一部分为评价值 D 本身的大小，其值越大，评价值的绝对变化量也就越大，这说明评价值大的项目往往所面临的风险程度也较大；第二部分为因素值 P_i 的相对变化量，它代表因素 P_i 值的可能变化范围，因素的波动范围越大，项目所面临的风险也就越大；第三部分为风险因素 i 的敏感性系数，它反映了该因素变动对评价值 D 的影响程度，敏感性系数越大投资项目面临的风险也就越大。在这三部分内容中，第一部分和第三部分内容为基准条件下评价值和敏感性系数的大小，而第二部分则与项目的真实风险水平相对应，传统的敏感性分析方法对其赋予固定值的假设是不准确的。这是因为在投资项目建设过程中，项目的各项因素值的波动范围不是任意假定的，它根据工程的实际情况都具有一定波动区间限制。并不是所有因素都在同一范围内波动，即便是同一因素在波动范围内的不同波动区间内所发生的概率也是不同的，它们对投资项目的风险影响水平必然是不同的。比如某一因素在 $[-0.20, 0.10]$ 范围内波动，而另一因素在 $[-0.05, 0.20]$ 范围内波动，那么它们对投资项目的风险影响是不同的。当两个因素都为正向因素(因素值越大，评价值越优)时，前者对项目的风险影响程度要远远大于后者；再比如，前一因素虽然在 $[-0.20, 0.10]$ 范围内波动，但当其在 $[0.05, 0.10]$ 区间内发生的概率远远大于其在其他区间内发生的概率，且后一因素在 $[-0.05, 0]$ 区间内发生的概率远大于其在其他区间内发生的概率时，前一因素对投资项目的风险影响程度又远远小于后者。为了解决这一问题，可以用风险因子 R_i 来对第二部分内容进行修正，用 R_i 取代 ∂_{p_i}/p_i。

(1)风险因子 R_i 的计算

风险因子 R_i 是为了解决各因素在不同波动范围及不同波动区间的概率问题而设置的一个因子。它综合考虑因素 i 可能面临的各种风险波动水平，把不确定性分析中的风险分析与敏感性分析进行集成，从而把相互分开的投资项目不确定性分析方法统一起来，它的计算可按下述过程进行。

对于影响评价值 D 的各因素值 P_1，P_2，$\cdots$，P_m，根据工程经验可粗略地确定每一因素所可能发生的最大波动范围 $[a_i, b_i]$，把波动范围 $[a_i, b_i]$ 划分为 k_i 个波动区间 $[c_{si}, d_{si}]$，每个区间发生的概率为 β_{si}。这里，$s = 1, 2 \cdots, k_i$，$i = 1, 2, \cdots, m$，

那么，可得风险因子 R_i：

$$R_i = \frac{1}{2} \sum_{s=1}^{k_i} \beta_{si}(|c_{si}| + |d_{si}|) \qquad (4-14)$$

对于区间发生概率 β_{si} 可采用层次分析法来进行确定。首先由专家采用 1~9 打分法对各个区间所可能发生的概率进行两两对比打分，构建判断矩阵 M_i，矩阵中每个元素值 m_{sti} 表示该元素在第 s 个区间范围内发生与在第 i 个区间内发生的相对可能程度，1、3、5、7、9 分别表示等于、稍大、大、很大、远大，中间偶数表示可能性程度高低介于两者之间，它们的倒数表示前者发生的可能程度逊于后者可能发生的程度，且 m_{sti} 满足 $m_{sti}>0$，$m_{ssi}=1$，$m_{sti}=1/m_{tsi}$。其详细计算过程如下：

①分别对矩阵 M_i 中的元素按列进行归一化计算。

$$m_{sti} = 1/\sum_{s=1}^{k_s} m_{sti} \qquad (4-15)$$

②把按列归一化后的元素按行相加计算。

$$m_{st} = \sum_{i=1}^{m} m_{sti} \qquad (4-16)$$

③把按行相加计算得到的列向量进行归一化计算可求得区间发生概率 β_{si}。

$$\beta_{si} = m_{si}/\sum_{s=1}^{k_s} m_{st} \qquad (4-17)$$

④进行一致性检验。首先求取判断矩阵 M_i 的最大特征值 λmax_i，然后利用式(4-18)计算相对一致性指标 CR_i。

$$CR_i = CI_i/RI_i = (\lambda_{maxi}-k_i)/RI_i(k_i-l) \qquad (4-18)$$

式中，随机一致性指标 RI_i 值可由表 4-3 给出。

表 4-3　随机一致性指标

维数	1	2	3	4	5	6	7	8	9	10
RI	0.00	0.00	0.58	0.90	1.12	1.24	1.32	1.41	1.45	1.49

一般情况下，相对一致性指标 CR_i 值越小，判断矩阵的一致性效果就越好，一般认为当 $CR_i < 0.1$ 时，即可接受。此时判断矩阵的一致性检验得以通过，区间发生概率 β_{si} 的计算有效，否则需要专家对各个波动区间重新进行两两对比打分并构建新的判断矩阵，重复上述步骤直至一致性检验通过，方可认为所计算的区间发生概率 β_{si} 有效。

（2）风险可控性因子 C_i 的计算

对于投资项目的各项风险因素的可控性，可以采用模糊综合评判法计算。首先确定因素集 $U=\{1, 2, \cdots, m\}$，然后根据各因素的可控性情况把各因素的可控性划分为若干级别，构建评语集 $V=\{$很强，较强，强，低，很低$\}$，对评语集中每一评语赋值，可得评价集 $A=\{0.9,$ $0.7, 0.5, 0.3, 0.1\}$，组织专家对各因素所属评语进行评判，建立 $U \rightarrow V$ 模糊关系矩阵 $\overset{\frown}{L}$：

$$\overset{\frown}{L} = (\overset{\frown}{l}_{ij})_{5 \times m} \qquad (4-19)$$

其中，$\overset{\frown}{l}_{ij}$ 为把因素 j 评为评语的专家数，满足 $\sum_{i=1}^{5} \overset{\frown}{l}_{ij}=$ 专家总数。对 $\overset{\frown}{L}$ 按列进行归一化可得新的模糊综合评判矩阵 L：

$$L = (l_{ij})_{5 \times m} \qquad (4-20)$$

其中，$l_{ij} = \hat{l}_{ij}$/专家总数。由此可得，各因素的风险可控性因子向量计算公式：

$$C = (C_1, C_2, \cdots, C_m) = AL \tag{4-21}$$

(3) 风险敏感度 F_i 的计算

由此，我们用 R_i 指标取代式(4-13)中的 ∂_{p_i}/p_i 部分，并引入风险可控性因子 C_i，便可得到一个新的投资项目不确定性分析评价指标——风险敏感度，这里用 F_i 来表示，从而风险敏感度的计算公式可表示如下：

$$F_i = D = D(p_1, p_2, \cdots, p_m) R_i |E_i| C_i \tag{4-22}$$

例 4-5 某工艺品投资项目，其初始投资额度为 2000 万元人民币，项目建设期 2 年，其中第一年完成建设计划的 60%，第二年完成 40%。项目生命周期为 8 年，项目无残值；项目的年销售收入为 1800 万元，额定生产能力为 50 万件/年，预期每件售价 36 元；每年的生产经营成本主要由固定成本和变动成本两部分构成，其中固定成本及其他支出为每年 320 万元，变动成本主要由企业生产产品所需原材料及人工工时所决定；每件产品消耗原材料 2 千克，原材料现价为 6 元/千克，消耗工时为 1 标准工时，每工时价格为 8 元/标准工时；项目基准收益率为 12%。试对其进行不确定性分析。

① 首先计算基准条件下投资项目的 NPV。

$$NPV = \sum_{t=1}^{10} (CI - CO)_t (1 + i_0)^{-t} = -1200 - 800(P/F, 12\%, 1) + 480(P/A, 12\%, 8)(P/F, 12\%, 1) = 214.7028(万元)$$

② 确定项目的各项不确定性因素以及可能的波动范围，并根据各因素的工程属性特点把波动范围进一步分为若干波动区间。

③ 采用专家调查法，确定各因素在不同波动区间可能发生的概率，并计算风险因子 R_i。

④ 以 $\min R_i = 0.05$ 作为各不确定性因素共同的波动值，分别计算各个 E_i 值。

⑤ 计算各因素的风险可控性因子 C_i。

⑥ 利用式(4-22)计算风险敏感度因子 F_i。

⑦ 对 F_i 进行排序，根据项目复杂程度，确定其中几个因素为项目的关键风险因素，对其进行重点监控和管理。在本项目中，确定销售价格、生产能力、项目投资额和原材料价格四个因素为关键风险因素，其详细数据如表 4-4 所示，由表 4-4 可以清晰地看出该项目各个不确定性因素的各项风险属性值及其风险敏感度指标值，从而可以更加容易且全面地对投资项目进行不确定性分析。

表 4-4 风险敏感度计算结果

风险因素	波动范围	区间数	R_i	$|E_i|$	C_i	F_i
项目投资额	[0, 0.30]	3	0.18	6.25	0.85	232.24
项目残值	[-0.30, 0.05]	2	0.125	0.23	0.67	5.50
生产能力	[-0.10, 0.25]	3	0.125	9.67	0.89	307.37
销售价格	[-0.40, 0.20]	5	0.168	21.75	0.41	428.05
原材料价格	[-0.20, 0.60]	5	0.195	7.25	0.47	189.85

续表4-4

风险因素	波动范围	区间数	R_i	$\lvert E_i \rvert$	C_i	F_i
工资水平	[0, 0.30]	3	0.1	4.83	0.34	46.92
固定成本等支出	[-0.20, 0.20]	3	0.09	3.87	0.74	73.64

4.4 概率分析

概率分析的关键是确定各种不确定因素变动的概率。概率分析的内容应该根据经济评价的要求和项目方案的特点确定，一般是计算项目方案某个确定性分析指标(例如净现值)的期望值，计算在方案可行时指标取值的累计概率，通过模拟法测算分析指标的概率分布等。概率分析时所选定的分析指标，应与确定性分析的评价指标一致。

4.4.1 投资方案经济效果的概率描述

严格说来，影响方案经济效果的大多数因素都是随机变量。评价人员可以预测其未来可能的取值范围，估计各种取值或值域发生的概率，但不可能肯定地预知它们取什么值。投资方案的现金流量序列是由这些因素的取值所决定的。所以，实际上方案的现金流量序列也是随机变量。

要完整地描述一个随机变量，需要确定其概率分布的类型和参数，在经济分析与决策中使用最普遍的是均匀分布与正态分布。

1. 经济效果的期望值

投资方案经济效果的期望值是指在一定概率分布下，投资效果所能达到的概率平均值，其一般表达式为：

$$E(y) = \sum_{i=1}^{n} y_i p_i \tag{4-23}$$

式中：$E(y)$——经济效果的期望值；

p_i——经济效果(随机变量)y_i的取值概率。

例4-5　已知某方案的净现值及概率如表4-5所示，试计算该方案净现值的期望值。

表4-5　方案的净现值及其概率

净现值(万元)	23.5	26.2	32.4	38.7	42	46.8
概率	0.1	0.2	0.3	0.2	0.1	0.1

解： $E(NPV) = 33.93$

即这一方案净现值的概率平均值为 33.93 万元。

2. 经济效果的标准差

标准差反映了一个随机变量(如经济效果)实际值与其期望值偏离的程度。这种偏离在一定意义上反映了投资方案的风险大小。标准差的一般计算公式为

$$\sigma = \sqrt{\sum_{i=1}^{n} p_i [y_i - E(y)]^2} \tag{4-24}$$

式中: σ——变量 y 的标准差。

例 4-6 利用例 4-5 的数据,试计算投资方案净现值的标准差。

$$\sum_{i=1}^{n} p_i [y_i - E(y)]^2 = 56.22$$

$$\sigma = \sqrt{\sum_{i=1}^{n} p_i [y_i - E(y)]^2} = \sqrt{56.22} = 7.498(\text{万元})$$

3. 经济效果的离散系数

标准差虽然可以反映随机变量的离散程度。但它是一个绝对量,其大小与变量的量纲及其期望值大小有关。一般而言,变量的期望值越大,其标准差也越大。特别是需要对不同方案的风险程度进行比较时,标准差往往不能够准确反映风险程度的差异,为此引入离散系数。它是标准差与期望值之比,即

$$C = \frac{\sigma(y)}{E(y)} \tag{4-25}$$

离散系数是一个相对量,不会受变量和期望值的绝对值大小的影响,能更好地反映投资方案的风险程度。

当对两个投资方案进行比较时,如果期望值相同,则标准差较小的方案风险较小;如果两个方案的期望值与标准差均不相同,则离散系数较小的方案风险较小。

4. 根据切比雪夫不等式评价风险

如果不能做出与评价指标函数有关的假设分布,借助于切比雪夫不等式则可以给出一个粗略的概率表述以估算风险。

根据切比雪夫不等式,对任何具有有限方差的随机变量 y 都有:

$$P\{|y-\mu| \geqslant \varepsilon\} \leqslant \frac{\sigma^2}{\varepsilon^2}$$

式中,ε 是任一正数,$\mu = E(y)$

令 $\varepsilon = t\sigma$

则有: $P\{y-\mu \leqslant -t\sigma\} \leqslant \dfrac{1}{t^2}$

$$P\{y \leqslant \mu - t\sigma\} \leqslant \frac{1}{t^2} \tag{4-26}$$

或

$$P\{y \geqslant \mu + t\sigma\} \leqslant \frac{1}{t^2} \tag{4-27}$$

风险值 $R = \dfrac{1}{t^2}$，给出了评价指标大小或等于某临界值的概率，当评价指标是逆指标时，式 (4-27) 给出评价指标大于或等于某临界值的概率。

根据例 4-5 的数据，使用切比雪夫不等式估算风险值。根据式 (4-26)，求 $NPV \leqslant 0$ 的风险值。

$$P\{NPV \leqslant 0\} \leqslant 0.056 \text{ 或 } 5.6\%$$

即净现值为负的概率小于 5.6%。

4.4.2 投资方案的概率分析

概率分析的基本原理是在对参数值进行概率估计的基础上，通过投资效果指标的期望值、累计概率、标准差及离散系数来反映方案的风险程度。

在对投资方案进行不确定性分析时，有时需要估算方案经济效果指标发生在某一范围的可能性。例如净现值大于或等于零的累计概率越大，表明方案的风险越小，反之，则风险越大。

例 4-7 已知某投资方案经济参数及其概率分布如表 4-6 所示，假设市场特征已定，试求：(1) 净现值大于或等于零的概率；(2) 净现值大于 50 万元的概率；(3) 净现值大于 80 万元的概率。

表 4-6 方案经济参数值及其概率

投资额（万元）		年净收入（万元）		折现率		寿命期（年）	
数值	概率	数值	概率	数值	概率	数值	概率
120	0.3	20	0.25				
150	0.5	28	0.40	10%	1.00	10	1.00
175	0.2	33	0.20				
		36	0.15				

解： 根据参数的不同数值，共有 12 种可能组合状态，每种状态的组合概率及所对应的净现值计算结果如表 4-7 所示。

以投资 175 万元计算：

年净收入为 20 万元：组合概率为两者概率之积，即 $0.2 \times 0.25 = 0.05$

净现值 $= -175 + 20(P/A, 10\%, 10) = -52.12$

年净收入为 28 万元：组合概率 $= 0.2 \times 0.40 = 0.08$

净现值 $-175 + 28(P/A, 10\%, 10) = -2.97$

表4-7　方案所有组合状态的概率及净现值

组合	投资(万元)	175				150			
	年净收入(万元)	20	28	33	36	20	28	33	36
	组合概率	0.05	0.08	0.04	0.03	0.125	0.20	0.10	0.075
	净现值(万元)	−52.12	−2.97	27.75	46.18	−27.12	22.03	52.75	71.18
组合	投资(万元)	120			
	年净收入(万元)	20	28	33	36
	组合概率	0.075	0.12	0.06	0.045
	净现值(万元)	2.88	50.06	82.75	101.18

以此类推可以得出表4-7中其他的数据。

将表4-7中数据按净现值大小进行重新排列，可进行累计概率分析，如表4-8所示。

表4-8　净现值累积概率分布

净现值(万元)	−52.12	−27.12	−2.97	2.88	22.03	27.75	46.18	50.06	52.75	71.18	82.75	101.18
概率	0.05	0.125	0.08	0.075	0.20	0.04	0.03	0.12	0.10	0.075	0.06	0.045
累积概率	0.05	0.175	0.255	0.33	0.53	0.57	0.60	0.72	0.82	0.895	0.955	1.00

由表4-8可以看出：

(1)净现值大于或等于零的概率为
$$P(NPV \geq 0) = 1 - 0.255 = 0.745$$

(2)净现值大于50万元的概率为
$$P(NPV > 50) = 1 - 0.60 = 0.4$$

(3)净现值大于80万元的概率为
$$P(NPV > 80) = 1 - 0.895 = 0.105$$

上述分析是在已知参数的概率分布条件下进行的，然而，在实际投资评价中，往往会遇到缺少足够的信息来判断参数的概率分布，或者概率分布无法用典型分布来描述的情况。在这种情况下，可采用蒙特卡洛模拟法来对方案进行风险分析。

4.5　蒙特卡洛模拟法

4.5.1　蒙特卡洛模拟法原理

蒙特卡洛(*Monte Carlo*)模拟法又称为统计试验法。它不是通过实验(这在经济评价中是做不到的)，而是通过大量的随机模拟计算，对经济评价指标函数的结果进行统计分析，从而获得经济评价指标的概率分布及概率特征值的风险分析方法。

4.5.2　蒙特卡洛模拟法分析步骤

利用蒙特卡洛模拟法对经济评价指标进行风险分析的步骤和具体内容如下。

1. 建立评价指标模型并对风险变量进行风险分析

设经济评价指标为 y，经济分析确定风险变量为 x_1，$x_2 \cdots x_n$，根据经济评价理论和投资方案的系统分析，不难确定

$$y = f(x_1, x_2 \cdots x_n) \tag{4-28}$$

或

$$\phi(y, x_1, x_2 \cdots x_n) = 0 \tag{4-29}$$

对风险变量进行风险分析，给出每一风险变量的概率分布及概率特征值，确定变量之间的相关程度。

2. 确定随机数与风险变量取值的对应关系，抽样并产生样本值

（1）随机数

随机数有两类：均匀分布的随机数（一般简称随机数）和随机标准正态偏差。

得到随机数的方法有三种：①查随机数表 4-9；②用随机数发生器产生随机数；③用专门的运算程序在电子计算机上算出伪随机数，但必须经过检验。其特点是任何数字，不管过去的出现情况如何，现在出现的概率都相等。

如果所模拟的分布是正态分布（或者是分裂—正态分布），因为标准正态分布能代表所有这样的分布，所以可利用随机标准正态偏差表 4-10 来简化计算。随机标准正态偏差"Z"的特点是 Z 值在零上下波动，其频率与正态曲线下方面积的所列概率一致。

（2）确定随机数和风险变量取值对应关系

①风险变量是离散分布

当风险变量为离散分布时，可按离散分布—累积分布—累积概率标度—随机数—变量样本值的顺序取得变量样本值。

例如，某矿产品收益/吨随机数与样本值对应关系的确定过程如表 4-11 所示。该变量 20 个样本的收益/吨模拟结果见表 4-12，它是根据表 4-11 确定的对应关系和表 4-9 随机数表确定的。

表 4-9　随机数表

48867	33971	29678	13151	56644	49193	93469	43252	14006	47173
32267	69746	113	51336	36551	56310	85793	53453	9744	64346
27435	3196	33877	35032	98054	48358	21788	98862	67491	42221
55753	5256	51557	90419	40716	64589	90398	37070	78313	2918
93142	50675	4507	44001	6365	77897	84566	99600	67985	49133
98658	86583	97433	10733	80495	62709	61357	66903	76730	79355

续表4-9

48867	33971	29678	13151	56644	49193	93469	43252	14006	47173
68216	94830	41243	50712	46878	87317	80545	31484	3195	14755
17901	30815	73360	78260	67866	42304	7293	61290	61301	4815
88124	21863	14942	25893	72695	56231	18918	72534	86737	77792
83464	36749	22336	50443	33576	19238	91730	39507	22717	94719
91310	99003	25704	55581	729	22024	61319	66162	20933	67713
32739	33352	91256	77744	75080	1492	90984	63090	53087	41301
7751	66724	3290	56386	6070	67105	64219	48192	70478	84722
55228	64156	90480	97774	8055	4435	26999	42039	16583	6757
89013	51781	81116	24283	95569	97247	44407	36293	29567	16088
51828	81819	31033	89146	39192	89470	76331	56420	14527	34828
59783	85454	93327	6078	64924	7271	77563	92710	42183	12380
80267	47103	90556	16128	41490	7996	78454	47920	81586	7024
82919	44210	61607	93001	26314	26865	26714	43793	94937	28139
77019	77417	19466	14967	75521	49967	74065	9746	27881	1070
66225	61332	6242	40093	40800	76849	29929	18988	10888	40344
98534	12777	84601	56336	34	85939	32438	9549	1855	40550
63175	70789	51345	43723	6995	11186	38615	56646	54320	39632
92362	73011	9115	73303	38901	58107	95366	17226	74626	78208
61831	44794	65079	97130	94289	73502	4857	68855	47045	6309

表 4-10　随机标准正态偏差("Z"值)

1. 102	-0. 944	0. 401	0. 226	1. 396	-1. 03	-1. 723	-0. 368	2. 17	0. 393
0. 148	-1. 14	0. 402	-1. 21	-0. 998	0. 573	0. 393	-8. 55	-2. 2	-0. 267
2. 372	1. 353	-0. 9	-0. 554	-0. 343	0. 47	-1. 633	-1. 026	2. 172	0. 195
-0. 145	0. 466	0. 854	-0. 232	-4. 504	0. 431	-0. 925	0. 952	-0. 343	0. 735
0. 104	0. 732	0. 604	-0. 016	-0. 266	1. 372		-1. 594	-2. 004	1. 925
						-0. 024			
1. 41	-1. 353	-0. 347	0. 155	-1. 073	0. 623	-0. 177	0. 498	0. 46	0. 049
0. 069	-0. 411	-0. 861	-0. 037	0. 103	0. 332	-1. 953	0. 395	-0. 278	0. 24

续表4-10

1.102	-0.944	0.401	0.226	1.396	-1.03	-1.723	-0.368	2.17	0.393
0.797	0.483	-1.07	-0.721	-1.412	-0.976	0.173	-0.206	1.848	0.632
-0.393	-0.351	0.222	0.557	1.094	1.403	-1.279	-0.113	0.806	0.939
-0.874	-1.336	0.523	0.848	0.304	-0.202		0.501	0.396	0.859
						0.09			
0.125	-1.819	-0.192	1.387	2.291	-0.959	0.24	1.031	0.18	-1.389
-1.091	0.481	-0.544	-0.232	-1.198	0.832	0.277	0.951	-1.736	0.27
2.304	2.057	-0.987	-1.222	0.549	-1.056	0.393	-0.919	0.148	1.517
-9.61	0.854	-0.546	-0.896	0.105	-0.343	-0.448	0.623	-0.929	-0.965
0.783		-0.139	1.087	0.515	0.876		0.485	0.589	-0.804
	0.557					0.295			
0.137	0.979	0.327	1.28	-1.731	-0.339	-0.292	-0.724	0.72	0.331
-0.299	-0.937	-0.024	-0.649	0.574	1.407	-1.187	-0.775	-0.511	0.026
1.831	0.466	-1.321	-1.734	1.677	-1.393	-0.421	-0.079	-0.181	-0.844
0.243	-1.354	1.33	1.078	-1.102	1.123	-0.8	-0.674	2.951	-0.743
-2.181		-1.059	-0.478	-1.119	0.272		0.841	-0.061	2.261
	-0.333					1.13			
0.154	1.61	1.011	-1.565	1.261	0.776	1.633	1.552	-0.563	0.553
-1.065	-6.7	0.463	0.062	-0.086	0.21	-1.315	1.788	0.48	2.824
1.083	-0.5	-0.012	0.183	0.155	0.676	0.817	1.067	0.213	2.38
0.615		-0.023	-0.506	-0.054	3.173	-0.174	0.21	1.699	1.95
0.173		1.1	1.613	1.048	2.323		-0.033	2.22	-0.661

表 4-11 离散分布模拟样本形成过程

收益/吨	概率	累积概率	随机数	收益/吨
10.50	0.05	0.05	0.000~0.049	10.50
11.50	0.15	0.20	0.050~0.199	11.50
12.50	0.25	0.45	0.200~0.449	12.50
13.50	0.35	0.80	0.450~0.799	13.50
14.50	0.15	0.95	0.800~0.949	14.50
15.50	0.05	1.00	0.950~0.999	15.50
合计	1.00	—	—	—

表 4-12　20 个样本模拟结果

样本	随机数	收益/吨(元)	随机数	成本/吨(元)	随机模拟的利润/吨(元)
1	0.488	13.5	0.14	7.5	6
2	0.322	12.5	0.097	7.5	5
3	0.274	12.5	0.674	9.5	3
4	0.557	13.5	0.783	9.5	4
5	0.931	14.5	0.679	9.5	5
6	0.986	15.5	0.767	9.5	6
7	0.682	13.5	0.031	7.5	6
8	0.179	11.5	0.613	9.5	2
9	0.881	14.5	0.667	10.5	4
10	0.834	14.5	0.227	8.5	6
11	0.916	14.5	0.2	8.5	6
12	0.327	12.5	0.503	8.5	4
13	0.077	11.5	0.704	9.5	2
14	0.552	13.5	0.165	8.5	5
15	0.89	14.5	0.299	8.5	6
16	0.518	13.5	0.145	7.5	6
17	0.587	13.5	0.421	8.5	5
18	0.802	14.5	0.815	9.5	5
19	0.829	14.5	0.949	10.5	4
20	0.77	13.5	0.273	8.5	5
					95

　　当分布为阶梯—矩形分布时(见图 4-6),可取区间中点值代表区间,将阶段—矩形分布转化为离散分布来处理。

　　②风险变量是连续分布

　　a. 当变量为阶梯—矩形分布时,如图 4-6 所示,它的累积概率分布是由一系列线性部分组成的,对这种分布抽样的方式和对离散分布抽样的方式完全相同,因为结果是连续分布的,所以根据累积概率分布曲线可确定结果的样本值。为了得到样本的准确值,可在相应区间使用直线插值法求解。

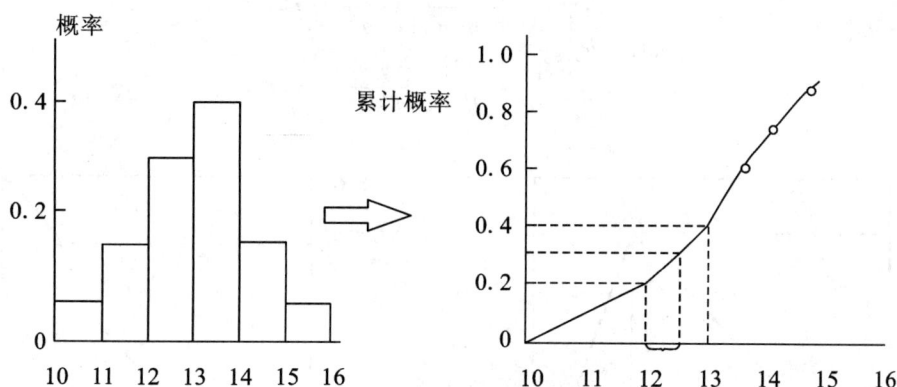

图 4-6　收益/吨概率分析

b. 变量为均匀分布。如图 4-7 所示，显然根据累积分布曲线可直接得到变量的样本值，用数学方法表示如下：

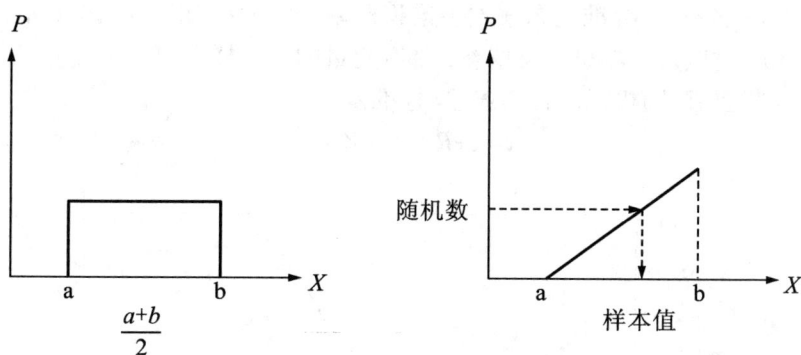

图 4-7　均匀分布的概率分布

$$样本值 = a + \frac{R \cdot N}{R \cdot N \cdot m}(b-a)$$

$$= a + (R \cdot N \text{ 表示为小数})(b-a)$$

$$= \frac{a+b}{2} - \frac{b-a}{2} + \frac{R \cdot N}{R \cdot N \cdot m}(b-a) \tag{4-30}$$

式中：$R \cdot N$——已知位数的任意随机数；

$R \cdot N \cdot m$——已知位数的最大随机数。

例如，某均匀分布 $a = 5$，$b = 11$，则样本值 $= 5 + (R \cdot N \text{ 表示为小数}) \times 6$

其他连续分布可采用类似的方法建立对应关系和抽取样本。

c. 变量为三角分布。如图 4-8 和 4-9，三角分布是低限为 a、众数为 c、上限为 b 的连续概率分布。用数学方法表示如下：

$$f(x|a, b, c) = \begin{cases} \dfrac{2(x-a)}{(b-a)(c-a)}, & a \leqslant x \leqslant c \\[4mm] \dfrac{2(b-x)}{(b-a)(b-c)}, & c < x \leqslant b \end{cases}$$

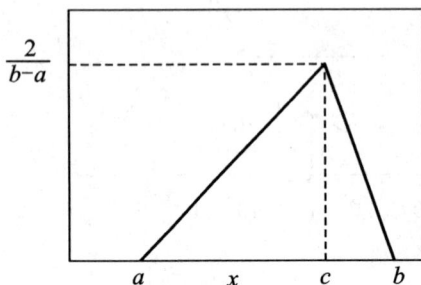

图 4-8　三角形分布的概率密度函数图

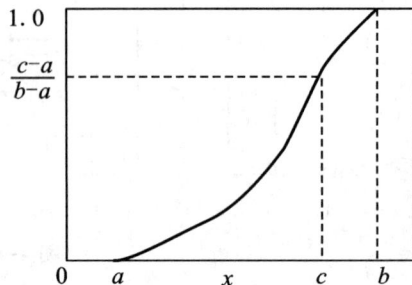

4-9　三角形分布的累积分布函数

③风险变量是正态分布（或分裂正态分布）

当变量是正态分布时，标准正态偏差—累积概率分布曲线如图 4-10 所示，查随机标准正态偏差表 4-10，对应每一随机正态偏差，都有变量的一个样本值。

即　样本值＝期望值＋随机标准正态偏差×标准差

$$x = \bar{x} + R \cdot N \cdot Z \cdot \sigma \tag{4-31}$$

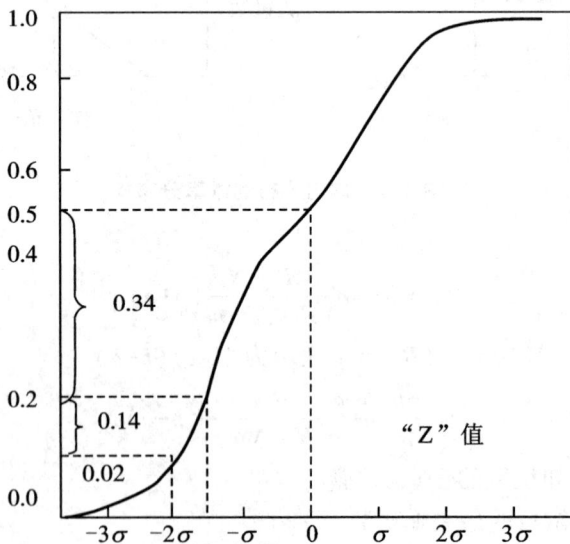

图 4-10　累积概率——Z 值曲线

例 4-8　某方案期望寿命 8 年，标准差 2 年，查表 4-10；$R \cdot N \cdot Z$ 为 1.102、0.148 时，寿命样本值根据式（4-31）分别为 10.20 年和 8.296 年。

如果是分裂正态分布，利用最适值或众数作分界线，把模拟样本分为两组，则可采用正态分布同样的分析方法,确定随机正态偏差对应的样本值。

④相关问题的处理

通常评价指标的风险变量有多个,当变量相互独立时,各变量分别进行随机模拟抽样,即取不同的随机数确定样本值。当两变量完全相关时,应取相同的随机数确定样本值。当两变量相关时(指 $0<|\rho|<1$, ρ 为相关系数),如果能通过相关分析,确定其中一个变量对于另一变量的条件概率分布,那么可以取同一随机数确定一个变量的样本值和根据条件概率分布确定另一变量的样本值。这种情况比较复杂。

3. 求解经济评价指标模拟值

将得到的各变量的样本值输入已建立的评价模型(4-28)或(4-29),借助于计算机,求解评价指标的模拟值。有多少组变量的样本值,就可得到同样多数目的评价指标模拟值。

4. 给出评价指标的概率分布、期望值和标准差

(1)概率分布

汇总、整理 n 次模拟结果可得到评价指标的频率分布表、频率分布图、累积概率分布表、累积概率分布图。

编制频率分布表和绘制频率分布图时,当模拟次数 n 较小,指标值集中表现为几种(<10)结果时,可采用单项分组编表和绘图;当模拟次数 n 较大时,指标值可看成连续分布,采用组距式分组编表和绘图。在此基础上,可以编制累积概率分布表和累积概率分布图。累积方式可分为向上累积和向下累积两种。为了风险分析的需要,又可分为按概率等距累积和按评价指标值等距累积两种方式。

(2)期望值和标准差的计算

如果模拟结果未经加工整理,则

$$E(y) = \bar{y} = (\sum_{i=1}^{n} y_i)/n \tag{4-32}$$

$$\sigma_y = \sqrt{\frac{1}{n} \sum_{i=1}^{n} (y_i - \bar{y})^2} \tag{4-33}$$

式中,y_i——第 i 次模拟值 $i = (1, 2, \cdots, n)$

如果模拟结果经过分组处理,组数为 k,则

$$E(y) = \bar{y} = \sum_{i=1}^{k} y_i \cdot p_{ri} \tag{4-34}$$

$$\sigma_y = \sqrt{\sum_{i=1}^{k} (y_i - \bar{y})^2 \cdot p_{ri}} \tag{4-35}$$

式中,y_i、p_{ri}——第 i 组的模拟值(组中值)和频率,$i = (1, 2, \cdots, k)$。

5. 模拟结果的准确性检验

用蒙特卡洛法分析评价指标时,模拟次数越多,就能得到越客观、越正确的结果(如表 4-13 所示)。但模拟次数越多,成本也会相应增加。因此,应确定最适当的模拟次数。

表 4-13　模拟结果准确性检查

利润/吨	真实值 *	20 样本	40 样本	200 样本	1000 样本
0	0.0075	0.00	0.00	0.000	0.001
1	0.0375	0.00	0.02	0.065	0.038
2	0.1025	0.10	0.10	0.080	0.122
3	0.1950	0.05	0.10	0.150	0.169
4	0.2500	0.20	0.25	0.260	0.248
5	0.2300	0.30	0.27	0.255	0.233
6	0.1275	0.35	0.20	0.124	0.127
7	0.425	0.00	0.03	0.055	0.048
8	0.0075	0.00	0.03	0.010	0.005
期望值	4.10 元	4.75 元	4.52 元	4.20 元	4.08 元

* 真实值可由解析法得到，本章中未介绍。

　　模拟实验证明，当模拟进行一定次数以后，得到的结果渐渐趋于稳定，此时误差很小，如图 4-11 所示。因此模拟次数的确定可考虑以下因素：①模拟结果与真实结果的误差是否满足评价结果的精度要求；②模拟特征值是否围绕某一个值波动且趋于稳定；③与其他方法的结果进行比较分析。

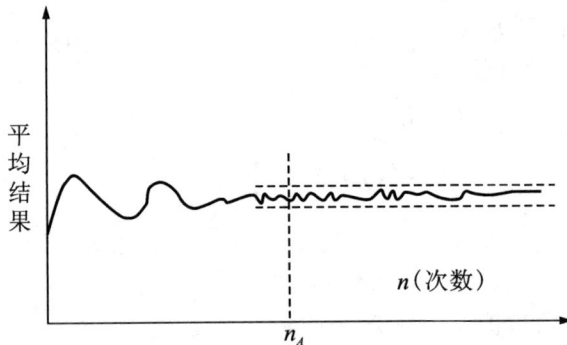

图 4-11　试验次数的确定

6. 风险评价

　　蒙特卡洛模拟给出了能代表评价指标真实分布的概率分布，因此能确定在任意置信限下评价指标下的下限（或上限）或在一定临界指标下经济亏损（或盈利）的概率。

4.5.3　实例分析

　　现需要对四川盆地某页岩气开发项目进行经济评价。影响页岩气开发项目效益指标的因素主要有四个：产量到位率（每年实际产量/开发方案产量）和气价最为敏感，其次是投资和操作成本。根据页岩气开发特性，由于产量到位率、气价、操作成本三个变量很可能在某个区间波动，因此将产量到位率、气价、操作成本描述为均匀分布，单井投资假设最可能下达投资，因此单井投资描述为三角分布。气价服从均匀分布，最小值 1.188 元/m³，最大值 1.31 元/m³；单井投资服从三角分布，最小值 5 000 万，最有可能值 5 500 万，最大值 6 000 万；产量到位率服从均匀分布，最小值 90 %，最大值 100 %；操作成本服从均匀分布，最小值 0.2 元/m³，最大值 0.3 元/m³；评价期 21a，实施 102 口井，评价期累计产量 85×10⁸m³，2014—2020 年考虑补贴，分别为 2014—2015 年 0.4 元/m³，2016—2018 年 0.3 元/m³，2019—2020 年 0.2 元/m³，2020 年以后不考虑补贴。

用现金流量法建立页岩气开发项目经济评价模型，页岩气开发建设项目经济评价核心效益指标为内部收益率，以此来判定该项目是否具有经济效益。内部收益率是净现金流量等于零时的折现率，计算公式如下：

$$NPV(IRR) = \sum_{t=0}^{n} (CI - CO)_t (1 + IRR)^{-t} = 0 \tag{4-36}$$

式中，CI 表示现金流入量，主要包括销售收入、补贴收入、回收固定资产余值和流动资金；CO 表示现金流出量，主要包括投资、操作成本、管理费用、销售费用、税金、弃置费；IRR 为内部收益率。

在页岩气开发项目经济评价模型的基础上，通过进行敏感性分析发现，影响页岩气开发项目经济效益指标的风险因素分布函数如表 4-14 所示。

表 4-14　影响页岩气经济效益参数的分布函数表

风险因素	变量分布函数	最小值	最有可能值	最大值
产量到位率	均匀分布	90%		100%
气价/(元·m^{-3})	均匀分布	1.188		1.31
单井投资/万元	三角分布	5000	5500	6000
操作成本/(元·m^{-3})	均匀分布	0.2		0.3

求解经济评价指标值——根据风险变量产生的随机数代入页岩气开发项目经济评价模型 (4-36)，为保证精确度，进行 1000 次试验，得到 1000 个内部收益率，由于计算工作量较大，通常采用 Excel 表中的模拟运算表功能，可以达到目的。

统计分析——对试验得到的 1000 个内部收益率进行数理统计分析，计算出内部收益率的均值、标准差、最大值、最小值，结果如表 4-15 所示；计算出内部收益率的频次、频率和大于某值的概率，并绘出概率分布图，具体见图 4-12 和图 4-13。

表 4-15　页岩气开发项目蒙特卡罗模拟计算结果表

1000 次模拟内部收益率均值	5.87%
1000 次模拟内部收益率标准差	1.39%
1000 次模拟内部收益率最大值	9.50%
1000 次模拟内部收益率最小值	1.79%

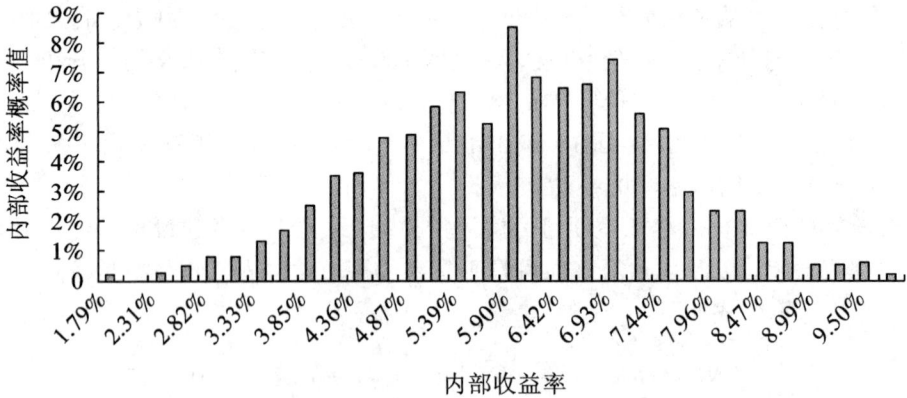

图 4-12 页岩气开发项目内部收益率—概率分布图

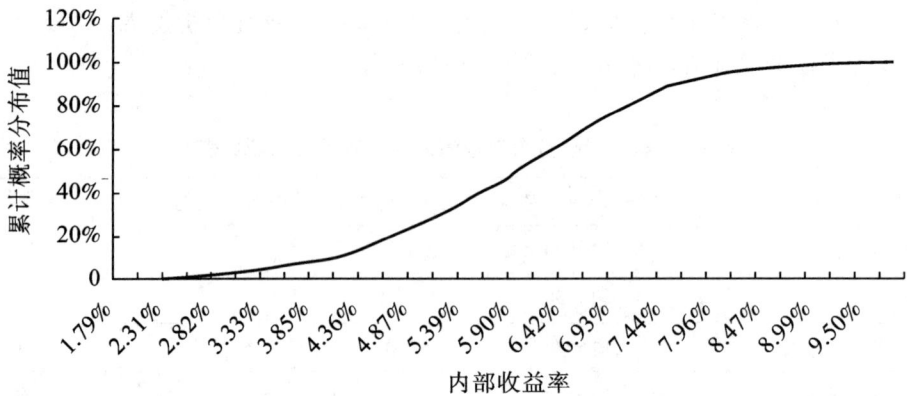

图 4-13 页岩气开发项目内部收益率—累计概率分布图

风险评价，通过对该页岩气开发项目进行蒙特卡罗风险分析，该方案的内部收益率大于5%的概率为69.8%，大于6%的概率为43%，大于7%的概率为17%，大于8%的概率为4.1%，因此在目前天然气价格下降的情况下，项目达到总部规定的8%内部收益率效益指标是有难度的，概率仅为4.1%，需要进一步降低投资成本，优化调整方案。

4.5.4　方法评价

蒙特卡洛法是一种经济有效分析复杂经济问题的方法，和其他方法相比有以下特点：①能给出代表评价指标真实分布的概率分布；②能对关于评价指标的隐函数进行风险分析；③能对具有较多风险变量的评价指标进行风险分析。

蒙特卡洛法也有不足之处。首先，计算工作量大，实际评价工作中不使用计算机几乎是不可能的；其次，必须确定每一风险变量的分布类型；最后，风险变量的相关性问题得不到很好的解决。尽管如此，它仍是经常采用的风险分析方法。

当蒙特卡洛模拟法用于多方案比较时，可采用两种处理方法，其一是将方案比较直接地引入模型中，根据模拟结果判断方案优劣；其二是先求解每一方案的模拟结果，再比较择优，此时常常需要引入考察期望和风险标准的效用函数。

习 题 四

[4-1]为什么要进行不确定性分析？

[4-2]为什么要进行风险分析？它与不确定性分析有什么联系和区别？

[4-3]简述盈亏平衡分析的原理。

[4-4]简述用不同参数表示的盈亏平衡点的表达式及应用。

[4-5]本章优劣盈亏平衡分析实例有何现实经济意义？能否列举类似的实例？

[4-6]在对投资项目进行经济评价时，为什么要进行敏感性分析？

[4-7]确定投资项目经济评估指标概率特征值及概率分布有何现实意义？

[4-8]什么是蒙特卡洛模拟法？它有何特点？

[4-9]某企业生产某产品，售价为20元，单位产品变动成本15元，固定成本总额24万元，目前生产能力为6万件。求盈亏平衡点产量、生产能力利用率、销售价格、销售收入、单位产品变动成本，并说明每一指标的意义。

[4-10]某投资方案预计总投资为1200万元，年产量为10万台，产品价格为35元/台，年经营成本为120万元，方案经济寿命期为10年，设备残值为80万元，基准折现率为10%，试就投资额、产品价格及方案寿命期进行敏感性分析。

[4-11]某项目方案预计在计算期内的支出、收入如下表所示，试以财务内部收益率指标对方案进行敏感性分析(基准收益率为10%)。

指标 \ 年份	0	1	2	3	4	5	6
投资(万元)	50	300	50				
年经营成本(万元)				150	200	200	200
年销售收入(万元)				300	400	400	400

[4-12]某产品制造方案估计资料如下：①投资额是正态分布，平均数为100万元，方差为$16\,000\,000^2$；②寿命期是离散分布，$Pr(n=5)=0.2$，$Pr(n=7)=0.7$，$Pr(n=9)=0.1$；③年净现金流量是均匀分布，$a=12$万元，$b=34$万元；④残值为0，各变量彼此独立，试用蒙特卡洛法求解净年值(AC)概率分布、概率特征值并进行风险评价，$MARR=10\%$(模拟次数不小于10，可编程序上机计算)。

投资项目的融资分析

从广义上讲，融资是资金在持有者之间流动以余补缺的一种经济行为，是资金在供给者与需求者之间双向互动的流动过程。资金持有者和需求者之间直接或间接地进行资金融通的活动，包括资金融入（资金来源）和资金融出（资金运用）。从狭义上讲，融资是项目法人等经济组织的资金筹集的行为与过程，根据自身的生产经营状况、资金拥有状况以及未来经营发展的需要，通过科学的预测和决策，采用一定的方式，从一定的渠道向投资者和债权人筹集资金、组织资金供应，以保证正常经济活动需要的行为及过程。

5.1 融资主体与融资产权结构

制订融资方案首先必须确立项目融资主体，据此拟订投资产权结构和融资组织形式。

5.1.1 融资主体

（1）融资主体的概念

融资主体是进行融资活动并承担融资责任和风险的项目法人单位。为建立投资责任约束机制，规范项目法人的行为，明确其责、权、利，提高投资效益，融资主体应是项目法人。项目出资者依法组建项目法人，由项目法人对项目的策划、资金筹措、建设实施、生产经营、债务偿还和资产的保值增值实行全过程负责，并享有相应权益。按项目法人依托的实体不同，项目融资主体分为新设法人和既有法人，两者在融资方式和财务分析等方面存在较大差异。

（2）既有法人融资与新设法人融资

①既有法人融资

既有法人融资是以既有法人作为项目法人进行项目建设的融资活动，又称公司融资或公司信用融资。既有法人融资方式的拟建项目不组建具有独立法人资格的项目公司，由既有法人作为发起人负责筹集资金，投资于新项目。既有法人组织融资活动并承担融资责任和风险；拟建项目是在既有法人资产和信用的基础上进行的，并形成增量资产；从既有法人的财务整体状况考察融资后的偿债能力。既有法人融资方式特别适合于改扩建项目和非独立法人的新建项目。

既有法人融资的基本特点：由既有法人发起项目、组织融资活动并承担融资责任和风险，建设项目所需资金来源于既有法人内部融资、新增资本金和新增债务资金，筹集的债务资金用于项目投资，但债务人是既有法人；新增债务资金依靠既有法人整体（含拟建项目）的盈利能力来偿还，并以既有法人整体资产和信用承担债务担保，债权人可对既有法人的全部资产（含拟建项目资产）进行债务追索，因而债权人的债务风险较低。

采取既有法人融资方式，项目融资方案需要与既有法人的总体财务安排相协调，将项目融资方案作为公司财务管理的一部分考虑。在这种融资方式下，不论项目未来盈利能力，只要既有法人能够保证按期还本付息，债权人就愿意提供债务资金，因而必须充分考虑既有法人整体的盈利能力和信用状况，分析可用于偿还债务的既有法人整体（含拟建项目）的未来净现金流量。

②新设法人融资

新设法人融资是以新组建的具有独立法人资格的项目公司作为融资主体的融资方式。新设法人融资是为了实施新项目，由项目发起人及其他投资者出资，建立新的独立承担民事责任的法人，承担项目的融资及运营。新项目法人享有法人财产权，并承担融资责任和风险。新设法人融资方式以组建新的项目法人进行项目建设的融资活动，建设项目资金来源于项目公司股东投入的资本金和项目公司承担的债务资金，由新设法人承担融资责任和风险，以项目投产后的经济效益考察项目融资的盈利能力和偿债能力。

采用新设法人融资的一般是新建项目，也可以是将既有法人的一部分资产剥离后重新组建新项目法人的改扩建项目，新设法人可按《公司法》的规定设立有限责任公司（包括国有独资公司）和股份有限公司。项目法人大多数是企业法人，社会公益性项目和某些基础设施项目也可组建新的事业法人实施。

新设法人融资的基本特点：由项目发起人发起组建新的具有独立法人资格的项目公司，由新组建的项目公司承担融资责任和风险；新建项目所需要资金的来源可包括项目公司股东投入的资本金和项目公司承担的债务资金；依靠项目自身的盈利来偿还债务；一般以项目投资形成的资产、未来收益或权益作为融资担保的基础。

新设法人融资的项目发起人和新组建的项目公司分属不同实体，项目债务风险由新组建项目公司承担，项目能否偿还债务取决于项目自身的盈利能力。项目公司股东对项目公司提供多大程度的担保是融资方案研究的内容之一，实力雄厚的股东为项目公司债务提供完全担保，可使项目公司取得低成本资金，降低项目融资风险，但担保额度过高会使其资信下降，同时股东担保也可能需要支付担保费而增加项目公司的费用支出。项目本身的财务效益好、投资风险可以有效控制的条件下，可以减少项目公司股东的担保额度。

（3）融资主体的选择

确定项目的融资主体，必须做到在满足融资规模的需求、维护融资主体的利益、减少融资主体的资金成本、降低融资主体的融资风险的基础上，考虑项目投资的规模和行业特点、项目与既有法人资产和经营活动的联系、既有法人财务状况、项目自身的盈利能力等因素。

①一般下列情况下，选择既有法人作为融资主体。既有法人具有为项目进行融资和承担全部融资责任的经济实力；项目与既有法人的资产以及经营活动联系密切；项目盈利能力较

差，但项目对既有法人的持续发展具有重要作用，需要利用既有法人的整体资信获得债务资金；既有法人为扩大生产能力而兴建的扩建项目或原有生产线的技术改造项目；为既有法人新增生产经营所需水、电、汽及动力供应及环境保护等配套设施而兴建的项目。

②一般下列情况下，选择新设法人作为融资主体。拟建项目的投资规模较大，既有法人不具有为项目承担全部融资责任的经济实力；项目与既有法人的经营活动联系不密切；既有法人财务状况较差，难以获得债务资金，而项目自身具有较强的盈利能力，依靠项目自身能够筹集资金、未来的现金流量可以按期偿还债务。

项目法人与项目发起人及投资者的关系。发起人是指按照公司法规定订立发起人协议，提出设立公司申请，认购公司股份，并对公司设立承担责任者。投资活动有一个组织发起的过程，为投资活动投入财力、人力、物力或信息的是项目发起人或项目发起单位。项目发起人可以是项目的实际权益资金投资的出资人，也可以是项目产品或服务的用户或者物资提供者、项目业主等，项目发起人可以来自政府或民间。资本金的出资人是权益投资者，投资者提供权益资金的目的就是获取项目投资所形成的权益，取得对项目或企业产权的所有权、控制权和收益权。投资活动的发起人和投资者可以只有一家也可以有多家。因此，项目投资主体可以分为两种情况，一是单一投资主体，不涉及投资项目责、权、利在各主体之间的分配关系，可以自主决定其投资产权结构和项目法人的组织形式；二是多元投资主体，则必须围绕投资项目的责、权、利在各主体之间的分配关系，恰当地选择合适的投资产权结构和项目法人的组织形式。

5.2.2　投资产权结构

项目的投资产权结构是指项目投资形成的资产所有权结构，反映项目权益投资者对项目资产的拥有和处置形式、收益分配关系。投资产权结构与投融资的组织形式联系密切，根据权益投资方式，投资产权结构有股权式合资结构、契约式合资结构、合伙制结构等。

（1）股权式合资结构

股权式合资结构是投资各方将各自出资额作为股权，确定各方在注册资本中的比例，共同投资、共同经营管理的企业组织形式，又称公司型合资结构。股权式合资结构项目是由合资各方商定并在合同中明确的投资方式和投资比例组建的，各种出资方式必须折价为股份比例。

依照《公司法》设立的有限责任公司、股份有限公司是股权式合资结构。在这种投资结构下，按照法律规定设立的公司是一个独立的法人，公司对其财产拥有所有权，一般情况下，股东依照股权比例来分配公司的控制权及收益权，中国股权式合资企业是独立法人，合资各方对企业的责任以各自认缴的出资额为限，按股权比例分享利润和分担亏损及风险。公司对其债务承担偿还的义务。股东可以用货币出资，也可以实物、知识产权、土地使用权等经估价的非货币财产作价出资，劳务不能当作出资方式；全体股东的货币出资金额不得低于公司注册资本的 30%。有限责任公司的设立要有 2 个以上 50 个以下的股东，股份有限公司的设立要有 5 个以上的发起人股东。企业必须设立董事会，共同管理，如图 5-1 所示。

股权式合资结构的优点是有限责任；融资安排比较灵活；投资转让比较容易；股东之间关系清楚；可以安排非公司负债型融资结构或可安排成表外融资结构；不同背景的投资者间可能会互补。其缺点在于项目投资者对现金流量缺乏直接控制；税务结构的灵活性差。

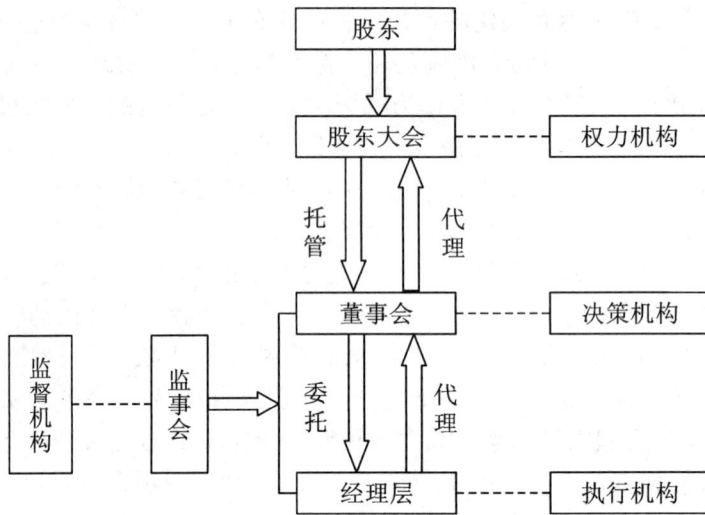

图 5-1 公司治理结构架构图

(2)契约式合资结构

契约式合资结构是公司的投资者(项目发起人)为实现共同的目的,以合作协议方式在一起的一种投资结构,又称非公司型合资结构。投资各方的权利和义务可以不严格按照比例出资,而是依照合作协议约定分配项目投资的风险和收益。契约式合资结构是一种广泛接受并大量使用的投资结构,在项目融资中应用相当广泛,在采矿、能源开发、初级原材料加工和初级矿产加工、石油化工、钢铁及有色金属等领域使用较多。

从严格的法律概念上说,契约式合资结构并不是一种法律实体,只是投资者之间所建立的一种签约性质的合作关系。契约式合资结构的主要特征:通过投资者之间的合作协议建立起来;每个投资者直接拥有项目资产的一个不可分割的部分;每一个投资者需要投入相应投资比例的资金,并直接拥有且有权处置其投资比例的项目最终产品;每一个投资者的责任独立,对于其他投资者的债务或民事责任不负有任何共同和连带的责任;由投资者代表组成的项目管理委员会是契约式合资结构的最高决策机构,负责一切有关问题的重大决策;项目日常管理由项目委员会指定的项目经理负责。

契约式合资结构的优点在于投资者在合资结构中承担有限责任;税务安排灵活;融资安排灵活;投资结构设计灵活。其缺点体现在结构设计存在一定的不确定性因素;投资转让程序比较复杂,交易成本较高;管理程序比较复杂。

(3)合伙制

合伙制是两个及以上合伙人之间以获取利润为目的共同从事某项经营活动而建立起来的一种法律关系。合伙制不是一个独立的法律实体,其合伙人可以是自然人也可以是公司法人。合伙制包括普通合伙制和有限合伙制两种类型。普通合伙制结构最显著的特点:所有合伙人对于合伙制结构的经营、债务,以及其他经济责任和民事责任负有连带的无限制的责任。普通合伙制结构的优点在于税务安排的灵活性。与股权式合资结构不同,合伙制结构本身不是一个纳税主体,合伙制结构在一个财政年度内的净收入或亏损全部按投资比例转移给合伙人。其缺点体现在无限责任；每个合伙人都有约束合伙制的能力；融资安排相对比较复杂。因而普通合伙制通常只适用于一些小型项目。有限合伙制结构需要包括至少一个普通合伙人和一个有限合伙人。普通合伙人负责合伙制项目的组织、经营、管理工作，并承担对合伙制结构债务的无限责任。一般是在该项目领域具有技术管理特长并准备利用这些特长从事项目开发的公司。有限合伙人不参与也不能够参与项目的日常经营管理，对合伙制结构的债务责任被限制在有限合伙人已投入和承诺投入到合伙制项目中的资本数量，一般是对项目的税务、现金流量和承担风险有不同要求的较广泛的投资者。有限责任合伙协议对某一合伙人、员工等在提供专业服务时的错误、不作为、过失、低能力的或渎职的行为所产生的侵权与违约责任，全部合伙人以全部合伙资产为限对其债务承担有限度的连带责任，超过合伙资产总额的未偿付债务由过失合伙人独立承担无限责任，其他合伙人不再承担连带责任。有限合伙制适用于大型基础设施建设及高风险投资项目，国外 85% 以上的风险投资采用的是有限合伙制。

契约式合资结构与合伙制的主要区别：契约式合资结构不以"获取利润"为目的，合资协议规定，每一个投资者从合资协议中将获得相应份额的产品，而不是相应份额的利润。契约式合资结构中投资者不是"共同从事"一项商业活动，合资协议规定每一个投资者都有权独立做出其相应投资比例的重大商业决策。

股权式合资结构与合伙制结构的特点比较：股权式合资结构的资产是由公司而不是其股东所拥有，而股权式合资结构由合伙人所拥有；股权式合资结构的债务人是公司，而普通合伙制的债务承担是个人责任；股权式合资结构的一个股东极少能够请求去执行公司的权利，而合伙制结构的每一个合伙人均可以要求以所有合伙人的名义去执行合伙制的权利；股权式合资结构的股东可以同时又是公司的债权人，并根据债权的信用保证安排可以取得较其他债权人优先的地位，而合伙制结构的合伙人给予合伙制的贷款在合伙制解散时只能在所有外部债权人收回债务之后回收；股权式合资结构股份的转让，除有专门规定外，可以不需要得到其他股东的同意，而合伙制结构的法律权益转让必须得到其他合伙人的同意；股权式合资结构的管理一般是公司董事会的责任，而普通合伙制中，每一个合伙人都有权参与合伙制的经营管理；股权式合资结构可以为融资安排提供浮动担保，但大多数国家合伙制结构不能提供此类担保；股权式合资结构的股东数目一般限制较少，而合伙制结构中对合伙人数目一般有所限制。

另外还有信托基金结构，信托基金也叫投资基金，指通过契约或公司的形式，借助发行收益凭证、基金单位和基金股份等基金券的方式，将社会上不确定的多数投资者不等额的资金集中起来，形成一定规模的信托资产，交由专门的投资机构按资产组合原理进行分散投资，获得的收益由投资者按出资比例分享，并承担相应风险的一种集合投资信托制度。信托基金是通过信托契约建立起来的，不能作为一个独立法人而在法律上具有起诉权和被起诉权，受托管理人承担信托基金的起诉和被起诉的责任；信托基金的受托管理人作为信托基金的法定代表，他所代表的责任与其个人责任是不能够分割的；在信托基金结构中，受托管理人只是受信托单位持有人的委托持有资产，信托单位持有人对信托基金资产按比例拥有直接的法律和受益人权益，每一信托单位的价值等于信托基金净资产的价值除以信托单位总数。其特点在于以纯粹的投资为目的；集合投资；资产经营与资产保管相分离；专家管理、专家操作；流动性强；组合投资、分散风险；利益共享、风险共担。

信托基金的建立和运作需要包括以下几方面内容：一是信托契约，规定和规范信托单位持有人，信托基金受托管理人和基金经理之间关系的基本协议；二是信托单位持有人是信托基金资产和其经营活动的所有者，不参与信托基金及信托基金所投资项目的管理。三是信托基金受托管理人，代表信托单位持有人持有信托基金结构的一切资产和权益，代表信托基金签署任何法律合同。由信托单位持有人任命，作用是保护信托单位持有人在信托基金中的资产和权益不受损害，并负责控制和管理信托单位的发放和注册，以及监督信托基金经理的工作，一般不介入日常的基金管理。一般由银行或受托管理公司担任。四是信托基金经理，由受托管理人任命，负责信托基金及其投资项目的日常经营管理工作。

（4）投资产权结构的选择

投资产权结构的选择要服从项目实施目标的要求，应能使权益投资者获取满意的投资收益，设计时要考虑的要素如下：

①项目资产的拥有形式。不同的投资结构之间，投资者对项目资产的拥有形式有很大的差别。股权式合资结构中，项目资产由项目法人拥有，投资者只拥有项目法人的一部分股权，而不是项目资产的一个部分；契约式合资结构中，项目资产由投资者直接拥有；合伙制和信托基金结构中，投资者对项目资产的拥有形式介于股权式合资结构和契约式合资结构之间。

②项目产品的分配形式和利润提取。股权式合资结构统一生产、统一分配利润、一般不直接分配产品。若项目公司拥有项目产品，单个投资者很难按自己独立意愿处理一部分项目产品，因为其结果会影响到其他投资者的投资收益。在契约式合资结构中，各投资者由于分别承担其在项目中的投资费用和生产费用，既可以在市场上单独销售自己投资份额的产品，也可以联合以项目作为一个整体共同销售产品。

③项目管理的决策方式与程序。在股权式合资结构中，控制权掌握在项目公司手中，在管理方面，多数是任命其中一个主要投资者或一个独立的项目管理公司作为项目经理，负责项目日常生产经营管理工作，其他投资者只参与不同层次的管理委员会或董事会，对长期经营计划、项目经营方向、年度经营预算等重大问题拥有决策权；在契约式合资结构中，财务管理和市场销售的控制权分别掌握在各个投资者手中。

④债务责任。股权式合资结构易安排有限追索权，债务责任被限制在项目公司中，投资者的风险只包括已投入的股本资金及承诺的债务责任，投资者承担的是一种间接的债务责任。在契约式合资结构中，不容易安排有限追索权，投资者以直接拥有项目资产安排融资，所承担的是一种直接的债务责任；在合伙制结构中，普通合伙人承担的是直接的债务责任，而有限合伙人承担的是间接的债务责任；在信托基金结构中，投资者承担间接的债务责任，直接的债务责任由受托管理人承担。

⑤项目现金流量的控制。项目进入正常生产运行期后所形成的经营收入，在扣除生产成本、期间费用以及资本再投入之后的净现金流量，项目法人而不是投资者控制项目的现金流量，需要被用来偿还债务本金和为投资者分配收益。在直接拥有项目资产的投资结构中（契约式合资结构、普通合伙制结构、信托基金结构），项目的净现金流量由投资者直接掌握。

⑥税务结构。利用项目税务结构可设法降低项目投融资成本。股权式合资结构的项目公司作为纳税主体，其应纳税收入以公司为单位计算，税务处理不灵活；契约式合资结构由投资者自行决定其应纳税收入问题，可以灵活选择合并纳税或者通过结构安排不合并纳税。

⑦财务处理。同一项目采用不同的投资结构、不同的投资比例,在投资者的财务报表上反映的结果会不一样。股权式合资结构、合伙制结构和信托基金结构需要按照在项目中(0%~20%~50%~100%)三种不同的投资比例公开披露程度和账务处理方式不同;契约式合资结构,无论投资者在项目中所占投资比例大小,该项投资全部资产负债和经营收益情况都必须在投资者自身公司的财务报表中全面地反映出来。

⑧融资的便利性。股权式投资结构按项目安排整体融资,契约式投资结构各投资者自行安排融资。

⑨项目投资进入和退出的便利性。股权式投资结构按照协议和规定执行,进出容易;契约式合资结构中,项目资产或权益的出售要经过所有投资者的一致同意,转让成本较高。

5.1.3　融资来源

资金来源,指融资者的资金从一定渠道取得或形成的来源,可以用筹措资金的途径和金额来体现,资金来源的途径包括国家财政资金、银行信贷资金、非银行金融机构资金、其他机构或企业资金、社会个人资金、企业内部形成的资金、外商资金等。资金来源按融资主体分为内部资金来源和外部资金来源,相应的融资可以分为内源融资和外源融资。

(1)内源融资

内源融资是将作为融资主体的既有法人内部资金转化为投资的过程,也称为内部融资。既有法人内源融资渠道有货币资金、资产变现、企业产权转让、直接使用非现金资产等,具体形式包括将维持日常生产经营活动需要的库存现金和银行存款之外的货币资金投入项目;应收账款和票据、存货、预付费用、短期有价证券等流动资产变现、对外长期投资变现、无形资产和闲置的或将要闲置的固定资产变现、证券资产和股权变现、经营权变现等投入项目;直接使用既有法人的固定资产、流动资产和无形资产;原有股东增资扩股或吸收新的股东投资扩股等。

内源融资的优点:一是自主性。内源融资来源于自有资金,使用时具有很大的自主性,只要股东大会或董事会批准即可,基本不受外界的制约和影响。二是融资成本较低。采用股票、债券还是其他方式都需要支付筹资费用,而利用未分配利润则无须支付这部分费用。三是不会稀释原有股东的收益和控制权,可以增加公司的净资产,还能支持扩大其他方式的融资。四是可以使股东节省税额,公司将税后利润分配给股东需要缴纳所得税,若出售部分股票来代替其股利收入,所缴纳的税金一般远远低于所得税。

内源融资的缺点在于内源融资受公司盈利能力及积累的影响,融资规模受到较大的制约;分配股利的比例会受到某些股东的限制,股东可能从自身利益考虑,要求股利支付比率要维持在一定水平上;股利支付过少不利于吸引股利偏好型的机构投资者,容易被认为公司盈利能力较差、公司现金较为紧张,还可能导致不符合上市公司外源融资条件,影响后续外源融资。

(2)外源融资

外源融资是指融资主体吸收其他经济主体的资金,使之转化为自己投资的过程,也称为外部融资。外源资金来源较多,包括银行贷款、股权融资、租赁融资、商业信用、政策性银行贷款和非正规金融机构等,应根据外部资金来源供应的可靠性、充足性以及融资成本、融资风险等进行选择。外部资金来源渠道有中央和地方政府可用于项目建设的财政性资金、商业银行和政策性银行的信贷资金、资本市场的资金、非银行金融机构的资金、国际金融机构的信贷资金、外国政府提供的信贷资金与赠款、企业和团体及个人可用于项目建设投资的资金、外国公司或个人直接投资的资金。

外源融资的优点在于资金来源广泛、方式丰富多样、使用灵活方便，可以满足资金短缺者的各种各样的资金需求，提高资金的使用效率。外源融资是现代最主要的金融活动，是连接资金盈余者和资金短缺者的重要融资方式，没有外源融资就不存在金融市场、金融机构。外源融资的缺点在于融资者必须符合一定的融资条件，特别是公开发行债券和股票的条件比较严格；要支付融资成本，存在一定的融资风险，债务资金需要支付利息，到期不偿付本金和利息，有可能面临破产清算的风险；股权融资有可能导致控制权的风险等。

内源融资是外源融资的保证，外源融资的规模和风险必须以内源融资能力来衡量，只有当内源融资仍无法满足企业资金需要时，项目才会转向外源融资，否则无益于提高资源利用率，使项目陷入扩张与稳定的矛盾困境中。内源融资和外源融资相结合，能减少融资风险，在风险减少到最小时实现融资最大化和利益最大化。外源融资分为直接融资为主或以间接融资为主，受自身财务状况的影响和国家融资体制等因素制约。

5.1.4　融资方式

（1）直接融资

直接融资是指资金供给者与资金需求者通过一定的金融工具直接进行资金融通的金融行为。在直接融资中，金融机构的作用是帮助资金供给者与资金需求者成功进行资金融通，不与资金供给者或者资金需求者之间形成债权债务或者产权关系，我国直接融资方式有股票和债券、商业信用、民间个人信用等。

直接融资的特点：一是直接性。在直接融资中，资金的需求者直接从资金的供应者手中获得资金。二是分散性。直接融资是在政府、企业和个人之间进行的，融资参与者众多、活动分散于各种场合，具有一定的分散性。三是信誉差异性。不同的企业或者个人的信誉有较大的差异，难以全面、深入地了解资金需求者的信誉状况，带来了融资信誉的风险性。四是部分不可逆性。通过发行股票所取得的资金是不需要返还的，只能够在投资者之间转让。五是自主性较强。在法律允许的范围内，融资者可以自己决定融资的对象和数量。

直接融资有资金供求双方联系紧密，有利于与合理配置资金，提高资源使用效率，筹资成本较低而投资收益较大等优点。直接融资存在直接融资的双方在资金数量、期限、利率等方面受到较多限制；直接融资工具的流动性和变现能力受金融市场的发育程度的限制，一般低于间接融资工具；资金供给者所承担的风险和责任较大等缺点。

（2）间接融资

间接融资是指资金供给者与资金需求者通过金融中介机构间接实现资金融通的行为。在间接融资中，资金需求者和资金初始供应者之间不发生直接借贷关系，金融中介机构分别与资金供求双方形成两个各自独立的债权债务关系。对资金供给者来说，中介机构是债务人；对资金需求者来说，中介机构是债权人。我国主要间接融资方式有银行信用和消费信用等。

间接融资的特点：一是间接性。由金融中介发挥桥梁作用，资金初始供应者与资金需求者只是与金融中介机构发生融资关系。二是相对集中性。间接融资通过金融中介机构进行，金融中介机构具有融资中心的地位和作用，同时面对资金供应者群体和资金需求者群体。三是信誉差异性较小，各国对金融机构监管严格，同时金融机构受到稳健性经营管理原则的约束，加上实行存款保险等制度，间接融资的信誉程度较高、风险性较小、融资的稳定性较强。四是可逆性，通过金融中介机构的间接融资均属于借贷性融资，到期均必须返还，并支付利息，具有可逆性。五是金融中介机构掌握融资主动权。资金主要集中于金融中介机构，资金信贷由金融中介机构决定，资金初始供应者有供应资金的主动权，但是实际上受到金融中介机构的限制。

间接融资具备多样化的融资工具，可以灵活方便地满足资金供需双方的融资需求；金融机构可以通过多样化的策略降低风险，安全性较高；有利于提高金融活动的规模效益，提高全社会资金的使用效率等优点。间接融资存在资金供需双方的直接联系被割断，不利于资金供给者监督和约束资金的使用；增加了资金需求者的筹资成本、降低了资金供给者的收益等缺点。

在有金融中介机构参与的情况下，判断是否是直接融资的标志在于金融中介机构在融资行为中是否与资金需求者与资金供给者分别形成各自独立的债权债务关系，凡是债权债务关系中的一方是金融中介机构习惯上均被认为是间接融资。直接融资是间接融资的基础，直接融资与间接融资并行发展、互相促进。间接融资已构成金融市场中的主体，是社会化大生产需要动员全社会资源参与经济循环以及社会财富极大丰富的必然趋势。直接融资的存在对间接融资活动的有力补充，脱离了间接融资的支持直接融资已无法发展。

5.2　资本金融资与债务融资

5.2.1　项目资本金的来源渠道

（1）概念

项目资本金是项目总投资中由投资者认缴的出资额。资本金是确定项目产权关系的依据，也是项目获得债务资金的信用基础。投资者可按其出资比例依法享有所有者权益，也可转让其出资，但一般不得以任何方式抽回。资本金融资是发起人或股东愿意让出部分所有权，通过增资方式引进新股东，新股东将与老股东同样分享盈利与增长。

资本金融资有以下特点：一是长期性，资本金具有永久性，无到期日。二是不可逆性，资本金无须还本，投资者欲收回本金，一般需借助于流通市场。三是无负担性，资本金没有固定的股利负担，股利的支付与否和支付多少视公司的效益和经营需要而定。

资本金制度的实施范围：国有单位的基本建设、技术改造、房地产开发项目和集体投资项目的各种经营性投资项目实行资本金制度，必须首先落实资本金才能进行建设。个体和私营企业的经营性投资项目参照规定执行；公益性投资项目不实行资本金制度；外商投资项目按现行有关法规执行。

项目资本金一次认缴，并根据批准的项目建设进度按比例逐年到位。投资项目资本金占总投资的比例，由项目审批单位根据有关制度规定、行业和项目经济效益、银行贷款意愿与评估意见等因素，在审批可行性研究报告时核定。经国务院批准，对个别情况特殊的国家重点建设项目，可适当降低资本金比例。外商投资企业的注册资本应与生产经营规模相适应，有关法规明确规定了注册资本占投资总额的最低比例，这里的投资总额指建设投资、建设期利息与流动资金之和。

（2）项目资本金出资方式

投资者可用货币出资，也可用实物、工业产权、非专利技术、土地使用权、资源开采权等作价出资。作价出资的实物、工业产权、非专利技术、土地使用权、资源开采权必须经过有资格的资产评估机构评估作价。其中，以工业产权、非专利技术作价出资比例一般不得超过项目资本金总额的20%，经特别批准部分高新技术企业可以达到35%以上。为使项目保持合理的资产结构，应根据投资各方及建设项目的具体情况选择项目资本金的出资方式，以保证项目顺利建设，并在建设后能正常运营。

（3）项目资本金的来源渠道和筹措方式

项目资本金的来源渠道主要如下：

①股东直接投资。股东直接投资包括政府授权投资机构入股资金、国内外企业入股资金、社会团体和个人入股资金、基金投资公司入股资金等，可以由国家资本金、法人资本金、个人资本金和外商资本金构成。既有法人融资项目股东直接投资表现为扩充既有企业资本金，包括原有股东增资扩股和吸收新股东投资；新设法人融资项目股东直接投资表现为项目投资者为项目提供资本金；合资经营项目的资本金由股东按股权比例认缴；合作经营项目的资本金由合作投资方按预先约定的金额投入。

②股票融资。股票融资可采取公募与私募两种形式。公募是在证券市场上向不特定社会公众公开发行股票，即公开发行，符合证券监管部门规定的各项发行条件，并获得证券监管部门批准后方可发行。私募是将股票直接出售给少数特定的投资者，即不公开发行或内部发行。股票融资所筹资金是项目股本资金，可作为其他方式筹资的基础、增强融资主体的举债能力；所筹资金不需要到期偿还，投资者一旦购买股票便不得退股；普通股股利支付可视融资主体经营状况好坏和经营需要而定，融资风险较小；股利须从税后利润中支付、不具有抵税作用，且发行费用较高，因而融资资金成本较高；上市公开发行股票必须公开披露信息，接受投资者和社会公众的监督。

③政府投资。政府投资资金包括各级政府的财政预算内资金、国家批准的各种专项建设基金、统借国外贷款、土地批租收入、地方政府按规定收取的各种费用及其他预算外资金等。政府投资主要用于关系国家安全和市场不能有效配置资源的经济和社会领域，包括公益性项目和公共基础设施建设；保护和改善生态环境；促进欠发达地区的经济和社会发展；推进科技进步和高新技术产业化；中央政府投资除本级政权等建设外，主要安排跨地区、跨流域以及经济社会发展全局有重大影响的项目。国家根据资金来源、项目性质和调控需要，对政府投资资金分别采取直接投资、资本金注入、投资补助、转贷和贷款贴息等方式，并按项目安排使用。政府投资根据资金投入的不同进行不同处理：全部使用政府直接投资的项目，一般为非经营性项目，不需要进行融资分析；以资本金注入方式投入的政府投资资金，视为资本金；以投资补贴、贷款贴息等方式投入的政府投资资金，计入补贴收入，视为现金流入；以转贷方式投入的政府投资资金，视为债务资金。

在既有法人项目资本金筹措中，既有法人资产也是项目建设资金的来源之一。既有法人现有资产的形成主要来源于股东过去投入的资本金、法人对外负债的债务资金、经营所形成的净现金流量三个方面。

①内部资金来源。既有法人的自有资金包含企业的现金、未来生产经营中获得的可用于项目的资金：一是可用于项目建设的货币资金，包括既有法人现有的货币资金和未来经营活动中可能获得的盈余现金。现有的库存现金及银行存款可以通过资产负债表了解，多余的货币资金可用于项目建设；未来经营活动可能获得的盈余现金，需要通过对企业未来现金流量的预测来估算，可以抽出一部分用于项目建设。二是资产变现的资金，是既有法人将流动资产、长期投资和固定资产变现为现金的资金。既有法人可以通过加强财务管理，提高流动资产周转率，减少存货、应收账款等流动资产占用而取得现金，也可以出让有价证券取得现金；长期股权投资和长期债权投资可以通过转让而变现；由于产品方案改变而被闲置、由于技术更新而被替换的固定资产可以出售变现，对既有法人而言，只是资产总额构成的变化，而资产总额并没有发生变化。三是资产经营权变现的资金，既有法人可以将其所属资产经营权的一部分或全部转让，取得现金用于项目建设。四是直接使用非现金资产，既有法人的实物、工业产权、非专利技术、土地使用权等非现金资产适用于拟建项目的，经资产评估可直接用于项目建设。当既有法人在改扩建项目中直接使用本单位的非现金资产时，其资产价值应计入"有项目"的项目总投资中，但不能计作新增投资。

②外部资金来源。采用增资扩股，可通过原有股东增资及吸收新股东增资扩股，包括国家股、企业法人股、个人股和外资股的增资扩股。

需要对既有法人资本金融资进行可靠性分析，通过调查既有法人资产负债结构、现金流量状况和盈利能力，分析财务状况、可能筹集到并用于拟建项目的现金数额及其可靠性；通过调查既有法人资产结构现状及其与拟建项目的关联性，分析可能用于拟建项目的非现金资产数额及其可靠性，还要分析满足对投入项目的各类资金在币种、数量和时间上能否满足项目需要。

新设法人项目资本金筹措主要如下：

①新设法人项目资本金形式。新法人设立时由发起人和投资者按项目资本金额度要求提供足额资金；由新法人在资本市场上发行股票进行融资。

②初期设立的项目法人进行资本金筹集形式。项目初始投资者或项目发起人对投资项目的资本金没有安排到位的情况下，需要通过新设法人进一步进行资本金筹措活动，在资本市场募集股本资金，可采用私募与公开募集两种基本方式；合资合作的新设法人往往需要重新进行公司注册或变更登记。采用新设法人融资方式的项目，应分析各投资者认缴的股本金数额及其可靠性；若通过发行股票筹集资本金，应分析其获得批准的可能性；必须满足投入项目的各类资金在币种、数量和时间上的需要。

（4）优先股股票

优先股是一种介于股本资金与负债之间的融资方式，优先股股东不参与公司的经营管理，不享有控制权。优先股兼具资本金和债务资金特点，需要支付固定股息，且股息在税后利润中支付，但一般不需还本；优先股后于债权受偿，对项目公司的债权人来说可视为项目资本金；而对普通股股东来说，优先股要优先受偿，是一种负债。优先股股息有一个固定的数额或比率，通常大大高于银行的贷款利息，该股息不随公司业绩的好坏而波动，并且可以先于普通股股东领取股息；如果公司破产清算，优先股股东对公司剩余财产有先于普通股股东的要求权。优先股一般不参加公司的红利分配，持股人没有表决权，也不能参与公司的经营管理。在项目融资中，优先股应视为项目资本金。

5.2.2 项目债务资金的来源渠道和筹措方式

债务资金是项目投资中以负债方式从资本市场取得的资金。债务资金具有以下特点：一是期限性，即资金在使用上具有时间性限制，到期必须偿还；二是可逆性，即债务资金负有到期还本付息的义务；三是负担性，即无论项目的融资主体今后的经营效果好坏，债务资金需支付债务利息，从而形成企业的固定负担；四是低成本性，即债务资金成本一般比资本金资金低，且不会分散投资者对企业的控制权。

（1）债务资金筹措考虑的因素

债务资金筹措应考虑的因素主要包括以下方面：

①债务期限。要遵循债务期限的规定与惯例，资金使用计划和债务偿还计划，考虑公司和项目的未来成长机会、自由现金流量、债务成本、规模、现存资产的期限、公司和项目的质量、信息不对称程度、实际所得税税率和波动性等，进行合理的设计和搭配。

②债务偿还。按要求和规定制订一个科学、合理、稳妥的债务偿还计划，在考虑资金成本和偿还能力的基础上，根据合同约定的期限、方式偿还债务。

③债务序列。债务安排可以根据其依赖于公司、项目资产抵押程度和外部信用担保程度而划分为由高到低的不同等级序列。在公司出现违约的情况下，公司资产和其他抵押、担保权益的分置将严格地按照债务序列进行。

④债权保证。债权保证按保证人和债权人约定，当债务人不履行债务时，保证人按照约定履行债务或者承担责任的行为。债务人及涉及的第三方通过保证、抵押、质押、留置、定金和代位权等对债权人提供履行债务的特殊保证，巩固债权人地位、保障债权人权益，确保到期能收回本息。

⑤违约风险。违约风险反映交易对方不履行到期债务的风险。债务人违约或无力清偿债务时，债权人追索债务的形式和手段及追索程度决定了债务人违约风险的大小。根据融资安排的不同，不同债权的追索债务程度可以是完全追索、有限追索、无追索。

⑥利率结构。利率结构是某一时点上利率体系中各种市场利率的构成和组合，包括利率的期限结构和风险结构。债务资金利率主要有固定利率、浮动利率以及浮动/固定利率等不同的利率机制。融资中需要考虑项目现金流量的特征、债权人对控制融资风险的要求、金融市场上利率的走向决定利率结构的种类。

⑦汇率结构。债务资金的货币结构可以依据项目现金流量的货币结构加以设计，国际大型项目资金来源多样化、丰富债务的货币种类构成和组合，不局限于在一个国家的金融市场上融资，也不局限于一种货币融资，以减少项目融资的国家风险和其他不可预见风险带来的外汇风险。

（2）债务资金的基本要素

下述的债务资金基本要素，是对每一项负债都必须阐明的。

①债务期限和数量。要指出每项债务资金可能提供的数量及初期支付时间、偿还期和宽限期，分期还款的类型可以选择等额分期偿还本金、等额分期偿还本息或其他形式。

②资金成本。贷款利息、债券利息、租赁租金等资金占用费是债务融资成本的首位要素；应说明债务利率、计息周期、固定的或浮动的、调整方式、调整时间等。对于每项债务资金附有的承诺费、手续费、管理费、牵头费、代理费、担保费、信贷保险费及其他杂费等资金

筹集费，应说明其计算办法及数额。

③建设期利息支付方式。建设期利息支付影响融资总量，债权人的付息条件一般可分为三类：第一种是利息资本化，也就是将建设期间的财务费用资本化，在项目投产并取得充足的现金之后开始偿还债务；投产之前不必付息，但未清偿的债务利息与债务本金一样计息。第二种是建设期内利息必须照付。第三种是不但利息照付，而且贷款时就以利息扣除的方式贷出资金。

④附加条件。对于债务资金的一些附加条件应有所说明，如购买资产或物品的对象和类别限制，债务币种及所偿还币种的限制等。

⑤利用外债责任。外国政府贷款、国际金融组织贷款、国有银行统一对外筹借的国际贷款，都是国家统借债务。其中，经国务院有关部门批准的项目，属于"统借统还"；其余借款则由实际用款项目本身偿还，属于"统借自还"；各部门、各地方经批准向国外借用的贷款，实行谁借谁还的原则，属于"自借自还"。各种形式的外债对债权人来说都是中国国家债务，进入国家外债规模，影响国家债务信誉。从外债管理和外汇管理角度来看，凡中国境内机关、团体、企事业单位、金融机构或其他机构对中国境外国际金融机构、外国政府、企业以及境内外金融机构用外国货币承担的具有契约性偿还义务的全部外债，均需要进行登记并接受国家外汇管理部门的监测。

（3）项目债务资金的来源渠道和筹措方式

项目债务资金的资金来源和融资方式分为信贷方式融资、债券方式融资、租赁方式融资三种方式。

①信贷方式融资

信贷方式融资是最传统的融资方式，有手续简便、融资成本低、融资数额巨大等优点；但必须向银行公开项目法人的经营信息，并且在经营管理上受制于银行，要获得贷款一般都要提供抵押或者保证人，降低了企业的再融资能力。信贷方式可以通过商业银行贷款、政策性银行贷款、外国政府贷款、国际金融组织贷款、出口信贷、银团贷款等渠道和方式筹措。

商业银行贷款。在我国，商业银行贷款是获得项目短期、中长期贷款的最重要渠道，商业银行贷款手续简单、成本较低，但有严格的贷款条件，适用于有偿债能力的建设项目。商业银行贷款分信用贷款和担保贷款，其中信用贷款是指以借款人的信誉或保证人的信用为依据而获得的贷款，可分为基本建设贷款、专项贷款和流动资金贷款等。担保贷款是由借款人或第三方依法提供担保而发放的贷款。

政策性银行贷款。政策性银行贷款一般期限较长、利率较低，是为配合国家产业政策等而实施，对有关的政策性项目提供的贷款。我国政策性银行有中国进出口银行、中国农业发展银行。政策性贷款一方面具有指导性、非营利性和优惠性等特殊性，在贷款规模、期限、利率等方面提供优惠；另一方面有别于可以无偿占用的财政拨款，而是以偿还为条件，与其他银行贷款一样具有偿还性。政策性银行不能吸收活期存款和公众存款，主要资金来源是政府提供的资本金、各种借入资金和发行政策性金融债券筹措的资金，其资金运用多为长期贷款和资本贷款。中国进出口银行是我国机电产品、成套设备和高新技术产品出口和对外承包工程及各类境外投资的政策性融资主渠道、外国政府贷款的主要转贷行和中国政府援外优惠贷款的承贷行。中国农业发展银行的主要任务是按照国家的法律、法规和方针、政策，以国家信用为基础，筹集农业政策性信贷资金，承担国家规定的农业政策性金融业务，代理财政性支农资金的拨付，为农业和农村经济发展服务。

外国政府贷款。外国政府贷款是一国政府向另一国政府提供的具有一定的援助或部分赠予性质的低息优惠贷款。外国政府贷款在经济上带有援助性质，期限长、利率低，还款平均期限为 20~30 年，最长可达 50 年，一般年利率为 2%~4%，有的甚至无息。外国政府贷款一般以混合贷款方式提供，即在贷款总额中，政府贷款一般占三分之一，其余三分之二为出口信贷；一般限定贷款用途，如用于从贷款国进口设备，或用于某类项目建设。我国各级财政可以为外国政府贷款提供担保，按照担保方式分为财政部担保、地方财政部门担保、无财政担保三类。外国政府贷款最终服务于债权国的国家发展战略和国际关系战略的需要。

国际金融组织贷款。国际金融组织贷款是国际金融组织按照章程向其成员国提供的各种贷款。目前与我国关系最为密切的国际金融组织是世界银行、国际金融公司、欧洲复兴与开发银行、亚洲基础设施银行、亚洲开发银行和美洲开发银行。国际金融组织一般都有自己的贷款政策，只有这些组织认为应当支持的项目才能得到贷款。使用国际金融组织的贷款需要按照这些组织的要求提供资料，并且需要按照规定的程序和方法来实施项目。世界银行贷款具有以下特点：一是贷款期限较长。一般为 20 年左右，最长可达 30 年，宽限期为 5 年。二是贷款利率实行浮动利率，随金融市场利率的变化定期调整，但一般低于市场利率。对已订立贷款契约而未使用的部分，要按年征收 0.75% 的承诺费。三是提供外汇部分贷款，世界银行通常对其资助的项目只提供货物和服务所需要的外汇部分，占项目总额的 30%~40%，个别项目可达 50%；某些特殊情况下，世界银行也提供建设项目所需要的部分国内费用。四是贷款程序严密，审批时间较长。借款国从提出项目到最终同世界银行签订贷款协议获得资金，一般要一年半到两年时间。

出口信贷。出口信贷是设备出口国政府为促进本国设备出口，鼓励本国银行向本国出口商或外国进口商（或进口方银行）提供的贷款。贷给本国出口商的称卖方信贷，贷给外国进口商（或进口方银行）的称买方信贷。贷款的使用条件是购买贷款国的设备。出口信贷利率通常要低于国际上商业银行的贷款利率，但需要支付一定的管理费、承诺费、信贷保险费等附加费用。

银团贷款。银团贷款是指由获准经营贷款业务的一家或数家银行牵头，多家银行与非银行金融机构参与组成银行集团采用同一贷款协议，按照共同约定的贷款计划，向借款人提供融资的贷款方式。银团贷款是国际银行业中一种重要的信贷模式，国际银团是由不同国家的多家银行组成的银行集团。由于参加银行较多、需要多方协商，银团贷款具有一般银行贷款的特点和要求之外，其贷款过程周期长、贷款金额大、贷款操作形式多样。银团贷款期限一般为 5~10 年，长者可达 15 年，本息偿还有多种方式，可以同时选择多种货币。利率高低取决于货币市场利率和借款人信用两大因素，按照国际惯例，采用银团贷款在支付利息的同时，还要支付承诺费、管理费、代理费、参加费及杂费等费用。银团贷款主要适用于资金需求量大、偿债能力较强的建设项目，采用银团贷款有利于借款人树立良好的市场形象。

商业信用是在商品交易中由于延期付款或预收货款形成的借贷关系，具体形式包括应付账款、应付票据、预收账款等。商业信用筹资的优越性在于容易取得，如果没有现金折扣或使用不带息票据，商业信用筹资不负担成本，但在放弃现金折扣时所付出的成本较高。

民间借贷是自然人、法人和其他组织相互之间以货币或其他有价证券为标的进行资金融通的行为。经金融监管部门批准设立的金融机构及其分支机构发放贷款等相关金融业务不属民间借贷的范畴。与银行贷款相比，民间借贷具有以下优势：一是手续简便。民间融资一般只需考察房产证明及还贷能力等并签订合同即可；银行贷款需要提供营业执照、代码证书、会计报表、购销合同、负责人身份证件、验资报告等材料，要经过签订合同、办理公证等程序。二是资金随需随借。民间借贷一般仅需要 3~5 天甚至更短的时间即可获得所需资金；按银行正常贷款程序，从向银行申请贷款到获得贷款需要 10 天至一个月的时间。三是获取资金条件相对较低。民间借贷普遍门槛低，更加适合于中小企业贷款风险大、需求额度小、管理成本高的要求，银行在发放贷款时普遍要求中小企业提供足够的抵押担保物，这对中小企来说不容易。四是资金使用效率较高。民间借贷可以即借即还，适合小企业使用频率高的特点，银行贷款期限一般以定期形式出现。

②债券方式融资

债券融资是指项目法人通过向投资者出售债券筹集资金。债券利息在企业缴纳所得税前扣除，减轻了项目法人的税负；发行债券可以避免稀释股权。但债券发行过多会影响项目法人的资本结构、降低项目法人的信誉、增加再融资的成本。

企业债券。企业债券是项目法人以自身的财务状况和信用条件为基础，依照法律法规规定的条件和程序发行的、约定在一定期限内还本付息的债券。企业债券代表着发债企业和债券投资者之间的一种债权债务关系。债券投资者是债权人而不是所有者，无权参与或干涉企业经营管理，但有权按期收回本息。企业债券融资对象广、市场大，但发债条件严格、手续复杂；企业债券利率通常要高于同期的银行存款利率，低于银行贷款利率，但需要支付较高的承销费、发行手续费、兑付手续费及担保费等发行费用。企业债券适用于资金需求大，偿债能力较强的项目。我国企业债券的发行总量需纳入国家信贷计划，申请发行企业债券必须经过严格的审核，只有实力强、资信好的企业才有可能被批准发行企业债券，还必须有实力很强的第三方提供担保。相对于上市融资，企业债券融资具有发行准备相对简单、融资成本较低、保证控制权和经营决策权、资金使用自由等优点。相对于银行贷款，企业债券的融资成本较低、灵活性较强、期限相对较长、融资量更大、有一定广告宣传效应。

国际债券。国际债券是在国际金融市场上发行的、以外国货币为面值的债券。国际债券的债券发行者和债券投资者属于不同的国家，筹集的资金来源于国际金融市场。按照发行债券所用货币与发行地点的不同，国际债券主要分为外国债券和欧洲债券两种。发行国际债券的资金规模巨大、稳定、借款时间较长，可以获得外汇资金；但发债条件严格、信用要求高、筹资成本高、手续复杂。国际债券适用于资金需求大，能吸引外资的建设项目。因为国际债券的发行涉及国际收支管理，所以国家对企业发行国际债券进行着严格的管理。

可转换债券。可转换债券是一种可以在特定时间、按特定条件转换为普通股股票的特殊债券，兼有债券和股票的特性。可转换债券有以下三个特点：一是债权性。可转换债券有规定的利率和期限，债券持有人可以选择持有债券到期收取本金和利息。二是股权性。可转换债券在转换成股票之前是纯粹的债券，但在转换成股票之后，原债券持有人就由债权人变成了股东，可参与项目法人的经营决策和红利分配。三是可转换性。转股权是投资者享有的、普通企业债券所没有的选择权，债券持有人有权按照约定的条件将债券转换成股票。

可转换债券应视为项目债务资金，但灵活性较大，在发行时就明确约定债券持有人可按照发行时约定的价格将债券转换成公司的普通股股票，债券持有人也可以不选择转换，继续持有债券，直到偿还期满时收取本金和利息。从融资者角度来看，可转换债券利率一般低于普通企业债券利率，发行可转换债券有助于降低资金成本；可转换债券在一定条件下可转换为公司股票，即变成项目资本金，无须偿还，但可能会造成股权的分散。从投资者角度来看，可转换债券可以使投资者减小风险、锁定最低回报，既可以坐收本息，又可以在企业经营成功的情况下分享企业的增值。创业投资公司经常选择可转换债券这一投资工具，以优先股加可转换债券的形式投资于创业企业，在投资项目都不成功甚至失败的情况下，可以让投资损失降至最低，获得债权的利益；在投资企业大获成功时，投资者有机会把债券变成股权，以增加投资收益。但融资企业必须为可转债的安排支付本息，加重了企业的财务负担，减少了现金流。如果投资者以可转换债券的形式投资，融资企业还要审核投资者拥有的股份加上转换后的股份是否超出了项目法人愿意出让的股份比例。

零息债券是指以贴现方式发行，不附息票，而于到期日时按面值一次性支付本利的债券。零息债券持有人的收益来自债券购买价格与面值的差额，而不是利息收入，其变通形式有深贴现债券。零息债券的波动性非常大，不足之处在于零息债券投资不会获得现金形式的利息收入，但要列入投资者的应税收入中。

③租赁方式融资

租赁融资是资本货物的出租人，在一定期限内将财产租给承租人使用，由承租人分期支付一定的租赁费的一种融物与融资相结合的筹资方式。租赁融资在财务安排、税务安排、经营安排等方面具有灵活性。租赁融资是百分之百的融资，增加了投资者运用资金和会计安排上的灵活性，租赁有可能成为非公司负债型融资。租赁融资品种较多，国内主要开展以下三种。

融资租赁。融资租赁是资产拥有者在一定期限内将资产租给承租人使用，由承租人分期付给一定租赁费的融资方式，也称作金融租赁、财务租赁，适用于以购买设备为主的建设项目。融资租赁是一种以租赁物品的所有权与使用权相分离为特征的信贷方式。出租人根据承租人对供货人和租赁标的物的选择，由出租人向供货人购买租赁标的物，然后租给承租人使用。承租人提取折旧并以税后利润交付租金，租赁期满后，承租人对租赁标的物一般有留购、续租和退租三种选择权，一般租赁标的物归承租人所有或者由出租人作价转让给承租人。从项目融资角度来看，融资租赁方式使承租人可不必预先筹集资产买价的资金，而获得需要资产使用权，比长期贷款购买租赁物品所需初始资金额少得多，融资租赁的租赁期限较长、租赁标的物价值高，租赁期间任何一方均无权随意终止协议；标的物由承租人选定，出租人出资购买并租赁给承租人使用且出租人针对资产的质量和技术条件不向承租人做出担保；出租人保留租赁标的物的所有权，承租人享有租赁标的物的占有和使用权并负责租赁期间的资产管理、维修保养；承租人负担一切费用和成本。融资租赁有直接租赁和杠杆租赁两种具体形式。直接租赁是出租人通过筹集资金，直接购回承租人选定的资产后租给承租人使用。杠杆租赁是出租人在购买价格昂贵的租赁标的物时，自己以现金投资成本费的20%～40%，其余60%～80%的费用向银行等金融机构贷款获得，然后把购得的租赁标的物出租给用户，也称衡平租赁、减税优惠租赁。出租人需将租赁标的物的收益权及融资租赁合同的收益权转让或抵押给贷款人，贷款对出租人无追索权。

经营租赁的承租人向出租人租用租赁标的物，出租人提取租赁标的物折旧，承租人所付租金计入财务费用，租赁标的物一直归出租人所有，也称为使用租赁。经营租赁是一种以提供租赁标的物短期使用权的租赁形式，适用于通用性较强、承租人不需长期使用的租赁标的物，如运输工具、电脑等。经营租赁合约具有可撤销性，承租人在租赁期内可以取消租约，将租赁物退还给出租人；出租人在租赁期内承担对被出租资产的保养和维修责任；资金的不完全支付性；经营租赁在多数国家一般不作为一种公司债务责任，为使用者提供了较大的灵活性。

回租租赁有两种方式，一种是承租人首先借入资金买来设备，然后将该设备转卖给租赁公司以归还贷款，最后再从租赁公司租入该设备以供使用；另一种是承租人将原有的设备甚至生产线、厂房卖给租赁公司，同时向租赁公司租用同一资产，这样在不影响使用原资产的情况下，又可以拿出一笔现金进行新的项目投资。

5.2.3　资本金融资与债务融资的比较

债务融资和资本金融资的区别主要有以下方面。

（1）权利不同

债务融资的当事人之间的债权债务关系，债权人或出租人只可按期获取利息及到期收回本金，无权参与项目法人的经营决策。资本金投资者是项目法人股东，一般具有表决权，可以通过参加股东大会选举董事，参与项目法人重大事项的审议与表决，行使经营决策权和监督权。债务融资会增加项目法人的财务风险能力，但不会削弱股东的控制权；选择增募股本方式进行融资，现有股东对项目法人的控制权就会被稀释。

（2）发行目的及主体不同

债务融资是项目法人追加资金的需要，属于负债；资本金融资是项目法人发起创立和增加资本的需要，筹措的资金列入项目法人资本金。发行债券的经济主体很多，中央政府、地方政府、金融机构、公司企业等一般都可以发行债券，但能发行股票的经济主体只有股份有限公司。

（3）成本不同

对项目法人来说，资本金融资的股息红利从税后利润中支付，不具备抵税作用，而且资本金特别是股票发行费用高于其他证券，而债务资金的利息费用在税前列支，具有抵税的作用。因此，资本金融资成本一般要高于债务融资成本。

（4）期限不同

债务一般有规定的偿还期，期满时债务人必须按时归还本金；资本金融资通常是无须偿还的，一般股东不能从项目法人那里抽回资本金，持有者可以通过市场转让收回投资资金，其股票是一种无期证券或"永久证券"。

（5）收益不同

从投资者角度来说，债务通常有规定的利率，可获得固定的利息。资本金的股息红利不固定，一般视项目法人经营情况和发展策略而定。

（6）作用不同

资本金是项目法人的永久性资本，是正常经营和抵御风险的基础。资本金增加有利于提升项目法人的信用价值，可以为发行更多的债务融资提供强有力的支持；发行债券可以获得资金的杠杆收益，无论项目法人盈利多少，只需要支付给债权人事先约定利息和尽到期还本的义务。

（7）风险不同

从投资者角度来说，资本金融资风险较大、债务风险相对较小：第一，债务利息是固定支出，属于费用范围；股息红利是项目法人利润的一部分，只有盈利才能支付，而且支付顺序列在债务利息支付和纳税之后。第二，项目法人破产清算时，清理资产有余额偿还时，债务偿付在前，资本金分配在后。第三，在二级市场上，因债务利率固定、期限固定，其市场价格较稳定；资本金无固定期限和利率，受各种宏观因素和微观因素的影响，其股权市场价格波动频繁、涨跌幅度较大。从项目法人角度来说，资本金融资的风险通常小于债务融资的风险，资本金投资者对股息红利的收益通常是由项目法人的盈利水平和发展需要决定的，没有固定的付息压力且没有到期日，不存在还本的融资风险；不管经营状况和盈利水平如何，债务资金必须承担按期付息和到期还本的义务，当经营不善时，有可能面临巨大的付息和还本压力，导致资金链破裂而破产，因而债务的财务风险高。

融资决策都是要考虑融资渠道和融资成本的，有一系列的融资理论作为基础。选择资本金融资和债务融资时，要看公司预测的息税前利润，然后计算债务融资和资本金融资的无差别点息税前利润。如果预测的息税前利润大于无差别点息税前利润，选择债务融资；如果预测的息税前利润小于无差别点息税前利润，选择资本金融资。

5.3　特许项目融资

公共基础设施建设投入的增加不仅可以扩大国内有效需求，拉动经济增长，还可确保经济与社会长期稳定与发展。但单纯依靠国家财政，无法满足公共基础设施建设需求。同时，政府在公共基础设施建设中的高投入、低效率和高消耗等情况，传统投融资模式存在投标价格过高、私人企业的技术创新受到限制等不足，需要创新投融资模式。选择项目融资模式应考虑的因素：争取适当条件下的有限追索权；实现项目风险的合理分担；最大限度地降低融资成本；实现发起人对项目较少的股本投入；处理好融资与市场之间的关系；做好短中长期资本融资的结合。

5.3.1　PPP 项目融资

（1）概念

PPP 是英文 public-private partnerships 的简写，中文直译为"公私合伙制"，是公共部门通过与私人部门建立伙伴关系来提供公共产品或服务的一种方式。PPP 项目融资是以项目为主体的融资活动，是介于公共部门和私人部门的一种合作安排，其目的是提供公共基础设施和相关服务，通过合作各方共同承担投资、风险、责任以及共享收益。建立公私伙伴关系的逻辑基础在于以成功的制度安排保持公共部门与私人部门在公共服务生产和提供过程中的独特优势，实现优势互补。合作各方的作用和责任可能随着项目的不同而改变。

PPP 的实质是政府通过给予私营公司长期的特许经营权和收益权来换取基础设施加快建设及有效运营。项目收入来源主要分三类，一是完全依靠使用者付费，二是政府支付服务费用，三是前两种方式的结合。其基本特征如下：在公私合作的合作方中，至少有一个是政府部门；经过协商谈判达成合作协议；共享权利，共享资源；共享收益，共担风险；在一定程度上克服了投标价格过高和私人企业的技术创新受到限制等问题；对于具有社会和经济双重效益的基础设施，政府能通过投资给社会带来最大的经济效益，也使私人部门既能还贷又有投资回报。

（2）PPP 项目融资的适用性

PPP 项目融资的适用条件是对私人合作者的加入不存在法律法规和政策管制；当地政府不能独自提供服务项目的资金来源或专家；与政府部门单独进行项目建设相比较，私人合作者的进入使项目可以更快地实施、提高项目的质量和水平；私人合作者通过竞争可以达到低成本、高效率的目的；提供服务的产出能够容易地被测量和定价；项目或服务提供了技术革新的机会；当地政府和私人部门之间有合作记录；有促进经济发展的机会。当前，我国的非公有制经济在理论上有发展的突破，持续的金融体制改革进一步改善了融资环境；建立了相对完善的法律、法规、政策体系，创造了有利的法律制度环境；巨大的基础设施需求为私有部门的参与提供了广阔空间；中国企业包括私有企业的迅速发展为参与公共事业奠定了物质和技术基础；积极融入全球化进程也为国际投资者提供了巨大商机，这些为我国应用 PPP 项目融资创造了有利条件。PPP 项目融资适用于铁路货运和客运、非管道水网络、热电、天然气的生产和输送、公寓污水处理、废弃物收集等经营性项目；输电、配电、路基和车站、城市公共汽车、城市有轨交通、供水城区管理网络、环境卫生等准经营性项目；城市道路、管道排污和处理等非经营性项目。同时我国发展 PPP 项目融资，可以解决基础设施建设融资渠道狭窄、社会投资不足的问题；解决国有企业改革不彻底、资金效率不高、服务质量差等问题；解决扩大内需和防范金融风险。

（3）PPP 的具体形式

PPP 模式是一种合同安排，包括特许权、合资、设计、建设、融资、管理、运营、回购、担保等一系列合同，最核心的就是特许权经营合同，合同主体包括政府部门和项目公司，项目公司与其他利益相关者，借贷机构与政府部门、其他利益相关者。PPP 项目具体形式有外包类 PPP 项目、特许经营类 PPP 项目和私有化类 PPP 项目。外包类 PPP 项目包括服务外包（service contract）和管理外包（management contract）等模块式外包，DB（design-build，设计-建造）、DBMM（design-build-major maintenance，设计-建造-主要维护）、O&M（operations and maintenance，经营-维护）、DBO（design-build-operate，设计-建造-经营）等整体式外包。特许经营类 PPP 项目包括 BLOT（build-lease-operate-transfer，建设-租赁-经营-转让）、BOOT（build-own-operate-transfer，建设-拥有-经营-转让）等 BOT（build-operate-transfer，建设-经营-转让）模式，PUOT（purchase-upgrade-operate-transfer，购买-更新-经营-转让）、LUOT（lease-upgrade-operate-transfer，租赁-更新-经营-转让）等 TOT（transfer-operate-transfer，转让-运营-移交）模式，DBFO（design-build-finance-operate，设计-建造-投资-经营）模式。私有化类 PPP 项目包括 PUO（purchase-upgrade-operate，购买-更新-经营）、BOO（build-own-operate，建设-拥有-经营）等完全私有化模式，股权转让和合资兴建等部分私有化项目及其他形式，形成混合所有制形式。

（4）PPP 项目融资的运作机制

一是建立长期的政府与企业合作机制。其关键在于政府要处理好与市场主体之间的关系，由"经营者"转变为"监管者""合作者"。发挥投资人在整合设计、建设、运营、管理等方面的综合优势，让"专业人做专业事"。二是建立合理的利益共享机制。通过政府核定经营收费价格以及以购买服务方式补贴标准，实现项目建设运营的自我平衡，既要保障公共利益，提高公共服务质量和效率，又要避免企业出现暴利和亏损，实现"盈利但不暴利"。三是建立平等的风险共担机制。政府和社会资本应该平等参与、诚实守信，按照合同办事，依据对风险的控制力，承担相应的责任，不过度转移风险至合作方。企业主要承担投融资、建设、运营和技术风险，政府主要承担国家政策、标准调整变化的宏观风险，双方共同承担不可抗力风险。四是建立严格的监管和绩效评价机制。政府对 PPP 项目运作、公共服务质量和资金使用效率等进行全过程监管和综合考核评价，认真把握和确定服务价格和项目收益指标，加强成本监审、考核评估、价格调整审核，可以考虑引入第三方进行社会评价。健全完善正常、规范的风险管控和退出机制，禁止政府为项目担保，防范项目风险转换为政府债务风险。对未能如约、按量、保质提供公共产品和服务的项目，应按约坚决要求企业退出并赔偿，投资人必须按合约规定及时退出并依法赔偿，严格责任追究，应及时规避企业自身经营管理能力不足引发的项目风险。

5.3.2　BOT 项目融资

（1）BOT 的含义与思路

BOT 是 20 世纪 80 年代中后期发展起来的一种主要用于公共基础设施建设的项目融资方式。BOT 为 build-operation-transfer 的缩写，即建设-经营-移交，指一国政府或其授权的政府部门经过一定程序并签订特许协议将专属国家的特定的基础设施、公用事业或工业项目的筹资、投资、建设、营运、管理和使用的权利在一定时期内赋予本国或/和外国公司，政府保留该项目、设施以及其相关的自然资源永久所有权；建立项目公司并与按照政府签订的特许协议投资、开发、建设、营运和管理特许项目，以营运所得清偿项目债务、收回投资、获得利润，在特许权期限届满时将该项目、设施无偿移交给政府的融资模式，有时 BOT 被称为"暂时私有化"过程。BOT 一般被运用于投资额度大而期限长的基础设施项目，包括发电厂、机场、港口、收费公路、隧道、电信、供水和污水处理设施等。

BOT 的基本思路是由项目所在国政府或其所属机构为项目建设和经营提供一种特许权协议作为项目融资的基础，项目公司作为投资者和经营者安排融资、承担风险、开发建设项目，在特许期内生产的产品或提供的服务或售给国有单位，或直接向最终使用者收取费用；特许期满后，根据协议将该项目转让给相应的政府机构。BOT 的优点：能减少政府的财政负担和风险、有利于改善政府的管治、有利于提高项目的运作效率、可以满足社会和公众的需求、由外国公司来承担 BOT 项目可以给发展中国家带来先进的技术和管理经验等。BOT 存在土地升值而增加融资的机会成本，优惠政策导致税收流失，投资者掠夺经营，风险分担不均匀，项目收益的不确定性较大、投资额大、周期长、需要较高水平的管理技术，投资方式和适用领域的局限性等方面的不足。

（2）BOT 的主要参与人

一个典型的 BOT 项目的参与人有政府、BOT 项目公司、投资者、银行或财团以及承担设计、建设和经营的有关公司。由一个公司或多个公司组成的一个联营体作为项目的发起人从一个国家或地方政府（或者政府所属机构）获得某一个基础设施项目的特许经营权，由项目发起人组建项目公司，负责项目的融资、设计、建造和经营。

①政府是 BOT 项目的控制主体。BOT 项目是按市场机制运作、政府主导与参与的特许权项目。政府决定着 BOT 的采用、BOT 项目设立，有项目实施过程中的监督权；提供 BOT 项目附近设施、土地的开发权；明确投资回报政策，在税收上给予优惠；提供已建设项目的运

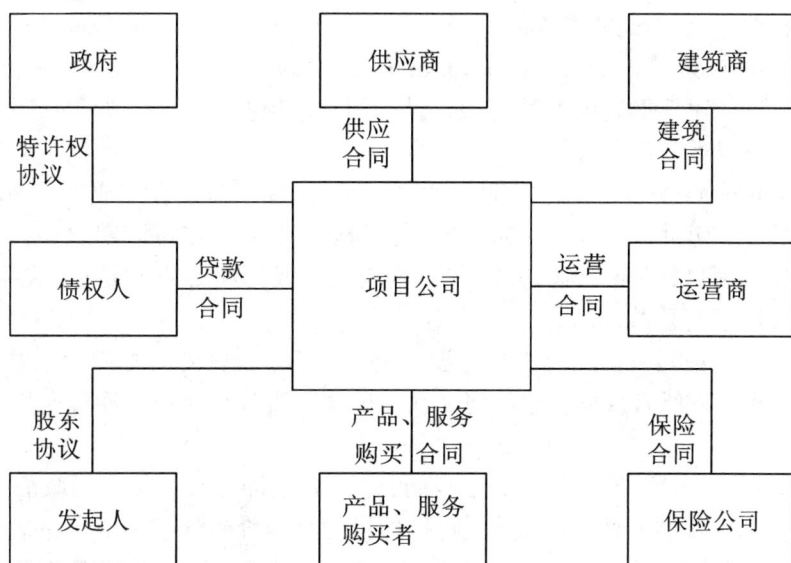

图 5-2　BOT 项目融资结构

营权,帮助项目公司在建设期内即可得到一定的收入,以降低融资风险;提供产品购置担保;由政府提供保护性政策,在若干年内担保不再兴建类似或与在建 BOT 项目有竞争的项目;在项目特许到期时,政府有无偿收回该项目的权利。

②BOT 项目公司是 BOT 项目的执行主体,它处于中心位置。所有关系到 BOT 项目的筹资、分包、建设、验收、经营管理体制以及还债和偿付利息都由 BOT 项目公司负责,BOT 项目公司与设计公司、建设公司、制造厂商以及经营公司协调、合作。

③投资者是 BOT 项目的风险承担主体。投资者以投入的资本承担有限责任。尽管政府和私人机构原则上分担风险,但实际上各国在操作过程中的差别很大。发达国家在 BOT 项目中分担的风险很小,而发展中国家在跨国 BOT 项目中往往承担着很大的风险。

④银行或财团通常是 BOT 项目的主要出资人。对于中小型的 BOT 项目,一般单个银行足以为其提供所需的全部资金,而大型的 BOT 项目往往使单个银行感觉力不从心,从而组成银团共同提供贷款。由于 BOT 项目的负债率一般高达 70% ~90%,所以贷款往往是 BOT 项目的最大资金来源。

(3)基本形式

通常所说的 BOT 主要包括以下基本形式。

①标准 BOT(build-operate-transfer)。即建设-经营-移交,投资者融资建设某项基础设施,并在项目所在国政府授予的特许期内经营该公共设施,以经营收入抵偿建设投资,并获得一定收益,经营期满后将此设施转让给项目所在国政府。

②BOOT(build-own-operate-transfer)。即建设-拥有-经营-移交,投资者融资建设某项基础设施,项目公司在特许期内既有经营权又有所有权,BOOT 是 BOT 方式的具体表现形式的一种,其特许经营期比 BOT 的长。

③BOO(build-own-operate)。即建设-拥有-经营,特许项目公司根据政府的特许权建设

并拥有某项基础设施，但最终不将该基础设施移交给项目所在国政府。BOT、BOO、BOOT 这三种方式被统称为广义的 BOT 方式。

④BOOST(build-own-operate-subsidize-transfer)。即建设-拥有-运营-补助-移交，在该模式中，特许项目公司根据政府的特许权建设并拥有某项基础设施，如果项目运营收入与预期收入不相符，政府可以考虑给予一定的补助。

⑤BLT(build-lease-transfer)。即建设-租赁-移交，在项目建设完成后的一定期限内出租给第三者，以租赁分期付款的方式收回工程投资和运营收益，在特许期后移交。它通常为政府委托投资者建设项目，在项目运营期内，政府有义务成为项目的租赁人，在租赁期结束后，所有资产再转移给政府公共部门。

⑥BTO(build-transfer-operate)。即建设-移交-经营，投资者为基础设施融资并负责其建设，项目建设完成后将所有权移交给政府。项目公司负责经营维护，通过向用户收费回收投资并获得合理回报。

⑦BT(build-transfer)。即建设-移交，项目建成后立即移交，移交后政府按协议向项目发起人支付项目总投资加合理的回报率，可按项目的收购价格分期付款。它适合任何基础设施或开发项目，特别是出于安全和战略需要，必须由政府直接运营的关键设施。

⑧ITO(investment-operate-transfer)。即投资-运营-移交，项目公司收购现有的基础设施，再根据特许权协议运营，最后移交给公共部门。

还有 ROO、LBO、BBO、BRT、DBOT、DBOM 等 BOT 具体形式，各种形式在具体操作上存在差异，但它们的结构与 BOT 并无实质差别，习惯上将上述所有方式统称为广义 BOT 形式。每一种 BOT 形式及其变形，都体现了政府对于基础设施项目所愿意提供的私有化程度。政府所采纳的建设基础设施的不同模式，反映其所愿意接受的某一行业私有化的不同程度。对于收费公路、收费桥梁、铁路等运输项目，政府通常不愿将运输项目的所有权交给普通投资者，多采用 BOT 模式；在动力生产项目方面，通常采用 BOT、BOOT、BOO 模式。

(4)BOT 项目实施过程

BOT 项目的整个实施过程可以分为立项、招标、投标、谈判、履约五个阶段。

①立项阶段。在这一阶段，政府根据中、长期的社会和经济发展计划列出新建和改建项目清单并公之于众。投资者可以根据清单上的项目联系本机构的业务发展方向做出合理计划，然后向政府提出以 BOT 建设某项目的建议，并申请投标或表明承担该项目的意向。政府则依靠咨询机构进行各种方案的可行性研究，根据各方案的技术经济指标决定采用何种方式。

②招标阶段。如果项目确定为采用 BOT 建设，则首先由政府或其委托机构发布招标广告，然后对报名的私人机构进行资格预审，从中选择数家私人机构作为投标人并向其发售招标文件。以 BOT 建设的项目也可以不采用招标方式而直接与有承担项目意向的私人机构协商。但协商方式的成功率不高，即便协商成功，往往也会由于缺少竞争而使政府答应条件过多导致项目成本增高。

③投标阶段。BOT 项目标书的准备时间较长，往往在 6 个月以上，在此期间受政府委托的机构要随时回答投标人对项目要求提出的问题，并考虑招标人提出的合理建议。投标人必须在规定的日期前向招标人呈交投标书。招标人开标、评标、排序后，选择前 2~3 家进行谈判。

④谈判阶段。特许合同是 BOT 项目的核心，它具有法律效力并在整个特许期内有效，它规定政府和 BOT 项目公司的权利和义务，决定双方的风险和回报。所以，特许合同的谈判是 BOT 项目的关键一环。政府委托的招标人依次同选定的几个投标人进行谈判。成功则签订合同，不成功则转向下一个投标人。有时谈判需要循环进行。

⑤履约阶段。这一阶段涵盖整个特许期，又可以分为建设阶段、经营阶段和移交阶段。BOT 项目公司是这一阶段的主角，承担履行合同的大量工作。需要特别指出的是，良好的特许合约可以激励 BOT 项目公司认真负责地监督建设、经营的参与者，努力降低成本、提高效率。BOT 项目公司主要开展以下工作：项目开发过程中的组建项目公司、投入股本金、签订贷款协议、签订工程承包合同、签订材料供应合同、签订设备购买协议、签订保险合同、签订设施经营维修合同；项目执行过程中的建造设施、安装设备和项目验收；项目经营过程中的人员培训、运营管理；最后的项目转让。

（5）BOT 特许权协议的主要内容

特许经营协议既是 BOT 项目的最高法律文件，又是整个项目得以融资、建设和经营的基础和核心，同时还是 BOT 项目框架的中心，它决定了 BOT 项目的基本结构。从合同法的意义上讲，特许经营协议是 BOT 项目融资中的主合同，其他合同均为子合同。批准项目公司建设开发和经营项目，并给予使用土地、获得原材料等方面的便利条件。政府按照固定价格购买项目产品，或者担保项目可以获得最低收入。在特许协议终止时，政府可以根据协议商定的价格购买或无偿收回整个项目，项目公司保证政府所获得的是一个正常运转并保养良好的项目。

一般条款包括协议双方当事人、授权目的、授权方式、特许权范围、特许期限、特许权协议生效的条件。BOT 特许协议基本条款包括项目建设的规定，土地征收和使用的规定，项目的融资及其方式，项目的经营和维护，能源物资供应，项目的成本计划、收费标准的计算公式，项目的移交等。

BOT 项目取得成功的关键因素是选择合适的特许经营者、合理分担风险、确定合理的特许期、确定合理的特许价格。BOT 加快了我国的经济建设，是解决大型基础设施建设资金不足问题的一种创新途径。我国还可以通过出口大型成套设备，进行项目施工和提供管理技术，在其他发展中国家利用 BOT 建设公共基础设施。

5.3.3　ABS 融资

（1）ABS 融资的概念

ABS（asset-backed securitization）即以资产支持的证券化，是指以目标项目所拥有的资产为基础，以该项目资产的未来收益为保证，通过信用增级，在资本市场发行债券筹集资金的一种项目融资方式。ABS 的目的在于通过其特有的提高信用等级的方式，使原本信用等级较低的项目进入高等级证券市场，利用该市场信用等级高、债券安全性和流动性高、债券利率低的特点，大幅度降低发行债券筹集资金的成本。ABS 融资的特点是通过证券市场发行债券筹集资金、分散了投资风险、发行债券的负债不反映在原始权益人的资产负债表上、ABS 债券易于发行和推销、ABS 债券的发行必须符合国际规范、融资成本较低等。

（2）ABS 融资的合约主体

①发起人。发起人是被证券化的项目相关资产的原始所有者，也是资金的最终使用者，

也称原始权益人。发起人的主要作用在于收取借款申请、评审借款申请人的借款资格、组织贷款、收取还款、转交 ABS 购买者，通过出售或转让所有权形式把资产转移到资产组合中。发起人的收入来源于发起费、申请费和处理费、二级销售利润（售价与成本之间的差价），发起人破产不直接影响 ABS 的信用。

②服务人。服务人通常由发起人自身或指定的银行来承担，其作用是归结权益资产到期的现金流，催讨过期应收款；代替发行人向投资者或其代表受托人支付证券的本息，提供为首期借款人的还款等。

③特设机构。特设机构（SPV, special purpose vehicle）必须满足目标/权力受限、债务受限、设有独立董事及维护投资者权益、分立性、不得进行重组兼并等条件。特设机构的特点为中立性/独立法人实体、隔离风险/不破产实体。资产证券化面临欺诈风险、失效风险、法律风险、对专家依赖的风险、金融管理风险、技术性风险、交易管理风险、定价不当导致的系统风险、财产意外事故风险、信用等级下降风险等风险，特设机构能够隔离风险，不得破产。

④发行人。发行人可以是中介公司，也可以是发起人的附属公司、参股公司或投资银行。

⑤证券商。ABS 由证券商承销，证券商向公众出售其包销的证券或私募债券。

⑥信用增级机构。信用增级是资产证券化过程中尤为关键的环节，发行人提供内部信用增级（发行人提供的信用增级）和外部信用增级（第三者提供的信用增级）。增级方式有卖方增级方式、增级者角度不同的增级、过度抵押、优先/次级参与结构、银行担保或信用证银行担保、保险公司发出的担保、金融担保等。其中，卖方增级方式包括直接追索、资产储备和购买或保留从属权利；增级者角度不同的增级包括发行人提供的增级、第三方部分信用增级、第三方完全信用增级。

⑦信用评级机构。信用评级机构是依据各种条件评定 ABS 等级的专门机构，它须持续监督资产支持证券的信用评级，根据变化情况对其等级进行调整，证券发行人要为评级机构支付服务费用。信用评级机构在 ABS 中起重要作用，发行人需要评级机构的评级使其发行的证券流通性更强、支付的利息成本更低；当投资者通过评级系统的评级而相信了证券的信用质量时，会降低对投资收益的要求；证券评级机构的存在拓宽了投资者的投资范围，创造了对证券的额外需求。

⑧受托管理人。在资产证券化的操作中，受托管理人充当着服务人与投资者的中介，也充当着信用增级机构和投资者的中介。受托管理人的职责主要体现在作为发行人的代理人向投资者发行证券，并由此形成自己收益的主要来源；将借款者归还的本息或权益资产的应收款转给投资者，并且在款项没有立即转给投资者时有责任对款项进行再投资；对服务人提供的报告进行确认并转给投资者，当服务人不能履行其职责时，受托人应该并且能够起到取代服务人角色的作用。

（3）ABS 融资的运作过程

资产支持证券化融资的基本构成要素主要包括标准化的合约、资产价值的正确评估、具有历史统计资料的数据库、适用法律的标准化、确定中介机构、可靠的信用增级措施、用以跟踪现金流量和交易数据的计算机模型。ABS 融资的运作过程分为六个主要阶段。

第一阶段，组建项目融资专门公司。采用 ABS 融资，项目主办人需组建项目融资专门公司，可称为信托投资公司或信用担保公司，它是一个独立的法律实体。这是采用 ABS 融资方式筹资的前提条件。

第二阶段，寻求资信评估机构授予融资专门公司尽可能高的信用等级。国际上具有权威性的资信评估机构，经过对项目的可行性研究，依据对项目资产未来收益的预测，授予项目融资专门公司 AA 级或 AAA 级信用等级。

第三阶段，项目主办人转让项目未来收益权。通过签订合同，项目主办人在特许期内将项目筹资、建设、经营、债务偿还等全权转让给项目融资专门公司。

第四阶段，项目融资专门公司发行债券筹集项目建设资金。由于项目融资专门公司信用等级较高，其债券的信用级别也在 A 级以上，只要债券一发行，就能吸引众多投资者购买，其筹资成本会明显低于其他筹资方式。

第五阶段，项目融资专门公司组织项目建设、项目经营并用项目收益偿还债务本息。

第六阶段，特许期满，项目融资专门公司按合同规定无偿转让项目资产，项目主办人获得项目所有权。

5.3.4　其他项目融资

（1）TOT 项目融资

①概念

TOT(transfer-operate-transfer)，即"移交—经营—移交"，是通过出售现有投产项目在一定期限内的现金流量，获得资金来建设新项目的一种融资方式。政府与投资者签订特许经营协议后，把已经投产运行的可收益公共设施项目移交给国内外的投资者经营，凭借该设施在未来若干年内的收益，一次性地向投资者融资，用于建设新的基础设施项目；特许经营期满后，投资者再把该设施无偿移交给政府管理。

②TOT 的作用

一是盘活城市基础设施存量资产，开辟经营城市新途径。随着城市扩容速度的加快，迫切需要大量资金用于基础设施建设，财政投入不能满足巨大的资金需求。同时，城市基础设施中部分经营性资产的融资功能没有得到充分利用，甚至出现资产沉淀现象。TOT 可以盘活这部分存量资产，以发挥其最大的社会和经济效益。

二是 TOT 有利于引进先进的管理方式。在 TOT 项目经营期较长，经营者受到利益驱动，常常会将先进的技术、管理引入到投产项目中，并进行必要的维修，从而有助于投产项目的高效运行，使基础设施的经营逐步走向市场化、国际化道路。

三是项目引资成功的可能性提高。在 TOT 下，由于具有大量风险的建设阶段和试生产阶段已经完成，项目的风险明显地降低了，投资者面临的风险大幅度减少，基于较低的风险，其预期收益率会合理下调，要价会降低。另一方面，由于涉及环节较少，评估、谈判等方面的从属费用也势必有较大幅度的下降。政府面临的风险比 BOT 有所增加，而与自筹资金和对外负债方式中的风险相当，这使得引资成功的可能性将会大大增加。

四是融资对象更为广泛。采用 BOT，融资对象多为外国大银行、大建筑公司或能源公司等，而采用 TOT 扩大了投资者的范围，其他金融机构、基金组织和私人资本等都有机会参与投资，加剧了投资者之间的竞争，而政府会从中受益。

五是具有很强的可操作性。TOT 将开放基础设施建设市场与开放基础设施经营市场、基础设施装备市场分割开来，使得问题尽量简单化，并且只涉及基础设施项目经营权的转让，不存在产权、股权的让渡，可以避免不必要的争执和纠纷，也不存在经营者对国内基础设施的永久控制问题，不会威胁国家的安全。

③TOT 的运作程序

TOT 的运作程序相对比较简单，一般包括以下步骤：

第一，制订 TOT 方案并报批。转让方须先根据国家有关规定编制 TOT 项目建议书，征求行业主管部门同意后，按现行规定报有关部门批准。国有企业或国有基础设施管理人只有获得国有资产管理部门批准或授权才能实施 TOT。

第二，项目发起人设立 SPV（special purpose vehicle）或 SPC（special purpose corporation），发起人把完工项目的所有权和新建项目的所有权均转让给 SPV，以确保有专门机构对两个项目的管理、转让、建造负有全权，并对出现的问题加以协调。SPV 常常是政府设立或政府参与设立的具有特许权的机构。

第三，TOT 项目招标。按照国家规定，需要进行招标的项目，须采用招标方式选择 TOT 项目的受让方，其程序与 BOT 大体相同，包括招标准备、资格预审、准备招标文件、评标等。

第四，SPV 与投资者洽谈以达成转让投产运行项目在未来一定期限内全部或部分经营权的协议，并取得资金。

第五，转让方利用获得资金。在大多数情况下，取得的资金将用以建设新项目。

第六，新项目投入运行。

第七，项目期满后，收回转让的项目。转让期满，资产应在无债务、未设定担保、设施状况完好的情况下移交给原转让方。在有些情况下，是先收回转让项目，然后新项目才投入使用的。

④TOT 与其他融资方式的比较

TOT 与债务融资比较。债务融资中的债权人不能直接参与项目经营，只有通过间接手段监督资金安全，债权会通过复杂程序和抵押担保等手段来控制风险，融资额度受限；TOT 项目融资中出资者直接参与项目经营，由于利益驱动，其经营风险自然会控制在其所能承受的范围内。与 BOT 比较，TOT 省去了建设环节，使项目经营者免去了建设阶段风险，而且项目接手后就有收益；项目步入正常运转阶段，项目经营者可以更容易地以将经营收益权向金融机构质押担保的方式再融资。与融资租赁比较，融资租赁涉及出租人、供应商、承租人三方合同主体和购买、租赁两个不同合同，其运作实质是"以融物形式达到融资的目的"。TOT 的经营者既是出资者，又是项目经营者，只有财产所有人和其他社会经营者两个合同主体，项目所有者暂时让渡所有权和经营权，而通过项目融资筹集更多的资金投入城市基础设施建设。TOT 省去了设备采购和建设安装环节，相关风险已由项目所有者承担，合同约定的标的交付后，经营者即可进入正常经营阶段，获取经营收益。

近年来，一种将 TOT 与 BOT 项目融资模式结合起来的，以 BOT 为主的 TBT 出现了。在 TBT 中，TOT 辅助性的，主要是为了促成 BOT。TBT 有两种方式：一是公营机构通过 TOT 有偿转让已建设施的经营权，融得资金后将这笔资金入股 BOT 项目公司，参与新建 BOT 项目的建设与经营，直至最后收回经营权。二是公营机构将已建设施的经营权以 TOT 无偿转让给投资者，但条件是按一个递增的比例与 BOT 项目公司分享拟建项目建成后的经营收益。

（2）PFI 项目融资

①概念

PFI(private finance initiative)是英国政府于 1992 年提出的，原意为"私人主动融资"，是政府部门根据社会对基础设施的需求，提出需要建设的项目，通过招投标，由获得特许权的私营部门进行公共基础设施项目的建设与运营，并在特许期（通常为 30 年左右)结束时将经营项目完好地、无债务地归还政府，而私营部门则从政府部门或从接受服务方收取费用以回收成本的项目融资方式。PFI 本质上是一个设计、建设、融资和运营模式，政府与私营企业之间是一种合作关系，对 PFI 项目服务的购买合约是由有采购特权的政府与私营企业签订的。

②PFI 的特点

私人主动融资的主要特点：一是适用领域广泛。PFI 不仅应用于经营收益性的城市基础设施，还用于非营利性的城市基础设施。二是拓宽了融资渠道。PFI 可以拓宽基础设施投融资渠道，实现投融资方式的多元化，加快基础设施建设的步伐，免除政府建设资金的投入不足的困扰。三是提高了建设效率。PFI 通过引入私营企业，将市场中的竞争机制引入基础设施建设，极大地提高了建设效率；可以学习并采用私人部门的管理、技术和知识优势，提高效率和降低产出成本，使社会资源的配置更优化。四是转移了项目风险。PFI 中的私营企业和私有机构组建的项目公司负责基础设施建设和运营项目的各项工作，项目建设和运营过程中各环节所产生的一系列风险转移给了私人企业，同时私人企业还要承担部分法律政策风险、社会风险，这在很大程度上降低公共部门的投资风险。

③PFI 的典型模式

按照资金回收方式的不同，适合实施 PFI 典型模式的有向公共部门出售服务的项目、私营企业与公共部门合资经营的项目、在经济上自立的项目。PFI 有三种典型模式：一是收取费用的自立型。即私营企业进行设施的设计、建设、资金筹措和运营，向设施使用者收取费用，以回收成本，在合同期满后，将设施完好地、无债务地转交给公共部门，这种方式与 BOT 的运作模式基本相同。二是向公共部门提供服务型。即私营部门结成企业联合体进行项目的设计、建设、资金筹措和运营，而政府部门则在私营部门对基础设施的运营期间，根据基础设施的使用情况或影子价格向私营部门支付费用。这种项目与收取费用的自立型的不同点在于私营企业提供项目服务所产生的成本，完全或主要通过私营企业服务提供者向公共部门收费来补偿，如私人融资兴建的监狱、医院和交通线路等。三是合资经营。在这种 PFI 模式中，公共部门与私营企业共同出资、分担成本和共享收益，为了使项目成为一个真正的 PFI 项目，项目的建设仍由私营部门进行，项目的控制权必须由私营企业来掌握，公共部门只是一个合伙人的角色，资金回收的方式以及其他有关事项由双方在合同中规定。

④PFI 与其他模式的比较

PFI 与 BOT 不同，BOT 主要用于基础设施或市政设施以及自然资源开发项目，BOT 设计风险由政府承担，BOT 中的合同是特许经营合同，合同期满后项目无偿交给政府管理及运营。PFI 的应用面更广，非营利性、公共服务设施同样也可采用，PFI 中的设计风险由私营企业承担，其合同是服务合同，一般会对设施的管理、维护提出特殊要求，项目的服务合同中往往规定，如果投资者通过正常经营未达到合同规定的收益，可以继续保持运营权。PFI 不同于传统的公共投资，在 PFI 模式中，政府并不买入公共设施等，而是最终购买由这些设施产出的公共服务，如在公路项目中，政府购买道路安全运输服务。在传统的公共投资中，政府支出是从最初的公共设施建设开始的，而在 PFI 模式中，最初的公共设施建设资金由投资者筹措，政府在基础设施完成以后支出，在契约规定提供的公共服务未到位之前政府不支付费用。

5.4 融资方案分析

项目融资研究的成果最终要编制成一套完整的融资方案。融资方案的制订，指在调查项目和分析项目运行和融资环境的基础上，研究拟建融资方案的基本要素，向有关各方反复征询，经过不断修改和完善，最终拟定出一套或几套完整的、合理的，并能满足项目建设和运营的项目融资方案。

5.4.1 资本结构分析

资本结构是项目融资方案中各种资金来源的构成及其比例关系，又称资金结构，通常包括项目资本金与项目债务资金的比例、项目资本金内部结构和项目债务资金内部结构。我国必须优化投资结构，保持投资合理增长，发挥投资对优化供给结构的关键作用。

（1）项目资本金与债务资金比例

项目资本金与债务资金比例是项目资本结构中最重要的比例关系。资本金与债务资金的合理比例需要由项目融资各方的利益平衡来决定。项目投资者希望以较低比例的资本金投入获得较高比例的债务资金，同时争取尽可能地降低债权人对股东的追索。债务资金利息是在所得税前列支的，可以起到合理减税的效果。债权人希望项目能够有较高的资本金比例，以降低其债权的风险。当资本金比例降低到银行或者债权人不能接受的水平时，银行或者债权人将会拒绝提供债务资金。从项目法人未来经营的角度来说，项目资本金与债务资金的比例合适为最佳，资本金所占比例越高，项目的财务风险越小，可能获得较低利率的债务资金，经营压力较小；在内部收益率高于负债利率的条件下，由于财务杠杆的作用，资本金所占比例越低，资本金财务内部收益率就越高，但项目财务风险和债权人的风险也越大。

项目资本金与项目债务资金的比例应符合以下要求：符合国家法律法规规定；符合金融机构信贷规定及债权人有关资产负债比例的要求；满足权益投资者获得期望投资回报的要求；满足防范项目财务风险的要求。一般认为，在符合国家有关资本金（注册资本）比例规定、符合金融机构信贷法规及债权人有关资产负债比例的要求的前提下，既能满足权益投资者获得期望投资回报的要求，又能较好地防范财务风险的比例是比较理想的资本金与债务资金的比例。

（2）项目资本金内部结构

项目资本金内部结构比例是指项目投资各方的出资比例。不同的出资比例决定了各投资方对项目建设和经营的决策权和承担的责任，以及项目收益的分配。

采用新设法人融资方式的项目，应根据投资各方在资金、技术和市场开发方面的优势，通过协商确定各方的出资比例、出资形式和出资时间。采用既有法人融资方式的项目，项目的资本结构要考虑既有法人的财务状况和筹资能力，合理地确定既有法人内部融资与新增资本金在项目融资总额中所占的比例，分析既有法人内部融资与新增资本金的可能性与合理性。既有法人将现金资产和非现金资产投资于拟建项目并长期占用，将使企业的财务流动性降低，其投资额度要受到企业自身财务资源的限制。

①项目资本金占总投资的比例。项目资本金占总投资的比例（调整规律与依据）按照我国有关法规规定，从 1996 年开始，对各种经营性国内投资项目试行资本金制度，根据《关于加强固定资产投资项目资本金管理的通知》（国发〔2019〕26 号），投资项目资本金作为项目总投资中由投资者认缴的出资额，对投资项目来说必须是非债务性资金，项目法人不承担这部分资金的任何债务和利息；投资者可按其出资比例依法享有所有者权益，也可转让其出资，但不得以任何方式抽回。机场项目最低资本金比例为 25%，港口、沿海及内河航运项目和其他基础设施项目最低资本金比例为 20%。其中，公路（含政府收费公路）、铁路、城建、物流、生态环保、社会民生等领域的补短板基础设施项目，在投资回报机制明确、收益可靠、风险可控的前提下，可以适当降低项目最低资本金的比例，但下调不得超过 5 个百分点。房地产开发项目中保障性住房和普通商品住房项目最低资本金比例为 20%；其他项目为 25%；钢铁、电解铝项目 40%，水泥项目 35%；煤炭、电石、铁合金、烧碱、焦炭、黄磷、多晶硅项目30%；化肥（钾肥除外）项目 25%。其他项目的最低资本金比例为 20%。实行审批制的项目，审批部门可以明确项目单位按此规定合理确定的投资项目资本金比例。实行核准或备案制的项目，项目单位与金融机构可以按此规定自主调整投资项目资本金比例。基础设施领域和国家鼓励发展的行业，鼓励项目法人和项目投资方通过发行权益型、股权类金融工具，多渠道、规范地筹措投资项目资本金，但不得超过资本金总额的 50%。作为计算资本金基数的总投资，是指投资项目的固定资产投资（即建设投资和建设期利息之和）与铺底流动资金之和。根据国民经济发展的实际情况，政府有关部门可能调整建设项目的资本金比例。

②外商投资项目的注册资本与投资总额的比例。外商投资项目（包括外商独资项目、中外合资项目、中外合作经营项目）的注册资本与投资总额的比例按照现行法规，具体规定如下：投资总额在 300 万美元以下（含 300 万美元）的，其注册资本的比例不得低于 70%。投资总额在 300 万美元以上至 1000 万美元（含 1000 万美元）的，其注册资本的比例不得低于50%，其中投资总额在 420 万美元以下的，注册资本不得低于 210 万美元。投资总额为 1000万美元至 3000 万美元（含 3000 万美元）的，其注册资本的比例不得低于 40%，其中投资总额在 1250 万美元以下的，注册资本不得低于 500 万美元。投资总额在 3000 万美元以上的，其注册资本的比例不得低于三分之一，其中投资总额在 3600 万美元以下的，注册资本不得低于1200 万美元。

③所有制结构。所有制结构是项目资本金中不同所有制形式所占的比例。我国要激发各类市场主体的活力，毫不动摇地巩固和发展公有制经济，毫不动摇地鼓励、支持、引导非公有制经济发展；深化国资国企改革，做强做优做大国有资本和国有企业；加快国有经济布局优化和结构调整，发挥国有经济战略的支撑作用。按照我国的现行规定，有些项目不允许国外资本控股，有些项目要求国有资本控股。根据投资体制改革的精神，国家放宽社会资本的投资领域，允许社会资本进入法律法规未禁入的基础设施、公用事业及其他行业和领域。按照促进和引导民间投资（指个体、私营经济以及它们之间的联营、合股等经济实体的投资）的精神，除国家有特殊规定的以外，凡是鼓励和允许外商投资进入的领域，均鼓励和允许民间投资进入。在进行融资方案分析时，应关注出资人出资比例的合法性。

④股权集中度。股权集中度是衡量公司的股权分布状态的数量化指标，是全部股东因持

股比例的不同所表现出来的股权集中与分散程度的指标，也是衡量公司稳定性强弱和公司结构的重要指标。企业规模、公司绩效、所有者的控制权偏好以及政治力量是影响股权集中度的主要因素。股权集中度一般通过第一大股东持股比例指标或者第一大股东及其一致行动人持股比例来衡量。股权集中度高时，剩余控制权和剩余索取权集中在第一大股东。在不对称的权利结构支配下，第一大股东可以通过控股地位追求自身利益最大化，中小股东的利益较难被考虑到。当股权集中度低时，股东所持股份相对分散，难以发挥股权的作用，委托代理关系往往会引发内部人控制问题，发达的市场经济和透明度较高的证券市场，可通过外部环境对代理人进行有效的监督和约束。在证券市场透明度较低和外部环境及法制环境不成熟时，股权应相对集中并应有控股股东的存在，使大股东有足够的动力和能力加强对公司管理层的监督约束，减少信息不对称的情况，从而有助于公司绩效的改善。

⑤外资比例。我国不断增加鼓励外商投资领域，为了国家安全和产业安全，有些项目不允许国外资本控股，部分领域禁止外资投资。在最新版的《全国鼓励外商投资产业目录》中，进一步鼓励外资投向高端制造、智能制造、绿色制造，包括原材料、零部件、终端产品制造等高质量发展；进一步鼓励外资投向生产性服务业，包括研发设计、商务服务、现代物流、信息服务等高质量发展；进一步鼓励外资投向中西部地区。我国《外商投资准入特别管理措施（负面清单）（2020年版）》规定：境外投资者不得作为个体工商户、个人独资企业投资人、农民专业合作社成员，从事投资经营活动。小麦新品种选育和种子生产的中方股比不低于34%；增值电信业务的外资股比不超过50%。玉米新品种选育和种子生产，汽车整车制造，国内水上运输公司，核电站、民用机场的建设与经营，公共航空运输公司，出版物印刷，基础电信业务，广播电视收听、收视调查须由中方控股。

项目资本金结构应符合以下要求：第一，根据投资各方在资金、技术和市场开发方面的优势，通过协商确定各方的出资比例、出资形式和出资时间。第二，采用既有法人融资方式的项目，应合理确定既有法人内部融资和新增资本金在项目融资总额中所占比例，分析既有法人内部融资和新增资本金的可能性和合理性。第三，国内投资项目应分析控股股东的合法性和合理性；外商投资项目应分析外方出资比例的合法性和合理性。

（3）项目债务资金结构

项目债务资金结构反映债权各方为项目提供债务资金的数额比例、债务期限比例、内债和外债的比例，以及外债中各币种债务的比例等。项目债务资金的筹集是解决项目融资的资本结构问题的核心。在其确定项目债务资本结构比例时，需要在融资成本和融资风险之间取得平衡，既要降低融资成本，又要控制融资风险。

在确定项目债务资金结构比例时，要注意以下事项：

①根据债权人提供债务资金的利率、宽限期、偿还期及担保方式等条件，合理确定各类借款和债券的比例，可以降低融资成本和融资风险。

②合理搭配短期、中长期债务比例。短期借款利率低于长期借款，适当安排短期负债可以降低总融资成本。但过多采用短期负债，会使项目公司财务流动性不足，产生财务风险。债务的融资期限应当与项目的经营期限相协调，大型基础设施项目的负债融资应以长期债务为主。

③合理安排债务资金的偿还顺序。在时间上，由于较高的利率意味着较重的利息负担，要尽可能先偿还利率较高的债务，后偿还利率低的债务。对于有外债的项目，由于有汇率风

险，通常应先偿还货币汇率比较稳定，且有上浮趋势的硬货币债务；后偿还汇率不稳定，且有下浮趋势的软货币的债务。应使债务本息的偿还不致影响正常建设运营所需的现金量。多种债务受偿优先顺序安排对取得债务融资有重要影响，一旦提供信贷的金融机构感到资金债权受偿顺序对己不利，可能会拒绝提供贷款。项目融资安排应当尽可能使所有的债权人均接受受偿优先顺序。融资方案中的受偿优先顺序要妥善安排债务人项目财产的抵押及账户监管安排的限定，科学合理的办法是给所有债权人安排相同的受偿顺序。

④合理确定内债和外债的比例。境内外债务占比，即内债和外债的比例，主要取决于项目用汇量，适当考虑项目预期创汇额度、外债利率和取得的可能性。项目使用境外债务或国内银行外汇贷款对项目法人没有区别，但项目使用境外外币债务对国家外汇收支有影响；从项目本身的资金平衡考虑，产品内销的项目尽量不要借用外债，可以采用投资者注入外汇或者以人民币购汇的形式。项目投资中如果有国外采购，可以附带寻求国外的政府贷款、出口信贷等优惠融资。

⑤合理选择外汇币种。外汇汇率总是在不断地变化，项目使用外汇贷款要尽可能地仔细选择外汇币种，需要对汇率与利率进行预测，在汇率变化与利率差异之间做出权衡和抉择。选择外汇币种应遵循以下原则：一是选择可自由兑换货币，可自由兑换货币是指实行浮动汇率制且有人民币报价的货币，如美元、英镑、日元等，它有助于外汇风险的防范和外汇资金的调拨。二是对于建设项目的外汇贷款，付汇用软货币，收汇用硬货币；外币贷款的借款币种和还款币种可以不同，通常应考虑还款币种，选择币值较弱的币种作为还款币种；有外债的项目，为防范汇率风险，通常应先偿还硬货币的债务，后偿还软货币的债务。三是软货币的外汇贷款利率通常较高，需要在汇率变化与利率差异之间做出预测和抉择。

⑥合理确定利率结构。融资中应该采用何种利率结构，需要考虑以下因素：项目现金流量的特征起着决定性作用，项目现金流量相对稳定、可预测性很强的采用固定利率机制；市场利率变化趋势在决定债务资金利率结构时起到很重要的作用，当资本市场利率水平相对较低、呈现上升趋势时，尽量借固定利率贷款，而在资本市场利率水平相对较高、呈现下降趋势时，尽量借浮动利率贷款；任何一种利率结构都有可能为借款人带来一定的利益，也会相应地增加一定的成本，最终取决于债务人如何权衡控制融资风险和减少融资成本。

(4)资本结构的比选方法

最合理的资本结构是在适度的财务风险条件下，在预期加权平均资金成本率最低的同时使收益及项目价值最大。衡量资本结构是否合理，主要采用比较资金成本法。在融资规模确定的情况下，可以选择多种融资方式、融资渠道和融资结构，当面临相同的环境和风险情况时，利用比较资金成本法可以通过加权平均融资成本率的测算和比较来做出选择。在追加融资时，有两种资本结构的比选方法可供选择：一种方法是直接测算各备选追加融资方案的边际资金成本率，从中比较选择最佳融资组合方案；另一种方法是分别将备选追加融资方案与原有资本结构汇总，测算比较各追加融资方案下汇总的资本结构加权资金成本率，从中比较选择最佳融资方案。二是每股收益分析法，通过分析每股收益的变化来衡量。凡是能够提高每股收益的资本结构就是合理的，反之则是不合理的。一般来说，每股收益既受资本结构的影响，也受销售水平的影响。因此，可运用融资的每股收益分析方法分析三者的关系。每股收益分析是利用每股收益的无差别点进行的，每股收益无差别点是指每股收益不受融资方式影响的销售水平。

5.4.2 资金成本分析

（1）概念

资金成本是资本的价格。从投资者角度来说，它是提供资本时所要求的报酬率；从融资者角度来说，它是为取得资金使用权所支付的费用，也就是项目为筹集和使用资金而支付的费用，包括资金占用费和资金筹集费。资金占用费又称使用成本，包括支付给股东的股息红利、支付给债权人的债务利息等。资金占用费是资金成本的主要内容，与筹资额度、使用时间有关，在资金使用过程中多次、定期发生，具有经常性、定期支付的特点。资金筹集费是资金筹措过程中支付的各种费用，主要包括发行股票或债券支付的各项代理费用、承诺费、印刷费、发行手续费、兑付手续费、律师费、资信评估费、公证费、担保费、广告费，银行借款的手续费等。资金筹集费一般属于一次性费用，在筹措资金时一次性支付和扣除，在使用资金过程中不再发生，筹资次数越多，资金筹集费就越多。

资金成本是商品经济条件下资金所有权和资金使用权分离的产物。资金成本具有一般产品成本的基本属性，即同为资金耗费，但又不同于账面成本，而属于预测成本，其一部分计入成本费用，相当一部分则作为利润分配处理。资金成本是企业的耗费，企业要为占用资金而付出代价、支付费用，而且这些代价或费用最终要作为收益的扣除额而得到补偿，资金成本只有一部分具有产品成本的性质。资金成本是选择资金来源、拟定筹资方案的重要依据，是评价项目可行性的一个重要尺度，是资本结构决策时的基本依据。它体现在个别资金成本上，主要用于比较各种筹资方式中资金成本的高低，是确定筹资方式的重要依据；综合资金成本是项目公司资本结构决策的依据；边际资金成本是追加筹资决策的重要依据。

资金成本与资金时间价值既有联系又有区别：一是资金时间价值表现为资金所有者的利息收入，资金成本是资金使用者的资金占用费和资金筹集费；二是资金时间价值是时间的函数，是经过一定时间的投资和再投资后所增加的价值，而资金成本是时间和资金占用额的函数，资金成本会因占用时间的增加和融资规模的扩大而提高；三是资金成本的基础是资金时间价值，资金成本既包括资金时间价值，又包括投资风险价值和物价变动因素。

（2）资金成本的计算公式

资金成本通常采用年资金成本率表示。资金成本率是指使用资金所负担的费用与筹集资金净额之比，用公式表示为：

$$资金成本率 = \frac{资金占用费}{筹集资金总额 - 资金筹集费} \times 100\% = \frac{资金占用费}{筹集资金总额（1 - 筹资费用率）} \times 100\%$$

$$K = \frac{D}{P-F} = \frac{D}{P(1-f)} \tag{5-1}$$

式中，K 为资金成本，D 为资金占用费，P 为筹集资金总额，F 为资金筹集费，f 为资金筹集费率。

①借款资金成本

借款资金成本包括借款利息和资金筹集费，由于借款利息计入税前成本费用，因而使企业减少缴纳所得税，企业实际负担的借款利息费用应扣除相应的所得税额。

第一种，不考虑资金筹集费时的项目借款资金成本，用公式表示为：

$$K_d = \frac{I_d(1-T)}{L} = R_d(1-T) \qquad (5-2)$$

式中，K_d 为借款的资金成本，I_d 为借款年利息，T 为所得税税率，L 为项目借款本金，R_d 为借款年利率。

第二种，有担保不考虑资金筹集费时的项目借款资金成本，用公式表示为：

$$K_d = \frac{(I_d+V)(1-T)}{L} = (R_d+V_d)(1-T) \qquad (5-3)$$

$$V_d = \frac{V}{Ln} \times 100\% \qquad (5-4)$$

式中，K_d 为借款的资金成本，I_d 为借款年利息，V 为担保费总额，T 为所得税税率，L 为项目借款本金，R_d 为借款年利率，V_d 为担保费率，n 为担保年限。

第三种，考虑资金筹集费时的项目借款资金成本，用公式表示为：

$$K_d = \frac{I_d(1-T)}{L(1-f_d)} = \frac{R_d(1-T)}{1-f_d} \qquad (5-5)$$

式中，K_d 为借款的资金成本，I_d 为借款年利息，T 为所得税税率，L 为项目借款本金，f_d 为资金筹集费率，R_d 为借款年利率

第四种，担保费在资金筹集费中单列时的借款资金成本，用公式表示为：

$$K_d = \frac{(I_d+V)(1-T)}{L(1-f_d)} = \frac{(R_d+V_d)(1-T)}{1-f_d} \qquad (5-6)$$

式中，K_d 为借款的资金成本，I_d 为借款年利息，V 为担保费总额，T 为所得税税率，L 为项目借款本金，f_d 为资金筹集费率，R_d 为借款年利率，V_d 为担保费率。

②债券资金成本

发行债券的成本主要是指债券利息和资金筹集费用，包括债券利息、承诺费、发行手续费、担保费、代理费以及债券兑付手续费等，用公式表示为：

$$K_b = \frac{I_b(1-T)}{B(1-f_b)} \text{ 或 } K_b = \frac{R_b(1-T)}{1-f_b} \qquad (5-7)$$

$$R_b = \frac{I_b}{B} \qquad (5-8)$$

式中，K_b 为债券资金成本，I_b 为债券年利息，T 为所得税税率，B 为债券筹资额，f_b 为债券筹资费率，R_b 为债券利率。

若债券溢价或折价发行，为了更精确地计算资金成本，应以其实际发行价格作为债券筹资额。

③租赁成本

企业租入资产，获得其使用权，要定期支付租金，租金列入企业成本，可以减少支付所得税，租赁的资金成本用公式表示为：

$$K_L = \frac{E}{P}(1-T) \qquad (5-9)$$

式中，K_L 为租赁资金成本率，P 为租赁资产价值，E 为年租金额，T 为所得税税率。

④考虑建设期债务资金成本

债务资金成本应通过分析各种可能的债务资金的利率水平、利率计算方式(固定利率、浮动利率)、计息(单利、复利)和付息方式,以及宽限期和偿还期,计算债务资金的综合利率来计算,还有进行不同方案比选。含资金筹集费用的税后债务资金成本的表达式为:

$$P_0(1-F) = \sum_{t=1}^{m} \frac{I_t}{(1+K_d)^t} + \sum_{t=m+1}^{n} \frac{P_t + I_t(1-T)}{(1+K_d)^t} \tag{5-10}$$

其中,P_0 为债务现值,F 为债务资金筹集费率,I_t 为债务约定付息额,K_d 为所得税后债务资金成本,P_t 为约定的第 t 期末偿还债务本金,T 为所得税率,m 为建设期,n 为计算期。

等号左边是债务人实际现金流入,等号右边为债务引起的未来现金流出的现值总额。本公式中未计入债券兑付手续费(可忽略不计)。公式中利息分两段计算,因建设期不可能使用利息避税,而运营期的利息可以避税。

权益资金成本可采用资本资产定价模型、税前债务成本加风险溢价法和股利增长模型等方法进行计算,也可直接采用投资者的预期报酬率或既有企业的净资产收益率计算。

⑤普通股的资金成本率计算公式

第一种,股利增长率模型法,用公式表示为:

$$K_c = \frac{D_c}{P_c(1-f_c)} + G \tag{5-11}$$

式中,K_c 为普通股资金成本,D_c 为预期年股利额,P_c 为普通股筹资额,f_c 为普通股筹资费率,G 为普通股股利年增长率。

第二种,资本资产定价模型法,用公式表示为:

$$K_c = R_f + \beta(R_m - R_f) \tag{5-12}$$

式中,K_c 为普通股资金成本,R_f 为无风险报酬率,β 为风险调整系数,R_m 为平均风险报酬率。

第三种,税前债务成本加风险溢价法,用公式表示为:

$$K_s = K_b + RP_c \tag{5-13}$$

式中,K_s 为权益资金成本;K_b 为所得税前的债务资金成本社会无风险投资收益率 RP_c 为投资者比债权人承担更大风险所要求的风险溢价

⑥优先股票的成本率计算公式

与负债利息的支付不同,优先股的股利不能在税前扣除,因而在计算优先股成本时不需要经过税务的调整,用公式表示为:

$$K_p = \frac{D_p}{P_p(1-f_p)}$$

$$K_p = \frac{P_p i}{P_p(1-f_p)} = \frac{i}{1-f_p} \tag{5-14}$$

式中,K_p 为优先股资金成本,D_p 为优先股每年股息,P_p 为优先股票面值,f_p 为优先股筹资费率,i 为股息率。

⑦留存收益的成本计算

留存收益是从历年实现的利润中提取或留存于项目法人的内部积累。留存收益来源于生产经营活动实现的净利润,是所得税后形成的,其所有权属于股东,实质上相当于股东对公

司的追加投资，包括盈余公积和未分配利润两个部分。盈余公积是指按照规定从净利润中提取的积累资金，包括法定盈余公积、任意盈余公积和法定公益金等。法定盈余公积按照净利润(减弥补以前年度亏损)的 10% 提取(非公司制企业也可按照超过 10% 的比例提取)，法定盈余公积累计额已达注册资本的 50% 时可以不再提取。公司制企业按照股东会的决议提取任意盈余公积，其他企业也可根据需要提取任意盈余公积。未分配利润是实现的净利润经过弥补亏损、提取盈余公积和向投资者分配利润后留存的、历年结存的利润，是所有者权益的组成部分。按照留存收益的机会成本，留存收益的资金成本用公式表示为：

$$K_r = \frac{R(1-T)}{1-B} \tag{5-15}$$

式中，K_r 为留存收益的资金成本，R 为留存收益预计投资收益率，T 为所得税税率，B 为手续费率。

留存收益资金成本率也可以按照普通股成本率计算。

⑧综合资金成本的计算

在计算各种债务资金成本和权益资金成本的基础上，再计算整个融资方案的加权平均资金成本，用公式表示为：

$$K_w = \sum_{i=1}^{n} P_i K_i \tag{5-16}$$

式中，K_w 为综合资金成本率，n 为筹资方式的种类，P_i 为第 i 种来源资金占全部资金比重，K_i 为第 i 种来源资金成本率。

5.4.3　融资风险分析

(1)融资风险的概念

融资风险是指融资过程中存在的各种风险。融资风险有可能使投资者、项目法人、债权人等各方蒙受损失。融资方案中应对融资方案的融资风险进行识别、评估，最终提出防范控制风险的对策与措施。

(2)融资风险分析的风险因素

根据风险的构成，融资风险如下。

①资金供应风险。资金供应风险是指项目实施过程中由于资金不落实，导致工期延长、造价上升，使项目原定投资效益目标难以实现的可能性。资金不落实的因素很多，主要包括已承诺出资的投资者中途变故，不能兑现承诺；原定发行股票、债券的计划不能实现；既有法人由于经营状况恶化，无力按原定计划出资；其他资金不能按建设进度足额及时到位。导致资金供应风险的一个非常重要的原因是项目出资人的出资能力，由于预定的投资者或债权人没有实现预定计划或承诺而使融资计划失败。影响出资人出资能力变化的因素：出资人自身的经营风险和财务能力，出资人的经营和投资策略的变化，出资人所在国家的法律、政治、经济环境的变化，世界经济状况、金融市场行情的变化等。对投资者来说，项目吸引力会影响出资人的出资意愿并调动出资人的出资能力。项目是否具有足够的吸引力，取决于项目的投资收益和投资风险。此外，项目所在国的经济环境、法律、政治的变化可能也会导致项目筹资吸引力的变化。项目出资人和项目所在国都会面临经济环境、法律、政治的风险，可能涉及项目的各个方面和各个阶段，如现存政治体制的变更甚至崩溃导致项目投资受限或终止

债务的偿还；为满足环保法规要求而增加的新资产投入或迫使项目停产；国家的税收制度的变更、关税及非关税贸易壁垒的调整、外汇管理法规的变化等导致的项目有关参与方不能履行协定责任和义务而出现的资金供应风险。为防范资金供应风险，必须做好资金来源可靠性分析，选择资金实力强、既往信用好、风险承受能力强的投资者或债权人和所在国政治及经济稳定的出资人。因此，项目融资方案设计中应对预定的出资人的出资能力进行调查分析，项目发起人必须考察各参与方的可靠性、专业能力和信用。

②资金运用风险。资金运用风险主要是项目运用所筹资金投资失败带来的风险。资金运用全过程中的各个环节、各个方面都可能存在风险，如技术风险、资源风险、能源和原材料供应风险、经营管理风险、价格风险、竞争风险和需求风险等。参与资金运用的各个部门与各级人员都可能面临风险因素，必须坚持项目的全面风险管理，项目的整个寿命周期中的全过程、全方面、全员参与风险控制，资金运用的规则、资金运用的内容、资金运用的数量等设计必须符合风险控制的要求，确保项目资金运用的合法合规，持续监督检查项目的规章制度是否得到有效执行及执行情况。若资金运用风险较大，可以通过资本金融资等方式让更多的出资人来共同承担风险，或利用项目融资模式限定筹资人或项目发起人的风险承受程度。

③项目控制风险。项目控制风险主要体现在经过融资活动后，筹资人可能会失去对项目的收益权、管理权、经营权等某些控制权，有时候甚至会失去包括所有权的控制权。根据项目的实际情况，要慎重选择融资方式，若未来投资风险很大，筹资人可以在较多地运用资本金融资等方式筹措资金的同时转移风险；若未来投资风险较小，筹资人应尽量使用不涉及项目控制权的融资方式，如债务融资方式；若确实有必要，可以优化平衡控制权与投资效益。

④资金追加风险。资金追加风险主要体现在项目实施过程中出现变化，导致项目的融资方案变更而需要追加资金投入。项目需追加融资额度，若不能满足追加资金的要求，项目很可能暂时无法继续，甚至可能导致项目无法完工、延期完工或者完工后无法达到预期运行标准。因此，要加强项目前期的分析论证及科学合理的规划，加强项目实施过程的管理和监控，项目需要具备足够的再融资能力。再融资能力体现为出现融资缺口时应有及时取得补充融资的计划及能力，可以在融资方案设计中考虑备用的融资方案；在项目实施过程中追加新的融资渠道和融资方式；项目的融资计划与投资支出计划应当平衡，必要时留有一定富余量。

⑤利率风险。利率风险是指由于利率变动导致资金成本上升，给项目带来损失的可能性。利率水平随金融市场情况而变动，未来市场利率的变动会引起项目资金成本发生变动。采用浮动利率，项目资金成本随利率上升而上升，随利率下降而下降；采用固定利率，若未来利率下降，项目资金成本不能相应下降，相对资金成本升高。为防范利率风险，应对未来利率走势分析，确定采用何种利率。有些情况下，可以采取利率掉期。

⑥汇率风险。汇率风险是指由于汇率变动给项目带来损失的可能性。国际金融市场上各种货币之间的汇率在时刻变动，使用外汇贷款的项目，未来汇率的变动会引起项目资金成本发生变动以及未来还本付息费用支出的变动。硬货币贷款利率较低，但汇率风险较高；软货币贷款利率较高，但汇率风险较低。为防范利率风险，使用外汇数额较大的项目应对人民币汇率走势、所借外汇币种的汇率走势进行分析，以确定借用何种外汇币种和采用何种外汇币种结算。一般情况下，应尽量借用软货币。未来有外汇收入的项目，可根据项目未来的收入币种选择外汇借款和还款币种，也可以通过外汇掉期，转移汇率风险。

总之，在初步明确项目的融资主体和资金来源的基础上，应对融资方案资金来源的可靠性、资本结构的合理性、融资成本高低和融资风险大小应进行综合分析，结合融资后财务分析，比选确定融资方案。

5.4.4 融资方案的选择

研究拟建项目的融资主体、资金渠道、融资形式、融资结构、融资成本、融资风险后，可拟定一套或几套可行的融资方案。可在完善和比选优化后，推荐资金来源可靠、资本结构合理、融资成本低、融资风险小的方案，选择融资方案时要坚持以下原则。

（1）坚持依法融资原则

项目融资过程中，必须遵守国家有关法律法规及方针政策的规定，依法融资，履行约定的责任，如应达到的最低资本限额，维护投资者和债权人的权益，避免造成经济秩序的混乱。

（2）满足融资需要量原则

制订融资方案时，必须确保项目建设和经营的需要，项目的融资需要满足项目投资资金使用的要求，以"投定融"。项目融资必须预先确定合理的资金需要量，项目资金总需用量要根据项目估算确定。投资规模是融资规模的主要依据，项目自身的经济特性决定了融资资金的期限，确保融资量与投资需要量相互平衡，并保留适当的投资上涨预备空间。要防止融资量不足影响项目投融资计划实施、影响项目的顺利进行或生产经营活动的正常开展，同时也要避免融资量过剩可能造成的资金闲置浪费，增加融资成本，降低融资效益，以及可能导致的项目负债过多，超出项目偿债能力，从而增加经营风险。长期稳定占用的资产应与长期稳定的资金来源相对应，也就是与资本金和长期负债等融资方式资金的规模相对应。流动性资产的大小应与流动资金或临时借款等短期资金的融资规模相对应。分析融资规模与资产占用之间的这种对应关系，有利于合理选择与规划融资方式，减少资产占用风险。

为投资项目进行融资，必须考虑以下方面：第一，项目所需资金量决定融资量。只有这样才能避免融资过多造成资金闲置和浪费，或不足而影响投资进度，造成机会损失。第二，投资进度直接影响融资计划和资金到位，只有按投资进度安排融资计划并进行融资，才能避免由于期限搭配不合理引起的损失。第三，投资项目的未来收益能力决定了项目融资渠道与融资方式选择。项目未来盈利能力越高，则可选择的融资渠道及融资方式的范围就越宽。

（3）保证控制权要求原则

项目在选择和评价各种融资方式时，必须考虑它对原有股东的控制权的影响，需要考虑由于融资带来的控制权稀释问题。各种融资方式对项目控制权的影响力不同，债务融资和资本金融资两种方式相比较，新增资本金会削弱原有股东对项目的控制权，从而会影响项目建设和未来经营活动的独立性，影响财务管理的自主权益和利润分配。而债务融资则只增加项目债务，一般不影响或很少影响原有股东对项目的控制权。在特殊情况下，不必坚守控制权，如原有股东成本投入较低，但项目未来要快速发展并产生很好的效益急需继续巨额投入，而新股东要求较大比例控制权，这个时候股权方面可以适当让步，甚至在控制权上从长计议，保障投资的效益最大化。

（4）节约融资成本原则

在融资行为中，必须认真地选择融资来源和方式，综合考虑不同融资渠道与融资方式的难易程度、资本成本等因素，降低融资成本，提高融资效益。在融资的过程中，必须考虑融资成本：一是考虑资金市场中的资金商品的供求状况，根据资金市场的供求情况调节融资成本，选择标准科学的决策，从根本上降低融资成本。二是在资金市场供求关系一定的情况下，考虑各融资方式间融资成本的差异，选择那些融资成本较低的融资方式。三是对融资的收益与成本进行深入比较与分析，必须保证在新增资金产生的预期总收益大于融资总成本时，才考虑如何融资。四是在考虑收益期限和资金的时间价值的基础上，必须保证预期收益的折现率达到预期资金报酬率，且折现率在考虑风险因素并用货币计量的基础上。

（5）选择合适融资时机原则

项目融资时间必须与资金需求的时间进度相对应，使用具体时间按工程总进度计划和具体建设合同的要求确定，适当考虑一定的提前量。在确定融资规模时，必须分清投资总需要量和某一时期的融资额，以准确把握某一时期内的融资需要量，确定合理的融资计划与融资时机，以避免因取得资金过早而造成投资前的闲置，或者取得资金的相对滞后而影响投资计划。进而，要根据实际情况、所处发展阶段和资金需求的性质来选择自己需要的适合项目发展阶段的融资方式。初创期的高风险项目选择资本金融资或者内部人融资；时机成熟时引进外部天使基金或者引进创业投资；发展到一定时期和规模以后，具备一定信用等级或有担保支持时可以选择债务融资。融资对象从小机构逐步发展到大机构，金融机构债务与非金融机构债务结合，将需要与可能相结合，才能做出切实可行的融资计划。

（6）降低融资风险原则

融资风险是在负债融资方式下，由于各种原因引起项目的债务资金到期不能还本付息的风险。融资成本与融资风险二者相互影响和制约，在正常情况下，资本金融资成本较高，融资风险较低；债务融资成本较低，融资风险一般较高。合理的融资方案应是在融资风险一定的情况下使融资成本达到最低，或者在融资成本一定的情况下使融资风险最小。

在分析政治法律、社会文化和技术等环境的基础上，融资方案的选择应注意以下事项：一是要考虑融资风险因素及其变动。要考虑资金供应风险、资金运用风险、项目控制风险、资金追加风险、利率风险、汇率风险等融资风险状况，分析风险变化的规律，预测未来各个风险变动的趋势。要考虑多方案融资以避免项目的融资风险，确保资金来源的可靠。二是要选择资金成本低的融资组合。不同融资方式具有不同的资金成本，融资成本越低，融资收益越好。应分析和比较各种筹资方式的资金成本，选择以较低的融资成本筹措资金。新组建的项目公司应当优先使用资本金融资，后使用债务融资，这样可以降低项目建设期间的财务费用，更主要的是有利于建立资信，取得债务融资。三是要考虑融资难易程度。影响融资难易程度的因素，有些是客观的，有些是主观的，主要涉及融资过程中的审批程序及融资管理的难易程度。在融资方案的制订过程中，必须充分重视国家政策及有关机构的规定、审批机构的层次与工作效率、项目内部的管理水平对融资难易程度的影响。四是资金使用条件的约束。无论是投资者还是债权人，出于对资金安全性和收益性的考虑，会从资金使用过程的约束和使用结果的约束等不同方面对资金的使用进行一定的限制，这些约束对项目灵活地使用和调度资金增加难度或设置限制。在选择融资方式时，要根据各种方式的资金使用约束程度的不同有针对性地进行选择。五是要考虑项目的实际，结合融资方式的风险程度选择融资方式。不同融资方式的风险各不相同。债务融资方式必须定期还本付息，采用债务融资方式，由于财务杠杆的作用，一旦息税前利润下降，税后利润及每股收益下降得更快，可能产生不能偿付的风险，融资风险较大。资本金融资不存在还本付息的风险。六是要考虑项目的盈利能力及发展前景。在项目的盈利能力强、发展前景良好，投资收益率大于债务资金利息率的情况下，适当增加负债能提升项目净资产收益率，对项目发展及股东有利。因此，在盈利能力不断上升、发展前景良好的时期，债务筹资是一种不错的选择。而在项目盈利能力不断下降、发展前景欠佳的时期，应尽量少用债务融资方式，以规避财务风险。当然，盈利能力较强且具有股本扩张能力的项目，在符合条件情况下，可用多种资本金融资或资本金融资与债务融资组合的方式融资。七是要考虑项目的行业成长、竞争与进出壁垒状况。在国民经济特别是项目所处行业增速较快的时期，为了将来跟上经济增长的速度，项目一般可通过增发股票、发行债券或向银行借款等多种融资方式筹措资金。在行业增速开始放缓时，应尽量少用债务融资方式，逐渐收缩债务融资规模。在项目所处行业竞争激烈，进出行业容易，且整个行业的获利能力呈下降趋势时，则应考虑用资本金融资，慎用债务融资。当项目所处行业的竞争程度较低，行业进出困难，投资收益率在未来几年可能快速增长时，则可考虑增加负债比例，获得财务杠杆利益。八是要考虑资产结构的实际。项目的固定资产投资比例在总投资中比例较高、总资产周转速度慢，要求有较多的权益资金等长期资金作后盾，宜采用资本金融资。而流动资产占总资产比重较大的项目，其资金周转速度快，可以较多地依赖债务资金融资方式。九是要考虑项目资本结构。为保持较佳的资本结构，项目法人既要利用负债经营的积极作用，又要避免可能产生的债务危机。负债多少应与资本金和项目偿债能力的要求相适应，一般项目负债率不得超过 60%，最高不得超过 80%。资产负债率高的项目应降低负债比例，改用资本金融资。负债率较低、财务较保守的项目，在遇到合适投资机会时，可适度增加负债，分享财务杠杆利益，完善资本结构。

习 题 五

[5-1] 如何选择项目融资主体？

[5-2] 设计项目投资产权结构时要考虑哪些要素？

[5-3] 项目的资本金融资和债务融资分别有哪些主要来源渠道，资本金融资和债务融资之间有什么主要区别？

[5-4] 特许项目融资有哪些主要方式，它们的主要特点、适用条件和常用的具体形式分别是什么？

[5-5] 结合一个具体项目，设计并比选融资方案。

第6章

投资项目的财务评价

6.1 财务评价概述

6.1.1 财务评价的概念、内容和程序

1. 财务评价的概念

建设项目的经济评价是项目可行性研究的有机组成部分和重要内容。财务评价是经济评价的基本内容,是项目投资和贷款决策的重要依据,是进一步开展国民经济评价的重要基础。建设项目经济评价包括财务评价(也称财务分析)和国民经济评价(也称经济分析)。财务评价是在国家现行财税制度和价格体系的前提下,从项目的角度出发,计算项目范围内的财务效益和费用,分析项目的盈利能力和清偿能力,评价项目在财务上的可行性。国民经济评价是在合理配置社会资源的前提下,从国家经济整体利益的角度出发,计算项目对国民经济的贡献,分析项目的经济效率、效果和对社会的影响,评价项目在宏观经济上的合理性。对于费用效益的计算比较简单,建设期和运营期比较短,不涉及进出口平衡等一般项目,如果财务评价的结论能够满足投资决策需要,可不进行国民经济评价。对于关系公共利益、国家安全和市场不能有效配置资源的经济和社会发展的项目,除应进行财务评价外,还应进行国民经济评价。对于特别重大的建设项目,应辅以区域经济与宏观经济影响分析方法进行国民经济评价。由此可见,财务评价是项目投资决策的基础。

在建设项目的经济评价中,对于财务评价结论和国民经济评价结论都可行的建设项目,可予以通过;反之应予以否定。对于国民经济评价结论不可行的项目,一般应予否定。对于关系公共利益、国家安全和市场不能有效配置资源的经济和社会发展的项目,如果国民经济评价结论可行,但财务评价结论不可行,应重新考虑方案,必要时可提出经济优惠措施的建议,使项目具有财务生存能力。

2.财务评价的基本内容

项目决策可分为投资决策和融资决策两个层次。投资决策重在考察项目净现金流量的价值是否大于其投资成本，融资决策重在考察资金筹措方案能否满足要求。严格来说，投资决策在前，融资决策在后。根据不同决策的需要，财务分析可分为融资前分析和融资后分析。

（1）融资前分析

财务分析一般宜先进行融资前分析，融资前分析是指在不考虑融资条件下进行的财务分析。它与融资条件无关，其依赖数据少，报表编制简单，但其分析结论可满足方案比选和初步投资决策的需要。如果分析结果表明项目效益符合要求，再考虑融资方案，继续进行融资后分析。如果分析结果不能满足要求，可以通过修改方案设计完善项目方案，必要时甚至可据此做出放弃项目的建议。

融资前分析广泛应用于项目各阶段的财务分析。在规划和机会研究阶段，可以只进行融资前分析。

融资前分析只进行盈利能力分析。其分析应以动态分析为主，静态分析为辅。即应以营业收入、建设投资、经营成本和流动资金的估算为基础，考察整个计算期内现金流入和现金流出，编制项目投资现金流量表，计算项目投资内部收益率和净现值等指标，也可计算投资回收期指标（静态）。根据分析角度的不同，融资前分析可选择计算所得税前指标和（或）所得税后指标。

融资前分析排除了融资方案变化的影响，从项目投资总获利能力的角度，考察了项目方案设计的合理性。融资前分析计算的相关指标，应作为投资决策和融资方案研究的依据和基础。

（2）融资后分析

融资后分析是在融资前分析结论满足要求的情况下，以初步设定的融资方案为基础进行的财务分析。融资后分析通过考察项目在拟定融资条件下的盈利能力分析、偿债能力分析以及财务生存能力，判断项目方案在融资条件下的可行性。融资后分析是比选融资方案、进行融资决策和投资者最终决定出资的依据。可行性研究阶段必须进行融资后分析，但只是阶段性的。在实践中，在可行性研究报告完成之后，还需要进一步深化融资后分析，才能完成最终融资决策。

融资后分析主要是针对项目资本金折现现金流量和投资各方折现现金流量进行分析，既包括盈利能力分析，又包括偿债能力分析和财务生存能力分析等内容。

盈利能力分析主要考察投资项目的盈利水平，是反映项目在财务上可行程度的基本标志。投资项目的盈利能力分析，应当考察拟建项目建成投产后是否有盈利，盈利多少。项目的盈利能力分析主要分析项目各年度投资盈利能力，以及项目在整个寿命期内的盈利水平。

项目的偿债能力分析主要考察项目按期偿还其债务的能力。项目偿还能力通常表现为建设投资借款偿还期的长短、利息备付率和偿债备付率的高低，这些指标也是银行进行贷款决策的重要依据。

财务生存能力分析主要考察在项目（企业）运营期间，能否确保从各项经济活动中得到足够的净现金流量使项目能够持续生存。财务分析中应根据财务计划现金流量表，综合考察项目计算期内各年的投资活动、融资活动和经营活动所产生的各项现金流入和流出，计算净现金流量和累积盈余资金，分析项目是否有足够的净现金流量维持正常运营。

3.财务评价的程序

建设项目的财务评价是在确定的建设方案、投资估算和融资方案的基础上进行财务可行性研究。它主要是利用有关的基础数据，通过编制财务报表，计算财务评价指标及各项财务比率，进行财务分析，做出评价结论。其程序大致可分为以下几大步：首先，进行财务效益和费用的识别及基础数据的收集、预测，并在此基础上进行融资前分析。其次，编制资金规划与计划，对可能的资金来源与数量进行调查和估算，根据项目实施计划，估算出逐年投资量、企业未来各年可用于偿还债务的资金量等，计算逐年债务偿还额。最后，计算和分析财务效果，根据财务基础数据和资金规划，编制财务现金流量表等财务评价表。据此可计算出财务评价的经济效果指标，并对项目做出财务评价结论。此项内容有时要和资金规划交叉进行，利用财务评价的结果可进一步分析和调整资金规划。

具体来说，财务评价可细分为以下几个步骤：

(1)熟悉拟建项目的基本情况。即熟悉拟投资项目的目的、意义、要求、建设条件和投资环境，以及主要技术决定等。

(2)收集整理基础数据资料。包括项目投入物与产出物的数量、质量、财务价格税率、利率、计算期、固定资产折旧率、无形资产和其他资产摊销年限、生产负荷及基准收益率等基础数据和参数，以及项目实施进度安排等。

(3)编制辅助报表，进行财务效益与费用的估算。辅助报表是编制财务评价报表的基础，包括建设投资估算表、建设期利息估算表、总成本费用估算表、流动资金估算表、项目总投资使用计划与资金筹措表和营业收入、营业税金及附加和增值税估算表。

(4)编制财务分析报表，进行财务分析。将分析和估算所得的测基础数据进行汇总，编制项目投资现金流量表、项目资本金现金流量表、投资各方现金流量表、利润与利润分配表、财务计划现金流量表、资产负债表及借款还本付息计划表等财务基本报表。依据财务报表计算财务评价指标，进行项目财务分析，包括盈利能力分析、偿债能力分析和财务生存能力分析。

(5)进行不确定性分析。通过盈亏平衡分析、敏感性分析，概率分析等不确定性分析方法，分析项目可能面临的风险及项目在不确定条件下适应市场变化的能力和抗风险能力，得出项目在不确定条件下的财务分析结论或建议。

(6)做出项目财务评价的最终结论。将上述财务分析和不确定性分析的结果，与国家有关部门公布的基准值，或与经验标准、历史标准和目标标准等加以比较，从财务的角度做出项目可行与否的结论。

6.1.2　财务评价指标体系和财务报表

在进行投资项目财务评价时，是依靠一套财务评价报表和辅助报表的编制，并计算一系列评价指标来具体进行的。

1.财务分析辅助报表

进行财务效益和费用估算，需要编制下列财务分析辅助报表：

①建设投资估算表；

②建设期利息估算表；

③流动资金估算表；

④项目总投资使用计划与资金筹措表；

⑤营业收入、营业税金及附加和增值税估算表；

⑥总成本费用估算表。

各辅助报表形式见6.6案例分析部分。

若用生产要素法编制总成本费用估算表，还应编制下列基础报表：

①外购原材料费估算表；

②外购燃料和动力费估算表；

③固定资产折旧费估算表；

④无形资产和其他资产摊销估算表；

⑤工资及福利费估算表。

各基础报表形式见6.6案例分析部分。

对于采用生产成本加期间费用估算法编制的总成本费用估算表，应根据国家现行的企业财务会计制度的相应要求，另行编制配套的基础报表。

应注意，财务效益和费用估算表应反映行业和项目特点，表中科目可适当进行调整。以上报表均按不含增值税价格设定，若采用含增值税价格，则应调整相关科目。

2. 财务分析报表

财务分析应在财务效益与费用估算的基础上进行，进行财务分析需要编制下列财务分析报表：

①项目投资现金流量表；

②项目资本金现金流量表；

③投资各方现金流量表；

④利润与利润分配表；

⑤财务计划现金流量表；

⑥资产负债表；

⑦借款还本付息计划表。

各财务分析报表形式见6.6案例分析部分。

辅助报表是根据调查研究确定的基础数据对项目的资产、负债、权益、收入、费用等基本要素进行的计算，它为财务分析报表提供数据，它的数据估算精确度对评价结论至关重要。

财务分析报表是根据辅助报表提供的各要素资料进行编制的。通过编制的财务分析报表可以比较简便地直接计算出一系列评价指标，进行盈利能力分析、清偿能力分析和财务生存能力分析。

依财务评价内容、财务分析报表以及评价指标间的关系，可以列出表6-1。

表6-1 财务评价报表与评价指标

分析阶段	评价内容	财务分析报表	财务评价指标	
			静态指标	动态指标
融资前分析	盈利能力分析	项目投资现金流量表	项目投资回收期	项目投资财务内部收益率、项目投资财务净现值
融资后分析	盈利能力分析	项目资本金现金流量表		项目资本金财务内部收益率
		投资各方现金流量表		投资各方财务内部收益率
		利润与利润分配表	总投资收益率、项目资本金净利润率	
	偿债能力分析	借款还本付息计划表	偿债备付率、利息备付率	
		资产负债表	资产负债率、流动比率、速动比率	
	生存能力分析	财务计划现金流量表	累计盈余资金	
不确定性分析	盈亏平衡分析	项目投资或资本金现金流量表	平衡点产量、生产能力利用率、经营安全率、平衡点销售额	
	敏感性分析	项目投资或资本金现金流量表	投资回收期、借款偿还期、投资利润率等	财务内部收益率、财务净现值
	概率分析	项目投资或资本金现金流量表	投资回收期期望值，借款偿还期期望值等	净现值期望值、净现值大于等于零的累计概率

不确定性分析至少包括盈亏平衡分析和敏感性分析。根据项目特点和实际需要，有条件时还应进行概率分析。敏感性分析所分析的指标通常为财务内部收益率，概率分析一般是计算项目财务净现值的期望值及财务净现值大于等于零的累计概率。

6.2 盈利能力分析

对于经营性项目，财务评价(或财务分析)应通过编制财务分析报表，计算财务指标，分析项目的盈利能力、偿债能力及财务生存能力，判断项目的财务可接受性，明确项目对财务主体及投资者的价值贡献，为项目决策提供依据。对于非经营性项目，财务评价应主要分析项目的财务生存能力。

　　财务盈利能力分析主要是考察投资项目的盈利水平。盈利水平达到设定的目标值或国家规定的基准收益率水平是项目成立的最基本条件。

　　财务盈利能力分析要编制的报表：项目投资现金流量表、项目资本金现金流量表、投资各方现金流量表及利润与利润分配表。根据项目投资现金流量表和项目资本金现金流量表、投资各方现金流量表可分别计算项目投资财务内部收益率及财务净现值（包括所得税前和所得税后指标）、项目投资回收期、资本金财务内部收益率及投资各方财务内部收益率等评价指标。根据利润与利润分配表可计算总投资收益率和项目资本金净利润率等评价指标。

　　按国家计委《建设项目经济评价方法》的规定，项目财务评价使用财务价格，即使用以市场价格体系为基础的预测价格。在建设期内，一般应考虑投入的相对价格变动及价格总水平变动。在运营期内，若能合理判断未来市场价格变动趋势，投入与产出可采用相对变动价格；若难以确定投入与产出的价格变动，一般可采用项目运营期初的价格；有要求时，也可考虑价格总水平的变动。

　　财务盈利能力分析包括融资前分析和融资后分析。

6.2.1　融资前盈利能力分析内容及报表

　　融资前项目投资现金流量分析是从项目投资总获利能力角度考察项目方案设计的合理性。融资前分析计算的相关指标，应作为初步投资决策与融资方案研究的依据。

　　融资前分析应以动态分析（折现现金流量分析）为主，静态分析（非折现现金流量分析）为辅。融资前动态分析，即以营业收入、建设投资、经营成本和流动资金的估算为基础，考察整个计算期内的现金流入和现金流出，编制项目投资现金流量表，利用资金时间价值的原理进行折现，计算项目投资内部收益率和净现值等指标。融资前静态分析可计算静态投资回收期，依据的报表是项目现金流量表。

1.融资前盈利能力分析角度

　　根据分析角度的不同，融资前分析可选择计算所得税前指标和（或）所得税后指标两个角度进行分析。计算所得税前指标的融资前分析（所得税前分析）是从息前税前角度进行的分析，计算所得税后指标的融资前分析（所得税后分析）是从息前税后角度进行的分析。

　　按所得税前的净现金流量计算的相关指标，即所得税前指标，是投资盈利能力的完整体现，用以考察有项目方案设计本身所决定的财务盈利能力。它不受融资方案和所得税政策变化的影响，仅仅体现项目方案本身的合理性。所得税前指标可以作为初步投资决策的主要指标，用于考察项目是否基本可行，并值得去为之融资。所谓"初步"是相对而言的，意指根据该指标投资者可以做出项目实施后能实现投资目标的判断，此后再通过融资方案的比选分析，有了较为满意的融资方案后，投资者才能决定最终出资。所得税前指标应该受到项目有关各方（项目发起人、项目业主、项目投资人、银行和政府管理部门）广泛的关注。所得税前指标还特别适用于建设方案设计中的方案比选。

　　所得税后分析是所得税前分析的延伸。所得税作为现金流出，可用于在融资条件下判断项目投资对企业价值的贡献，是企业投资决策依据的主要指标。

2. 项目投资现金流量表的编制

项目现金流量表是指在确定项目融资方案前，对投资方案进行分析，用以计算投资项目所得税前后的财务内部收益率、财务净现值及投资回收期等财务分析指标的表格。融资前分析与融资条件无关，其依赖数据少，报表编制简单。

(1)编制现金流量表进行现金流量分析，应正确识别和选用现金流量，包括现金流入和现金流出。融资前财务分析的现金流量应与融资方案无关。从该原则出发，融资前项目投资现金流量分析的现金流量主要包括营业收入、建设投资、流动资金、经营成本、营业税金及附加和所得税。

为了体现与融资方案无关的要求，各项现金流量的估算中都需要剔除利息的影响。例如采用不含利息的经营成本作为现金流出，而不是总成本费用；在流动资金的估算过程中，在经营成本中的修理费和其他费用估算过程中，应注意避免利息的影响等。

(2)所得税前和所得税后分析的现金流入完全相同，但现金流出略有不同，所得税前分析不将所得税作为现金流出，所得税后分析视所得税为现金流出。

所得税前分析的现金流入主要是营业收入，还可能包括补贴收入，在计算期的最后一年，还包括回收固定资产余值及回收流动资金。现金流出主要包括建设投资、流动资金、经营成本、营业税金及附加，如果运营期内需要发生设备或设施的更新费用以及矿山、石油开采项目的拓展费用等(记作维持运营投资)，也应作为现金流出，净现金流量是计算分析指标的基础。

(3)项目投资现金流量表中的"所得税"应根据息税前利润(EBIT)乘以所得税率计算，称为"调整所得税"。原则上，息税前利润的计算应完全不受融资方案变动的影响，即不受利息多少的影响，包括建设期利息对折旧的影响(因为折旧的变化会对利润总额产生影响，进而影响息税前利润)，但如此将会出现两个息税前利润(用于计算融资前所得税的息税前利润和利润表中的息税前利润)。为简化起见，当建设期利息占总投资比例不是很大时，也可按利润表中的息税前利润计算调整所得税。

根据上述现金流入和流出，可编制项目投资现金流量表(表 6-16)，表中计算期的年序为 $1, 2, \cdots, n$，建设开始年作为计算期的第一年，年序为 1。为了与复利系数表的年序相对应，在折现计算中，采用年末习惯法。即年序 1 发生的现金流量按 $(1+i)^{-1}$ 折现，其余类推。

项目投资现金流量表中的主要项目为：

现金流入 = 营业收入 + 补贴收入 + 回收固定资产余值 + 回收流动资金

现金流出 = 建设投资 + 流动资金 + 经营成本 + 营业税金及附加 + 维持运营投资

所得税前净现金流量 = 现金流入 - 现金流出

调整所得税 = 息税前利润(EBIT)×所得税率

所得税后净现金流量 = 所得税前净现金流量 - 调整所得税

在现金流入项中，营业收入源于辅助报表"营业收入和营业税金及附加和增值税估算表"；补贴收入根据项目具体情况计入；回收固定资产余值数据源于辅助报表"固定资产折旧费估算表"中的固定资产期末净值合计；回收流动资金为项目全部流动资金，数据源自辅助报表"流动资金估算表"，固定资产余值和流动资金均在计算期最后一年回收。

在现金流出项中，建设投资和流动资金的数据取自辅助报表"项目总投资使用计划与资金筹措表"中总投资项下的有关分项；经营成本数据源自辅助报表"总成本费用估算表"；营业税金及附加源自辅助报表"营业收入、营业税金及附加和增值税估算表"。

调整所得税在建设期利息占总投资比例不是很大时，可按利润表中的息税前利润计算调整所得税。

依据项目投资现金流量表，可以计算项目投资息税前财务内部收益率(FIRR)、项目投资息税前财务净现值(FNPV)、项目税后财务内部收益率、财务净现值和税后静态投资回收期等指标。

6.2.2 融资后盈利能力分析内容及报表

融资后分析应以融资前分析和初步的融资方案为基础，考察项目在拟定融资条件下的盈利能力、偿债能力和财务生存能力，判断项目在融资条件下的可行性。融资后分析用于比选融资方案，帮助投资者做出融资决策。

融资后的盈利能力分析，包括动态分析(折现现金流量分析)和静态分析(非折现现金流量分析)。

1. 动态分析

动态分析，即通过编制财务现金流量表，根据资金时间价值原理，计算财务内部收益率、财务净现值等指标，分析项目的获利能力。融资后的动态分析包括项目资本金现金流量分析和投资各方现金流量分析。

(1)项目资本金现金流量分析

项目资本金现金流量分析是从项目权益投资者整体的角度，考察项目给项目权益投资者带来的收益水平。它是在拟定的融资方案基础上进行的息税后分析，依据的报表是项目资本金现金流量表。

项目资本金现金流量表的净现金流量包括项目在缴税和还本付息后所剩余的收益(含投资应分得的利润)，即项目的净利润，又是投资者的权益性收益。通过项目资本金现金流量表，可以计算资本金的财务内部收益率，资本金财务内部收益率能够从投资者整体角度考察项目的盈利能力。资本金财务现金流量表与项目投资现金流量表的现金流入内容相同。现金流出包括项目资本金、借款本金偿还、借款利息支付、经营成本、营业税金及附加、所得税和维持运营投资。现金流入和现金流出的有关数据可以依据"营业收入、营业税金及附加和增值税估算表""建设投资估算表""流动资金估算表""项目总投资使用计划与资金筹措表"和"利润与利润分配表"等有关财务报表填列。

项目资本金现金流量表将各年投入项目的项目资本金作为现金流出，各年缴付的所得税和还本付息也作为现金流出，因此其净现金流量可以反映在缴税和还本付息之后的剩余，即项目(或企业)增加的净收益，也是投资者的权益性收益。因此计算的项目资本金内部收益率指标可以反映从投资者整体权益角度考察盈利能力的要求，也就是从项目发起人(或企业)角度对盈利能力进行判断的要求。在依据融资前分析的指标对项目基本获利能力有所判断的基础上，项目资本金内部收益率指标反映在一定融资方案下，投资者整体所能获得的权益性收益水平。该指标可用来对融资方案进行比较和取舍，是投资者整体做出最终融资决策的依据，也可进一步帮助投资者做出最终出资决策。

(2)投资各方现金流量分析

投资各方现金流量分析,即从投资各方实际收入和支出的角度,确定其现金流入和现金流出,分别编制投资各方现金流量表(表6-2),计算各方的财务内部收益率指标,考察投资各方可能获得的收益水平。计算各方的内部收益率可以看出各方收益是否均衡,或者其非均衡性是否在一个合理的水平上,有助于促成投资各方在合作谈判中达成平等互利的协议。投资各方财务现金流量表的现金流入包括实分利润、资产处置收益分配、租赁费收入和其他现金流入。现金流出包括实缴资本、租赁资产支出和其他现金流出。现金流入和现金流出的有关数据,可以依据"营业收入、营业税金及附加和增值税估算表""项目总投资使用计划与资金筹措表"和"总成本费用估算表"等有关财务报表直接填列,或者经过这些报表的计算间接得出。

表 6-2　投资各方现金流量表　　　　　　　　　　　　　　　　人民币单位:万元

序号	项目	合计	计算期					
			1	2	3	4	…	n
1	现金流入							
1.1	实分利润							
1.2	资产处置收益分配							
1.3	租赁费收入							
1.4	技术转让或使用收入							
1.5	其他现金流入							
2	现金流出							
2.1	实缴资本							
2.2	租赁资产支出							
2.3	其他现金流出							
3	净现金流量(1-2)							

计算指标:

投资各方财务内部收益率(%)

注:此表可按不同投资方分别编制。

1. 投资各方现金流量表既适用于内资企业,也适用于外商投资企业,既适用于合资企业,也适用于合作企业。

2. 投资各方现金流量表中现金流入是指出资方因该项目的实施将实际获得的各种收入。现金流出是指出资方因该项目的实施将实际投入的各种支出。表中科目应根据项目具体情况调整。

①实分利润是指投资者由项目获取的利润。

②资产处置收益分配是指对有明确的合营期限或合资期限的项目,在期满时对资产余值按股比或约定比例的分配。

③租赁费收入是指出资方将自己的资产租赁给项目使用所获得的收入,此时应将资产价值作为现金流出,列为租赁资产支出科目。

④技术转让或使用收入是指出资方将专利或专有技术转让或允许该项目使用所获得的收入。

需要注意的是,一般情况下,投资各方按股本比例分配利润和分担亏损及风险,因此投资各方的利益一般是均等的,没有必要计算投资各方的内部收益率。只有投资者中的各方有股权之外的不对等的利益分配时(契约式的合作企业常常会有这种情况),投资各方的投资收益率才会有差异,此时常常需要计算投资各方的内部收益率。

2. 静态分析

静态分析不采取折现方式处理数据，主要依据利润与利润分配表，并借助现金流量表计算相关盈利能力指标，包括项目资本金净利润率（ROE）、总投资收益率（ROI）等。

对静态分析指标的判断，应按不同指标选定相应的参考值（企业或行业的对应值）。当静态分析指标分别符合其相应的参考值时，认为从该指标看盈利能力满足要求。如果不同指标得出的判断结论相反，应通过分析原因，得出合理的结论。

利润与利润分配表是反映项目计算期内各年的利润总额、所得税及税后利润的分配情况的表格。利润与利润分配表编制的具体内容如下：

（1）利润总额

利润总额是项目在一定时期内实现的盈亏总额，即营业收入扣除营业税金及附加、总成本费用和补贴收入之后的数额。可表示为

$$利润总额 = 营业收入 - 营业税金及附加 - 总成本费用 + 补贴收入 \tag{6-1}$$

营业收入和营业税金及附加依据"营业收入、营业税金及附加和增值税估算表"填列，总成本费用依据"总成本费用估算表"填列。

（2）项目亏损及亏损弥补的处理

项目在上一个年度发生亏损，可用当年获得的所得税前利润弥补；当年所得税前利润不足弥补的，可以在五年内用所得税前利润延续弥补；延续五年未弥补的亏损，用缴纳所得税后的利润弥补。如果税后利润不足以弥补亏损，也可以用亏损前计提的盈余公积金来弥补。需要指出的是，以前年度亏损未弥补完，不得提取法定盈余公积金，在提取法定盈余公积金之前，不得向投资者分配利润。

（3）所得税

利润总额按照现行财务制度规定进行调整（如弥补上年的亏损）后，作为计算项目应缴纳所得税税额的技术计税基数。所得税税率按照国家规定执行，对特殊项目有减免所得税规定的，根据主管部门的有关规定执行。

（4）可供分配的利润

项目每期实现的净利润，加上上期未分配利润（或减去上期未弥补亏损）和盈余公积金补亏后的余额，即为可供分配的利润。可供分配的利润首先用来弥补以前年度（5年前）尚未弥补的亏损，然后提取法定盈余公积金。根据《公司法》，法定盈余公积按照税后净利润的10%提取。法定盈余公积金已达注册资本的50%时可不再提取。提取的法定盈余公积金可用于弥补以前年度亏损或转增资本金，但转增资本金后留存的法定盈余公积金不得低于注册资本的25%。

内资项目以当年净利润为基数提取法定盈余公积金；外商投资项目按有关法律提取的是储备基金、企业发展基金、职工奖励和福利基金。

（5）可供投资者分配的利润

项目利润在弥补亏损和提取盈余公积金后的余额，即为可供投资者分配的利润。

中外合作经营企业按规定在合作期内以利润归还投资者的投资，也从可供分配的利润中扣除。

可供投资者分配的利润，按下列顺序进行分配：

①应付优先股股利。优先股股利是指按照利润分配方案分配给优先股股东的现金盈利。

②提取任意盈余公积。即按公司章程或股东会议决议提取的盈余公积金。

③应付普通股股利。指企业按照利润分配方案分配给普通股股东的现金股利。企业分配给投资者的利润也在此核算。

经过上述分配后的剩余部分为未分配利润。

6.2.3　盈利能力分析指标

融资前和融资后的盈利能力分析都包括动态分析和静态分析, 对应的分析指标有动态分析指标和静态分析指标。

1. 静态分析指标

静态盈利能力分析指标是指不考虑资金时间价值的影响而计算的盈利能力指标, 主要包括总投资收益率、项目资本金净利润率和静态投资回收期。静态盈利能力指标可以根据"建设投资估算表""项目总投资使用计划与资金筹措表""利润与利润分配表"和"现金流量表"中的有关数据计算。

（1）总投资收益率（ROI）

总投资收益率（ROI）反映总投资的盈利水平, 是指项目达到设计能力后正常年份的年息税前利润或运营期内年平均息税前利润（$EBIT$）与项目总投资（TI）的比率。其计算公式为

$$总投资收益率（ROI）= \frac{年（平均）息税前利润}{项目总投资} = \frac{EBIT}{TI} \times 100\% \qquad (6-2)$$

式中：ROI——总投资收益率。

$EBIT$——项目正常年份的息税前利润或运营期内年平均息税前利润。

TI——项目总投资。如果项目生产期较短, 且年息税前利润波动较大, 可以选择生产期的平均年息税前利润额；若项目生产期较长, 年息税前利润在生产期又没有较大的波动, 可选择正常生产年份的年息税前利润额。

式中的总投资为建设投资、建设期利息和流动资金之和。

总投资收益率高于同行业的总投资收益率参考值, 表明用总投资收益率表示的项目盈利能力满足要求。

例 6-1　某项目财务效益与费用数据如下：达产年流动资金 1000 万元, 投产第一年流动资金占达产年的 70% 投产后第二年达产, 其营业收入 10000 万元（不含增值税销项税额）营业税金及附加 100 万元, 经营成本 4000 万元（不含增值税进项税额）, 求投产后第二年的所得税前净现金流量。

解：　投产后第二年流动资金增加额 = 1000×30% = 300 万元

投产后第二年所得税前净现金流量 = 营业收入−营业税金及附加−经营成本−流动资金增加额

= 10000−100−4000−300 = 5600 万元

例 6-2　某项目的建设投资 5000 万元, 建设期利息 300 万元, 流动资金 400 万元, 投产后正常年营业收入 3500 万元（不含增值税销项税额）, 营业税金及附加 50 万元, 经营成本 2000 万元（不含增值税进项税额）, 折旧和摊销 400 万元, 当年应支付利息 100 万元。求该年的总投资收益率。

解:

$$总投资 = 5000+300+400 = 5700 万元$$

$$息税前利润 = 3500-50-2000-400 = 1050 万元$$

$$总投资收益率 = 1050/5700 = 18.42\%$$

(2)项目资本金净利润率(ROE)

项目资本金净利润率表示项目资本金的盈利水平,是指项目达到设计能力后正常年份的年净利润或运营期内年平均净利润(NP)与项目资本金(EC)的比率,其计算公式为

$$ROE = \frac{年(平均)净利润}{项目资本金} = \frac{NP}{EC} \times 100\% \tag{6-3}$$

式中:ROE——项目资本金净利润率;

NP——项目正常年份的年净利润或运营期内年平均净利润;

EC——项目资本金。

式中的资本金指项目的全部注册资本金。资本金净利润率反映了投资者出资所带来的净利润大小,因此是投资者较关心的一个指标。

项目资本金净利润率高于同行业的净利润率参考值,表明用项目资本金净利润率表示的盈利能力满足要求。

例6-3 某项目营业收入和总成本费用数据,以及增值税数据见表6-3,营业税金及附加按照增值税额的10%计算,项目在第4、5年达到设计生产能力,项目的资本金为3000万元,求项目第5年的息税前利润和项目第5年的资本金净利润率。

表6-3 营业收入、总成本费用及税金估算表 人民币单位:万元

序号	项目	计算期						
		2	3	4	5	6	7	8
1	营业收入(不含税)	2925	5400	7875	7875	4550	2500	450
2	外购原材料费	810	1620	2430	2430	1890	1350	270
3	外购燃料及动力费	90	180	270	270	210	150	30
4	应缴增值税	344	612	880	880	417	170	26
5	总成本费用	2370	3240	4110	4080	3450	1860	660
6	利息支出	160	130	100	70	40	10	10
7	所得税	172	693	1213	1223	349	206	0

解: 第5年的息税前利润 = 利润总额+利息

$$= 营业收入-总成本费用-营业税金及附加+利息$$

$$= 7875-4080-880 \times 10\%+70$$

$$= 3777 万元$$

第5年的净利润 = 利润总额-所得税

$$= 营业收入-总成本费用-营业税金及附加-所得税$$

$$= 7875-4080-880 \times 10\%-1223$$

$$= 2484 万元$$

$$第 5 年的项目资本金净利润率 = \frac{年净利润}{项目资本金} \times 100\%$$

$$= \frac{2484}{3000} \times 100\% = 82.8\%$$

（3）投资回收期（P_t）

投资回收期是指以项目的净收益回收项目投资所需的时间，一般以年为单位。项目投资回收期一般从项目建设开始年算起，若从项目投产开始年计算，应予以特别说明。项目投资回收期可采用下式计算：

$$\sum_{t=1}^{P_t} (CI - CO)_t = 0 \tag{6-4}$$

项目投资回收期可借助项目投资现金流量表计算。项目投资现金流量表中累计净现金流量由负值变为零的时点，即为项目的投资回收期。投资回收期可用下式计算：

$$P_t = T - 1 + \left| \sum_{i=1}^{T-1} (CI - CO)_i \right| / (CI - CO)_T \tag{6-5}$$

式中：T——各年累计净现金流量首次为正值或零的年数。

投资回收期短，表明项目投资回收快，抗风险能力强。求出的投资回收期（P_t）与行业的基准投资回收期（P_0）比较，当 $P_t \le P_0$ 时，表明项目投资能在规定的时间内收回，具有财务可行性。

静态的盈利能力指标的计算简单，但没有考虑资金的时间价值，因此在进行项目财务分析时应以动态盈利能力指标为主、以静态盈利能力指标为辅。

2. 动态分析指标

动态盈利能力分析指标是考虑资金时间价值因素的影响而计算的盈利能力指标，主要包括财务内部收益率和财务净现值。动态盈利能力分析指标依据项目投资现金流量表、项目资本金现金流量表、投资各方现金流量表计算得出。

（1）财务内部收益率（$FIRR$）

财务内部收益率（$FIRR$）是指项目在整个计算期内各年现金流量现值累计等于零时的折现率，即使计算期内各年净现值之和等于零时的折现率。它是评价项目盈利能力的一个重要评价指标，表示项目的实际盈利能力水平。其表达式为

$$\sum_{t=1}^{n} (CI - CO)_t (1 + FIRR)^{-t} = 0 \tag{6-6}$$

式中：CI——现金流入量；

CO——现金流出量；

$(CI - CO)_t$——第 t 年的净现金流量；

$FIRR$——财务内部收益率；

n——项目计算期。

按分析内容不同，财务内部收益率分为项目投资财务内部收益率、项目资本金财务内部收益率和投资各方的财务内部收益率，各种财务内部收益率都依据式（6-6）计算，但所用的现金流入和现金流出不同。

项目投资财务内部收益率考察的是项目确定融资方案前整个项目的盈利能力。计算出的项目内部收益率要与行业发布或财务分析人员设定的基准折现率,或投资者的目标收益率(i_t)进行比较,如果计算的 $FIRR$ 大于或等于 i_t,则说明项目的盈利能力能够满足要求,因而是可以考虑接受的;否则,不能满足项目盈利能力的要求,认为该项目从财务角度分析是不可行的。

资本金财务内部收益率以项目资本金为计算基础,考察项目所得税税后资本金可能获得的收益水平。项目资本金内部收益率的判别基准是项目投资者整体对投资获利的最低期望值,亦即最低可接受收益率。当计算的项目资本金内部收益率大于或等于该最低可接受收益率时,说明投资获利水平大于或达到了要求,是可以接受的。最低可接受收益率的确定主要取决于当时的资本收益水平以及投资者对权益资金收益的要求,它与资金机会成本和投资者对风险的态度有关。

投资各方财务内部收益率以投资各方出资额为计算基础,考察投资各方可能获得的收益水平。投资各方财务内部收益率应与出资方最低期望收益率对比,判断投资方的收益水平。

(2)财务净现值($FNPV$)

财务净现值是指按设定的折现率(一般采用基准收益率 i_c)计算的项目计算期内净现金流量的现值之和,其计算公式为

$$FNPV = \sum_{t=1}^{n} (CI - CO)_t (1 + i_c)^{-t} \qquad (6-7)$$

式中: i_c——设定的折现率;

$(1+i_c)^{-t}$——第 t 年的折现系数。

其他符号含义同上。

一般情况下,财务盈利能力分析只计算项目投资财务净现值,可根据需要选择计算所得税前净现值或所得税后净现值。

按照设定的折现率计算的财务净现值大于或等于零时,项目方案在财务上可考虑接受。

财务分析中,内部收益率的判别基准(i_c)和计算净现值的折现率一般采用同一数值,可使 $FIRR \geq i_c$,对项目效益的判断和采用 i_c 计算的 $FIRR \geq 0$ 对项目效益的判断结果一致。

作为项目投资判别基准的财务基准收益率或计算项目投资净现值的折现率,应主要依据"资金机会成本"和"资金成本"确定,并充分考虑项目可能面临的风险。项目的投资目标、投资人的偏好、项目隶属的行业对确定基准收益率或折现率有重要影响。在实际工作中,应根据项目性质使用有关部门发布的行业财务基准收益率,或参考使用有关主管部门发布的财务基准收益率。

在判别基准的设定中是否考虑价格水平变动因素,应与指标计算时对价格总水平变动因素的处理相一致。在项目投资现金流量表的编制中一般不考虑价格总水平变动因素,所以在判别基准的设定中通常要剔除价格总水平变动因素的影响。

在判别基准的设定时是否考虑所得税因素,应与指标的内涵相对应。设定所得税前指标的判别基准时,应含所得税;而设定所得税含指标的判别基准时,应剔除所得税。

由于动态分析指标考虑了资金的时间价值,因此在项目财务分析过程中,应作为主要的盈利能力评价指标,同时辅以静态指标进行分析。

例 6-4 某制造业新建项目建设投资为 850 万元(发生在第 1 年末),全部形成固定资

产。项目建设期1年,运营期5年,投产第1年负荷60%,其他年份均为100%。满负荷流动资金为100万元,投产第1年流动资金估算为70万元,经营成本170万元,其中原材料和燃料动力120万元。计算期末将全部流动资金回收。生产运营期满负荷运营时,销售收入650万元(对于制造业项目,可将营业收入计作销售收入)。经营成本250万元,其中原材料和燃料动力200万元,以上均以不含税价格表示。投入和产出的增值税率均为17%,营业税金及附加按增值税的10%计算,企业所得税率33%。折旧年限5年,不计残值,按年限平均法折旧。设定所得税前财务基准收益率12%。所得税后财务基准收益率10%。请进行项目投资现金流量计算,并计算项目所得税后投资财务净现值。

解: 根据资料计算并列表,结果见表6-4。以项目运营期第4年的项目投资所得税后净现金流量计算为例,说明其计算过程。

(1)先算折旧(融资前)

固定资产原值=850(万元);年折旧额=850/5=170(万元)

(2)第4年的项目投资所得税后净现金流量

现金流入:销售收入650(万元)

现金流出:

①流动资金增加额:0

②经营成本:250万元。

③营业税金及附加:

$$增值税=650\times17\%-200\times17\%=76.5(万元)$$

$$营业税金及附加=76.5\times10\%=7.7(万元)$$

④调整所得税:

$$息税前利润=营业收入-经营成本-折旧-营业税金及附加$$

$$=650-250-170-7.7=222.3(万元)$$

$$调整所得税=息税前利润\times所得税率=222.3\times33\%=73.4(万元)$$

$$项目所得税后净现金流量=650-250-7.7-73.4=318.9(万元)$$

表6-4 项目投资现金流量表　　　　　　人民币单位:万元

序号	项目	合计	计算期					
			1	2	3	4	5	6
1	现金流入	3090		390	650	650	650	750
1.1	营业收入	2990		390	650	650	650	650
1.2	补贴收入							
1.3	回收固定资产余值	0						0
1.4	回收流动资金	100						100
2	现金流出	2156.4	850	244.6	287.7	257.7	257.7	257.7
2.1	建设投资	850	850					
2.2	流动资金	100		70	30			

续表6-4

序号	项目	合计	计算期					
			1	2	3	4	5	6
2.3	经营成本	1170		170	250	250	250	250
2.4	营业税金及附加	36.4		4.6	7.7	7.7	7.7	7.7
2.5	维持运营投资							
3	所得税前净现金流量(1-2)	934.6	−850	145.4	362.3	392.3	392.3	492.3
4	累计所得税前净现金流量		−850	−704.6	−342.3	50	442.3	934.6
5	调整所得税	308.6		16.0	73.4	73.4	73.4	73.4
6	所得税后净现金流量(3-5)	626.0	−850	130.4	288.9	318.9	318.9	418.9
7	累计所得税后净现金流量		−850	−719.6	−430.7	−111.8	207.1	626.0

依据项目投资现金流量表计算所得税后项目投资财务净现值指标：

$$FNPV(i=10\%) = -850 \times (1.1)^{-1} + 130.4 \times (1.1)^{-2} + 288.9 \times (1.1)^{-3}$$
$$+318.9 \times (1.1)^{-4} + 318.9 \times (1.1)^{-5} + 418.4 \times (1.1)^{-6}$$
$$= -850 \times 0.9091 + 130.4 \times 0.8264 + 288.9 \times 0.7513$$
$$+318.9 \times 0.6830 + 318.9 \times 0.6209 + 418.9 \times 0.5645$$
$$= 204.4 \ 万元$$

6.2.4 项目现金流量曲线图

项目现金流量曲线图，是指以时间(通常以年为单位)为横坐标，以逐年累计净现金流量为纵坐标，将项目计算期内各年累计净现金流量在坐标图上标示出来所形成的曲线图形，如图6-1所示。

理论上，项目现金流量曲线图至少应绘制三条曲线：当 $i=0$ 时的累计净现金流量曲线 Ⅰ；当 $i=i_0$ (即基准收益率)时的累计净现值曲线 Ⅱ；当 $i=IRR$ 时的累计净现值曲线 Ⅲ。在实践中，由于内部收益率是通过内插法求出的近似值，各年与之对应的净现值又需重新计算，故一般可省略或只绘制估计的曲线 Ⅲ。所以净现金流量曲线通常都是描绘出曲线 Ⅰ 和曲线 Ⅱ，参见图6-1。

项目现金流量曲线图可用来直观地反映项目计算期内现金流量的变化趋势，用来分析和评价投资方案的经济效果。实际上，它是用曲线图形来反映累计净现金流量，以便于直观反映和分析、观察静态或动态投资回收期；横轴下方的曲线纵标反映项目总投资或现值及其回收速度；横轴上方曲线的纵坐标则分别反映出项目计算期内的累计净收益、累计净现值。此外，比较不同方案的现金流量曲线图时，凭曲线斜率大小即可大致反映出方案的优劣。

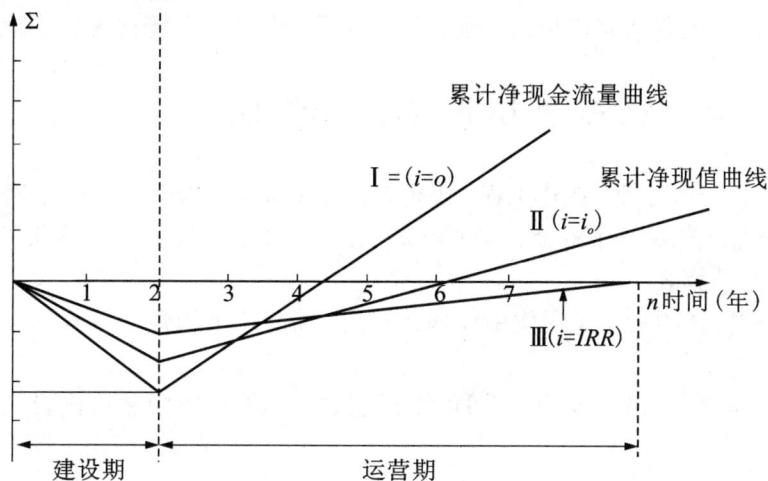

图 6-1　现金流量曲线示意图

6.3　偿债能力分析

　　项目偿债能力分析主要考察计算期内各年的财务状况及偿债能力。因除自有资金外，建设项目一般都要借入相当数量的资金，投资者对这部分负债要进行偿还。对于偿债能力，不仅投资者关心，债权人更为关心，偿债能力是债权人提供贷款的决策依据。因此，偿债能力分析也是财务评价中的主要内容之一。

　　偿债能力分析要编制资产负债表、借款还本付息计划表两个基本报表，借助财务计划现金流量表，计算资产负债率、偿债备付率、利息备付率、流动比率、速动比率等评价指标。这些指标的计算与分析，反映了清偿能力在项目决策中的重要性，它是项目可行与否的重要标志之一。

　　从固定资产投资借款之日起即应开始计息，在项目建设期，企业无偿还能力，则将建设期利息本金化，计入建设项目总投资中。建设期末的借款本息之和与生产期间计入财务费用的利息，在生产期内一并偿还。

6.3.1　偿债能力分析报表编制

1.资产负债表的编制

　　资产负债表是国际上通用的财务报表，它反映企业在某一特定日期的财务状况。在项目财务评价中，资产负债表综合反映项目计算期内各年末资产、负债和所有者权益的增减变化及对应联系。根据资产负债表计算资产负债率、流动比率和速动比率等指标，以反映项目各年所面临的财务风险程度及偿债能力。

　　资产负债表反映的是各年末的财务状况，表中各科目的数据要分情况采用累计值、净值或余值。由于资产负债表中数据均来自其他财务报表，因此须注意，对于某些在原表中未表现为年末值的数据，在转入资产负债表前，首先要进行处理，在转化为相应值后再填列在资产负债表中。

资产负债表由两部分组成，即资产和负债及所有者权益。

（1）资产

资产包括流动资产总额、在建工程、固定资产净值和无形及其他资产净值，其中：

①流动资产总额包括货币资金、应收账款、预付账款、存货和其他等项目。前四项数据均源自"流动资金估算表"。

②在建工程是指"项目总投资使用计划与资金筹措表"中的建设投资和建设期利息的年累计额。

③固定资产净值和无形及递延资产净值分别从"固定资产折旧费估算表"和"无形资产和其他资产摊销估算表"中获取。

（2）负债及所有者权益

负债包括流动负债总额、建设投资借款、流动资金借款。所有者权益包括资本金、资本公积金、累计盈余公积金及累计未分配利润。其中：

①流动负债总额由短期借款、应付账款、预收账款和其他组成。应付账款、预收账款数据可由"流动资金估算表"直接取得。建设投资借款、流动资金借款和短期借款均指借款余额，需根据"项目总投资使用计划与资金筹措表"中的对应项目及"借款还本付息计划表"中相应的本金偿还项进行计算。

②累计未分配利润可直接根据"利润与利润分配表"中的相应项目计算得出，累计盈余公积金也可由"利润与利润分配表"中的提取法定盈余公积金和提取任意盈余公积金项计算各年份的累计值，但应根据有无盈余公积金转增资本金的情况进行相应调整。资本金为项目投资中累计自有资金（扣除资本溢价），相关数据从"项目总投资使用计划与资金筹措表"中提取，当存在由资本公积金或盈余公积金转增资本金的情况时应进行相应调整。资本公积金为累计资本溢价及赠款，在转增资本金时也应进行相应调整。资产负债表满足等式：

$$资产 = 负债 + 所有者权益 \qquad (6-8)$$

2. 借款还本付息计划表的编制

借款还本付息计划表是反映项目计算期内各年借款本金偿还和利息支付情况，用以计算偿债备付率和利息备付率指标，进行偿债能力分析的表格。

借款还本付息计划表由借款和债券两部分组成。

（1）借款

期初借款余额等于上年借款本金和建设期利息之和；在项目的生产期，期初借款余额等于上年尚未还请的借款本金；当期还本付息可以根据当年偿还借款本金和利息的资金来源填列；期末余额为期初本息余额与当期还本付息数据的差。

（2）债券

借款还本付息计划表中的债券数值通过发行债券来筹措建设资金，因此债券的性质应当等同于借款。两者之间的区别是，通过债券筹集建设资金的项目，项目是向债权人支付利息和偿还本金，而不是向贷款的金融机构支付利息和偿还本金。

借款还本付息计划表的数据源自"项目总投资使用计划与资金筹措表""建设期利息估算表""固定资产折旧估算表""无形资产和其他资产摊销估算表""利润和利润分配估算表"中的相关项目。

6.3.2　偿债能力分析指标

对筹措了债务资金的项目,须进行偿债能力分析,考察项目是否具有按期偿还借款的能力。通过计算利息备付率、偿债备付率、资产负债率、流动比率、速动比率等指标,判断项目的偿债能力。如果能够得知或根据经验设定所要求的借款偿还期,可以直接计算利息备付率和偿债备付率指标,如贷款合同中已确定还款期,则可直接计算;如果难以设定借款偿还期,也可以先大致估算出借款偿还期,再采用适宜的方法计算出每年需要还本和付息的金额,带入公式计算利息备付率和偿债备付率指标。如借款人获得的是以某种支付方式作为抵押的抵押贷款,则借款人从获得收益起用全部收入偿还贷款,直至付完全部本息为止。采用这种偿还方式,因贷款在投资中所占比例是逐年变化的,故每年的还本付息金额(年偿还能力)需逐年计算。需要估算借款偿还期时,可按下式估算:

$$借款偿还期 = 借款偿还后开始出现盈余年份 - 开始借款年份 + \frac{当年借款额}{当年可用于还款的资金额} \tag{6-9}$$

而年偿还能力 = 可用于还贷的利润 + 可用于还贷的折旧、摊销 + 其他可用于还贷的资金

需要注意的是,该借款偿还期只在估算利息备付率和偿债备付率指标时使用,不应与利息备付率和偿债备付率指标并列。

1. 利息备付率(ICR)

利息备付率是指在借款偿还期内的息税前利润($BEIT$)与应付利息(PI)的比值,它从资金来源的充裕性角度反映项目偿付债务利息的保障程度。利息备付率表示利息支付的保证倍率,其计算公式为

$$ICR = \frac{息税前利润}{应付利息} = \frac{EBIT}{PI} \tag{6-10}$$

式中:ICR——利息备付率;

$EBIT$——息税前利润;

PI——计入总成本费用的应付利息。

其中,息税前利润是利润与利润分配表中未扣除利息费用和所得税之前的利润;当期应付利息费用是指计入总成本本期发生的全部应付利息。

利息备付率应分年度计算。参考国际经验和国内行业的具体情况,根据我国企业历史数据统计分析,一般情况下,利息备付率至少应当大于1,不宜低于2,并结合债权人的要求确定。利息备付率高,表明利息偿付的保障程度高,借款风险小;利息备付率低于1,表示没有足够资金支付利息,偿债风险很大。

2. 偿债备付率($DSCR$)

偿债备付率是指在借款偿还期内,用于计算还本付息的资金($EBITDA - T_{AX}$)与应还本付息金额(PI)的比值,它从还本付息资金来源的充裕角度反映项目偿付债务本息的保障程度和

支付能力。偿债备付率表示偿付债务本息的倍率，其计算公式为

$$DSCR = \frac{可用本付息资金}{应还本付息金额} = (EBITDA - T_{AX})/PD \qquad (6-11)$$

式中：$DSCR$——偿债备付率；

$EBITDA$——息税前利润加折旧和利息；

T_{AX}——企业所得税；

PD——应还本付息金额，包括还本金额、计入总成本费用的全部利息。融资租赁费用可视同借款偿还用于期内的短期借款本息也应纳入计算。

需要注意，如果项目在运行期内有维持运营的投资，则可用于还本付息的资金，应扣除维持运营的投资。而按照有关法规，融资租赁固定资产可视同购置的固定资产一样计提折旧。同时按税法规定，融资租赁费用不应在所得税前扣除，因此项目评价中融资租赁费用的支付，可视作偿还本金处理，按要求的期限和数额逐年偿还。因此公式中分子和分母上均含有融资租赁费用这一项。

偿债备付率应分年计算，应参考国际经验和国内行业的具体情况，根据我国企业历史数据统计分析。在一般情况下，偿债备付率至少应大于1，一般不宜低于1.3，并结合债权人的要求确定。偿债备付率低，说明偿付债务本息的资金不足，偿债风险大。当这一指标小于1时，表示可用于还本付息的资金不足以偿付当年债务。偿债备付率高，表明可用于还本付息的资金保障程度高。

例6-5 某项目达产期第三年的息税前利润为219.9万元，当年应付利息额20.3万元，折旧和摊销共172.4万元，所得税66.9万元，求该年的利息备付率。

解： $利息备付率 = \dfrac{息税前利润}{应付利息额} = 219.4 \div 20.3 = 10.8$

例6-6 某企业2005年息税前利润300万元，在成本中列支的利息共60万元，所得税率33%，折旧、摊销30万元，还本80万元求该企业当年的偿债备付率。

解： 可还本付息资金 = 息税前利润 + 折旧费 + 摊销费 - 所得税

$$= 300 + 30 - (300 - 60) \times 33\% = 250.8(万元)$$

$$应还本付息额 = 80 + 60 = 140(万元)$$

$$偿债备付率 = 250.8 \div 140 = 1.79$$

3. 资产负债率（LOAR）

资产负债率是指各期末负债总额（TL）同资产总额（TA）的比率，是评价企业（项目）负债水平的综合指标，应按下式计算

$$LOAR = \frac{期末负债总额（TL）}{期末资产总额（TA）} \times 100\% \qquad (6-12)$$

式中：$LOAR$——资产负债率；

有适度的资产负债，表明企业经营安全、稳健，具有较强的筹资能力，也表明企业和债权人的风险较小。应结合国家宏观经济状况、行业发展趋势、企业所处竞争环境等具体条件对该指标进行分析。国际上公认的较好的资产负债率指标是60%。资产负债率应该适度。行业间的资产负债率有很大差异。在项目财务分析中，在长期债务还清后，可不再计算资产

负债率。

例 6-7　在某改扩建项目的资产负债表中，改扩建第一年年末的相关数据如下：流动资产总额 500 万元，在建工程 1000 万元，固定资产净值 2000 万元，无形及其他资产净值 200 万元，流动负债总额 300 万元，建设投资借款 1000 万元，流动资金借款 300 万元，所有者权益 2100 万元，求该年的资产负债率。

解：　资产总额＝流动资产+在建工程+固定资产净值+无形及其他资产净值

$$=500+1000+2000+200$$

$$=3700（万元）$$

负债总额＝流动负债+建设投资借款+流动资金借款

$$=300+1000+300$$

$$=1600（万元）$$

资产负债率＝1600/3700×100%＝43.24%

4. 流动比率

流动比率是流动资产与流动负债之比，是衡量企业（项目）资金流动性，判断企业短期债务到期前可以转化为现金并用于偿还流动负债的能力的分析指标，应按下式计算：

$$流动比率=\frac{流动资产总额}{流动负债总额}\times100\%\qquad(6-13)$$

项目生产经营期内各年流动比率可通过资产负债表逐年计算求得。流动比率用以衡量项目流动资产在短期债务到期前可以变为现金运营偿付流动负债的能力，表明项目每百元流动负债有多少流动资产作为支付的保障。用流动比率来衡量资产流动性大小，自然要求项目的流动资产在清偿流动负债以后还有余力去支付日常经营活动中的其他资金需要，流动资产必须大于流动负债。特别是对于债权人来说，比率越高，债权人越有保障，可避免无力还债的风险。但就项目而言，流动比率过高不一定是好现象，因为一个正常生产经营的项目，资金一定要有效地在生产经营活动中周转，充分发挥资金效益，如果过多地滞留在流动资产形态上，会影响项目效益。流动比率指标越高，说明偿还流动负债的能力越强，但不宜过高。国际公认的标准比率是 200%。但行业间的流动比率会有很大差异，一般，行业的生产周期长，流动比率就相应提高；反之，就可以相对降低。

例 6-8　某企业 2005 年末的资产负债率为 80%，流动资金/资产总额＝30%，长期负债/负债总额＝70%，求该企业 2005 年末的流动比率。

解： 流动资产÷资产总额＝30%

流动负债÷负债总额＝1−长期负债÷负债总额＝1−70%＝30%

资产负债率＝负债总额÷资产总额＝80%

因此，流动资产÷流动负债＝30%÷（30%×80%）＝1.25

5. 速动比率

速动比率是速动资产与流动负债之比，反映企业（项目）在短时间内实际的短期债务的偿还能力，较流动比率可以更为准确地反映偿还流动负债能力，应按下式计算：

$$速动比率 = \frac{速动资产}{流动负债} \times 100\% \qquad (6-14)$$

式中：速动资产＝流动资产－存货

项目生产经营期内各年的速动比率可通过资产负债表求得。速动比率是流动比率的补充，用以衡量项目可以立即用于清偿流动负债的能力，表明项目每百元流动负债有多少速动资产作为支付的保障。该指标越高，说明偿还流动负债的能力越强。该指标过高，说明企业（项目）资金利用效率低，对企业的运营也不利。国际公认的标准比率为100%。该指标在不同行业间也有较大差异。

上述反映项目偿债能力的分析指标，在分析项目清偿能力时，可以根据项目具体情况选用，并结合行业特点和项目实际情况选用判断项目偿债能力的参数。

6.4　财务生存能力分析

6.4.1　财务生存能力分析内容

在项目（企业）运营期间，确保从各项经济活动中得到足够的净现金流量是项目能够持续生存的条件。财务分析中应根据财务计划现金流量表，综合考虑项目计算期内各年的投资活动、融资活动所产生的各项现金流入和流出，计算净现金流量和累计盈余资金，分析项目是否有足够的净现金流量维持正常运营。为此，财务生存能力分析亦可称为资金平衡分析。

应结合偿债能力分析进行财务生存能力分析，如果拟安排的还款期过短，致使还本付息负担过重，导致为维持资金平衡必须筹借的短期借款过多，可以调整还款期，减轻各年还款负担。

通常，运营前期的还本分析付息负担较重，故应特别注重其前期的财务生存能力分析。

财务生存能力分析主要是计算各年的投资活动、融资活动和经营活动所产生的各项现金流入和流出，计算净现金流量和累计盈余资金，分析项目是否有足够的净现金流量维持正常运营，具体从以下两个方面来判断项目的财务生存能力。

1.分析计算净现金流量

拥有足够的经营净现金流量是财务可持续的基本条件，特别是在运营初期。一个项目具有较大的经营净现金流量，说明项目方案比较合理，实现自身资金平衡的可能性大，不会过分依赖短期融资来维持运营；反之，一个项目不能产生足够的经营净现金流量，或经营净现金流量为负值，说明维持维持项目正常运行会遇到财务上的困难，项目方案缺乏合理性，实现自身资金平衡的可能性小，有可能要靠短期融资来维持运营，或者是非经营项目本身无能力实现自身的资金平衡，要靠政府补贴。

2.分析计算累计盈余资金

各年累计盈余资金不出现负值是财务生存的必要条件。在整个运营期间，允许个别年份的净现金流量出现负值，但不能容许任一年份的累计盈余资金出现负值。一旦出现负值应适时进行短期融资,该短期融资应体现在财务计划现金流量表中,同时短期融资的利息也应纳入成本费用和其后的计算。较大的或较频繁的短期融资,有可能导致以后的累计盈余资金无法实现正值,致使项目难以持续运营。

6.4.2　财务生存能力分析报表编制

财务生存能力分析需要编制财务计划现金流量表,财务计划现金流量表是项目财务生存能力分析的基本报表,其编制的基础是财务分析辅助报表和利润与利润分配表。

财务计划现金流量表分为五大项,即经营活动净现金流量、投资活动净现金流量、筹资活动净现金流量、净现金流量和累计盈余资金。每一项活动的净现金流量又分为现金流入和现金流出,现金流入减现金流出为净现金流量。

1. 经营活动净现金流量

(1)现金流入

现金流入包括营业收入、增值税销项税额、补贴收入和其他流入,可根据"营业收入、营业税金及附加和增值税估算表"以及"利润与利润分配表"填列。

(2)现金流出

现金流出包括经营成本、增值税进项税额、营业税金及附加、增值税、所得税和其他流出,可根据"营业收入、营业税金及附加和增值税估算表""总成本费用估算表"以及"利润与利润分配表"填列。

2. 投资活动净现金流量

(1)现金流入

对于新建法人项目来说,投资活动的现金流入为零。

(2)现金流出

现金流出包括建设投资、维持运营投资、流动资金和其他流出,可根据"建设投资估算表""流动资金估算表""项目总投资使用计划与资金筹措表"填列。

3. 筹资活动净现金流量

(1)现金流入

现金流入包括项目资本金投入、建设投资借款、流动资金借款、债券、短期借款忽然其他流入,可根据"项目总投资使用计划与资金筹措表"填列。

(2)现金流出

现金流出包括各种利息支出、偿还债务本金、应付利润(股利分配)和其他流出,可根据"总成本费用表"和"借款还本付息表"填列。

4. 净现金流量

前三项之和为净现金流量。

5. 累计盈余资金

根据净现金流量计算累计盈余资金，"+"表示当年有资金盈余，"−"表示当年资金短缺。

6.5 改扩建项目的财务评价

6.5.1 改扩建项目的特点

改扩建项目，指既有企业利用原有资产与资源，投资形成新的生产(服务)设施，扩大或完善原有生产(服务)系统，包括改建、扩建、迁建和停产复建等。其目的在于增加产品供给、开发新型产品、调整产品结构、提高技术水平、降低资源消耗、节省运行费用、提高产品质量、发送劳动条件、治理生产环境等。它是在原有企业的基础上进行建设，与新建项目相比具有以下特点：

(1)项目是既有企业的有机组成部分，同时项目的活动与企业的活动在一定程度上是有区别的。

(2)项目的融资主体和还款主体均为既有企业。

(3)项目在不同程度上利用了既有企业的资产和资源，且不发生资产与资源的转移。

(4)建设期内既有企业生产(运营)与项目建设一般同时进行。

6.5.2 改扩建项目财务评价的特殊性

改扩建项目具有一般建设项目的共同特征。因此，一般建设项目的经济评价原则和基本方法也适用于改扩建项目。除此之外，还必须针对以上特点，在具体评价方法上具有特殊性。

项目的效益和费用计算，应采用"有无对比法"，正确识别和估算"有项目""无项目""现状""新增""增量"等五种状态下的资产、资源、效益与费用。"有项目"与"无项目"的口径和范围应保持一致，避免费用与效益误算、漏算或重复计算。

"新增" = "有项目" − "现状"

"增量" = "有项目" − "无项目"

"新增"不同于"增量"，是因为"无项目"不同于"现状"。"现状"是一种状态，反映未建项目的状况，不反映不建项目时整个计算期内可能的变化。"无项目"则是指不建该项目的方案，它考虑在没有该项目情况下整个计算期内可能的变化状况。如果没有该项目情况下整个计算期内不发生任何变化，即"无项目"等于"现状"，则"增量"与"新增"数据是相同的。

改扩建项目经济评价的特点是对项目的效益和费用进行增量计算，从而得到增量评价指标，用以判别项目的可行性。如某农田水利项目建成后，农业产量将比项目前每年递增5%。但若无该项目，由于耕作技术的提高，产量每年也可递增2%。根据有无对比法，这个水利项目的增量效益是3%，而不是5%。如果把5%的效益全部归功于这个水利项目，就会做出错误的判断。

根据"无项目"和"有项目"时企业净效益的各种具体情况，可将改扩建项目归纳为以下种几类型：

（1）"有项目"和"无项目"的净效益都增长，其增量效益为"有项目"与"无项目"的净效益之差。部分工业和农业项目属于此类。

（2）"有项目"可以防止"无项目"时的效益递减，维持项目前的净效益水平。采掘工业项目就常常是如此，如不增加新的投资，最终将"采死"。

（3）可以避免"无项目"时净效益的逐年下降，而且比"现状"的净效益有所增加。例如老企业由于机械设备老化，产量逐年减少，净效益递减。改扩建后，既增加了产量，又降低了原材料和能源消耗，降低了生产成本，从而使增量净效益逐年增长。

（4）"有项目"和"无项目"的净效益都逐年下降。例如矿山企业，特别是露天矿进入深部开采时，净效益逐年降低；增加投资进行技术改造，就可以延缓净效益下降的速度。

6.5.3　改扩建项目财务评价的增量费用与增量效益

1. 增量费用的识别与计算

（1）在增量费用的识别与计算中应注意沉没成本的处理

在改扩建项目的经济评价中经常遇到沉没成本，应特别重视。改扩建项目主要是分析增量效益和增量费用，而增量效益并不完全来源于新增投资，其中一部分是来自原有固定资产潜力的发挥。是否要将效益的一部分分摊给原有资产，或是将原有资产的一部分价值加入新增投资来计算增量效果呢？答案是否定的。因为从"有项目"和"无项目"对比的观点来看，没有该项目，原有的潜力并不能产生增量效益，改扩建项目的主要好处也就是能利用原有的设施的潜力。因此，可以说沉没成本起源于过去的决策行为，与现行的可行方案决策无关，在计算增量投资时不应计算沉没成本。

过去预留发展的设施。过去建设时已考虑到了今天的扩建，比如厂房预留了新设备安装的位置、变压器考虑了增容等。在此情况下进行改扩建，这笔已花的投资便是沉没成本。因为不进行改扩建，这笔费用也是无法收回的。

停建项目的已建设施。有些项目曾经上马，并已建设了一部分，后因种种原因停了下来，现在又打算继续建设。在此情况下，已花的投资也是沉没成本，不应将其原值计入新投资中，而只计算已有设施现时尚可卖得的净价值（扣除拆除费用后）。

利用已有设施的潜在能力。改扩建项目大都是在已有设施基础上进行的，或多或少都会利用旧设施，不论其潜力多大，已花投资都属于沉没成本。比如某钢铁厂的轧机潜力很大，需要扩大炼钢生产能力供应钢锭。该项目的效益可按这部分增产钢材的销售收入计算。而投资只计算扩建炼钢及相应设施所需的新增投资，被利用轧机的原有投资一概不予计算。

用于新项目的折旧完了的资产。有的改扩建项目需要利用一些老资产，它们是已经折旧完了的资产。这种资产应作为沉没成本，不计入新增投资，但是在计算改造后的总投资时应计入。

（2）几种增量费用的计算

①固定资产投资

a. "有项目"的投资计算。应包括新增投资和可利用的原有固定资产价值并扣除拆除资产回收的净价值,后者应按重估值或可卖得的净价值计算,若账面价值(即固定资产净值)基本符合实际情况,也可采用账面价值。

b."无项目"的投资计算。原有的投资应采用原有固定资产的重估值或账面价值。如果按"有项目"的计算期计算,必要时还应计算在此期间为维持生产更新设备所需求的追加投资。

c.增量投资的计算。增量投资是"有项目"对"无项目"的投资差额。直接计算增量投资时,无须核定原有投资的重估值,但要计算新增投资及拆除旧资产回收的净价值。

②经营成本

改扩建项目如果有几种目标(例如增加产量又降低成本)同时存在,要计算"有项目"对"无项目"的差额,以免重复计算或漏算。

2.增量效益的识别与计算

改扩建项目的目标不同,其效益可能表现为几个方面或者某几个方面的综合。例如,提高产量、增加品种、提高质量、降低能耗、合理利用资源、提高技术装备水平、改善劳动条件或减轻劳动强度、保护环境和综合利用等,效益的形式多样且复杂,这就给增量效益的识别与计算增加了困难。一般情况下增量效益有两种计算方法:

(1)增量效益与老企业原有效益分开计算。例如扩建独立车间、增加与老产品无关的新产品时,其增量效益就是改扩建部分新增的销售收入。

(2)增量效益与老企业原有效益难以分开计算的,需分别计算"有项目"与"无项目"时的总效益,其增量效益为二者之差。

在实践中,改扩建项目类型很多,其效益的表现形式各异。单纯增加产量的扩建项目,其增量效益就是新增产量的销售收入。新增产量是同"无项目"对比而言的。"无项目"的产量可能由于经营管理的改善而逐年增长,也可能由于生产条件的恶化(如采掘工业)而逐年下降,故新增产量可能不是一个固定数字。单纯增加产品品种的扩建项目,其增量效益就是新增产品品种的销售收入。改变产品结构的项目(增加新产品、取消某些老产品),其增量效益就是新产品结构的总销售收入与老产品结构的总销售收入之差。不增加产量只提高产品质量的改造项目,其增量效益指产品随质量提高而增加的销售收入,即售价提高后与售价提高前销售收入的差额。单纯为降低成本的项目,其增量效益就是经营成本的节约额。

6.5.4 改扩建项目的财务评价

1.改扩建项目的财务评价内容和指标

改扩建项目的财务评价和新建项目一样,主要对项目进行财务盈利能力分析、清偿能力分析和不确定性分析。所用指标与新建项目相同,盈利能力分析的主要指标有财务内部收益率、财务净现值、投资回收期、总投资收益率、资本金净利润率等。清偿能力分析的主要指标有资产负债率、利息备付率、偿债备付率。

改扩建项目的财务分析采用一般建设项目财务分析的基本原理和分析指标。项目与既有企业既有联系又有区别,一般要进行两个层次的分析:

（1）项目层次

盈利能力分析遵循"有无对比"的原则，利用有项目与"无项目"的效益与费用计算增量效益与增量费用，用于分析项目的增量盈利能力，并作为项目决策的主要依据之一。清偿能力分析主要分析"有项目"的偿债能力，若"有项目"还款资金不足，应分析"有项目"还款资金的缺口，即既有企业应为项目额外提供的还款资金数额。财务生存能力分析"有项目"财务生存能力。符合简化条件时，项目层次分析可直接用"增量"数据和相关指标进行分析。

（2）企业层次

企业层次分析的是既有企业以往的财务状况与今后可能的财务状况，了解企业生产与经营情况、资产负债结构、发展战略、资源利用优化的必要性、企业的信用等。特别要关注企业为项目的速效能力、企业自身的资金成本或同项目有关的资金机会成本。有条件时要分析既有企业包括项目债务在内的还款能力。

改扩建项目应分析项目对既有企业的贡献，通过计算项目实施后既有企业的营业收入、利润总额等指标的"新增"数据及相关增长率，估算项目投资活动对既有企业财务状况改善的贡献。

2. 改扩建项目的财务评价相关报表

改扩建项目财务评价的报表可参照新建项目。一般情况下，财务（效益）和费用分别单列"有项目""无项目"和"增量"的流入与流出表格，并根据"增量"表格计算财务评价指标。

6.5.5 改扩建项目经济评价中应注意的问题

1. 项目与企业的关系

改扩建项目与原有企业之间存在着既相对独立又相互依存的特定关系，在项目评价中应特别加以注意。除企业进行总体改造外，一般改扩建项目并不涉及整个企业，在经济评价中，项目范围的界定应以说明项目的效益和费用为准。这样既可减少数据采集和计算的工作量，又不影响评价结论。

2. 计算期的可比性

进行有无对比时，应注意"有项目"与"无项目"两种情况下，效益和费用的计算范围、计算期应保持一致，具有可比性。为使计算期保持一致，应以"有项目"的计算期为准，对"无项目"的计算期进行调整。在一般情况下，可通过追加投资（局部更新或全部更新）来维持"无项目"时的生产经营，使其寿命期延长到与"有项目"的计算期相同，并在计算期末将固定资产余值回收。在某些情况下，通过追加投资延长其寿命期。技术上不可行或经济上明显不合理时，应使"无项目"的生产经营适时终止，其后各年的现金流量为零。

3. 有关的几种数据

在改扩建项目经济评价中，关于效益和费用的数据可以分为以下几种：

（1）"现状"数据。它反映项目实施前的效益和费用现状，是单一的状态值。具体计算时，一般可用实施前一年的数据，当该年数值不具有代表性时，可以选用有代表性年份的数值或近几年数据的平均值。

（2）"无项目"数据。它是指不实施项目时，在现状基础上，考虑计算期内效益和费用的变化趋势，经预测得出的数值序列。

（3）"有项目"数据。它是实施项目后的总量效益和费用，是一个数值序列。

（4）"新增"数据。它是通过"有项目"效益和费用分别减去现状效益和费用得到的差额。有些数据是先有新增值，再计算出"有项目"数值。例如：先估算新增投资，再计算出"有项目"时的总量投资。

（5）"增量"数据。它是通过"有项目"效益和费用分别减去"无项目"效益和费用得到的差额，即"有无对比"数据。

4. 关于盈利能力分析

改扩建项目的盈利能力分析从本质上说是对"建项目"和"不建项目"两个方案进行比较，优选其中一个方案。方案比较最基本的方法是差额分析，也就是"有项目"相对于"无项目"的有无对比，增量计算。盈利能力分析指标可以反映项目在财务上和经济上是否合理，是否应该投资建设。因此，盈利能力分析的结论对投资决策起主导作用。

5. 关于固定资产和折旧

在不涉及产权转移时，原有固定资产价值采用账面值（原值和净值）计算。固定资产投资和折旧计算时需注意以下几点：

（1）项目范围内的原有固定资产可分为"继续利用"和"不再利用"两部分。计算"有项目"投资时，原有资产无论其利用与否，均与新增投资一起计入投资费用。"不再利用"的资产如果变卖，其价值按变卖值和变卖时间另行计入现金流入及资金来源栏目，不能冲减新增投资。

（2）在"有项目"情况下，不再利用的原有固定资产只要不处理（报废或变卖），就仍然是固定资产的一部分，但是不能提取折旧，因而导致新增折旧不等于新增固定资产的折旧。

"新增"折旧是指"有项目"折旧与"现状"折旧的差额，它等于新增固定资产的折旧加上可利用的原有固定资产应该计提的折旧，再减去不再利用的原有固定资产本来应该计提的折旧。只有在原有固定资产全部利用的情况下，"新增"折旧与新增固定资产的折旧才相等。

在清偿能力分析中用到"新增"折旧数值时，如果不再利用的原有固定资产的价值较小，为简化计算，也可直接采用新增固定资产的折旧。

6. 关于机会成本

如果项目利用的现有资产有明确的其他用途（出售、出租或有明确的使用效益），那么将资产用于该用途能为企业带来的收益被看作项目使用该资产的机会成本，也是"无项目"时的收入，按照有无对比识别效益和费用的原则，应该将其作为"无项目"时的现金流入。

6.6　案例分析

本案例为一新建进口替代产品投资项目的财务评价。本项目经济评价前的基础工作已经完成。项目生产规模为年产 P 产品2.3万吨，主要技术和设备拟从国外引进。

6.6.1　基础数据及估算

1.总投资

（1）固定资产投资

本项目建设投资用概算法估算，估算额为49803万元，其中外汇为3454万美元。基本预备费按工程费用和其他费用合计的10%计算，涨价预备费的计算仅考虑国内配套投资的涨价因素，建设期内年平均涨价率取1%，外汇与人民币换算的汇率为1美元＝8.00元人民币。

建设投资估算见建设投资估算表（概算法）（表6-5）。建设期利息估算见建设期利息估算表（表6-6）。

建设期利息根据项目总投资使用计划与资金筹措表（表6-8）估算，估算值为5073万元，其中外汇为472万美元。

（2）流动资金

本项目流动资金按分项详细估算法进行估算，估算总额为8566万元，详见流动资金估算表6-7。

（3）项目总投资

$$\frac{项目总}{投资}=\frac{建设期}{投资}+\frac{建设期}{利息}+\frac{流动}{资金}=49803+5073+8566=63442（万元）$$

其中，外汇为3926万美元。

2.投资使用计划及资金筹措

按本项目实施进度规划，项目建设期为三年，三年的投资分年使用比例约为第一年20%，第二年55%，第三年25%。流动资金从投产第一年起按生产负荷安排使用。本项目第四年投产，当年生产负荷为设计能力的70%，第五年为90%，第六年达到100%。

本项目自有资金为13200万元，其余均为借款，外汇全部为国外借款，年有效利率为9%；人民币借款均为国内借款，其中固定资产投资借款的有效年利率为9.6%，流动资金借款的有效年利率为8.64%。

项目总投资使用计划与资金筹措详见项目总投资使用计划与资金筹措表（表6-11）。

3.销售收入和销售税金及附加

本项目每吨产品出厂价（含税价）按21800元计算，正常生产年份的年销售收入估算值为50140万元。产品全部内销。

本产品缴纳增值税，增值税率为17%，城乡维护建设税按增值税额的7%计取，教育费附加按增值税额的 3% 计取。正常年份的营业税金及附加为 311.21 万元。

营业收入和营业税金及附加和增值税估算见营业收入和营业税金及附加和增值税表（表6-9）。

4. 项目计算期，折旧及摊销费

根据项目实施进度规划，本项目建设期为 3 年。由项目技术经济特点等因素，本项目生产期确定为 15 年，其中投产期 2 年，达产期 13 年，项目计算期 18 年。投产期 2 年的达产比例依序为 70%、90%。

本项目计入固定资产原值的费用包括固定资产投资中的工程费用、土地费用和预备费、建设期利息。固定资产原值合计为 51839 万元，按年限平均法计算折旧，折旧年限为 15 年，净残值率取 4%，折合年折旧率 6.4%。由此得年折旧额为 3317.7 万元。详见固定资产折旧费估算表（表6-10基3）。

在本项目建设投资中的其他费用中，除土地费用进入固定资产原值外，其余费用计为项目的无形及其他资产，其值为 3037 万元。其中，无形资产为 2300 万元，其他资产 737 万元。无形资产按 10 年摊销，残值为零，年摊销费为 230 万元，其他资产按 5 年摊销，年摊销 147.4 万元，详见无形资产和其他资产摊销估算表（表6-10基4）。

5. 产品成本费用

本项目的外购原材料、燃料、动力费用估算及总成本估算分别见外购原材料费用估算表、外购燃料动力费用估算表和总成本费用估算表（表6-10基1、表6-10基2、表6-10）。

其中，所有的原材料、辅助原材料及燃料动力价格均为预测到生产期初的价格（到厂含税价）。

工资及福利费按全厂定员和人均月工资及福利费估算。全厂定员为 820 人，人均月工资 1800 元，福利费按工资额的 14% 计取。由此得年工资及福利费总额为 2019.2 万元。

修理费按折旧额的 5% 计取，每年为 165.9 万元。

财务费用包括长期借款利息和流动资金借款利息，长期借款利息估算见借款还本付息计划表（表6-11）。流动资金借款利息按当年及以前年份流动资金借款合计乘以流动资金借款年有效利率计算，正常年份的年应计利息为 463.6 万元。

其他费用包括在制造费用、销售费用、管理费用中扣除工资及福利费、折旧费、摊销费、修理费后的费用和土地使用税。为简化计算，前者按固定资产原值（扣除建设期利息）的 2.5% 计算，每年为 1170 万元，土地使用税每年 170 万元，其他费用共计每年 1340 万元。

6. 利润及利润分配

本项目利润及利润分配估算见利润与利润分配表（表6-12），其中，所得税按利润总额的 33% 计取。各年份按可供分配利润的 10% 计提盈余公积金，在国内长期借款本金未偿还完之前，不进行利润分配，可供分配利润全部计入未分配利润，用于还本付息。在当年还本付息后资金有剩余时，提取剩余部分的 15% 的任意盈余公积金，其余部分作为应付利润分配给项目投资主体。

7. 借款还本付息计算

本项目长期借款的还本付息估算见借款还本付息计划表(表 6-11),累计到生产期初的建设期利息转计为借款本金,生产期应计利息计入财务费用,还本资金来源为折旧费、摊销费和未分配利润。

其中,外汇借款从投产第一年起按 8 年等额还本、计算利息,表中外汇借款还本付息估算均折算为人民币列示,由于本项目产品用于替代进口,且出售时全部收取人民币,项目没有外汇收入,偿还外汇借款本息的外汇为按 1 美元兑 8.0 元人民币的比价购买的外汇。

人民币借款的偿还,是在优先保证外汇借款偿还的前提下,按投产后的最大偿还能力计算还本付息。项目流动资金借款本金在项目计算期末用回收流动资金偿还,流动资金利息计入财务费用。

8. 行业基准

本项目行业基准收益率为 12%,基准投资回收期(含建设期)为 10.3 年。

表 6-5 建设投资估算表(概算法) 人民币单位:万元 外币单位:万美元

序号	工程或费用名称	建筑工程费	设备购置费	安装工程费	其他费用	合计	其中:外币	比例/%
1	工程费用	2362	27444	10843		40649	2899	81.62
1.1	主体工程	1031	22556	9512		33099	2899	66.46
	其中:外汇		2029	870		2899		
1.2	辅助工程	383	1052	51		1486		2.98
1.3	公用工程	449	2488	1017		3954		7.94
1.4	服务性工程	262				262		0.53
1.5	厂外工程			38		38		0.08
1.6	环保工程	185	1100	225		1510		3.03
1.7	总图运输	52	248			300		0.60
2	工程建设其他费用				3649	3649	241	7.33
	其中:土地费用				612	612		1.23
	(1+2)	2362	27444	10843	3649	44298	3140	88.95
3	预备费				5505	5505	314	11.05
3.1	基本预备费				4430	4430	314	8.90
3.2	涨价预备费				1075	1075		2.16
4	建设投资合计	2362	27444	10843	9154	49803	3454	100
	比例(%)	4.74	55.11	21.77	18.38	100		

注:1. "比例"分别指各主要科目的费用(包括横向和纵向)占建设投资的比例。

2. 本表适用于新设法人项目与既有法人项目的新增建设投资的估算。

3. "工程或费用名称"可依不同行业的要求调整。

表 6-6　建设期利息估算表　　　　人民币单位：万元　　外币单位：万美元

序号	项目	合计	建设期		
			1	2	3
1	外汇借款(9%)				
1.1	建设期利息	471.7	31.5	151.3	288.9
1.1.1	期初借款余额		0	731.5	2782.8
1.1.2	当期借款	3454	700	1900	854
1.1.3	当期应计利息	471.7	31.5	151.3	288.9
1.1.4	期末借款余额	3926.7	731.5	2782.8	3925.7
1.2	其他融资费用				
1.3	小计(1.1+1.2)	471.7	31.5	151.3	288.9
2	人民币借款				
2.1	建设期利息	1299.2	20.9	341.13	937.2
2.1.1	期初借款余额		0	456.9	6991.9
2.1.2	当期借款	12171	435	6195	5541
2.1.3	当期应计利息	1299.2	20.9	341.13	937.2
2.1.4	期末借款余额	13470.1	455.9	6993.03	13470.1
2.2	其他融资费用				
2.3	小计(2.1+2.2)	1299.2	20.9	341.13	937.2
3	合计(1.3+2.3)	5072.8	272.9	1551.5	3248.4
3.1	建设期利息合计(1.1+2.1)	5072.8	272.9	1551.5	3248.4
3.2	其他融资费用合计(1.2+2.2)				

建设期利息估算表计算说明：

根据项目总投资使用计划，建设期三年外币投资额投资为 700 万美元、1900 万美元、854 万美元，国内投资额分别为 4435 万元、12195 万元、5541 万元，自有资金建设期前两年分别投资 4000 万元、6000 万元。现以第二年为例说明外汇建设期利息的计算。

第一年外汇借款利息 $= \dfrac{700}{2} \times 9\% = 31.5$（万美元）

第二年外汇借款利息 $= \dfrac{1900}{2} \times 9\% + (700 + 31.5) \times 9\% = 151.3$（万美元）

表 6-7　流动资金估算表　　　人民币单位：万元　外币单位：万美元

序号	项目	最低周转天数	周转次数	计算期			
				4	5	6	7~18
1	流动资产			8010	10012	11014	11014
1.1	应收账款	30	12	1978	2543	2826	2826
1.2	存货			5851	7237	7930	7930
1.3	现金	15	24	181	232	258	258
2	流动负债			1714	2203	2448	2448
2.1	应付账款	30	12	1714	2203	2448	2448
3	流动资金(1-2)			6296	7809	8566	8566
4	流动资金当期增加额			6296	1513	757	0

注：1. 本表适用于新设法人项目与既有法人项目的"有项目""无项目"和增量流动资金的估算。

2. 表中科目可视行业变动。

3. 如发生外币流动资金，应另行估算后予以说明，其数额应包含在本表数额内。

4. 不发生预付账款和预收账款的项目可不列此两项。

表 6-8　项目总投资使用计划与资金筹措表

人民币单位：万元　外币单位：万美元

序号	项目	合计			1			2		
		人民币	外币	合计	人民币	外币	合计	人民币	外币	合计
1	总投资	32036	3926	63442	4456	731.5	10308	12536	2051	28947
1.1	建设投资	22171	3454	49803	4435	700	10035	12195	1900	27395
1.2	建设期利息	1299	472	5073	20.9	31.5	272.9	341.1	151.3	1552
1.3	流动资金	8566		8566						
2	资金筹措	32036	3926	63442	4456	731.5	10308	12536	2051	28947
2.1	项目资本金	13200		13200	4000		4000	6000		6000
2.1.1	用于建设投资	10000		10000	4000		4000	6000		6000
2.1.	用于流动资金	3200		3200						
2.1.3	用于建设期利息									
2.2	债务资金	18836	3926	50142	455.9	731.5	6308	6536	2051	22947
2.2.1	用于建设投资	12171	3454	39803	435	700	6035	6195	1900	21395
	××借款	12171	3454	39803	435	700	6035	6195	1900	21395
	××债券									
2.2.2	用于建设期利息	1299	472	5073	20.9	31.5	272.9	341.1	151.3	1552
	××借款	1299	472	5073	20.9	31.5	272.9	341.1	151.3	1552
	××债券									

续表6-8

序号	项目	合计			1			2		
		人民币	外币	合计	人民币	外币	合计	人民币	外币	合计
2.2.3	用于流动资金	5366		5366						
	××借款	5366		5366						
	××债券									
2.3	其他资金									

序号	项目	3			4			5		
		人民币	外币	小计	人民币	外币	小计	人民币	外币	小计
1	总投资	6478	1143	15621	6296		6296	1513		1513
1.1	建设投资	5541	854	12373						
1.2	建设期利息	937.2	288.9	3248						
1.3	流动资金				6296		6296	1513		1513
2	资金筹措	6478	1143	15621	6296		6296	1513		1513
2.1	项目资本金				3000		3000	200		200
2.1.1	用于建设投资									
2.1.2	用于流动资金				3000		3000	200		200
2.1.3	用于建设期利息									
2.2	债务资金	6478	1143	15621	3296		3296	1313		1313
2.2.1	用于建设投资	5541	854	12373						
	××借款	5541	854	12373						
	××债券									
2.2.2	用于建设期利息	937.2	288.9	3248						
	××借款	937.2	288.9	3248						
	××债券									
2.2.3	用于流动资金				3296		3296	1313		1313
	××借款				3296		3296	1313		1313
	××债券									
2.3	其他资金									

序号	项目	6			7			8		
		人民币	外币	小计	人民币	外币	小计	人民币	外币	小计
1	总投资	757		757						
1.1	建设投资									
1.2	建设期利息									
1.3	流动资金	757		757						

续表6-8

序号	项目	6			7			8		
		人民币	外币	小计	人民币	外币	小计	人民币	外币	小计
2	资金筹措	757		757						
2.1	项目资本金									
2.1.1	用于建设投资									
2.1.2	用于流动资金									
2.1.3	用于建设期利息									
2.2	债务资金	757		757						
2.2.1	用于建设投资									
	××借款									
	××债券									
2.2.2	用于建设期利息									
	××借款									
	××债券									
2.2.3	用于流动资金	757		757						
	××借款	757		757						
	××债券									
2.3	其他资金									

注：1. 本表按新增投资范畴编制。

2. 本表建设期利息一般可包括其他融资费用。

3. 对既有法人项目，项目资本金中可包括新增资金和既有法人货币资金与资产变现或资产经营权变现的资金，可分别列出或加以文字说明。

表6-9 营业收入、营业税金及附加和增值税估算表　　　人民币单位：万元

序号	项目	合计	计算期				
			4	5	6	…	18
1	营业收入						
1.1	产品P营业收入	732044	35098	45126	50140	50140	50140
	单价		21800	21800	21800	21800	21800
	数量(吨)		1.61	2.07	2.3	2.3	2.3
	销项税额	106366.4	5099.7	6556.8	7286.3	7286.3	7286.3
2	营业税金与附加	4509.97	216.22	248.02	311.21	311.21	311.21
2.1	营业税						
2.2	消费税						
2.3	城市维护建设税	3178.01	151.34	194.62	217.85	217.85	217.85

续表6-9

序号	项目	合计	计算期				
			4	5	6	…	18
2.4	教育费附加	1361.96	64.88	83.40	93.36	93.36	93.36
3	增值税	45400.1	2162.5	2780.3	3112.1	3112.1	3112.1
	销项税额	106366.4	5099.7	6556.8	7286.3	7286.3	7286.3
	进项税额	60966.3	2937.2	3776.5	4173.2	4173.2	4173.2

注：1.本表适用于新设法人项目与既有法人项目的"有项目""无项目"和增量的营业收入、营税金与附加和增值税估算。

2.根据行业或产品的不同可增减相应税收科目。

营业收入、营业税金及附加和增值税估算表编制说明。

以第四年数据计算为例：

因为产品销售价格与原材料、燃料和动力价格均为含税价，增值税税率为17%所以

$$第四年销项税额 = \frac{35098}{(1+17\%)} \times 17\% = 5099.7（万元）$$

从外购原材料费估算表和燃料、动力费估算表中获得第四年的进项税额为2937.2万元。

第四年增值税 = 销项税额 - 进项税额

= 5099.7 - 2937.2

= 2162.5（万元）

第四年城市维护建设税 = 2162.5 × 7% = 151.34（万元）

第四年教育费附加 = 2162.5 × 3% = 64.88（万元）

第四年销售税金及附加 = 151.34 + 64.88 = 216.22（万元）

表6-10 基1外购原材料费估算表　　　　　人民币单位：万元

序号	项目	合计	计算期					
			4	5	6	7	…	18
1	外购原材料	241279	11568	14873	16526	16526	16526	16526
1.1	原材料A	144767.3	6940.7	8923.8	9916.6	9916.6	9916.6	9916.6
	单价		0.7079	0.7079	0.7079	0.7079	0.7079	0.7079
	数量	204502	9805	12606	14007	14007	14007	14007
	进项税额	24258.7	1008.5	1517.0	1658.6	1658.6	1658.6	1658.6
1.2	原材料B	96511.7	4627.3	5949.2	6610.4	6610.4	6610.4	6610.4
	单价		0.6973	0.6973	0.6973	0.6973	0.6973	0.6973
	数量	138408.2	6636.4	8531.8	9480.0	9480.0	9480.0	9480.0
	进项税额	16407.4	672.3	1011.4	1123.8	1123.8	1123.8	1123.8
2	辅助材料费用	4826.58	231.36	297.46	330.52	330.52	330.52	330.52

续表6-10

序号	项目	合计	计算期					
			4	5	6	7	…	18
	进项税额	820.37	33.62	50.57	56.19	56.19	56.19	56.19
3	其他							
	进项税额							
4	外购原材料合计	207110	11799	15170	16857	16857	16857	16857
5	外购原材料进项税额合计	41486.5	1714	2579.0	2838.6	2838.6	2838.6	2838.6

注：本表适用于新设法人项目与既有法人项目的"有项目""无项目"和增量成本费用的估算。

原材料费估算说明：

外购原材料价格均为含税价格，现以原材料 A 为例说明其进项税额的计算。

第四年原材料 A 进项税额 $= \dfrac{6940.7}{(1+17\%)} \times 17\% = 1008.5$（万元）

同理，第四年原材料 B、辅助材料的进项税额分别为 786.64 万元与 39.33 万元。

第四年外购原材料进项税额 $= 1008.5+672.3+33.62 = 1714$（万元）

表6-10　基2 外购燃料和动力费估算表　　　　　　人民币单位：万元

序号	项目	合计	计算期					
			4	5	6	7	…	18
1	燃料费							
1.1	煤	22351.3	1119.6	1439.5	1599.4	1599.4	1599.4	1599.4
	单价		0.0380	0.0380	0.380	0.380	0.380	0.0380
	数量（吨）	614514	29463	37881	42090	42090	42090	42090
	进项税额	3969.75	162.7	244.72	271.90	271.90	271.90	271.90
2	动力费							
2.1	电	140620.3	6742.4	8668.4	9631.5	9631.5	9631.5	9631.5
	单价（元）		1.52	1.52	1.52	1.52	1.52	1.52
	数量（万度）	96413	4436.6	5702.9	6636.5	6636.5	6636.5	6636.5
	进项税额	23907.3	979.66	1473.6	1637.4	1637.4	1637.4	1637.4
3	水	11569.1	554.7	713.2	792.4	792.4	792.4	792.4
	单价（元）		1.98	1.98	1.98	1.98	1.98	1.98
	数量（万吨）	5842.9	280.1	360.2	400.2	400.2	400.2	400.2
	进项税额	1966.6	80.6	121.2	134.7	134.7	134.7	134.7
4	外购燃料及动力费合计	175536.7	8416.7	10821	12023	12023	12023	12023
	外购燃料及动力进项税额合计	29842.3	1223	1839.5	2044	2044	2044	2044

注：本表适用于新设法人项目与既有法人项目的"有项目""无项目"和增量外购燃料动力费的估算。

表 6-10　基 3 固定资产折旧费估算表　　　　　　　人民币单位：万元

序号	项目	合计	计算期				
			4	5	6	7	8
1	固定资产合计	51839					
1.1	原值	51839	51839	48521.3	45203.6	41886.9	38568.2
1.2	当期折旧费	49765.5	3317.7	3317.7	3317.7	3317.7	3317.7
1.3	净值		48521.3	45203.6	41885.9	38568.2	35250.5

序号	项目		计算期				
			9	10	11	12	13
11	固定资产合计						
1.1	原值		35250.5	31932.8	28616.1	25297.4	21979.7
1.2	当期折旧费		3317.7	3317.7	3317.7	3317.7	3317.7
1.3	净值		31932.8	28615.1	25297.4	21979.7	18662.0

序号	项目		计算期				
			14	15	16	17	18
1	固定资产合计						
1.1	原值		18662.0	15344.3	12026.6	8708.9	5391.2
1.2	当期折旧费		3317.7	3317.7	3317.7	3317.7	3317.7
1.3	净值		15344.3	12026.6	8708.9	5391.2	2073.5

注：本表适用于新设法人项目固定资产折旧费的估算，以及既有法人项目的"有项目""无项目"和增量固定资产折旧费的估算。当估算既有法人项目的"有项目"固定资产折旧费时，应将新增和利用原有部分固定资产分别列出，并分别计算折旧费。

表 6-10　基 4 无形资产和其他资产摊销估算表　　　　　人民币单位：万元

序号	项目	合计	计算期				
			4	5	6	7	8
1	无形资产						
	原值	2300	2300	2070	1840	1610	1380
	当期摊销费		230	230	230	230	230
	净值		2070	1840	1610	1380	1150
2	其他资产（摊销年限 5 年）						
	原值	737	737	589.6	442.2	294.8	147.4
	当期摊销费		147.4	147.4	147.4	147.4	147.4
	净值		589.6	442.2	294.8	147.4	0
3	合计						

续表6-10

序号	项目	合计	计算期				
			4	5	6	7	8
	原值	3037	3037	2659.6	2282.2	1904.8	1527.4
	当期摊销费		377.4	377.4	377.4	377.4	377.4
	净值		2659.6	2282.2	1904.8	1527.4	1150

序号	项目		计算期				
			9	10	11	12	13
1	无形资产						
	原值		1150	230920	690	460	230
	当期摊销费		230	230	230	230	230
	净值		920	690	460	230	0
2	其他资产						
	原值						
	当期摊销费						
	净值						
3	合计						
	原值		1150	920	690	460	230
	当期摊销费		230	230	230	230	230
	净值		920	690	460	230	0

注：本表适用于新设法人项目固定资产折旧费的估算，以及既有法人项目的"有项目""无项目"和增量摊销费的估算。当估算既有法人项目的"有项目"摊销费时，应将新增和利用原有部分的资产分别列出，并分别计算摊销费。

表6-10 总成本费用估算表(生产要素法) 人民币单位：万元

序号	项目	合计	计算期					
			4	5	6	7	8	9
1	外购原材料费	207110	11799	15170	16857	16857	16857	16857
2	外购燃料及动力费	175537	8416.7	10821	12023	12023	12023	12023
3	工资及福利费	29480.3	1413.4	1817.3	2019.2	2019.2	2019.2	2019.2
4	修理费	2488.5	165.9	165.9	165.9	165.9	165.9	165.9
5	其他费用	20100	1340	1340	1340	1340	1340	1340
6	经营成本(1+2+3+4+5)	473714	23135	29314	32405	32405	32405	32405
7	折旧费	49765.5	3317.7	3317.7	3317.7	3317.7	3317.7	3317.7
8	摊销费	3037	377.4	377.4	377.4	377.4	377.4	230
9	利息支出	22317	4262	3910.5	3209.2	2302.6	1876.9	1523.5

续表6-10

序号	项目	合计	计算期					
			4	5	6	7	8	9
10	总成本费用合计(6+7+8+9)	499068	31092	36920	39309	38403	37977	37476
	其中:可变成本	473714	23135	29314	32405	32405	32405	32405
	固定成本	25354	7957.1	7607.6	6904.3	5997.7	5572	5071.2

序号	项目	计算期						
		10	11	12	13	14	…	18
1	外购原材料费	16526	16526	16526	16526	16526	…	16526
2	外购燃料及动力费	12023	12023	12023	12023	12023	…	12023
3	工资及福利费	2019.2	2019.2	2019.2	2019.2	2019.2	…	2019.2
4	修理费	166.9	166.9	166.9	166.9	166.9	…	166.9
5	其他费用	1340	1340	1340	1340	1340	…	1340
6	经营成本(1+2+3+4+5)	32405	32405	32405	32405	32405	…	32405
7	折旧费	3317.7	3317.7	3317.7	3317.7	3317.7	…	3317.7
8	摊销费	230	230	230	230	0	…	0
9	利息支出	1170.2	816.9	463.6	463.6	463.6	…	463.6
10	总成本费用合计(6+7+8+9)	37123	36770	36416	36416	36186	…	36186
	其中:可变成本	32405	32405	32405	32405	32405	…	32405
	固定成本	4717.9	4364.6	4011.3	4011.3	3781.3	…	3781.3

注:本表适用于新设法人项目与既有法人项目的"有项目""无项目"和增量成本费用的估算。

表 6-11　借款还本付息计划表　　　　　　　　　　　人民币单位:万元

序号	项目	合计	计算期					
			4	5	6	7	8	9
1	外汇借款(9%)							
1.1	期初借款余额		31406	27480	23554	19629	15703	11777
1.2	当期还本付息		6752.2	6398.9	6044.7	5692.3	5339.0	4986.6
	其中:还本		3925.7	3925.7	3925.7	3925.7	3925.7	3925.7
	付息		2826.5	2473.2	2119.0	1766.6	1413.3	1059.9
1.3	期末借款余额		27480	23554	19629	15703	11777	7851.4
2	国内长期借款(9.6%)							
2.1	期初借款余额		13470	11415	6867.2	754.1		
2.2	当期还本付息		3347.8	5643.9	6772.4	826.49		
	其中:还本		2054.7	4548.1	6113.1	754.1		
	付息		1293.1	1096.8	659.25	72.394		

续表6-11

序号	项目	合计	计算期					
			4	5	6	7	8	9
2.3	期末借款余额		11415	6867.2	754.1	0		
3	流动资金借款(8.64%)							
3.1	期初借款余额		3296	3296	4609	5366	5366	5366
3.2	当期还本付息		142.39	341.50	430.9	463.6	463.6	463.6
	其中:还本		0	0	0	0	0	0
	付息		142.39	341.50	430.9	463.6	463.6	463.6
3.3	期末借款余额		3296	4609	5366	5366	5366	5366
4	借款合计							
4.1	期初余额		48172	42191	35030	25749	21069	17143
4.2	当期还本付息		10242	12375	13248	6982.4	5802.6	5449.2
	其中:还本		5980.4	8473.8	10039	4679.8	3926.7	3926.7
	付息		4262	3910.5	3209.2	2302.6	1876.9	1523.5
4.3	期末借款余额		42191	33717	25749	21069	17143	13217
计算指标	利息备付率(%)		1.89	3.03	4.28	6.96	7.31	9.23

序号	项目	计算期						
		10	11	12	13	…	17	18
1	外汇借款(9%)							
1.1	当期借款余额	7851.4	3926.7					
1.2	当期还本付息	4632.3	4279.0					
	其中:还本	3925.7	3925.7					
	付息	706.63	353.31					
1.3	期末借款余额	3926.7	0					
2	国内长期借款(9.6%)							
2.1	期初借款余额							
2.2	当期还本付息							
	其中:还本							
	付息							
2.3	期末借款余额							
3	流动资金借款(8.64%)							
3.1	期初借款余额	5366	5366	5366	5366	…	5366	5366
3.2	当期还本付息	463.6	463.6	463.6	463.6	…	463.6	5829.6

续表6-11

序号	项目	计算期						
		10	11	12	13	…	17	18
	其中：还本							5366
	付息	463.6	463.6	463.6	463.6	…	463.6	463.6
3.3	期末借款余额	5366	5366	5366	5366	…	5366	0
4	借款合计							
4.1	期初余额	13217	9291.7	5366	5366	…	5366	5366
4.2	当期还本付息	5096.9	4742.6	463.6	463.6	…	463.6	5829.6
	其中：还本	3926.7	3926.7	0	0	…	0	5366
	付息	1170.2	816.9	463.6	463.6	…	463.6	463.6
4.3	期末借款余额	9291.7	5366	5366	5366	…	5366	0
计算指标	利息备付率(%)	12.1	17.39	30.6	30.6		30.6	31.2

注：1. 本表与财务分析辅助表"建设期利息估算表"可合二为一。

2. 本表直接适用于新设法人项目，如有多种借款或债券，必要时应分别列出。

3. 对于既有法人项目，在按有项目范围进行计算时，可根据需要增加项目范围内原有借款的还本付息计算；在计算企业层次的还本付息时，可根据需要增加项目范围外借款的还本付息计算；当简化直接进行项目层次新增借款还本付息计算时，可直接按新增数据进行计算。

4. 本表可另加流动资金借款的还本付息计算。

表 6-12 利润与利润分配表　　　　　　　　人民币单位：万元

序号	项目	合计	计算期				
			4	5	6	7	8
1	营业收入	742684	35098	45126	50140	50140	50140
2	营业税金及附加	4509	216.22	248.02	311.21	311.21	311.21
3	总成本费用	499068	31092	36920	39309	38403	37646
4	补贴收入						
5	利润总额(1-2-3+4)	182346	3789.8	7958.0	10520	11426	12183
6	弥补以前年度亏损						
7	应纳税所得额(5-6)	182346	3789.8	7958.0	10520	11426	12183
8	所得税	64316	1250.6	2626.1	3471.5	3770.5	4020.3
9	净利润(5-8)	122372	2539.2	5531.9	7048.5	7656.5	8162.7
10	期初未分配利润						
11	可供分配的利润(9+10)	122372	2539.2	5531.9	7048.5	7656.5	8162.7
12	提取法定盈余公积金	12237	253.92	553.19	704.85	766.55	816.27
13	可供投资者分配的利润(11-12)	110135	2285.3	4978.7	6343.7	6889.9	7346.4

续表6-12

序号	项目	合计	计算期				
			4	5	6	7	8
14	应付优先股股利						
15	提取任意盈余公积金	11427				331.52	513.11
16	应付普通股股利(13-14-15)						
17	各投资方利润分配	64754				1878.6	2907.6
	其中：××方	64754				1878.6	2908.1
	××方						
18	未分配利润(13-14-15-16-17)	33790	2285.3	4778.7	6343.7	4679.8	3926.7
19	息税前利润(利润总额+利息支出)	175457	8051.8	11869	13729	13729	14060
20	息税折旧摊销前利润 (息税前利润+折旧+摊销)	257133	11747	15564	17424	17424	17424

序号	项目	计算期					
		9	10	11	12	13	14~18
1	营业收入	50140	50140	50140	50140	50140	50140
2	营业税金及附加	311.21	311.21	311.21	311.21	311.21	311.21
3	总成本费用	37145	36792	36439	36085	36085	35855
4	补贴收入						
5	利润总额(1-2-3+4)	12684	13037	13390	13744	13744	13974
6	弥补以前年度亏损						
7	应纳税所得额(5-6)	12684	13037	13390	13744	13744	13974
8	所得税	4186.7	4302.1	4418.6	4536.5	4536.5	4611.4
9	净利润(5-8)	8498.3	8734.9	8971.4	9208.5	9208.5	9362.6
10	期初未分配利润						
11	可供分配的利润(9+10)	8498.3	8734.9	8971.4	9208.5	9208.5	9362.6
12	提取法定盈余公积金	849.83	873.49	897.14	920.85	920.85	936.26
13	可供投资者分配的利润(11-12)	7648.5	7861.4	8074.2	8287.7	8287.7	8426.4
14	应付优先股股利						
15	提取任意盈余公积金	558.4	590.4	622.2	1246.9	1246.9	1264
16	应付普通股股利(13-14-15)						
17	各投资方利润分配	3164.4	3346.3	3526.2	7059.8	7059.8	7162.4
	其中：××方	3164.4	3346.2	3526.2	7059.8	7059.8	7162.4
	××方						
18	未分配利润(13-14-15-16-17)	3926.7	3926.7	3926.7	0	0	0

续表6-12

序号	项目	计算期					
		9	10	11	12	13	14～18
19	息税前利润(利润总额+利息支出)	14207	14207	14207	14207	14207	14438
20	息税折旧摊销前利润 (息税前利润+折旧+摊销)	17755	17755	17755	17755	17755	17755

注：1. 对于外商投资项目，由第11项减去储备资金、职工奖励与福利基金和企业发展经济(外商独资项目不列企业发展基金)后，得出可供投资者分配利润。

2. 法定盈余公积金按净利润计提。

总成本费用估算表、借款还本付息计划表、利润与利润分配表编制说明：

借款的偿还方式对表格的编制有较大的影响，因本案例中采用优先偿还外汇借款后，以最大的偿还能力偿还国内借款的方式，因此，在国内借款未还完之前，以上三个表格的编制必须循环进行。

国内借款要根据项目盈利情况，随项目可用于偿还借款的资金数额而逐年变化。这是因为，长期负债生产经营期的利息计入财务费用后，由于经营期每年的利息必须支付，所以在利润与利润分配表上就有可能出现负值。另外，达产年的总成本费用受还本付息的影响，在偿还借款的各个年份是不等的，从而使利润及可用于还款的资金各年不等。

在实际操作中，国内借款偿未还完前，表格中的数据是通过借款还本付息计划表(表6-11)、总成本费用估算表(表6-10)、利润与利润分配表(表6-12)三个表逐年循环计算而求得的。首先在借款还本付息计划表中算出建设期或宽限期末尚欠的本金及利息额，据此算出投产期第一年应付的利息额；然后将其计入总成本费用估算表，并计算出第一年的总成本费用；最后将其转入利润与利润分配表，并计算出第一年的利润总额、所得税、税后利润、盈余公积金、可供分配利润和未分配利润。其中，用于还借款的未分配利润再加上可用于还借款的折旧和摊销就构成了可用于还借款的资金总额。因国外借款优先偿还，所以先扣去用于偿还国外借款本金的部分，余下部分就是可用于偿还国内借款的资金总额，将此数据列入借款还本付息计划表中，就可得到第一年末，也即第二年初的借款余额。至此，第一年的还本付息计算完毕。接着，第二年仍按以上程序循环计算，直至借款余额为零。

其计算过程以第四年为例说明如下：

由建设期利息估算表可知，第四年外汇借款余额为3926.7万美元，折算成人民币为31406.6万元，人民币借款余额为13470.1万元，由项目总投资使用计划与资金筹措表可知，第四年流动资金借款额为3296万元，则

第四年外汇借款应计利息 $= 31406.6 \times 9\% = 2826.5$ (万元)

第四年外汇借款应还本金 $= 3925.75$ (万元)

第四年人民币借款应计利息 $= 13470.1 \times 9.6\% = 1293.13$ (万元)

第四年流动资金借款应计利息 $= \dfrac{3296}{2} \times 8.64\% = 142.39$ (万元)

第四年应计利息 $= 2826.5 + 1293.13 + 142.39 = 4262.02$ (万元)

将第四年应计利息代入总成本费用估算表，计算出第四年的总成本费用。

第四年总成本费用 = 经营成本 + 折旧 + 摊销 + 利息 = 23135 + 3317.7 + 377.4 + 4262.02 = 31092（万元）

将第四年总成本费用代入利润与利润分配表，计算出第四年的利润总额、所得税、税后利润、盈余公积金、未分配利润等。

第四年利润总额 = 营业收入 − 营业税金及附加 − 总成本费用 = 35098 − 216.22 − 31092 = 3789.8（万元）

第四年应纳所得税 = 3789.8 × 33% = 1250.6（万元）

第四年可供分配利润 = 3789.8 − 1250.6 = 2539.2（万元）

第四年提取法定盈余公积金 = 2539.2 × 10% = 253.92（万元）

第四年未分配利润 = 2539.2 − 253.92 = 2285.3（万元）

第四年可用于还本的总金额 = 第四年未分配利润 + 折旧 + 摊销 = 2285.3 + 3317.7 + 377.4 = 5980.4（万元）

将数据代入借款还本付息计划表，计算可用于偿还国内借款本金的金额。

第四年偿还国内借款本金额 = 5980.4 − 3925.7 = 2054.7（万元）

依据此数据可计算第四年末国内借款余额，从而计算第二年应计利息。至此，三个表格第四年的项目全部填列完毕。

第五年的还本付息的计算按以上第四年的计算程序循环计算，直到借款余额为零。

表 6-13　项目投资现金流量表　　　　　　　　　　　人民币单位：万元

序号	项目	合计	计算期					
			1	2	3	4	5	6
1	现金流入	742684				35098	45126	50140
1.1	营业收入	732044				35098	45126	50140
1.2	补贴收入							
1.3	回收固定资产余值	2073.5						
1.4	回收流动资金	8566						
2	现金流出	541663	10308	28947	15621	29647	31075	33473
2.1	建设投资	54876	10308	28947	15621			
2.2	流动资金	8566				6296	1513	757
2.3	经营成本	473714				23135	29314	32405
2.4	营业税金及附加	4509.97				216.22	248.02	311.21
2.5	维持运营投资							
3	所得税前净现金流量(1-2)	201021	−10308	−28947	−15621	5451	14051	16667
4	累计所得税前净现金流量		−10308	−39255	−54876	−49425	−35374	−18707
5	调整所得税	66336				2657.1	3916.7	4530.5
6	所得税后净现金流量(3-5)	124044	−10308	−28947	−15621	2793.9	10134	12136
7	累计所得税后净现金流量		−10308	−39255	−54876	−52082	−41948	−29812

续表6-13

序号	项目	计算期						
		7	8	9	10	11	12	13
1	现金流入	50140	50140	50140	50140	50140	50140	50140
1.1	营业收入	50140	50140	50140	50140	50140	50140	50140
1.2	补贴收入							
1.3	回收固定资产余值							
1.4	回收流动资金							
2	现金流出	32716	32716	32716	32716	32716	32716	32716
2.1	建设投资							
2.2	流动资金							
2.3	经营成本	32405	32405	32405	32405	32405	32405	32405
2.4	营业税金及附加	311.21	311.21	311.21	311.21	311.21	311.21	311.21
2.5	维持运营投资							
3	所得税前净现金流量(1-2)	17424	17424	17424	17424	17424	17424	17424
4	累计所得税前净现金流量	-1283	16141	33565	50989	68413	85837	103261
5	调整所得税	4530.5	4530.5	4579.1	4579.1	4579.1	4579.1	4579.1
6	所得税后净现金流量(3-5)	12893	12893	12845	12845	12845	12845	12845
7	累计所得税后净现金流量	-16919	-4026	8819	21664	34509	47354	60199

序号	项目	计算期						
		14	15	16	17	18		
1	现金流入	50140	50140	50140	50140	60780		
1.1	营业收入	50140	50140	50140	50140	50140		
1.2	补贴收入							
1.3	回收固定资产余值					2073.5		
1.4	回收流动资金					8566		
2	现金流出	32716	32716	32716	32716	32716		
2.1	建设投资							
2.2	流动资金							
2.3	经营成本	32405	32405	32405	32405	32405		
2.4	营业税金及附加	311.21	311.21	311.21	311.21	311.21		
2.5	维持运营投资							
3	所得税前净现金流量(1-2)	17424	17424	17424	17424	28064		
4	累计所得税前净现金流量	120685	138109	155533	172957	201021		
5	调整所得税	4656.0	4656.0	4656.0	4656.0	4656.0		

续表6-13

序号	项目	计算期						
		14	15	16	17	18		
6	所得税后净现金流量(3-5)	12769	12769	12769	12769	12769		
7	累计所得税后净现金流量	72968	85737	98506	111275	124044		

计算指标：

项目投资财务内部收益率(%)(所得税前)21.44

项目投资财务内部收益率(%)(所得税后)16.02

项目投资财务净现值(所得税前)($i_c=$ %)26436.69

项目投资财务净现值(所得税后)($i_c=$ %)2484.03

项目投资回收期(年)(所得税前)7.07

项目投资回收期(年)(所得税后)8.31

注：1. 本表适用于新设法人项目与既有法人项目的增量和"有项目"的现金流量分析。

2. 调整所得税为以息税前利润为基数计算的所得税，区别于"利润与利润分配表""项目资本金现金流量表"和"财务计划现金流量表"中的所得税。

表6-14 项目资本金现金流量表　　　　　　　人民币单位：万元

序号	项目	合计	计算期					
			1	2	3	4	5	6
1	现金流入	742684				35098	45126	50140
1.1	营业收入	732044				35098	45126	50140
1.2	补贴收入							
1.3	回收固定资产余值	2073.5						
1.4	回收流动资金	8566						
2	现金流出	618787	4000	6000		37844	44772	49436
2.1	项目资本金	13200	4000	6000		3000	200	
2.2	借款本金偿还	44874				5980.4	8473.8	10039
2.3	借款利息支付	22317				4262	3910.5	3209.2
2.4	经营成本	473714				23135	29314	32405
2.5	营业税金及附加	4509				216.22	248.02	311.21
2.6	所得税	60173				1250.6	2626.1	3471.5
2.7	维持运营投资							
3	净现金流量(1-2)	123897	-4000	-6000		-2746	354	704
序号	项目		计算期					
			7	8	9	10	11	12	13
1	现金流入		50140	50140	50140	50140	50140	50140	50140

续表6-14

序号	项目	计算期						
		7	8	9	10	11	12	13
1.1	营业收入	50140	50140	50140	50140	50140	50140	50140
1.2	补贴收入							
1.3	回收固定资产余值							
1.4	回收流动资金							
2	现金流出	43469	42539	42351	42114	41877	37715	37715
2.1	项目资本金							
2.2	借款本金偿还	4679.8	3926.7	3926.7	3926.7	3926.7		
2.3	借款利息支付	2302.6	1876.9	1523.5	1170.2	816.9	463.6	463.6
2.4	经营成本	32405	32405	32405	32405	32405	32405	32405
2.5	营业税金及附加	311.21	311.21	311.21	311.21	311.21	311.21	311.21
2.6	所得税	3770.5	4020.3	4186.7	4302.1	4418.6	4536.5	4536.5
2.7	维持运营投资							
3	净现金流量(1-2)	6671	7601	7789	8026	8263	12424.5	12424.5

序号	项目	计算期					
		14	15	16	17	18	…
1	现金流入	50140	50140	50140	50140	60780	
1.1	营业收入	50140	50140	50140	50140	50140	
1.2	补贴收入						
1.3	回收固定资产余值					2073.5	
1.4	回收流动资金					8566	
2	现金流出	37791	37791	37791	37791	37791	
2.1	项目资本金						
2.2	借款本金偿还						
2.3	借款利息支付	463.6	463.6	463.6	463.6	463.6	
2.4	经营成本	32405	32405	32405	32405	32405	
2.5	营业税金及附加	311.21	311.21	311.21	311.21	311.21	
2.6	所得税	4611.4	4611.4	4611.4	4611.4	4611.4	
2.7	维持运营投资						
3	净现金流量(1-2)	12349	12349	12349	12349	22989	

计算指标：

资本金财务内部收益率(%) 29.5%

注：1. 项目资本金包括用于建设投资、建设期利息和流动资金的资金。

　　2. 外商投资项目，现金流出中应增加职工奖励及福利基金科目。

　　3. 本表适用于新设法人项目与既有法人项目"有项目"的现金流量分析。

表 6-15 资产负债表 人民币单位：万元

序号	项目	合计	计算期					
			1	2	3	4	5	6
1	资产		10308	39255	54876	59445	58305	52317
1.1	流动资产总额					8264	10819	12526
1.1.1	货币资金					181	232	258
1.1.2	应收账款					1978	2543	2826
1.1.3	预付账款							
1.1.4	存货					5851	7237	7930
1.1.5	其他(累计盈余资金)					254	807	1512
1.2	在建工程		10308	39255	54876			
1.3	固定资产净值					48521	45204	41886
1.4	无形及其他资产净值					2659.6	2282.2	1904.8
2	负债及所有者权益(2.4+2.5)		10308	39255	54876	59445	58305	56317
2.1	流动负债总额					1714	2203	2448
2.1.1	短期借款							
2.1.2	应付账款					1714	2203	2448
2.1.3	预收账款							
2.1.4	其他							
2.2	建设投资借款		6308	29255	44876	38896	30422	20382
2.3	流动资金借款					3296	4609	5366
2.4	负债小计(2.1+2.2+2.3)		6308	29255	44876	43906	37234	28196
2.5	所有者权益		4000	10000	10000	15539	21071	28121
2.6.1	资本金		4000	10000	10000	13000	13200	13200
2.6.2	资本公积							
2.6.3	累计盈余公积金		0	0	0	254	807	1512
2.6.4	累计未分配利润		0	0	0	2285	7064	13409

计算指标：
资产负债率(%)   61   74.5   81.7   73.8   63.9   53.3

序号	项目	计 算 期						
		7	8	9	10	11	12	13
1	资产	57418	58748	60155	61618	63137	65303	67469
1.1	流动资产总额	17323	22347	27302	32313	37380	43093	48807
1.1.1	货币资金	258	258	258	258	258	258	258

续表6-15

序号	项目	计算期						
		7	8	9	10	11	12	13
1.1.2	应收账款	2826	2826	2826	2826	2826	2826	2826
1.1.3	预付账款							
1.1.4	存货	7930	7930	7930	7930	7930	7930	7930
1.1.5	其他(累计盈余资金)	6309	11333	16288	21299	26366	32079	37793
1.2	在建工程							
1.3	固定资产净值	38568	35251	31933	28615	25297	21980	18662
1.4	无形及其他资产净值	1527.4	1150	920	690	460	230	0
2	负债及所有者权益(2.4+2.5)	57418	58748	60155	61618	63137	65303	67469
2.1	流动负债总额	2448	2448	2448	2448	2448	2448	2448
2.1.1	短期借款							
2.1.2	应付账款	2448	2448	2448	2448	2448	2448	2448
2.1.3	预收账款							
2.1.4	其他							
2.2	建设投资借款	15703	11778	7852	3926	0	0	0
2.3	流动资金借款	5366	5366	5366	5366	5366	5366	5366
2.4	负债小计(2.1+2.2+2.3)	23517	19592	15666	11740	7814	7814	7814
2.5	所有者权益	33901	39156	44489	49878	55323	57489	59655
2.6.1	资本金	13200	13200	13200	13200	13200	13200	13200
2.6.2	资本公积							
2.6.3	累计盈余公积金	2610	3939	5347	6810	8329	10495	12661
2.6.4	累计未分配利润	18091	22017	25942	29868	33794	33794	33794
计算指标: 资产负债率(%)		41.3	32.8	26.5	18.6	11.9	11.5	11.1

序号	项目	计算期					
		14	15	16	17	18	
1	资产	69669	71869	74069	76269	78469	
1.1	流动资产总额	54325	59842	65360	70878	76395	
1.1.1	货币资金	258	258	258	258	258	
1.1.2	应收账款	2826	2826	2826	2826	2826	
1.1.3	预付账款						
1.1.4	存货	7930	7930	7930	7930	7930	
1.1.5	其他(累计盈余资金)	43311	48828	54346	59864	65381	

续表6-15

序号	项目	计算期						
		14	15	16	17	18		
1.2	在建工程							
1.3	固定资产净值	15344	12027	8708.9	5391.2	2073.5		
1.4	无形及其他资产净值							
2	负债及所有者权益(2.4+2.5)	69636	71869	74069	76269	78469		
2.1	流动负债总额	2448	2448	2448	2448	2448		
2.1.1	短期借款							
2.1.2	应付账款	2448	2448	2448	2448	2448		
2.1.3	预收账款							
2.1.4	其他							
2.2	建设投资借款	0	0	0	0	0		
2.3	流动资金借款	5366	5366	5366	5366	5366		
2.4	负债小计(2.1+2.2+2.3)	7814	7814	7814	7814	7814		
2.5	所有者权益	61855	64055	66255	68455	70655		
2.6.1	资本金	13200	13200	13200	13200	13200		
2.6.2	资本公积							
2.6.3	累计盈余公积金	14861	17061	19261	21461	23661		
2.6.4	累计未分配利润	33794	33794	33794	33794	33794		
计算指标：资产负债率(%)		10.8	10.5	10.1	9.85	9.58		

注：1. 对于外商投资项目，第2.6.3项应改为累计储备基金和企业发展基金。

2. 对既有法人项目，一般只针对法人编制，可按需要增加科目，此时表中资本金是指企业全部实收资本，包括原有和新增的实收资本。必要时，也可针对"有项目"范围编制。此时表中资本金仅指"有项目"范围的对应数值。

3. 货币资金包括现金和累计盈余资金。

表 6-16　财务计划现金流量表　　　　　　　　　　　　　　　人民币单位：万元

序号	项目	合计	计算期				
			1	2	3	4	5
1	经营活动净现金流量(1.1-1.2)					10496.2	12937.9
1.1	现金流入					40197.7	51682.8
1.1.1	营业收入					35098	45126
1.1.2	增值税销项税额					5099.7	6556.8
1.1.3	补贴收入						
1.1.4	其他流入						

续表6-16

序号	项目	合计	计算期				
			1	2	3	4	5
1.2	现金流出					29701.5	38744.9
1.2.1	经营成本					23135	29314
1.2.2	增值税进项税额					2937.2	3776.5
1.2.3	营业税金及附加					216.22	248.02
1.2.4	增值税					2162.5	2780.3
1.2.5	所得税					1250.6	2626.1
1.2.6	其他流出						
2	投资活动净现金流量(2.1-2.2)		-10308	-28947	-15621	-6296	-1513
2.1	现金流入						
2.2	现金流出		10308	28947	15621	6296	1513
2.2.1	建设投资		10308	28947	15621		
2.2.2	维持运营投资						
2.2.3	流动资金					6296	1513
2.2.4	其他流出						
3	筹资活动净现金流量(3.1-3.2)		10308	28947	15621	-3946.8	-10871.3
3.1	现金流入		10308	28947	15621	6296	1513
3.1.1	项目资本金投入		4000	6000		3000	200
3.1.2	建设投资借款		6308	22947	15621		
3.1.3	流动资金借款					3296	1313
3.1.4	债券						
3.1.5	短期借款						
3.1.6	其他流入						
3.2	现金流出					10242.4	12384.3
3.2.1	各种利息支出					4262	3910.5
3.2.2	偿还债务本金					5980.4	8473.8
3.2.3	应付利润(股利分配)						
3.2.4	其他流出						
4	净现金流量(1+2+3)		0	0	0	254.4	553.6
5	累计盈余资金		0	0	0	254.4	808.0

序号	项目	计算期					
		6	7	8	9	10	11
1	经营活动净现金流量(1.1-1.2)	13248.1	13121.7	13006.2	13006.2	13006.2	12812.4

续表6-16

序号	项目	计算期					
		6	7	8	9	10	11
1.1	现金流入	57426.3	57426.3	57426.3	57426.3	57426.3	57426.3
1.1.1	营业收入	50140	50140	50140	50140	50140	50140
1.1.2	增值税销项税额	7286.3	7286.3	7286.3	7286.3	7286.3	7286.3
1.1.3	补贴收入						
1.1.4	其他流入						
1.2	现金流出	44177.2	44303.6	44420.1	44420.1	44420.1	44612.9
1.2.1	经营成本	32405	32405	32405	32405	32405	32405
1.2.2	增值税进项税额	4173.2	4173.2	4173.2	4173.2	4173.2	4173.2
1.2.3	营业税金及附加	311.21	311.21	311.21	311.21	311.21	311.21
1.2.4	增值税	3112.1	3112.1	3112.1	3112.1	3112.1	3112.1
1.2.5	所得税	4176.7	4302.1	4418.6	4418.6	4418.6	4611.4
1.2.6	其他流出						
2	投资活动净现金流量(2.1-2.2)	-757	0	0	0	0	0
2.1	现金流入						
2.2	现金流出	757					
2.2.1	建设投资						
2.2.2	维持运营投资						
2.2.3	流动资金	757					
2.2.4	其他流出						
3	筹资活动净现金流量(3.1-3.2)	-12941.2	-8861	-8716.5	-8613.6	-8441.1	-8312.9
3.1	现金流入	757					
3.1.1	项目资本金投入						
3.1.2	建设投资借款						
3.1.3	流动资金借款	757					
3.1.4	债券						
3.1.5	短期借款						
3.1.6	其他流入						
3.2	现金流出	13248.2	8861	8716.5	8613.6	8441.1	8312.9
3.2.1	各种利息支出	3209.2	2302.6	1876.9	1523.5	1170.2	816.9
3.2.2	偿还债务本金	10039	4679.8	3926.7	3926.7	3926.7	3926.7
3.2.3	应付利润(股利分配)	0	1878.6	2907.6	3164.4	3346.2	3526.2
3.2.4	其他流出						

续表6-16

序号	项目	计算期					
		6	7	8	9	10	11
4	净现金流量(1+2+3)	0	4260.7	4288.7	4391.6	4564.1	4499.5
5	累计盈余资金	808.0	5068.7	9736.4	14127	18691.1	23196.6

序号	项目	计算期					
		12	13	14	15	16~17	18
1	经营活动净现金流量(1.1-1.2)	12812.4	12812.4	12812.4	12812.4	12812.4	12812.4
1.1	现金流入	57426.3	57426.3	57426.3	57426.3	57426.3	57426.3
1.1.1	营业收入	50140	50140	50140	50140	50140	50140
1.1.2	增值税销项税额	7286.3	7286.3	7286.3	7286.3	7286.3	7286.3
1.1.3	补贴收入						
1.1.4	其他流入						
1.2	现金流出	44612.9	44612.9	44612.9	44612.9	44612.9	44612.9
1.2.1	经营成本	32405	32405	32405	32405	32405	32405
1.2.2	增值税进项税额	4173.2	4173.2	4173.2	4173.2	4173.2	4173.2
1.2.3	营业税金及附加	311.21	311.21	311.21	311.21	311.21	311.21
1.2.4	增值税	3112.1	3112.1	3112.1	3112.1	3112.1	3112.1
1.2.5	所得税	4611.4	4611.4	4611.4	4611.4	4611.4	4611.4
1.2.6	其他流出						
2	投资活动净现金流量(2.1-2.2)	0	0	0	0	0	10640
2.1	现金流入						10640
2.2	现金流出						
2.2.1	建设投资						
2.2.2	维持运营投资						
2.2.3	流动资金						
2.2.4	其他流出						
3	筹资活动净现金流量(3.1-3.2)	−7523.4	−7523.4	−7626.0	−7626.0	−7626.0	−12922.0
3.1	现金流入						
3.1.1	项目资本金投入						
3.1.2	建设投资借款						

续表6-16

序号	项目	计算期					
		12	13	14	15	16~17	18
3.1.3	流动资金借款						
3.1.4	债券						
3.1.5	短期借款						
3.1.6	其他流入						
3.2	现金流出	7523.4	7523.4	7626.0	7626.0	7626.0	12922.0
3.2.1	各种利息支出	463.6	463.6	463.6	463.6	463.6	463.6
3.2.2	偿还债务本金						
3.2.3	应付利润(股利分配)	7059.8	7059.8	7162.4	7162.4	7162.4	7162.4
3.2.4	其他流出						5366
4	净现金流量(1+2+3)	5289	5289	5186.4	5186.4	5186.4	10530.4
5	累计盈余资金	28486.6	33774.6	38961	44447.4	54820.4	65350.8

注：1. 对于新设法人项目，本表投资活动的现金流入为零。

2. 对于既有法人项目，可适当增加项目。

3. 必要时，现金流出中可增加应付优先股股利科目。

4. 对外商投资项目，应将职工奖励与福利基金作为经营活动现金流出。

6.6.2　财务分析

1. 财务盈利能力分析

(1)项目投资现金流量表见表 6-13。从由表中数据计算得到的财务评价指标来看：项目所得税后与所得税前财务内部收益率分别为16.02%及21.44%，均大于行业基准收益率($i_0 = 12\%$)；项目所得税后及所得税前财务净现值($i_0 = 12\%$)分别为2484.03万元及26436.69万元，均大于零，表明该项目从全部投资角度看盈利能力已满足了行业最低要求，还可获得2484.03万元税后净现值收益及26436.69万元税前净现值收益，在财务上值得进一步研究。

项目所得税后及所得税前全部投资回收期(含建设期)分别为8.31年及7.07年，均小于行业基准投资回收期10.3年，表明项目投资能够在规定时间内回收。

(2)项目资本金现金流量表见表 6-14，从由表中数据计算得到的财务评价指标来看，项目财务内部收益率为29.5%，大于基准收益率($i_0 = 12\%$)，表明项目在财务上可以考虑接受。

(3)由项目利润与利润分配表(表 6-15)和项目投资估算数据，可以计算以下静态指标：

$$总投资收益率(ROI) = \frac{年(平均)息税前利润}{项目总投资} \times 100\% = \frac{175457}{15} \times \frac{1}{63442} \times 100\% = 18.44\%$$

$$项目资本金净利润率 = \frac{年平均净利润}{项目资本金} \times 100\% = \frac{(182346-64316)}{15} \times \frac{1}{13200} \times 100\% = 59.6\%$$

本项目投资收益率水平大于行业平均收益率，表明项目单位投资盈利能力达到了行业平均水平。

2. 偿债能力分析

项目资产负债表(表6-15)中计算了反映项目各年财务风险程度和偿债能力的资产负债率指标。在长期债务期间，项目各年末的资产负债率在生产运营期前两年略超过合理范围，其余各年资产负债率均在合理范围之内，表明企业经营较安全、稳健，具有较强的筹资能力，企业和债权人的风险较小。在本项目借款还本付息计划表(表6-11)中计算了利息备付率指标。除生产运营期第一年的利息备付率低于2以外，其余各年的利息备付率均超过3，反映项目偿付债务利息的保障程度较高。

3. 财务生存能力分析

(1)净现金流量分析

根据本项目的项目投资现金流量表(表6-13)可知，该项目拥有足够的经营净现金流量，在运营初期就不需要依赖短期融资来维持运营，表明项目方案比较合理，实现自身资金平衡的可能性大。

(2)累计盈余资金分析

由财务计划现金流量表(表6-16)可知，在整个运营期间，本项目各年累计盈余资金均未出现负值，表明该项目财务生存能力强，具有较强的可持续发展能力。

4. 不确定性分析(略)

习题六

[6-1]某项目共向银行贷款2亿元，建设期4年。贷款投放安排为第一年4000万元，第二年7500万元，第三年7500万元，第四年1000万元，年利率3.6%。试列表计算各年的利息额及建设期借款利息总额。

[6-2]有一投资项目，固定资产投资50万元，于第1年初投入；流动资金投资20万元，于第2年初投入，全部为贷款，利率8%。项目于第2年投产，产品销售收入第2年为50万元，第3~8年为80万元；经营成本第2年为30万元，第3~8年为45万元；第2~8年折旧费为6万元；第8年末(项目寿命期末)处理固定资产可得收入8万元。根据以上条件列出的项目投资现金流量表(见表1、表2)是否正确？若有错，请改正过来。

表1 项目投资现金流量表(一) 单位:万元

年份	0	1	2	3~7	8
现金流入					
销售收入			50	80	80
固定资产回收					8
现金流出					
经营成本			30	45	45
固定资产投资	50				
流动资金投资		20			
折旧			6	6	6
净现金流	−50	−20	14	29	37

表2 全投资现金流量表(二) 单位:万元

年份	0	1	2	3~7	8
现金流入					
销售收入			50	80	80
固定资产回收					8
折旧			6	6	6
现金流出					
经营成本			30	45	45
固定资产投资	50				
流动资金投资 流动资金利息		20	1.6	1.6	1.6
净现金流	−50	−20	24.4	39.4	47.4

[6-3]题[6-2]中,若固定资产投资50万元中企业自有资金为30万元,贷款为20万元,贷款期限为2年,利率10%,流动资金全为贷款,利率8%。固定资产贷款归还办法为到期还本付息(即每年还本额相等并归还相应利息);流动资金贷款每年付息,项目寿命期末还本。其余数据同题[6-2]。据此,列出项目总投资使用计划与资金筹措表、借款还本付息计划表。

[6-4]将题[6-3]中固定资金贷款还款办法改为到期一次还本付息,其余数据不变,自有资金现有流量表见表3,该表是否正确?若有错,请指出错误并改正。

表3 项目资本金现金流量表 单位：万元

年份	0	1	2	3~7	8
现金流入					
营业收入			50	80	80
回收固定资产余值					8
现金流出					
经营成本			30	45	45
固定资产投资	50				
流动资金投资		20			
固定资金贷款 { 还本 付息			20 4.2		
流动资金贷款 { 还本 付息			1.6	1.6	2 0.6
净现金流量					

[6-5]某企业拟进行的技术改造项目计划引进专利和设备，经与有关方面商谈，外汇贷款必须用本项目的外汇收入归还。但该企业的产品出口获利不如内销，问：

1. 当外销量增大时，下列结果哪一个可能出现，或都可能出现，或都不可能出现？

(1)NPV 和 IRR 都会下降，但仍保持 NPV>0，IRR>i。

(2)会使 NPV<0 或 IRR<i。

2. 有人说，如果出口使 NPV 和 IRR 下降，外销量应满足以下两个条件：

(1)使出口换汇足以偿还外汇贷款。

(2)保持 NPV>0，IRR>i。

这两个条件是否有矛盾？如果不能同时满足，应首先满足哪个条件？由此会产生什么后果？

[6-6]原始资料：

1. 项目建设期 2 年，生产期 8 年，所得税税率 33%，基准折现率 12%。

2. 投资估算及资金来源：

建筑工程费 600 万元，设备费 2400 万元，综合折旧率 12.5%，固定资产残值不计，无形资产及开办费 500 万元(第 1 年投入)，生产期内均摊入成本费用(见表4)。

表4 资金投入计划及收益、成本预测表 单位：万元

序号	项目 \ 年份		1	2	3	4	5~10
1	建设投资						
		自有	1200	300			
		借款		2000			

续表4

序号	年份＼项目	1	2	3	4	5~10
2	流动资金					
	自　有			180	180	
	借　款			300	300	
3	年产(销)量(万件)			60	90	120
4	经营成本			1682	2360	3230

注：产品价格：40元/件，产品及外购件价格均不含税(即价外税)。

3. 还款方式

建设投资借款利率10%，借款当年计半年利息，还款当年计全年利息，投产后8年(即第3至第10年)按等额本金法偿还(即每年还本额相等并归还相应利息)；流动资金借款利率8%，每年付息，借款当年和还款当年均计全年利息，项目寿命期末还本。

作业要求：

1. 做借款还本付息计划表；

2. 做总成本费用估算表；

3. 做利润与利润分配表；

4. 做借款还本付息计划表；

5. 做项目投资现金流量表，计算静态、动态投资回收期、NPV、IRR；

6. 做项目资本金现金流量表，计算NPV、IRR；

7. 做财务计划现金流量表；

8. 分别就建设投资、销售量、经营成本变动±5%、±10%、±15%、±20%，对该项目投资内部收益率做敏感性分析。

[6-7] 改扩建项目经济评价与新建项目经济评价的主要区别是什么？

[6-8] 中外合资项目经济评价与国内新建项目经济评价的主要区别是什么？

[6-9] 某台钻厂现有固定资产价值315万元，占用流动资金296万元，年产台钻1.45万台。为提高产品质量、降低成本，占领国际市场，拟进行技术改造。项目计算寿命为10年。有关数据资料如下：

1. 不进行技术改造。未来10年费用收益预测见表5。

表5　未来10年费用收益预测表　　　　单位：万元

年份	1	2	3	4	5	6~9	10
零星技措投资(万元)(自筹资金)	2	2.5	3.5				
流动资金投资(万元)(贷款)	10.3	10.3	10.4				

续表5

年份	1	2	3	4	5	6~9	10
年销售量(万台)(单价460元/台)	1.5	1.55	1.6	1.6	1.6	1.6	1.6
年经营成本(万元)	587	602	611	614	638	654	654
期末固定资产残值(万元)							85
年折旧额(万元)	23	23	24	24	24	24	24

2. 技术改造投资估计及资金来源

(1)固定资产投资790万元,其中,自筹资金390万元,银行贷款400万元,年利率10%,期限5年。还款办法:等额本金法或到期一次偿付本息(选择一种或两种都进行分析)。

(2)流动资金投入520万元,由工商银行贷款,年利率8%。

3. 进行技术改造未来10年费用,收益预测见表6。

表6 收益预测表　　　　　　　　　　　　　　　　　　单位:万元

年份		1	2	3			
固定资产投资(万元)							
其中:	自筹资金	200	120	70			
	银行贷款		300	100			
流动资金投资(万元)		46	45	30	113	286	
年销售量(万台)(单价460元/台)		1.7	2	2.2	3	5	5	5
年经营成本(万元)		644	735	772	998	1579	1579	1579
期末固定资产残值(万元)							450
年折旧额(万元)		32	63	70	70	70	70	70

4. 其他参数

基准折现率取12%。

作业要求:用增量法计算以下结果。

(1)列出该技改项目的还款表、成本费用表和损益表;

(2)列出资金平衡表;

(3)做全投资分析:列出现金流量表,计算静态、动态回收期、NPV、IRR;

(4)做自有资金分析:列现金流量表,计算NPV、IRR;

(5)分别就销售收入及经营成本变动±5%、±10%、+15%、±20%,对该项目全投资净现值做敏感性分析。

第7章

风险投资项目价值评估

7.1 风险投资基础

7.1.1 风险投资的概念和特点

1.风险投资的概念

风险投资主要是指向初创企业提供资金支持并取得该公司股份的一种融资方式。它有广义和狭义之分。广义的风险投资泛指把资金投入高风险领域以期获得高收益的行为。狭义的风险投资又称创业投资。

从动态角度出发,创业投资泛指创业投资家向新兴的、迅速发展的、有巨大竞争潜力的企业(主要是高科技企业)投入股权资本,并主要通过资本经营服务,直接参与风险企业创业历程的资本投资行为。从静态角度出发,创业投资泛指创业投资家投入到新兴的、迅速发展的、有巨大竞争潜力的企业(主要是高科技企业)中的股权资本。

从世界范围来看,风险投资已经有半个多世纪的发展历史,但迄今为止,学术界对这一概念并无统一的阐述。常见的风险投资的定义如下:

美国全美风险投资协会(National Venture Capital Association, NVCA)的定义:创业投资是指由职业资本家投入到新兴的、迅速发展的、有巨大竞争力的企业中的一种权益资本。该定义强调风险投资是一种权益资本。

欧洲风险投资协会(The British Private Equity & Venture Capital Association, BVCA)的定义:风险投资是一种由专门的投资公司向具有巨大发展潜力的成长型、扩张型或者重组型的未上市企业提供资金支持并辅之以管理参与的投资行为。该定义强调其投资行为。

欧洲投资银行(European Investment Bank, EIB)的定义:风险投资是为形成和建立专门从事某种新思想或新技术生产的小型公司而进行的以股份形式承诺的投资。

国际经济合作与发展组织(Organization for Economic Co-operation and Development,

OECD)的定义：风险投资是以高科技与知识为基础，从事生产与经营技术密集的创新产品或服务的一种投资行为。

美国《企业管理百科全书》的定义：对不能从股票市场、银行或与银行相似的传统融资渠道获得资本的工商企业的投资行为。

被誉为中国风险投资之父的成思危在 1998 年于民建中央《关于尽快发展我国风险投资事业的提案》中的定义：风险投资是指把资金投向蕴藏着较大失败危险的高技术开发领域，以期成功后取得高资本收益的一种商业投资行为。

王松奇这样定义风险投资：风险投资的显著特点在于其是一种有别于一般性产业投资的财务投资，或者更准确地说，是一种"与创业相联系的资本经营过程"。

目前，在《国家中长期科学和技术发展规划纲要（2006—2020 年）》及配套政策中，第一次将创业投资和风险投资统一起来，定为"创业风险投资"。这样定义，既突出了高风险特征，又体现了创业特征。创业风险投资是专业投资机构在承担高风险并积极控制风险的前提下，投入高成长性创业企业，特别是高科技企业并追求高额收益的高附加值的权益性金融投资行为。

2. 风险投资的特点

风险投资有一些显著的特点，例如投资对象偏向于高新技术、高潜力的企业；高风险同时具有高回报；资本类型上属于长期性、权益类资本；分段投资、组合投资；具有间接干预的管理模式和良好的激励机制等。

（1）风险投资的投资对象主要是高新技术、高成长潜力的企业

风险投资可以理解为对传统投资机制的一个重要补充，它是金融投资机制发展到较为成熟的阶段后产生的一种更为高级的投资机制，它投资的是一般投资机构不愿涉足的领域。从投资对象看，高新技术、高成长潜力的中小企业资金力量薄弱，难以得到银行贷款；从投资项目看，高科技项目采用新技术，是人类想要探索的未来技术，风险投资对高科技产业的兴趣不在于高科技本身，而在于高科技产业所能带来的超额利润。

（2）风险投资具有高风险和高预期回报

创业资本投资是一种从事冒险创新的投资活动，不同于一般的股权投资，它通常是在没有任何抵押和担保的前提下，把资本投入前景不明的高成长性项目和创业企业，风险很大。从发达国家的实践来看，创业投资的成功率比较低：在 10 个创业投资项目中，通常有两个左右的项目获得高额回报、两个左右的项目彻底失败，其余项目业绩一般。种子阶段的成果能够为初创阶段所采用比例只有 10% 左右，初创阶段成功过渡到幼稚阶段的概率也仅有 20% 左右，进入产业化阶段的比例约为 30%。

创业投资的收益方式主要是资本增值。创业资本通常在企业最需要资金时进入，在企业经营成功时退出，它不是为了追求短期利润和经常性收入，而是在投资较长一段时间后通过公开上市和股权转让等方式获得高额的资本增值收益。而普通股权资本注重的是投资对象的当前收入，并以获取股息和红利为主要收益来源。

案例 7-1 2016 年 11 月 2 日，网上传出消息称乐视资金链紧张，拖欠供应商 100 多亿元款项。疑似承包商的停工威胁、资金链的断裂问题……一时间乐视以及乐视大当家贾跃亭被推向了风口浪尖。2016 年 11 月 15 日，贾跃亭在长江商学院的十余位企业家同学雪中送炭，

对乐视进行了总额为 6 亿美元的投资，主要用于乐视汽车，乐视资金问题稍有好转，但仍然不容乐观。2017 年 1 月 13 日，继老同学帮助之后，融创中国通过旗下公司收购乐视网 8.61% 股权，代价为 60.4 亿元；收购乐视影业 15% 股权，代价为人民币 10.5 亿元；增资以及收购乐视致新 33.5% 股权，代价为 79.5 亿元，总代价为 150 亿元。但是最终未能避免亏损：2017 年报显示，乐视公司 2017 年的营收为 70.25 亿元，同比下降 68%；净利为亏损 138.78 亿元，而上年同期为盈利 5.55 亿元。

乐视网表示亏损主要来自三个方面：

首先为公司收入大幅度下滑，运营成本却在不断增加。公告中表示由于持续受到关联方资金紧张、流动性风波影响，社会舆论持续发酵并不断扩大，公司声誉和信用度受到较大影响，公司的广告收入、终端收入及会员收入等均出现较大幅度的下滑。同时，公司日常运营成本（如 CDN 费用、摊提费用等）以及融资成本的不断增加，导致本报告期公司经营性亏损约为 37 亿元。

其次为关联方应收款坏账。考虑关联方债务风险及可收回性等因素的影响，经初步测算，公司预计将对关联方应收款项计提坏账准备约为 44 亿元。

最后为对部分长期资产计提减值。公司管理层出于谨慎性考虑，对无形资产中的影视版权、可供出售金融资产等长期资产存在的减值风险进行了识别及判断，经初步测算，公司预计将对部分长期资产计提减值准备约 35 亿元。

以上材料表明，企业接受风险投资虽可能获得高收益，但也可能遭受高额亏损，同时财务风险在整个风险投资过程中是不可忽视的。

（3）风险投资属于长期性、权益类资本

创业资本具有相对的低流动性，周期长，一般要经过 3~7 年才能通过蜕资取得收益。创业投资主要支持初始创业的项目，不可能当年投入就有业绩。

创业投资不是借贷资本，而是一种权益投资。创业投资一般不谋求控股，通常投资额不超过创业企业股份的 30%。创业投资的创业资本虽以权益资本的形式进行且所占的企业股权也比较大，但不以取得控制权为目的，企业的控制权仍属于受资企业所有。创业投资与银行贷款的区别如表 7-1 所示。

表 7-1 风险投资与银行贷款的区别

项目	风险投资	银行贷款
资本类型	权益资本	债务资本
风险性	高风险，高利润	低风险，安全保值
流动性	低流动性	高流动性
期限	长期性	短期性
关注考核点	未来	现在
抵押担保要求	无抵押担保要求	一般要求抵押担保
投资回报	利润、价值增值	利息
成本	高	低

(4)风险投资具有分段投资、组合投资的特点

创业资本投资根据创业企业发展的5个阶段实行分阶段注资机制，这5个阶段分别是种子期、初创期、成长期/发展期、扩张期和成熟期。阶段注资可以有力地限制资金管理人的机会主义行为，是创业投资控制风险的重要手段。

种子期(seed stage)投资又称为筹建期投资。此时企业尚未真正建立，基本上处于科学研究与试验发展阶段(research and development, R&D)、产品开发阶段，所产生的还只是实验室成果、样品和专利，而不是产品。进入这一阶段的投资通常是所谓的种子基金，投资者主要是政府或富有且敢于冒险的个人投资者(即天使投资者, business angel)。种子基金主要用于帮助企业家研究其创意、编写经营计划、组建管理队伍、进行市场调研等。

初创期(start-up stage)投资又称为起步期或导入期投资。此时企业已经注册设立并开始运营，拥有了一份初步的经营计划，管理团队逐步完善。创业投资家开始参与企业筹建或提供资金，以制订出新产品或劳务的正式设计书及经营计划。本阶段对创业投资家来说是最冒险和最困难的阶段，但已经能够对详细的技术和商业计划做出评估，因此，他们通常在此阶段开始投资新创企业。

成长期/发展期(development stage)投资。此时产品进入开发阶段，技术风险大大降低，并有数量有限的顾客试用，但仍没有销售收入。至此阶段末期，企业完成产品定型，着手开始其市场开拓计划。企业资金需求量在增加，内部融资已经远远不能适应，企业发展的需要迫切需要外部股权性融资，创业资本一般在这一阶段进入新创企业。

扩张期(shipping stage)投资。企业开始出售商品或劳务，并拥有一定的销售量和利润，资产规模逐步扩大。但需进一步提高生产能力、开拓市场，故仍需要大量资金，一般需要通过几个创业投资家共同投资以满足需要。因技术和市场风险已大大降低，且有了一定的业绩，创业投资家也愿意在这一阶段投资。

成熟期(profitable stage)投资。企业逐渐在本行业特定的市场上站稳了脚跟，销售收入高于支出，产生净收入，但仍然需要创业资本的最后投入。随着成熟期的推进，企业开始由新创企业转变为成熟企业。如果接近达到公开上市水平，创业投资将会帮助企业实现这一飞跃，以便获利退出，因此这一阶段的融资活动筹集到的资本又称为夹层资本(mezzanine capital)。由于这一阶段的投资一般用于对企业进行最后包装，因此，也被称为美化基金。

除此之外，如果创业企业进入成熟阶段后的运作不理想，或处于破产边缘，或资金周转不灵，创业投资还会对这类处于困境中的成熟企业提供资金，通过并购和重组使其重获新生(turn-around)，然后在适当的时候撤出其投资，我们将其称为重建期投资(re-build stage)，这时的创业资本称为重组基金(turn-around fund)。重建期投资通常以企业合并(consolidation)或杠杆收购(leverage buyout)两种方式进行。

与多采取单一项目投资方式的普通股权投资不同，创业投资由于其项目失败率高达70%以上，为了分散风险，多采取组合投资方式，即把资金同时投向一个包括10个项目以上的项目组合，用成功项目的高收益来弥补失败项目的损失。

案例7-2 歌斐资产的基本策略：组合投资

歌斐资产董事长兼CEO殷哲先生对资产组合配置有一些看法。在他看来，组合配置能带来第一层的抗风险能力。通过调仓操作，资产就有了第二层抗风险能力；而通过专业、长期的基本面研究做出理性决策，才拥有了第三层抗风险能力。

歌斐资产一直以"多元策略、多元风格和多元投资管理人"为原则,通过管理投资组合,持续追求低波动性、有吸引力的投资回报。他们通过了解客户需求,并结合市场情况来挑选关联度不高的对象进行投资,通过合理的资产分配,最终形成结构稳定的投资配置。组合基金涉及的资产类别之间的相关度越低,分散化投资的效果也会越好,整体的波动率就能有效降低。这样的投资方式可以帮助投资者降低不确定因素带来的风险。

(5)风险投资具有间接干预的管理模式和良好的激励机制

创业投资是专业投资。创业投资运作的关键是对投资对象的鉴别与选择。同时,创业投资家还要积极参与创业企业的管理。创业投资兼顾人力资本的价值,既借"资"又借"知"。创业投资家不仅投入资本而且参与新公司的一切活动、提供各方面的咨询和技术建议或推荐人才管理公司,既对创业企业不仅承担"孵化"作用,还要承担"哺育"责任。美国绝大多数创业投资家是具有创业经历、积累了丰富创业企业管理经验的中年人。我国的季琦、徐小平等也有这样的经历。

7.1.2 风险投资的组织形态

风险资本采用什么样的组织形式和制度安排,在很大程度上决定了风险投资的效益。而风险投资机构在风险投资体系中发挥了关键作用,经过国外几十年的发展和选择,目前有十多类风险投资主体的组织方式,包括风险投资合伙企业、风险投资公司、大公司或金融机构附属子公司、政府背景风险投资机构、孵化器、风险投资信托和个人投资者等,这些风险投资机构在风险投资体系中发挥着不同的作用。风险投资机构的组织形式最有代表性的有3种类型:公司型风险投资基金、有限合伙型风险投资基金、信托型风险投资基金。

1. 公司型风险投资基金

公司型风险投资基金是指由若干个投资人共同出资组建,具备独立主体资格的公司法人,分为有限责任制和股份有限制风险投资基金。

这一类型的风险投资机构拥有良好的政策和法制环境,基金设立、运作、退出、税负等制度齐全。公司制在很多国家有着比合伙制更悠久的历史和更为健全的法律环境,有着完整的组织架构和非常规范的管理运作系统,可以有效地降低运作风险;其法人治理结构清晰,上市退出渠道畅通,投资主体相对成熟;公司制下的基金可以构成独立的企业法人,企业可以通过向银行贷款来筹集资金。

但是这种风险投资机构也有一些劣势,例如需要双重纳税,基金公司的收入缴纳所得税,分配给投资人的利润再次缴纳所得税;有最低资本要求,股份赎回或退出时需要经历烦琐的变更程序,缺乏灵活性;对管理层的约束机制、激励机制较差,道德风险较高。

2. 有限合伙型风险投资基金

有限合伙型风险投资基金(limited partnership)是指至少由一个普通合伙人和一个以上有限合伙人出资组建,不具备法人资格的经济组织。有限合伙型风险投资基金主要以合伙协议界定当事人的权利和义务。

普通合伙人作为风险投资家,真正的管理者只投入极少部分资金,他们其实投入的主要是专业知识、管理经验和风险投资专长。有限合伙人作为真正的投资者,投入绝大部分资金,但不参与经营管理，不执行合伙事务，但拥有建议权、知情权、监督权、收益分配权等权利。

大公司、共同基金、私募证券基金等机构投资者以及富有的个人都可以成为有限合伙人。有限合伙人人数差异很大，可以多达 50 人以上，也可以少至 1 人，一般为 1~30 人。发起人对合伙人出资金额有最低限制，这一限制将大多数普通居民排除在合伙人行列之外。一般每个合伙人不低于 100 万美元。目前，有限合伙人以机构投资者为主。

有限合伙型风险投资基金可以避免双重纳税，基金公司的收入免征所得税，由合伙人分别缴纳所得税。同时，合伙人权责清晰，基金管理运作简洁高效，具有灵活有效的决策机制、激励机制、约束机制和入伙退伙机制。但是普通合伙人的无限责任难以保证，政策和法制环境有待进一步完善。

3. 信托型风险投资基金

信托型风险投资基金是指由信托机构发行，信托单位向特定投资人募集资金，以信托契约方式约定利益共存、风险共担的集合投资方式。信托型风险投资基金以投资人、信托机构、托管机构的信托合同为基础。投资人是委托人兼受益人，按照持有信托单位份额分享收益、承担风险，享有变更受托人、资金运用方式等权利。信托机构是经营信托基金资产的受托人，负责集中管理、运用信托基金资产。托管机构是托管信托基金资产的受托人，负责信托基金资产的保管、划转以及监督运作。

信托型风险投资基金的信托财产独立，具有破产隔离功能。信托财产与受托人的固有财产相互独立，委托人的信托财产与委托人的其他财产相互独立，不同委托人的信托财产与同一委托人的不同类别的信托财产相互独立。这种独立性受到法律的保护和规范，能够有效地保护投资人的财产安全。其次，信托并不是独立的法人，其设立并不需要公司型或合伙型的注册登记程序，尤其在注重审批的国家，信托设立方便的特点也吸引了很多机构采用契约的形式进行投资。此外，此类风险投资基金的保密性好。因为信托可以避免重复决策，操作上由信托公司出面，并不会公布其背后的投资者。最后，信托的受益单位有很好的流动性，拥有灵活有效的决策机制和资金赎回机制，基金运作效率高。信托受益人的受益权除了信托合同另有约定外，原则上可以自由转让。

但是此类风险投资基金的基金经营机构准入范围狭窄，除信托公司之外其他机构介入存在法律障碍，对信托机构的约束机制差。

这三种组织形式各有其特征，下面是对它们在运行成本、约束机制、激励机制方面的比较。

（1）运行成本

在税收上，合伙制企业不具有法人资格，它不是税法上的企业纳税主体，这就是所谓的税收透明。可以避免重复纳税，从而大大降低了基金运作成本。

在日常开销上，有限合伙制企业预定的年度管理费用能有效地控制风险投资基金的日常开销。这笔资金可以包括风险投资家经营管理风险投资基金的所有开销以及报酬，风险投资家节约的费用，直接构成其利润，使得管理者有强烈的动机降低成本。公司结构形式一般不能有效控制风险投资基金的日常开销。信托投资基金处理经营开销和管理费用的方法与有限合伙制相似，也能有效地控制基金的日常开销。

（2）约束机制

①有限合伙制可以保留投资者的根本权利。风险投资家作为普通合伙人，就风险投资基

金的债务向第三人承担无限连带责任，从而把风险投资家的责任与基金的投资失败紧密联系起来。投资者是资金的投入者而非经营管理者，即只以投入的资金为限对基金的亏损与债务承担责任，为风险设了一个上限。在有限合伙协议中可以约定，风险投资家独立经营的同时，对于某些重大问题必须征得投资者的同意，从而保留了投资者的一些根本权利。

②公司制形式下对风险投资家的约束会降低其积极性。风险投资家是公司的董事或经理，如果未履行相关义务或违反相关规定，必须对公司和股东承担损害赔偿、降薪、罚款、罢免等责任。投资者是股东，仅以其出资的数额为限对公司承担责任，风险得到有效的限制。股东对作为董事或经理的风险投资家具有极大的权力，但是会严重限制其积极性。

③信托基金结构形式下风险投资家的责任比较有限。作为受托人，无须对基金的经营承担无限责任，仅对其有过错导致基金的亏损负有责任，但是对于一般情况下的亏损无须承担责任。在信托关系中，投资者作为信托人将基金交由受托人（信托基金）管理后，便丧失对资金的支配权，无权干预信托基金的经营活动。理论上，投资者仍然可以因风险投资家经营不善而解除信托合同，但是这种做法不太现实，受到很多限制。投资者也仅对基金以其投入的资金为限承担责任，风险也得到限制。

（3）激励机制

①有限合伙制可以有效地激励风险投资家。有限合伙合同可以合适地安排风险投资家经营管理基金的报酬，并把专家的报酬和基金的收益直接联系起来。管理者为了追求自身的利益，会为基金盈利最大化而努力，同时投资者的利益也就可以达到最大化。

②公司结构下的激励机制有较大限制。风险投资家作为一般公司的股东或经理，通常只能获得固定的薪酬，其利益不能与基金经营的成功结合起来，这就削弱了积极性，最终增加基金经营失败的风险。也可以给予利润分成，或给予一定的股份，但是这种做法在公司制下会有较大限制，实践中公司制下的董事和经理极少可能分得高达20%的利润。

③信托投资中激励机制是非必需的。在传统的信托投资中，委托人只向受托人支付固定的劳务报酬，而且受托人只收取固定的报酬而不进行分红也正是信托关系的主要特点。在法律没有明文禁止时，投资者也可以与信托公司约定分配一定比例的基金盈利作为信托公司经营成功的报酬，以激励积极性。

4. 有限合伙制适合风险投资的原因

（1）独特的多重约束机制

一是普通合伙人承担无限责任；二是由于合伙期一般只是一个投资期，对于需要不断筹集新资金的风险投资家来讲声誉可谓至关重要，努力保持和提高自己的业绩成了一种外在的激励和约束；三是有效的监督制度，由投资者组成的顾问委员会实施监督，限制普通合伙人损害投资者的利益。

（2）灵活的运作机制

有限合伙以协议为基础，很多方面可以由合伙人协议决定，这更适合投资者的各种不同需求。此外，合伙企业的信息披露义务远比公司宽松，仅以满足债权人保护和政府监管为限，这种商事保密性对出资人更具有吸引力。

（3）优惠的税收政策

有限合伙制无须缴纳公司税，只缴纳个人所得税，避免了公司制下双重纳税的弊端，有效降低了经营成本。

（4）便捷的退出机制

有限合伙人转让其合伙份额不会影响有限合伙的继续存在，这为风险投资提供了一条较之公司股份发行上市更为便捷的退出通道。

7.1.3　风险投资的运作过程

风险投资决策是一种在有限人力、时间以及信息不对称的情况下，所进行的多阶段评估筛选过程。一般而言，一家中等规模的风险投资机构平均一年至少需要评估150个项目。因此，风险投资的决策必须在健全的团队组织与充分的信息网络支持下，凭借风险投资家丰富的专业经验与科学化的决策程序，才能做出有效率且正确的投资抉择。一般来说，每个风险投资项目都需要经过融资、投资、管理和退出四个阶段，经过如下几个步骤，并获取或者产生相应的关键文档，其运作过程如图7-1。

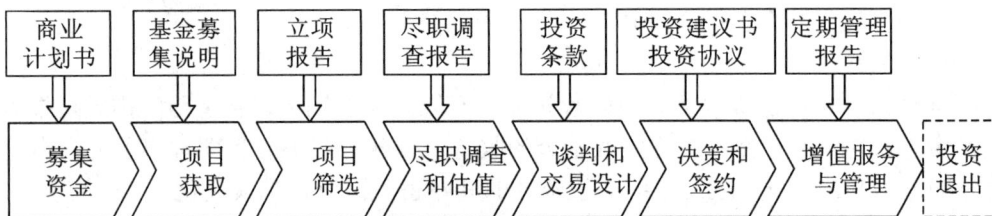

图7-1　风险投资运作过程示意图

第一，风险投资团队需要募集一定的资金，为后续的投资活动打下基础。第二，风险投资家会充分利用各种信息，整合内外部资源，获取一定数量的投资项目，并根据各种项目筛选原则对众多的项目进行科学有效的筛选和评估。第三，风险投资人在与目标企业达成初步合作意向后，经协商一致，由风险投资人或者委托专门的中介机构会对目标企业进行现场调查、资料分析，了解企业的优势劣势，判断企业的投资价值，揭示投资风险，为是否进行投资提供判断依据。第四，根据相关评估指标进行项目终选。第五，当申请的投资项目顺利通过投资评估时，双方就进入投资协议阶段，进行合同谈判，对投资方式、投资工具以及具体细节在投资协议中做出相应安排。第六，经过与创业企业的多轮次谈判，双方就交易细节达成一致并签订协议。

7.2　风险投资项目估值程序

7.2.1　项目初选

1. 项目获取

通常，风险投资家会充分整合内外部资源，建立多元化的项目来源渠道。一般来说，投资项目主要来源于以下几种渠道：

（1）风险投资家寻找投资项目

风险资本家通过自身宣传吸引投资项目，参加相关行业交流会议等搜寻投资项目，具体途径如下：

①在公共媒体上进行宣传；

②参加风险投资论坛、贸易洽谈会、展览会、科学技术会；

③加强与政府有关部门以及技术密集区的信息交流；

④关注行业的互联网站，密切关注科技、商业动态；

⑤公司附属投资还可以从母公司其他部门获取有关的项目信息。

（2）创业企业自荐的投资项目

处于种子期与初创期的创业企业为了获得企业发展不可或缺的资金支持，通常要制订比较详细的商业计划书，通过各种信息渠道主动接触并了解风险投资机构相关信息，提出投资申请。

（3）中介渠道获取或推荐的投资项目

风险投资家可以借助中介渠道，如银行、投资银行、管理顾问公司、会计师和律师事务所等中介机构、政府部门和大学或科研机构，以及其他风险投资机构等获取项目信息。

各种信息渠道来源提供的项目信息质量存在差异，通常通过个人网络、股东、业务伙伴获得的信息质量比较高。并且，风险投资家还需要事前进行充分的产业研究分析，了解行业和科技发展的趋势动向，确定投资的目标市场后，再搜索投资对象。

2. 项目筛选

在项目筛选阶段，风险投资家会根据投资策略与产业偏好，建立适用的筛选准则，以快速过滤不适合的投资方案。这一阶段常见的筛选原则如下：

（1）投资项目的事业阶段。基于不同的投资组合，风险投资家对于处于不同事业阶段的投资项目有不同的偏好。

（2）投资项目的金额规模。为分散投资风险，一般风险投资家会设定每一投资项目金额可以接受的上下限，超出此范围的投资项目会被排除于评估范围。

（3）投资风险与预期报酬。评估人员主要依据个人的主观经验对投资项目的风险与预期报酬进行判断，风险投资家对投资项目的风险、投资回收期、预期报酬有一定要求。

7.2.2　尽职调查

1. 尽职调查的概念

尽职调查（due diligence，简称 DD），又称审慎调查，是指风险投资人在与目标企业达成初步合作意向后，经协商一致，由风险投资人或者委托专门的中介机构对目标企业进行现场调查、资料分析的一系列活动。其目的在于对创业企业做一个全面的评估，了解企业的优势劣势，判断企业的投资价值，揭示投资风险，为是否进行投资提供判断依据。

尽职调查涉及的内容繁多，对实施尽职调查人员的素质及专业性要求很高，因此，风险投资家通常要聘请中介机构，如会计师事务所、律师事务所等协助调查，为其提供全面的专业性服务。尽职调查的评估框架如图 7-2 所示。

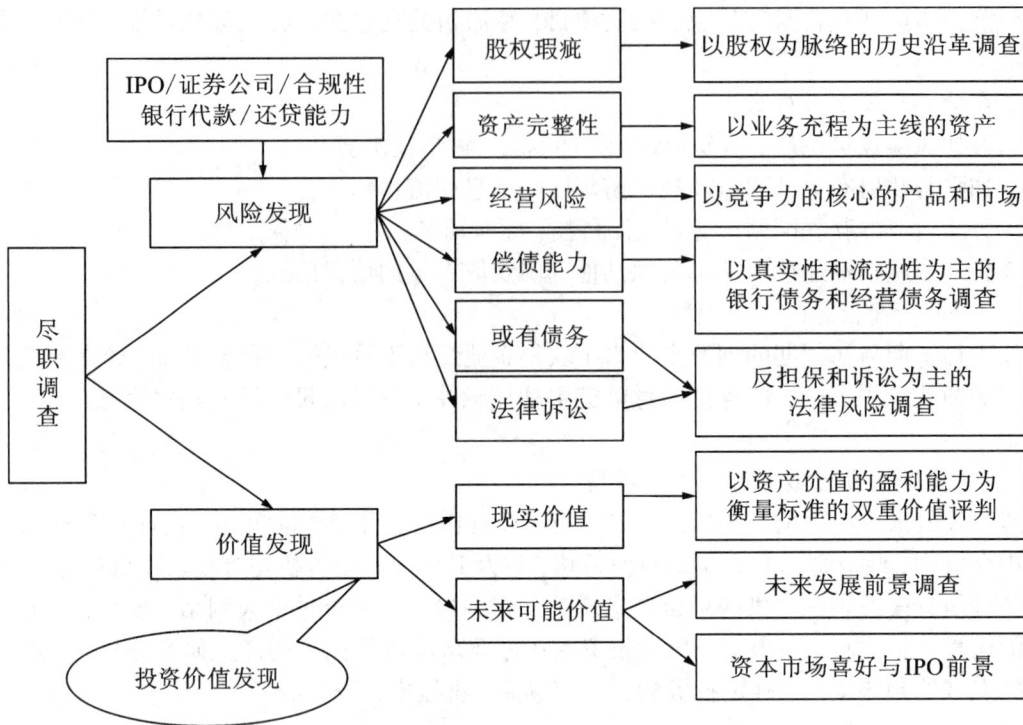

图 7-2　尽职调查的评估框架

在尽职调查阶段，主要的评估工作有两类：一是针对商业计划书内容继续分析评估；二是对被投资公司的内外部经营环境，进行信息收集、访谈与查证，以确定投资项目的可行性与风险。

项目估值是风险投资家在尽职调查的基础上，结合风险投资家的行业经验以及资本市场行情，对创业企业的价值做出定量的计算和定性的判断，以此作为股权定价谈判的依据。

2. 尽职调查的一般方法

在尽职调查中，投资者会对拟投资企业所在的行业、企业所有者、企业的管理团队、客户、营销与销售、研究与开发、生产与服务、采购、法律与监管、财务与会计和税收等进行调查，以专业人士对相关问题做出的评析作为对拟投资项目进行取舍的依据。一般而言，尽职调查可以采用以下方法。

（1）会谈关键人员

会谈被投资企业的关键人员是尽职调查中不可或缺的部分，投资者在与不同人员的会谈中得到企业各方面的信息，才能产生对目标企业的全面而客观的评价。

（2）抽取原始资料

在做尽职调查时应该到企业抽取原始资料，对企业的原始状况做详尽的了解。例如，要取得企业注册资本、企业法人、企业的性质、股权结构、股权变更、公司章程、合伙协议、企业创始的初衷、企业未来发展的总体目标、初始创始人与合伙人等重要资料。

（3）实地考察

风险投资家需要到创业企业的生产经营场所进行实地调研，了解企业的具体状况，核实商业计划书内容的真实情况，考察管理团队的经营能力和管理水平，揭示创业企业或有的财务风险和法律风险，并进一步发掘企业的潜在价值。

（4）发函调查

向银行/主要客户等发函也是尽职调查中的一项重要内容。投资者拿到企业的授权后可以向银行查证，也可以向客户以及其他相关单位发函询问。

7.2.3　项目终选

1. 项目终选审慎调查

（1）会见所有的管理层。了解管理者的素质、经验和专长，必要时对管理者的工作风格和心理素质进行测试分析，并考察主要管理层成员的经验和个性是否相互配合，以形成强有力的管理结构。

（2）实地考察公司的资产设施和经营业绩。对比商业计划书中的资产数据，核定拟投资公司的净资产和相关设备，对公司现阶段的管理状况做出评估。通过审核账目和财务报表了解公司的财务状况。

（3）调查公司的产品技术特性、销售前景和市场价值。向产品专家咨询产品技术问题，并联络当前或潜在的客户和供应商，考察产品的市场以及原料问题。通过市场调查，确定拟投资公司在未来的价值和盈利前景，所投入资金可以在该公司占据的股份。

（4）进行广泛的相关调查。寻求联合投资的其他风险投资公司的意见；联络创业者的前业务伙伴和前投资者，向拟投资公司的竞争对手咨询；寻求其他风险企业管理层的意见；向银行、会计师事务所、律师事务所咨询。

在审慎调查中，除了要充分收集有关拟投资公司的信息以外，还要结合公司提供的商业计划进行交叉检查，分析相关信息的有效性、准确性。

2. 项目终选的评估指标

从风险投资项目终选的特征出发，设置 6 个一级指标、29 个二级指标，构成风险投资项目终选评价指标体系。

（1）人员素质

①经营管理能力。管理者对公司的运作能力、做出正确决策的能力。

②市场开拓能力。风险企业要在对现有市场的市场划分、竞争水平、目标客户群的了解的基础上，不断提高产品的市场占有率和市场竞争能力。

③融资能力。风险企业为自身的发展需要，从金融机构吸纳资金的能力。

④技术实现能力。拥有的技术和研发能力，可以使产品满足市场的需要，为产品的后续技术服务提供保障。

⑤经营管理团队。风险企业拥有具有积极的团队精神、创新意识、丰富的管理经验、蓬勃向上的良好团队。

（2）市场前景

①进入市场的难易性。现有目标市场是否有较大的技术壁垒、贸易壁垒，主要竞争对手的市场竞争实力，是否有政策性的准入因素，与专利保护等使新的竞争者难以进入的因素。

②市场需求。市场目标客户群对目标产品的需求。

③市场规模。市场目标客户群对目标产品需要的总体容量。

④市场潜力。市场潜在客户群对目标产品需求在未来的潜在容量。

⑤对产品限制的条件及自由度。在政策、质量、市场准入、其他因素上对产品要求是否有限制。

⑥对竞争者进入市场的防护。企业目标产品是否有足够的壁垒用以防范新的竞争者进入。

（3）技术水平

①产品的唯一性、新颖性和先进性。拥有国际或国内领先的专门技术、版权、配方、品牌、专营权、特许权经营等。

②产品的专利保护能力。对现有的和正在申请的知识产权（专利、商标、版权等）的保护能力。

③与供应商和客户的讨价还价能力。考察供应商和客户的集中程度，替代品的替代程度以及成本的高低。

④生产能力。考察产品生产制造方式、生产设备状况、质量保证体系和产品成本控制措施等。

⑤目标市场更新周期。明确市场的更新周期，现有的技术是否适应目标市场的更新周期，并能否提前对产品进行技术革新。

⑥竞争优势。现有的技术在同类竞争者中是否有绝对或相对优势，能否在以后的工程中继续保持。

⑦售后服务和用户支持。对客户的服务质量、水平的高低是否足以巩固现有客户群，并为潜在客户群的发展提供良好基础。

（4）财务状况

①资本结构。指标有资产负债率、资本化比率、固定资产净值率等。

②偿债能力。

短期偿债能力：指标有流动比率、速动比率、现金比率等；

长期偿债能力：指标有权益乘数、利息支付倍数等。

③资金经营能力。指标有应收账款周转率、存货周转率、流动资产周转率等。

④获利能力。指标有资产净利率、销售净利率、股东权益报酬率、市盈率等。

⑤现金流量状况。指标有现金流量比率、偿债保障比率、每股现金流量等。

（5）退出机制

①公司未来的上市能力。若公司发展迅速、业绩良好，预期能在较短时间内达到上市公司的要求，则具备未来上市的能力。

②公司未来的转售、购并能力。寻找到能够充分利用购并公司的资源并具有与本公司战略目标一致的战略投资者的能力。

③公司未来的管理层收购能力。管理层的创新能力、经营能力和以往的业绩决定了未来

的收购能力。

（6）社会环境

①经济周期对产品市场的影响。指国民生产总值、就业、通货膨胀、利率以及其他经济变量或多或少地、定期地发生偏离增长趋势水平的各种动荡的汇集，即总体经济活动扩张和收缩交替反复出现的过程对产品市场的影响。

②税收优惠政策。享受的政府提供的优惠政策及未来可能的情况，特别是市场准入、减免税等方面的优惠政策。

③与其他投资形式的收益率相比较。即与银行储蓄、债券、股票、货币市场工具、基金、房地产等投资的收益率要进行比较。

7.2.4　合同谈判

申请的投资项目顺利通过投资评估后，双方已有合作共识，即可进入投资协议阶段，进行合同谈判。风险投资一般以少数股权投资进入创业企业，为了充分激励和有效监督创业者，需要对投资方式、投资工具以及具体细节在投资协议中做出相应安排。经过与创业企业的多轮次谈判，双方最终就交易细节达成一致并签订协议。这个阶段讨论的重点如下：

（1）股权形式、价格、数量。股权形式影响风险投资机构日后的投资风险，而价格与数量也与日后的报酬风险相关。

（2）股权保障方式。风险投资机构为降低风险、保障股权，通常会在协议书上明确股权保障方式，主要内容包括董监事席位分配、董事会的权利义务与财务责任（如背书、保证）、重大资本预算的决策方式。风险投资公司对于技术入股的价值认定，以及技术入股所具有权利的限制与应承担责任也会有所要求。还有为防止股权稀释或资本结构变动，风险投资机构有时还会要求对于新增投资方式具有认可或否决的权力。

（3）资金退出时机与方式。协议中会有关于风险投资机构回收年限、出售持股的时机与规范、被投资公司股票上市时机与方式以及被投资公司无法达成预期财务目标时所应承担的责任等规定。

（4）参与经营管理的方式。对于风险投资机构参与决策以及协助经营管理的范围与程度加以确认，高层管理团队的任命也是协议的重要事项。

7.3　风险投资项目估值的方法

7.3.1　风险投资项目估值的特殊性

美国著名投资家查理·芒格曾将投资总结为一句话：付出的是价格，得到的是价值。所以投资的道理也就变得简单，即当价格低于价值时选择买入，当价值高于价格时选择卖出。可是项目的价值到底是多少呢？项目对应的价格又是多少呢？这便引出一个很多投资人以及创业者都会遇到的一个问题：如何对风险投资项目进行估值？

一般来说，对于风险投资项目的估值来说，最常见的两种方法是相对估值法和绝对估值法。除此以外，风险资本法、期权分析法等也常应用于风险投资的估值过程中。

但在详细介绍风险投资项目的方法前，我们需要先对风险投资项目估值的特殊性进行简单的分析。

事实上，估值是指评定一项资产当时价值的过程。对于风险投资项目来说，估值就是一个一层层降低风险的过程。正如著名投资人 Marc Andreesen 在"如何创建创业公司"这个视频中所说的那样，投资人是从风险和回报两个方面来考虑一个公司的估值的。

除此以外，Marc 还将风险投资项目估值进行了形象的比喻：在对风险投资项目进行估值的时候，就好像对待一个每一层都代表了不同风险的洋葱，投资人试图通过一层一层地剥离风险来对投资机会进行价值评估。

但是在实际执行的过程中，对风险投资项目的估值又是一个难以精准把握和执行的事情。这是因为风险投资项目估值相较于一般投资项目的估值来说，有着一些相对特殊性，如：不确定性大、弹性与随机性强、主观性强、投资周期长等特点，具体表现如下。

不确定性大：从估值的自身性质来看，在风险投资项目估值的全过程中会涉及与所属行业、所处阶段等密切相关的估值逻辑和要素，所以在多个因素的共同作用下，在一定程度上加大了估值的难度。而这些要素处于一个动态的过程之中，更是增加了估值的不确定性。

弹性与随机性强：从风险投资项目的角度来看，风险投资项目一般都处在初创公司的早期发展阶段，此时项目具有较大的弹性和随机性，未来发展存在着多种潜在的可能性，因而难以用固定的指标和方法进行精准量化的估值工作。

主观性强：从投资人对风险投资项目估值的角度来看，投资人在对项目进行估值时，若想要得出一个较为精准的估值数字，不仅需要对项目足够熟悉，还需要对于项目相关联的若干专业概念、特有机制、行业惯例等具有较高的掌握程度，进而才可以避免在估值过程中受制于对方的"引导"而处在被动局面。而这些要素均未有固定的衡量标准，因而这便对投资人来说有着极高的要求，同时也意味着整个估值过程将受到投资人极大的主观因素所影响。

投资周期长：从风险投资项目的角度来看，风险投资项目是一个长期及动态的过程。伴随着接受投资的公司逐渐发展，每一阶段都需要花费较长的时间及成本，这对风险投资项目的估值也带来了极大的挑战。

综合以上分析，我们便对风险投资项目估值有了一个大体上的认知。在风险投资项目的估值过程中，投资人是从何种维度来对项目进行具体估值的呢？

1. 回报要求

投资是需要追求回报的，投资的本意就是通过对企业或项目当前发展的研判，进而预测企业未来的业绩与价值，使投资人在未来可以收获更高的利益。所以投资人在对风险投资项目进行估值的时候，需要明确回报要求的预期大小。

一般来说，风险投资估值运用投资回报倍数来确定企业的估值。

早期投资项目 VC 回报要求是 10 倍，扩张期/后期投资的回报要求是 3~5 倍。为什么是 10 倍？以 10 个投资项目来计算，标准的风险投资组合如下：4 个失败、2 个打平或略有盈亏、3 个 2~5 倍回报及 1 个 8~10 倍回报。

2. 期权设置

期权是一种合约，该合约赋予持有人在某一特定日期以固定价格买入或卖出一种资产的权利。而期权一般又分为两类,即看涨期权(认购期权)和看跌期权(认沽期权)。

在风险投资项目的估值过程中,投资人给被投资公司一个投资前估值,那么通常他要求获得股份就是

$$投资人股份=投资额/投资后估值 \tag{7-1}$$

举个例子,比如一位投资人在对某风险投资项目投资后估值为 500 万元,那么投资人投资 100 万元,此时投资人的股份便为 20%,公司投资前的估值理论上应该是 400 万元。但通常投资人要求公司拿出 10%左右的股份作为期权,那么对应的价值是 50 万元左右,这时投资前的实际估值变成了 350 万元了。

$$500 万投资后估值=350 万实际估值+50 万期权+100 万现金投资 \tag{7-2}$$

所以相对应的,企业家的剩余股份便只有 70%了。换句话说,企业家的部分投资前价值就进入了投资人的口袋。因为风险投资行业都是要求期权在投资前出,所以企业家唯一能做的是尽量根据公司未来人才引进和激励规划,确定一个小一些的期权,才能保障自身更高的利益。

3. 对赌条款

对赌条款(valuation adjustment mechanism)的含义分为狭义的对赌条款和广义的对赌条款两类。狭义的对赌条款,指估值调整协议。广义的对赌条款,则属于一种附条件的投资合同约定,就是在投资合同之中明确约定特定的条件,在特定条件成就的情况下有相应的股权调整的权利。

而当对赌条款应用在风险投资项目估值中时,主要体现在根据预测利润和实际利润算出估值,进而再取中间值。

$$投资后估值(P)=P/E 倍数×下一年度预测利润(E) \tag{7-3}$$

$$投资后估值(P)=P/E 倍数×下一年度实际利润(E) \tag{7-4}$$

值得一提的是,对赌协议作为平衡企业家和投资人之间利益关系常用的必备条款,普遍存在于各类的投资协议当中。除了可以用预测利润作为对赌条件外,它也可以用于其他场合,常见的包括上市时间的对赌、优先清算权、领售权、回购权等。

总而言之,估值是投资人与企业家双向协商的结果。风险投资项目具有估值的一般特性,也具有其独有的特殊性。因而在多种因素的影响下,不同的投资人在面对同一个风险投资项目时,也会产生不同的观点,估值结果也可能会产生差异。但无论如何,在整个估值过程中最重要的是把握好时机和市场,估值双方要求同存异,避免错过最佳投资与被投资的机会。

7.3.2 相对估值法

相对估值法,即以同行业或者同类公司的价格乘数指标为参照,将目标企业与可比企业进行对比,用可比企业的价值衡量目标企业的价值。典型的相对估值模型有每股市价/每股收益、每股市价/每股净资产、每股市价/每股营业收入等模型。此外,企业价值倍数、市盈率相对盈利增长比率的运用频率也相对较高。

1. 基于股票市价的估值法

(1)市盈率(P/E)模型

市盈率(price earnings ratio,简称 PE 比率),是指普通股每股市价与每股收益之间的比率。

$$市盈率 = \frac{每股市价}{每股收益} \qquad (7-5)$$

市盈率通常指静态市盈率,常用于衡量公司股价水平是否存在高估或者低估的情况。那么,为什么市盈率可以作为衡量普通股每股市价的乘数呢?影响市盈率的因素有哪些?

根据股利折现模型,处于稳定增长状态的企业每股价值为

$$每股价值P_0 = \frac{每股股利_1}{股权成本-增长率} \qquad (7-6)$$

等式两边同时处于每股收益,化简得:

$$\frac{每股价值P_0}{每股收益_0} = \frac{\frac{每股股利_1}{每股收益_0}}{股权成本-增长率} = \frac{\left[每股收益_0 \times (1+增长率) \times \frac{股利支付率}{每股收益_0} \right]}{股权成本-增长率}$$

$$= \frac{(1+增长率) \times 股利支付率}{股权成本-增长率} \qquad (7-7)$$

市盈率是股利支付率和增长率的增函数,也是公司风险程度的减函数。公式表明,市盈率的驱动因素是企业的增长率、股利支付率以及公司风险程度。当这三个因素类似时,企业会具有类似的市盈率。

市盈率作为衡量公司价格和价值关系的指标,并不具有绝对的高低标准。通常来说,如果一家公司的市盈率过高,那么该公司股价存在泡沫,具有被高估的可能性。选取市盈率来对不同公司进行投资价值评估时,这些公司一般属于同一个行业,因为此时公司的每股收益比较接近,相互比较才有效。

市盈率模型被广泛运用的原因:首先,计算资料容易获得,计算方法简便;其次,市盈率将股票市价同收益联系起来,直观地反映了收益状况对股票市价的影响;最后,市盈率模型综合考虑了增长率、股利支付率以及公司风险等因素,能够反映市场状况和前景预测。

市盈率模型同时存在一定的局限性:若每股收益为负值,市盈率指标就失去了意义。此外,不同国家和企业间的会计标准差异,限制了不同市场、不同企业间的市盈率可比性。

因此,市盈率模型适用于连续盈利的企业。若企业间会计指标合理,不同企业间的标准差异较少,市盈率可以用于同类企业间的比较。

(2)市净率(P/B)模型

市净率(price-to-book ratio,简称 PB 比率),是指普通股每股市价与每股净资产之间的比率。

$$市净率 = \frac{每股市价}{每股净资产} \qquad (7-8)$$

鉴于市盈率中存在每股收益为负的风险,市场上许多企业采用每股净资产代替每股收益,使用市净率来进行项目价值评估值。市净率能够较好地反映"所有付出,即有回报",它

能够帮助投资者寻求哪个风险投资项目能以较少的投入得到较高的产出，对于大的投资机构来说，它能够帮助其辨别投资风险。

基于股利折现模型，稳定增长企业的每股价值两边同时除以同期每股净资产：

$$\frac{每股价值P_0}{每股净资产_0}=\frac{每股收益_0\times(1+增长率)\times\dfrac{股利支付率}{每股净资产_0}}{股权成本-增长率}$$

$$=\frac{(1+增长率)\times股利支付率\times权益净利率_0}{股权成本-增长率} \qquad (7-9)$$

从公式中可以看出，市净率是关于股利支付率、权益净利率以及增长率的递增函数，是关于公司风险的递减函数。

市净率可以用于投资分析。每股净资产是股票的账面价值，是用历史成本衡量的，而每股市价是资产的现时市场价值，是证券市场交易的结果。一般认为，市价高于账面价值时企业资产的质量较好，有发展潜力；反之则质量较差，没有发展前景。市净率侧重于对未来盈利能力的期望。

市净率模型的优点：首先，收益为负的企业无法选择市盈率模型进行企业价值估值，而市净率极少出现负值，适合于绝大多数企业；其次，净资产账面价值较利润来说更为稳定，且不易被操纵，用来反映企业的内在价值更具有可靠性；最后，若股价存在泡沫时，投资者选择按市净率指标做出决策所承受的风险明显小于按市盈率做出决策所承受的风险，有利于保护投资者的利益。

市净率模型的局限性：首先，账面价值同利润一样，也受会计标准选择的影响，若各企业间选择的会计标准不同或差异过大，市净率同样缺乏可比性；其次，对于固定资产较少的服务型企业和高新技术企业而言，净资产与企业价值关系不大，市净率模型没有实际意义；最后，少数企业净资产可能出现负值，此时市净率就变得没有意义。

采用市净率模型进行价值评估的企业通常为拥有大量资产、净资产为正的企业。

（3）市销率（P/S）模型

市销率（price-to-sales ratio，简称 PS 比率），是指普通股每股市价与每股营业收入之间的比率。

$$市销率=\frac{每股市价}{每股营业收入} \qquad (7-10)$$

相较于前两者，市销率的使用相对较少。市销率是"成长股投资之父"菲利普费雪在 20 世纪 50 年代后期提出的，他认为，市盈率最主要的问题在于利润每年处于波动之中，而从长期来判断一家公司的好坏，其财务指标应该是销售额而非利润。

基于股利折现模型，稳定增长企业的每股价值两边同时除以同期每股营业收入，可得

$$\frac{每股价值P_0}{每股营业收入_0}=\frac{每股收益_0\times(1+增长率)\times\dfrac{股利支付率}{每股营业收入_0}}{股权成本-增长率}$$

$$=\frac{(1+增长率)\times股利支付率\times营业净利率_0}{股权成本-增长率} \qquad (7-11)$$

从公式中可以得出，市销率是关于股利支付率、营业净利率和增长率的递增函数，是关

于公司风险的递减函数。其中，营业净利润为关键因素。四个指标类似的企业会拥有类似的市销率。

市销率模型的优点：首先，相较于市盈率和市净率而言，市销率不会出现负值，即使是亏损和资不抵债的企业也可以计算出一个市销率值；其次，与利润和净资产不同，营业收入不会受会计标准选择的影响，因此不容易被操纵；最后，市销率更容易体现企业的价格政策变化以及公司战略方面的变化。

市销率模型的局限性在于市销率不能反映成本的变化。当利润和净资产为负时，营业收入仍可能保持不变，而企业若没有考虑成本和利润率的关系，采用市销率模型评估出的价值会出现重大误导性决策，结果就变得没有意义。

因此，市销率模型适用于销售成本率较低的服务型企业，或销售成本率趋同的传统行业的企业。在我国，目前科创板中的上市公司并非全部实现盈利，风险投资可以尝试采用"市销率"指标来对科创板企业进行合理的价值评估。

（4）模型运用

①选择价格比率模型

对于同一企业，选取的价格比率不同，评估产生的结果不同。企业应该根据自身经营情况和财务特征选择合适的评估方法。

②选择可比公司

可比公司的选取是相对估值法中比较关键的环节，通常情况下是选择与标的公司在行业、主营业务、资本结构、企业规模、市场环境以及风险程度等方面具有相近或相似的经营或财务特征的公司作为可比企业。可比企业一般来自同行业企业，但并非所有同行业企业均可以作为可比企业。所选取的参照企业尽可能成熟或有着稳定增长率，这样在确定修正系数时只需考虑目标企业的变动因素。大多情况下，尽管难以找到与目标企业完全相同的参照企业，也要尽可能地选择处于同一企业生命周期的、具有稳定增长率的企业作为可比企业。

案例 7-3 鄂尔多斯公司成立于 1979 年，是一家多元化经营的大型现代综合产业集团。鄂尔多斯公司主要有两大业务，分别是羊绒纺织业务和电冶化工业务。在市场中，选取了与鄂尔多斯公司在行业、股利支付率和风险等方面类似的 12 家企业作为可比企业，它们的可比市盈率如表 7-2 所示。

表 7-2　可比公司的市盈率

	公司名称	每股收益（元）	股价（元）	市盈率
1	金石资源	0.35	20.68	59.08571429
2	河北宣工	0.47	22.8	48.5106383
3	蓝焰控股	0.53	16.97	32.01886792
4	中国石油	0.12	7.94	66.16666667
5	攀钢钒钛	0.1	3.07	30.7
6	兴业矿业	0.3	9.81	32.7
7	铜陵有色	0.05	2.9	58

续表7-2

	公司名称	每股收益(元)	股价(元)	市盈率
8	国城矿业	0.36	10.85	30.13888889
9	西部材料	0.13	9.52	73.23076923
10	云海金属	0.24	9.3	38.75
11	盛屯矿业	0.41	9.39	22.90243902
12	远兴能源	0.18	2.89	16.05555556
	行业平均			42.32665977

可比企业的市盈率平均数采用的是简单算是平均, 结果为 42.32665977。在使用市净率和市销率模型时, 选择可比企业的方法同市盈率类似, 区别在于驱动因素的差异。

③修正的市价比率

参照企业的选取要尽可能地选择那些与目标企业相近的企业, 但事实上并不是所有企业均可以找到与其相近或类似的企业作为可比企业。可比条件过于严苛或可比企业数量不足都无法满足可比企业的数量要求。针对那些无法找到足够可比企业的公司而言, 需要对其估值标准进行修正。

a. 修正市盈率

增长率是影响市盈率最关键的变量。市盈率产生差异最主要的原因是增长率的差异, 因此, 可以通过增长率来修正市盈率。

$$修正市盈率 = 可比企业市盈率 \div (可比企业预期增长率 \times 100) \tag{7-12}$$

$$目标企业每股价值 = 修正市盈率 \times 目标公司预期增长率 \times 100 \times 目标公司每股收益 \tag{7-13}$$

案例 7-4　同案例 7-3 数据, 各可比企业的预期增长率如表 7-4 所示。

表 7-4　可比公司的预期增长率

	公司名称	股利支付率	净资产收益率	可持续增长率
1	金石资源	31.12%	12.29%	0.092482488
2	河北宣工	48.28%	5.22%	0.027746948
3	蓝焰控股	11.30%	18.89%	0.201279555
4	中国石油	37.08%	1.90%	0.012099446
5	攀钢钒钛	15.64%	22.34%	0.232225517
6	兴业矿业	6.61%	11.03%	0.114838599
7	铜陵有色	38.36%	3.24%	0.020378343
8	国城矿业	27.85%	21.04%	0.179762375
9	西部材料	70.80%	3.11%	0.009164424
10	云海金属	33.40%	10.43%	0.074649218

续表7-4

	公司名称	股利支付率	净资产收益率	可持续增长率
11	盛屯矿业	27.47%	14.20%	0.114818005
12	远兴能源	11.15%	8.39%	0.080549743
	行业平均			0.096666222

计算得出，与鄂尔多斯公司可比的12家公司的平均公司预期增长率为0.096666222。

接下来，根据计算出来的可比企业预期增长率和平均市盈率来计算修正市盈率，计算过程如下：

$$修正市盈率 = 42.32665977 \div (0.096666222 \times 100) = 4.378640118 \qquad (7\text{-}14)$$

按照预期增长率的公式计算出目标公司鄂尔多斯的预期增长率为0.058661817，以及已知鄂尔多斯公司的每股收益为0.5元，目标企业每股价值的计算公式如下：

$$目标企业每股价值 = 4.378640118 \times 0.058661817 \times 100 \times 0.5 = 12.84294929 \qquad (7\text{-}15)$$

b. 修正的市净率

市净率的修正方法同市盈率类似。市净率产生差异最主要的原因是权益净利率的差异，因此，可以通过权益净利率来修正市净率。

$$修正市净率 = 可比企业市净率 \div (可比企业预期权益净利率 \times 100) \qquad (7\text{-}16)$$

$$目标企业每股价值 = 修正市净率 \times 目标公司预期权益净利率 \times 100 \times 目标公司每股收益 \qquad (7\text{-}17)$$

c. 修正的市销率

类似于市盈率、市净率的修正方法，市销率产生差异最主要的原因是销售净利率的差异，因此，可以通过销售净利率来修正市销率。

$$修正市销率 = 可比企业市销率 \div (可比企业预期销售净利率 \times 100) \qquad (7\text{-}18)$$

$$目标企业每股价值 = 修正市销率 \times 目标公司预期销售净利率 \times 100 \times 目标公司每股收益 \qquad (7\text{-}19)$$

2. 其他常用的相对估值模型

（1）企业价值倍数（EV/EBITDA倍数）

市盈率是在估值实践中广泛应用的方法，而企业价值倍数却鲜为人知。事实上，企业价值倍数能有效弥补市盈率的缺陷，甚至在国外，其运用范围比PE更为普遍。

企业价值倍数（EV/EBITDA）是企业价值（EV）与息税折旧前利润（EBITDA）的比值。其中，企业价值等于公司股票的总市值加公司的净债务值，即公司的股权价值与债权价值之和。

$$企业价值倍数 = \frac{企业价值}{息税折旧前利润} \qquad (7\text{-}20)$$

与市盈率对比，EV/EBITDA倍数中的分子采用企业价值代替每股价值，衡量了所有投入资本的市场价值；分母采用息税折旧前盈利（EBITDA）替代每股收益，反映了企业所有投资人的资本投入，既包括股东权益，又包括债权人的投入。EV/EBITDA倍数反映了投资资本的市场价值和未来一年企业收益间的比例关系。

EV/EBITDA 倍数的优势：首先，EV/EBITDA 倍数并不仅是对股权的估值，还反映了企业所有投资人的资本投入；其次，模型中的 EBITDA 指标对企业的收益有着更清晰的度量，该指标和企业价值之间有着更强的相关性；最后，由于 EBIT 不受利息、税收、折旧等因素的影响，管理者可调整的空间较小。

EV/EBITDA 倍数也存在一定的局限性：首先，相对于市盈率模型来说，该方法更复杂，要对债权价值以及长期投资价值分别进行估计；其次，EV/EBITDA 倍数是一个单一的年度指标，并未考虑到企业未来增长率对企业价值判断的影响；最后，该模型中的 EBIT 会受到企业税收政策和会计标准的影响，如果两个公司之间的税收政策和会计标准差异很大，这个指标的估值结果就会失真。

（2）市盈率相对盈利增长比率（PEG 指标）

市盈率相对盈利增长比率（price to growth ratio，简称 PEG），是公司的市盈率和公司盈利增长速度之间的比例关系。该指标既可以通过市盈率考察公司目前的财务状况，又通过盈利增长速度考察未来一段时期内公司的增长预期。

$$PEG = \frac{市盈率}{公司盈利增长速度} \tag{7-21}$$

从计算公式可以看出，PEG 考虑到了企业的盈利、市值以及业绩增速。PEG 是在市盈率基础上发展起来的指标，它弥补了 PE 对企业动态成长性估计的不足。PE 仅仅反映了某股票当前价值，PEG 则把股票当前的价值和该股未来的成长联系了起来。

PEG 指标选取 1 作为价值评估标准。若 PEG>1，则表明市场认为这家公司的业绩成长性高于市场预期；若 PEG<1，则表明该公司的业绩成长性比预期差；若 PEG=1，则公司的业绩成长性恰好充分反映未来预期。在通常情况下，成长性高的公司股票 PEG 值会高于 1，甚至超过 2，表明该公司未来业绩成长性十分可观。

PEG 指标最重要的优势就在于该指标弥补了静态市盈率指标在判断股票投资价值时的缺陷，不仅考虑了本会计报告期的财务状况，也考虑了过去几年企业盈利的增长情况，以及未来企业的发展趋势。而且，PEG 指标还解决了市盈率存在的价值评估标准选择的问题。PEG 并不将市场平均水平作为价值评估的标准，而是将标准定为数字 1。因此，PEG 指标并不会因为受宏观经济影响波动大而出现偏离价值轨道的现象。

PEG 指标主要适用于业绩持续增长的企业，如科技类企业，不一定适用于周期性强的行业，因为这些行业的盈利受经济周期波动影响较大。

7.3.3　绝对估值法

绝对估值法是通过对公司历史及当前的分析和对未来反映公司经营状况的财务数据的预测来获得公司内在价值的估值方法。本章主要介绍现金流折现模型和 EVA 估值法，其中现金流折现模型中应用最广泛的类型是股权自由现金流量折现模型和公司自由现金流量折现模型两种。

1. 现金流折现模型

(1) 现金流折现模型的概念

现金流折现模型 (discounted cash flows, DCF), 也就是折现现金流, 是一种常用的风险投资项目估值方法, 其估值原理就是把风险投资项目未来特定期间内的预期现金流量还原为当前现值。

$$P_0 = \sum_{t=1}^{n} \frac{CF_t}{(1 + r)^t} \tag{7-22}$$

式中, P_0 表示企业的评估价值; n 表示资产 (企业) 的寿命 (发展时限); CF_t 表示资产 (企业) 在 t 时刻产生的现金流; r 表示预期现金流的折现率。

值得注意的是, 当为我们在将对未来现金流的估值利用相关公式 "折" 到其现值时, 不同的公司对计算自由现金流所使用的基数不同, 因此其产生的结果以及最终的公司估值结果也会有很大的不同。

(2) 模型评价

现金流折现模型作为评估风险投资项目内在价值的科学方法, 考虑了时间价值、风险和长远利益, 更符合投资者在对风险投资项目进行评估的预期, 很好地体现了企业价值的本质, 与先前介绍的相对估值的评估方法相比, 现金流折现模型最符合风险投资项目的价值理论。

然而, 现金流折现模型也存在一定的局限性: 其一, DCF 模型不能反映企业灵活性所带来的收益。在具体评估风险投资项目价值时, 通常选取固定不变的折现率, 但在实践中, 企业资本结构的变化将导致折现率的波动, 从而引起企业价值评估结果出现变化。其二, 从现实条件的角度看, DCF 模型是基于多种理想的假设而进行的, 但在现实中, 由于资本市场处于不断变化的状态之中, 所以 DCF 模型在应用中可能脱离实际, 无法全面动态地在可行范围内去考虑现金流的时间价值、财务杠杆的变化等情况。

由于目前的现金流量折现方法存在种种假设前提, 但是在现实的资本市场中, 资本的诸多的不确定因素及投资者素质往往与假设存在着种种差异, 因此在实际执行应用现金流量折现模型对风险投资项目进行估值时还会出现各种问题, 因而这便对 DCF 模型的适用性产生一定要求, 主要表现在以下几个方面:

其一, 适用于不考虑现金流量时间价值的情况, 资本市场的不断变化会导致依赖于现金流量的企业价值也处于动态变化之中。其二, 适用于不考虑财务杠杆的动态变化而引起的财务风险的情况。企业在经营中会根据环境的变化而改变企业的举债数额和负债比率, 这将引起财务杠杆的波动, 从而使企业的风险发生波动。

DCF 模型在处理风险投资项目估值时, 受限于各种计算上的要素, 因而很多动态的要素无法全面展示, 不能将所有动态因素考虑在内。所以为了克服上述问题, 必然要对现有的现金流折现模型进行分析与改进, 接下来将着重介绍。

2. 现金流折现模型的类型及应用

(1) 股权自由现金流折现模型

股权价值是通过对股权的预期现金流量以股权成本进行的折现。股东是公司股权资本的所有者,拥有公司产生的全部现金流的剩余要求权。股权自由现金流量(free cash flow to equity,简称 FCFE)就是除去经营费用、本息支付和为保证预定现金流增长所需的全部资本性支出之后的现金流。

$$股权价值 = \sum_{i=1}^{n} \frac{股权现金流量_t}{(1 + 股权资本成本)^t} \qquad (7-23)$$

其中,股权自由现金流量等于公司自由现金流量减去债权人自由现金流量,即企业自由现金流量在债权人进行分配后的余额。

股权自由现金流折现模型的具体应用情况可以分为以下两种。

①稳定增长 FCFE 模型

FCFE 模型与股利折现模型的形式基本相同,唯一的区别是需要用股权现金流量代替股利。如果一个风险投资项目总是以不变的增长率持续增长,那么投资者可以选择以稳定的 FCFE 模型来评价企业价值。

$$P_O = \frac{FCFE_1}{r-g} \qquad (7-24)$$

式中,P_O 表示目前股权资本价值,$FCFE_1$ 表示预期下一年的股权自由现金流量;r 表示公司股权资本成本;g 表示固定增长率。

如果公司处于稳定增长状态,而且其支付的股利与 FCFE 始终保持一致,那么此时 FCFE 模型和 Gordon 增长模型得出的企业价值相等。

②两阶段 FCFE 模型

两阶段 FCFE 模型是指公司在前一段时间内以较快的速度增长,然后再进入稳定增长阶段。此时,公司价值可以用高增长阶段 FCFE 现值和稳定增长阶段现值之和来表示。

公司价值=高增长阶段 FCFE 现值+稳定增长阶段现值

$$P_O = \sum_{t=1}^{t=n} \frac{FCFE_t}{(1+r)^t} + \frac{\dfrac{FCFE_{n+1}}{r_n - g_n}}{(1+r)^n} \qquad (7-25)$$

式中,P_O 表示目前股权资本价值;$FCFE_t$ 表示预期第 t 年的股权自由现金流量,r 表示公司股权资本成本;$FCFE_{n+1}$ 表示预期第($n+1$)年的股权自由现金流量;r_n 表示稳定增长阶段的股权资本成本;g_n 表示稳定增长阶段的固定增长率。

股权自由现金流量在公司中通常处于稳定状态,采用股权自由现金流量折现模型评估企业价值更方便和简化。FCFE 模型通常适用于进行中长期投资战略的企业,使用该方法进行企业价值评估的目标公司不需要具有成熟的盈利模式,而应该拥有较好的成长性。但是,FCFE 模型只考虑股权资本的影响,受到财务杠杆比率影响较大,所以通常不用来评估商业银行、保险公司等高财务杠杆的企业

(2)公司自由现金流折现模型

公司自由现金流量(free cash flow to form,简称 FCFF)估计的企业价值是通过对企业的预计现金流以加权资本成本进行的折现。

$$公司价值 = \sum_{i=1}^{n} \frac{公司现金流量_t}{(1 + 加权资本成本)^t} \qquad (7-26)$$

其中,公司自由现金流量是企业自身真正得到的税后经营性现金流量,包括用于分配给

债权人、普通股股东和优先股股东在内的企业资本的全部提供者。

公司自由现金流折现模型的具体应用情况可以分为以下两种：

①稳定增长 FCFF 模型

同稳定增长的 FCFE 模型一样，当企业始终以固定的增长率保持增长时，可以选择稳定的 FCFF 模型来进行价值评估。使用这个模型需要满足的前提条件：一是企业现金流始终以固定增长率增长，且该增长率处于合理水平；二是资本支出和折旧的关系必须满足稳定增长的假设。

$$企业价值 = \frac{FCFF_1}{WACC - g} \tag{7-27}$$

式中，$FCFF_1$ 表示预期下一年的公司自由现金流量；$WACC$ 表示公司加权平均资本成本；g 表示固定增长率。

②两阶段 FCFF 模型

企业的增长速度并非总是呈稳定状态，更多时候会出现阶段性特征。在阶段增长模型中，运用最为广泛的两阶段增长模型。类似于两阶段 FCFE 模型，两阶段 FCFF 中的第一阶段为增长阶段，增长处于不稳定水平，第二阶段则开始进入稳定阶段。

$$企业价值 = \sum_{t=1}^{t=n} \frac{FCFF_t}{(1 + WACC)^t} + \frac{\dfrac{FCFF_{n+1}}{WACC - g_n}}{(1 + WACC)^n} \tag{7-28}$$

式中，$FCFF_t$ 表示预期第 t 年的公司自由现金流量；$WACC$ 表示公司加权平均资本成本；$FCFF_{n+1}$ 表示预期第 $(n+1)$ 年的公司自由现金流量；g_n 表示稳定增长阶段的固定增长率。

当企业具有高财务杠杆比率或财务杠杆比率正发生变化时，尤其适宜使用 FCFF 模型进行价值评估。因为 FCFF 模型考虑的是偿还企业债务之前的现金流量，不受企业债务比率的影响，因而使用 FCFF 模型更有利于评估那些财务杠杆比率较高的公司。FCFE 模型则考虑了企业债务相关因素，因为比较容易受财务杠杆的影响。

FCFE 和 FCFF 模型均是在现金流折现模型的基础上发展起来的，具有一定的共性。但是，两个模型在实际运用中均存在一定的难点：首先，企业的经营状况总是处于不断变化之中，FCFE、FCFF 模型中各年度现金流量的测算实际上比较复杂；其次，适当的折现率对于模型最终结果影响很大，目前如何确定折现率没有一个统一的算法；最后，采用何种方式进行贴现关系到如何定义该企业在企业经营周期中处的地位，以及预测企业发展周期的时间。风险投资项目在选择估值模型时应当充分考虑模型适用性和实际情况

案例 7-5　美团点评的企业价值评估

美团成立于 2010 年 3 月 4 日，成立初期的美团仅获得天使投资人王江的种子投资和红杉资本 1200 万美元 A 轮投资。2015 年 10 月，美团和大众点评发布联合声明，宣布达成战略合作，双方共同成立一家新公司，美团点评。

美团点评是一个综合性生活服务电商平台，业务涉及餐饮外卖、酒店旅游、出行、新零售等领域。美团点评的客户主要针对消费者和商家，其在消费者和商家之间搭建起了一座传递信息、提供服务和运输资金的桥梁。

2018 年 9 月 20 号，美团点评上市那天的开盘价为 72.9 港元，收盘价为 72.65 港元，市值最高位一度升破 4000 亿港元。但美团点评作为新经济企业的代表，仍处于迅速发展的初

期阶段，上市之时并未成熟。其价值主要集中于用户和商业模式，通过前期花钱培育市场和用户流量，再转化为公司收入的方式获取利润。尽管近年来营业收入逐年大幅度增长，但尚未转化为企业利润，其具体情况如表 7-5 所示：

表 7-5　美团点评的盈利情况表

单位：亿港元

	2015	2016	2017	2018
营业收入	40.19	129.88	339.28	652.27
营业利润	27.79	59.41	122.20	151.05
净利润	-105.19	-57.90	-189.17	-1154.77

表 7-6　成本与费用的具体情况表

单位：亿港元

成本分类	2015		2016		2017		2018	
	金额	在营业收入中占比	金额	在营业收入中占比	金额	在营业收入中占比	金额	在营业收入中占比
餐饮外卖骑手成本	2.77	6.89%	51.35	39.84%	183.24	54.01%	305.16	46.78%
物业、厂房及设备折旧	0.55	1.37%	2.09	1.61%	2.68	0.79%	42.52	6.52%
支付处理成本	4.07	10.13%	6.72	5.17%	10.24	3.02%	15.25	2.34%
网约车司机成本	—	—	—	—	2.93	0.86%	44.63	6.84%
其他	5.01	12.47%	10.32	7.95%	17.99	5.30%	93.66	14.36%
总计	12.40	30.86%	70.48	54.57%	217.08	63.98%	501.22	76.84%

　　由表 7-5、表 7-6 可以看出，美团点评营业收入连年成倍上升，但营业利润增加幅度较小，净利润的亏损程度更是不断加大，其主要原因在于美团点评在前期推广和培育客户时所采取的一系列激励手段导致的营业成本和销售费用的上升。美团点评的激励机制包括向消费者、商家等交易用户提供的优惠券和直接付款抵扣等，这些实实在在让利的方式为美团点评带来源源不断的客户，形成了企业的核心资源，但这一隐形资产短时间内难以在报表中得以体现。

　　美团点评一直处于亏损状态，传统的 PE、PB 等相对估值方法难以奏效，部分投资机构对美团点评的投资评级和估值如表 7-7 所示：

表 7-7　　**2019 年 3 月各投资机构对美团点评估值方法及结果**　　　单位：亿港元

机构	估值方法	估值
广发证券	PS	4128
广发证券	FCFF	3834
中信证券	PS	3741
天风证券	DCF	3714
国金证券	DFCF	3237
国盛证券	P/GTV	4267

注：DFCF——自由现金流折现模型，P/GTV——市值/交易额法。

到 2019 年 3 月为止，各大机构对美团点评的估值基本上在 3500 亿港元以上，在连年亏损的情况下仍能给出如此高额估值，说明资本市场对美团点评的价值评估与其盈利能力关系不大，而更多地参考了营业收入、交易额等一些非财务指标进行衡量。而通过 DCF、FCFF 等绝对估值方法得到的美团点评价值建立在对美团点评未来收入和现金流的预测之上，体现了资本市场对美团点评收入创造能力和商业模式价值的信心。

3. EVA 估值法

经济增加值（economic value added，简称 EVA）是美国斯腾图特管理咨询公司在 20 世纪 90 年代中后期推广的一种价值评价方法。经济增加值（EVA）是指从税后经营业利润中扣除全部投入成本后的剩余收益。

经济增加值＝税后净营业利润－平均资本占用×加权平均资本成本

它是有效评估经营者使用资本和创造价值的重要指标。若 EVA 为正，则说明经营者投入资金创造的利润超过了将该部分资本投入其他项目所产生的收益，表明经营者为企业创造了价值；若 EVA 为负，说明经营者投入资金创造的利润未超过将该部分资本投入其他项目所产生的收益，则表明经营者在损毁企业价值。

经济增加值（EVA）的优点：首先，经济增加值考虑到了权益资本成本。我国现行财务会计只确认和计量债务资本成本，而很少将权益资本成本从营业利润中扣除，通常会让人忽视权益资本成本的存在，让人以为权益资本是一种免费资本而不重视其有效使用。其次，经济增加值能够反映企业实现的价值，扣除了非经常性损益，有利于突出企业主业。最后，经济增加值注重公司可持续发展，鼓励企业经营者进行能给企业带来长期效益的投资决策。

经济增加值（EVA）的局限性：首先，EVA 的调整指标很多，根据企业所处行业不同，EVA 调整事项存在时较大的主观性，可能使结果产生偏差，利润容易被操纵；其次，EVA 作为一个绝对值指标，难以充分反映部门间的规模差异，不能有效控制规模差异对 EVA 结果的影响；最后，EVA 计算本身的复杂性也是 EVA 应用的一大难度。

尽管 EVA 能够很好地用于估算企业价值，但并非对所有企业均适用。一般情况下，EVA 适用于金融机构、周期型企业和新成立的公司。

接下来，将通过举例说明运用 EVA 方法进行企业价值评估的步骤。

案例 7-6　基于 EVA 的网易公司企业价值评估①

网易公司于 1997 年创立，2000 年在美国上市，在互联网行业一直处于领先地位。网易公司在端游、电商、邮箱、广告等方面都具有不凡的成就，在研发产品方面投入了很大的力度，产品在市场上反响良好，取得了一系列成就。网易公司收入来源主要分为三大板块：在线游戏服务，广告服务，邮箱、电商及其他。近年来，网易公司在广告服务、端游服务方面的比重有所下滑，而在邮箱服务、电商等板块的收入占比逐渐上升，从总体的企业发展趋势来看，网易公司每年营业收入、利润在不断上升，有很好的发展趋势。

①预测网易公司营业收入及成本

根据网易公司 2013—2017 年企业利润表可以得到该企业营业收入及其增长率表(表 7-8)。

表 7-8　营业收入及其增长率表

	报告日期	2013	2014	2015	2016	2017
营业收入	营业收入(百万美元)	1497.41	1898.18	3626.34	5735.23	8005.36
	增长率	11%	27%	91%	58%	40%
营业成本	营业成本(百万美元)	403.57	528.56	1494.76	2480.89	4171.11
	营业成本占营业收入比重	27%	28%	41%	43%	52%
	费用总额(百万美元)	385.11	597.38	975.09	1357.23	2035.88
	费用增长率	–	55%	63%	39%	50%
	费用占营业收入比重	26%	31%	27%	24%	25%

基于此，可以预测网易公司 2018 年以后的营业收入增长率稳定在 30% 左右，由此可以得到 2018 年营业收入预测值为 10406.97 百万美元。预测 2018 年以后成本占营业收入的比重为 55%，费用占营业收入的比重为 27%，则 2018 年营业成本预测值为 5723.83 百万美元，费用预测值为 2809.88 百万美元。其中，销售费用为 1826.42 百万美元，研发费用为 983.46 百万美元，所得税率为 15.5%。

息前税后利润 = 10406.97−5732.83−1826.42−983.46 = 1873.25(百万美元)　(7-29)

②税后净营业利润的计算

在计算税后净营业利润时，需要对网易公司的研发费用、递延所得税款进行调整。

表 7-9

	2018(百万美元)
息前税后利润	1873.25
(+)研发费用	983.46
(−)摊销	561.14

---

① 案例来源：王晋国. EVA 在企业价值评估中的应用——以网易公司为例[J]. 山西财经大学学报, 2019, 41(S2)：49-51. 有改动。

续表7-9

	2018(百万美元)
(−)递延所得税资产	28.19
(+)递延所得税负债	10.03
税后净营业利润(NOPAT)	1987.06

③调整后资本的测算

在计算资本总额时,需要将股权资本加上流动负债,减去应付账款,加上研发费用以及递延所得税负债,减去递延所得税资产。其中,股权资本假定为2017年的末数值7225.10百万美元。

表7-10 总资产测算表 单位:百万美元

	2018
股权资本	7225.10
流动负债	5203.48
(−)应付账款	348.23
研发费用	983.46
递延所得税负债	10.03
(−)递延所得税资产	28.19
资本总额	13045.65

④加权资本成本的测算

根据2013—2017年(WACC)加权平均资本成本,预测2018年加权平均资本成本为以前年度平均值,即7.73%。

⑤计算EVA值

$$EVA = NOPAT - TC \times WACC \tag{7-30}$$

由上式计算得出EVA值为978.63百万美元。

假设网易公司自2018年起开始进入永续增长阶段,网易公司在2013—2017年的历史增长率平均值为6.73%,根据网易公司的发展趋势以及在互联网行业中的竞争力,预测网易公司未来永续增长率为6.7%,由此计算出来企业价值为35337.89百万美元。

$$企业价值 = 期初投入资本总额 + EVA现值$$
$$= 13045.65 + 22292.24 = 35337.89 \tag{7-31}$$

通过查询可知,网易公司2017年12月31日的市值为345.07亿美元,估值与市值相比较接近,运用EVA模型评估企业价值是可行且准确的。

7.3.4　风险投资法估价创业企业

1.风险投资法概述

风险投资法估价风险投资项目,是业界所采用的基本估价方法。风险投资法估价风险投资项目一般包括如下五步:

(1)预测几个年度的权益现金流。

(2)估计风险资本退出投资的时间(尤其是通过首次公开发行或战略投资者收购的方式)。

(3)基于对收入、销售或顾客等所假设的乘数,对退出价格进行估值。此乘数可以基于可比的上市公司或可比的交易取得。

(4)在一定的比率范围内折现暂时的现金流和退出价值。

(5)做出风险资本的投资决策。

案例 7-7　*基于风险投资法的 GS 资本评估*

GS 资本成立于 2013 年,秉承经济效益和社会效益并重的研判标准,重点挖掘,形成了兼顾大众生产生活质量和经济社会普遍需求的前沿科技与优秀团队。基于投资理念,GS 资本把增强现实、虚拟现实、人工智能、云计算大数据作为公司的重点布局方向和特色,成为国内最早一批接触、理解和布局 AR 和 VR 产业的投资机构。

GS 资本在 2015 年股权业务成立当年,经过二十余家 AR/VR 企业的筛选,斥资 400 万元人民币,投资入股 RM 公司——一家成立于 2003 年、以提供智能硬件解决方案为主营业务的公司。

下面将风险投资五步法简化运用于此案例的风险投资项目估价中。

第一步:预测风险投资项目的现金流如图 7-3 所示。

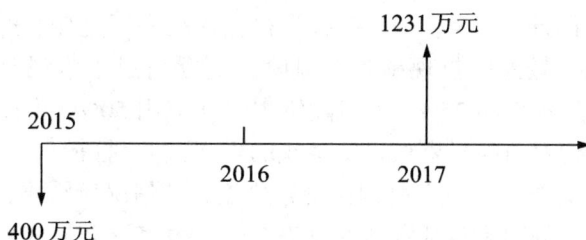

图 7-3　风险投资项目现金流预测

第二步:假设 GS 资本于 2017 年退出该风险投资项目。

第三步:假设该风险投资项目采用的市场乘数为收入 1231 万元的 4.0775 倍。

第四步:假设折现率为 30%。

$$投资后:\frac{1231\times4.0775}{(1+30\%)^2}\approx2970.06(万元) \tag{7-32}$$

$$投资前:2970.06-400=2570.06(万元) \tag{7-33}$$

第五步:计算风险投资公司所要求的股份。

GS 资本投入 400 万元,获得创业企业 400/2970.06≈13.47%的股份。

假设起初已有 $N_0 = 100$ 万的股票份额,该风险资本将获得多少新的股票份额 N_1,N_1 是多少?风险资本投资创业企业的股价为多少?

$$N_1/(100+N_1) = 13.47\% \tag{7-34}$$

则 $N_1 \approx 15.57$ 万股

$$股价 = 400/15.57 \approx 25.69 \ 元 \tag{7-35}$$

2.风险投资法的注意事项

(1)可比乘数的选择

可比乘数的选择可以参考可比公司或者可比交易,即可得知市场对折现率的评价水平。但是,采用可比公司或者可比交易的一个缺点是很难找到真正合适的可比公司。

在选用可比乘数时,应该注意以下几点:

①需要考虑经济周期和产业周期;

②在新兴产业中进入资本市场的企业或许会有较高的乘数,因为其具有先行者的优势;

③在市场比较火热的时候进入,乘数会比较高。

(2)折现率的确定

风险投资法的折现率一般很高,这无法用系统风险回报加以解释,而高折现率的原因主要有以下几点。

①投资缺乏流动性。风险投资项目的出售不像出售上市公司股票那样容易。在其他条件相同时,市场的缺乏会导致私有权益投资的价值低于那些易于公开交易的投资,通常会使用 20%~30%的资产流动性折损率,即对风险投资项目价值的估计会比上市公司的同种权益低 20%~30%。

②提供增值服务。风险投资机构对所投资的风险投资项目花费了大量的时间和精力,提供了诸多增值服务。高折现率是风险投资机构反映所投资时间和资源的一种方式,隐含了对其提供的服务的支付。因此,高声誉的风险投资机构往往采用更高的折现率。

③乐观预期的修正。较高的折现率是对风险投资项目过于乐观时,对其修正的粗略方法。比如,如果合理的折现率为 25%,但风险资本法却使用 50%,可以认为将销售额折现了一个乘数,风险投资机构对风险投资项目销售额的乐观预期"打折"。

④市场条件。估值会被风险投资机构讨价还价能力的情况所影响,影响风险投资机构的利润分配,影响还价能力的因素包括资金的供需,当有很多资金流入风险投资项目时,估值就会更高。

7.3.5 期权分析法

1.期权分析法概述

对一项风险投资项目的估值通常要关注项目带来的未来现金流,但不确定性会对未来的现金流产生影响。不确定性取决于经济原因、市场条件、税收、利率水平和其他很多因素。许多风险投资项目有机会改变投资者未来的现金流和投资价值,例如放弃(投资)、追加(投资)、递延(投资)等,这些期权通常享有未来修正决定的灵活性,因此常被称为弹性期权。

为了更准确地分析风险投资项目，传统的投资估值方法需要配合使用实物资产资本投资估值使用的期权定价方法，这个过程被称作实物期权估值。

风险投资项目的实物期权价值由内在价值和时间价值构成，是通过未来收益和投资选择的不确定性表现出来的。实物期权的基本定价要素主要有五个：标的资产市场价格、执行价格、无风险利率、距离到期日的时间以及标的资产市场价格的波动率。除这五个基本参数外，还有一些其他的影响因素，例如来自同行业的竞争、现金流变化等都会影响实物期权的价值。

（1）标的资产的现值

对于以股票为标的物的期权，其现值为股票当前的价格，而对于风险投资项目的实物期权，往往需要计算复制风险投资项目的资产所用证券的"份数"。

（2）产生于决策点之间的价值漏损

产生于决策点之间的价值漏损可能很简单，只需清楚地列出风险投资项目的现金流出或流入的数值即可；也可能很复杂，需要根据股票市场数据计算收益率的期望值。

（3）标的资产的波动率（市场风险）

标的资产的波动率不能直接从市场观察中得到，可以通过在市场上观察到的类似证券的历史收益分布来计算风险投资项目的隐含波动率，也可根据行业的平均波动率来估计风险投资项目价值的波动率，得到的估计值即为隐含波动率，可将其作为金融市场对契约到期日前风险投资项目期权资产波动率的期望值。

（4）无风险收益率

一般采用短期国债收益率作为市场无风险收益率。实物期权方法不同于传统定价工具，因为甚至对长期项目而言，都只需采用短期收益率。在实物期权方法中，对冲头寸在较短时间间隔内的收益为无风险收益率。

我们选择了三种常见的期权来探讨风险投资项目评价中的期权分析法：增长期权、递延期权和放弃期权。

2. 期权分析法估值案例

（1）增长期权

增长期权是最常见的期权类型之一，有时也被称为扩展期权。如果拥有增长期权，就有日后在风险投资项目有效期内追加投资和扩大项目规模的机会。

假设某风险投资项目有三个阶段，在 3 时刻项目终止，项目期初投资为 1050。在 1 时刻，公司有机会对该风险投资项目追加 900 单位的投资，如果在 1 时刻追加 900 单位的投资，项目规模将扩大 70%，即 2 时刻和 3 时刻的所有值就会增加 70%。下面将针对公司决定行使和不行使期权的两种情况分别进行分析（本案例中数据的单位均为元）。

图 7-4 所示数据均为该项目在不进行追加投资时每时刻的价值，项目前一个时点上的价值是接下来两个可能结果的概率加权之和的现值，假设项目处于顶部状态的概率为 0.8，处于底部状态的概率为 0.2，折现率为 30%。

图 7-5 所示为追加投资后项目的价值。在 1 时刻对项目追加投资后，2 时刻的价值可以通过计算得到：

$$（0.8×5737.50+0.2×1912.50）/（1+30\%）= 3825 \tag{7-36}$$

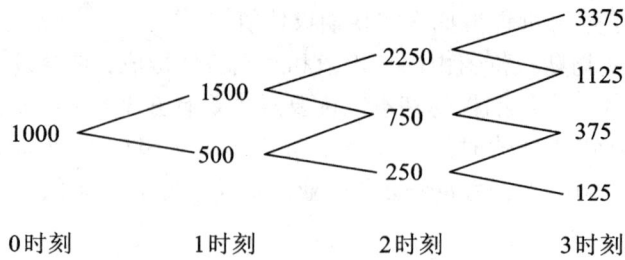

图7-4 资本投资项目二叉树

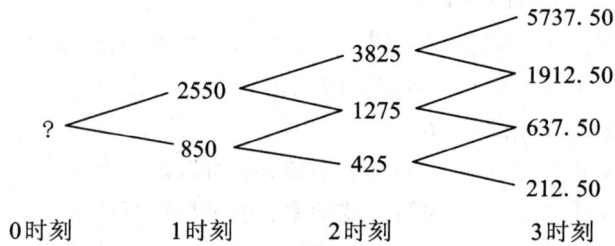

图7-5 在1时刻开始扩张投资的资本项目二叉树

其他数值均可同理求得。在1时刻顶部状态，追加投资后的项目价值是2550，如果扣除900的追加投资，项目的市场价值是1650。在底部状态，追加900投资时项目价值850，这样，公司就不会行使增长期权了。现在我们需要一个新的二叉树。

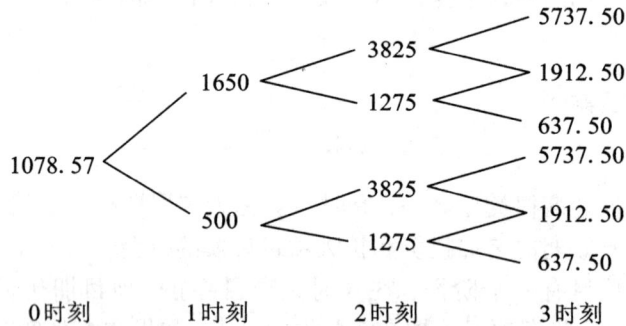

图7-6 内嵌一个增长期权的风险投资项目二叉树图

我们不能再简单地用实际发生概率为30%的折现率，因为新风险投资项目与最初项目不同，自然风险也不同，所以需要一个新的风险折现率。

假设无风险利率为5%，根据风险中性概率(risk neutral valuation)理论，设此时顶部状态概率为p，底部状态概率为1-p，为得到与追加投资前项目价值相同的数值，可求得p为0.55。则：

$$1时刻顶部状态项目价值 = (0.55 \times 3825 + 0.45 \times 1275)/(1+5\%) = 2550 \tag{7-37}$$

1 时刻底部状态项目价值 = $(0.55×750+0.45×250)/(1+5\%) = 500$ 　　　　　(7-38)

公司在 1 时刻顶部状态决定投资 900，价值将被调整为 $2550-900 = 1650$。在底部状态，公司将不会投资，因此结果与不存在增长期权时一样，为 500，如图 7-6 所示。

则 0 时刻项目价值 = $(0.55×1650+0.45×500)/(1+5\%) = 1078.57$ 　　　　　(7-39)

从项目价值中减去期初投资 1050，可以得到新的 NPV 为 28.57。因为由图 7-4 所示不含增长期权的项目 0 时刻价值为 1000，则原始 $NPV = 1000-1050 = -50$，而含有增长期权的项目价值为 28.57，所以增长期权的价值就是 $28.57-(-50) = 78.57$。

增长期权的存在使风险投资项目从不被接受变为可接受。现实世界中也经常存在类似情况，例如某公司在没有增长期权的条件下正在投资一项不具吸引力的风险投资项目，一旦项目启动，该公司就会学到关于其产品需求和基础设施能否支撑向其他相关领域扩展的宝贵经验。

(2)递延期权

许多风险投资项目不会要求投资企业在当前启动，可以在当前做出初始投资，项目开始产生价值，也可以将初始投资推后一段时间，等解决了某些不确定性问题后再投资将会产生可观的价值。当然，等待会给竞争者带来机会，时间会揭示市场本身有价值的信息。

再次以图 7-4 所示的风险投资项目为例，引入一个延迟初始投资的期权。假设有机会在 1 时刻而不是 0 时刻进行初始投资，并规定如果公司一直等到 1 时刻，期初投资需求会高于 1050。这样就需要将合理的增长纳入必须期初投资之中，假设增长 5%，则投资额为

$$1050×1.05 = 1102.50 \qquad\qquad (7-40)$$

注意项目顶部状态价值为 1500，底部状态价值为 500，以此决定 1 时刻是否进行投资，公司在前一种状态下愿意投资，而后一种状态下不会投资。我们可以自然地把这个问题视作一个执行价格为 1102.50，标的资产价格可能是 1500 或 500 的期权。如果项目价值为 1500，公司将会进行投资并获得收益，收益为 $1500-1102.50 = 397.50$。如果项目价值为 500，公司将不会投资。这样一来，就需要用 0 替代 500，因为此时项目未来不会产生任何价值，如图 7-7 所示。

如前所述，没有递延期权时项目的原始 NPV 是 -50，而内嵌了递延期权后，NPV 即项目所在 0 时刻价值 = $(0.55×397.50+0.45×0)/(1+5\%) = 208.21$。那么该期权的价值就是 $208.21-(-50) = 258.21$。

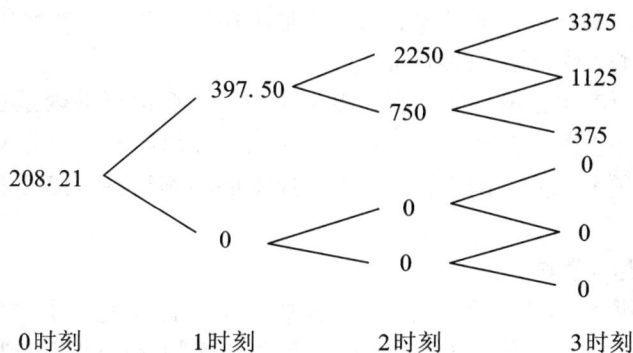

图 7-7

图 7-7　内嵌递延期权的资本投资项目二叉树图

如果公司拥有一个可以更晚投资的期权，这个期权可能会有更大的价值。在这种情况下，应该被称为一个有着较长有效期的看涨期权，价值总是更高一些。然而，如果初期投资的增加额超过了无风险利率，时间带来的所有收益就会被增加的投资成本打败。

（3）放弃期权

在风险投资项目的有效期内，公司可以决定不再继续投资来终止这个项目，这种选择权称为放弃期权，一些放弃期权常伴随收回项目残值的机会。

为了理解放弃期权和残值的作用，仍利用图7-4所示的最初项目，其中1050是当前的投资。假设在1时刻，公司选择终止项目可以收回700，可以简单地视作将项目出售所得。则在1时刻顶部状态，项目价值是1500，公司没有理由放弃它。在1时刻底部状态，项目价值为500，在这种情况下，更值得终止项目收回700。放弃期权下的二叉树如图7-8所示，因此，内嵌放弃期权后，项目0时刻价值=（0.55×1500+0.45×700）/（1+5%）=1085.71。

期初投资1050，此时NPV是35.71，项目增值了35.71-（-50）=85.71。

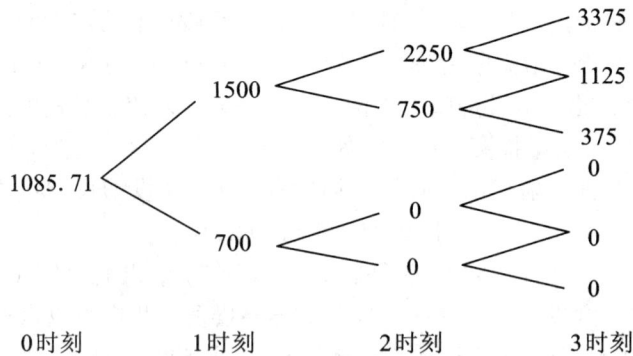

图7-8 内嵌放弃期权的资本投资项目二叉树图

3.期权分析法在风险投资项目运用中的局限性

（1）实物期权比金融期权更复杂，其定价更困难

第一，缺乏定价所需的有关信息。实物期权的非公开交易导致其标的资产价格和期权本身价格信息的缺乏。对于实物期权，既无法直接通过市场获得应用期权定价模型所需输入的信息，比如标的资产市场价格和波动率，也不像金融期权，可以由期权市场的实际价格信息检验定价结果的合理性和计算隐含波动率。

第二，存在新的影响价格的因素。对于金融期权，影响价格的因素主要有五个，即标的资产市场价格、波动率、执行价格、距到期日的时间及无风险利率。但对于实物期权，除这五个因素之外，还必须考虑其他因素，比如投资成本的不确定性、突发事件和投资机会的价值等。

（2）实物期权间相互影响

风险投资项目的期权不止一个，当一个风险投资项目拥有复合实物期权时，这些期权之间不是彼此独立的，它们的价值不能直接加总，增加了实物期权的复杂性。

7.3.6 互联网公司的估值方法

1. 互联网估值概述

互联网的出现打破了传统交通条件的限制和地理区位的阻隔,也打破了传统的企业分类标准,从跨界融合、变化、创新等领域重新定义了企业的概念,因此用传统企业分类的标准来对互联网企业进行定义变得非常困难。

价值是资产未来收益的现值。互联网企业作为一个投资对象,从企业的角度来讲,其经济价值仍是由未来预期收益的现值决定,因此互联网企业并没有改变价值的定义。

然而,互联网企业创造未来收益的模式与传统企业有很大的不同。大部分互联网企业都具有跨界、颠覆、创新、变革等特点,用户的数量、网络的节点距离、企业变现能力以及企业垄断溢价能力是影响互联网企业的关键因素。互联网企业依靠互联网的特性构建商业模式、平台或者生态来创造价值,其未来收益创造模式的变化带来估值逻辑的变化,对未来收益的预期和可比企业的选择也随之发生变化。因此,互联网企业价值创造模式的变化需要在评估方法上创新,为了对互联网企业价值做出更准确的分析和评估,需要识别互联网企业的价值创造逻辑和价值创造模式,识别互联网企业未来收益的获取或者变动特点。

2. 互联网企业的价值源泉

对互联网企业进行价值评估时,首先要清楚互联网企业的价值来源和企业价值的驱动因素。虽然互联网企业创造价值的模式改变了,但是价值的定义没有改变,因此价值创造的三个决定因素也不变,但这三个因素与传统的企业相比可能有新的特点。

(1)盈利性。很多互联网企业,特别是早期的互联网企业并不盈利,但是其市场交易价值很高或估值很高,原因在于短期与长期盈利预期的关系。虽然这些企业短期不盈利,但由于互联网所特有的特征,投资者对长期盈利的预期较高。

(2)企业增长。企业价值的创造是企业收益的增长产生的,但企业收益增长越快,企业价值不一定越高,原因在于企业投资回报和资本成本的大小关系。如果企业投资的资金获得的回报低于资本成本,意味着从资产的投资中取得的收益弥补不了取得资本所付出的成本,此时企业收益增长越快,企业价值越低。所以,在考察互联网企业时,可能在短期内获得投资回报的可能性很低,但预期远期的投资回报一定能超过资本成本,这种增长才是有效的。

(3)企业风险。盈利和增长面临的风险具有不确定性,盈利性和增长都是基于对未来的预期。预期具有不确定性,这种不确定性是企业价值创造的风险。在进行企业价值评估时,如果只看到盈利性和增长,那么企业的价值可能没有上限,但事实上企业价值会受到盈利性和增长面临的风险和不确定性的制约。

虽然互联网企业的价值驱动因素不变,但价值驱动因素背后依赖的要素或者特点不同于传统的企业,在对互联网企业进行价值评估时,需关注这些差异,并在评估方法的应用上考虑二者的差异。

第一,盈利方面。一个企业的盈利性通常表现在更高的议价能力和更低的成本两方面。互联网企业利用网络特性来获取差异定价的能力和更低的成本效益,能提高整个行业和社会的效率,以此获得盈利。

第二，增长方面。互联网企业的增长与传统企业的增长具有差异。一方面，互联网企业依托的是网络特性，一旦达到临界点，网络效应可能使企业增长呈指数级，因此其增长可能是非线性的。另一方面，利用网络使传统企业面对的时空范围大幅增加，互联网企业利用网络可以获得更大的长尾效应。

第三，风险方面。处于不同生命周期阶段的互联网企业面临的风险是不同的，尤其是对互联网企业价值评估时，可能会面临"赢家通吃"的风险。赢家通吃指领先的企业会使整个市场上的要素用户全部向领先企业集聚，其他企业在竞争中具有非常大的劣势，很难超越赢家。赢家通吃效应是在对早期互联网企业分析时要特别关注的风险，当产业演进到规模化或集聚阶段时，产业中现存的企业已经巩固了这种优势，风险会降低。

3. 互联网企业价值评估方法分类

互联网企业的价值评估方法有传统的资产基础法、市场法、收益法和新型估值方法。

（1）资产基础法

任何一个潜在的投资者，愿意付出不超过购建该资产的成本或者重置成本的价格，这是资产基础法的基本原理。基于这一原理，在对企业价值评估的时候，可以对每一项资产进行评估，然后加总得到企业价值。但是企业资产负债表并未反映企业的所有资产，企业价值不仅仅包括企业资产负债表上的资产项目，还有表外的资产项目，比如没有纳入资产负债表的人力资源。因此，在运用资产基础法评估企业价值时，需考虑企业表内表外的资产，同时要考虑表内表外的负债。用资产基础法来评估企业价值，是从投入、购置或重置资产的角度评估企业的价值。

（2）市场法

在市场上交易时，人们愿意支付的资产价格不会超过市场上同样的或类似的资产的价格，这个在经济学上叫作替代原理，即任何一个市场主体总是期望以最小的代价来获得最大的利润。基于这一原理，形成了企业价值评估的市场法，即利用市场上同类或者是类似资产的近期交易价格，经过直接比较或者分析进行调整后判断资产的价值。在企业价值评估中，通常可以选取资本市场上类似的上市公司来进行比较分析和估值，也可以选取市场上已经交易的案例来对被评估企业进行价值判断。因此市场法也称为相对估值法，它只是利用市场上同类资产的交易价格来做一个相对的价值判断，并不代表市场上的绝对价值。

（3）收益法

收益法是用企业未来的预期收益折现得到的现值来确定企业的价值，因此也称为绝对估值法。收益法是由企业未来的收益、利润和现金流折现后得到的价值，依据的是投资回报原理，是企业的绝对价值。收益法应用基于不同的假设和不同的约束条件，评估出的企业价值有不同的价值类型。

（4）新型估值方法

在这三人传统的估值方法之外，人们也在不断地进行探索和创新，形成了很多新型的估值方法。

高风险、高成长和快速变化等特点，使互联网企业的成本法、市场法、收益法等估值方法失效。考虑到互联网企业的盈利模式对用户数量和网络效应的高度依赖，梅特卡夫定律、DEVA 模型、蒙特卡洛模拟法等方法提供了部分解决方案，但是这些方法并不完美。

互联网企业估值方法包括 DEVA 估值模型法、情景化的收益现值法(DCF 预期现金流折现)、市盈率比较法、PE/CAGR 法(市盈率/年均复合增长率)、市值用户比较法、营销回报法等。

①DEVA 估值法

DEVA 估值方法在 1995 年由摩根士丹利的分析师 Mary Meeker 根据梅特卡夫定律提出,梅特卡夫定律是研究互联网现象和互联网价值的定律。一个网络的价值与用户的数量有很强的相关性,网络价值增长是按照用户数量的平方的速度增长的,也就是说按照用户数量的倍增来增长的。即互联网企业的价值可以用互联网企业用户的平均初始资本投入与用户价值的平方的乘积来表示,被认为是一种适用互联网企业估值的模型,这种模型后来也在 Facebook 和微信等互联网企业得到了验证。其基本公式为

$$E = MC^2 \qquad\qquad (7\text{-}41)$$

式中:E——所评估企业或者项目的经济价值;

M——单位投入的初始资本;

C——客户价值。

客户的价值的平方是指随着客户价值的增加,网络价值、企业价值、项目价值是以倍增的方式来进行的。

DEVA 方法作为对于早期互联网企业评估的方法,有比较广泛的应用,但也存在一定的缺陷:用户价值没有精确估算;倍增方式不符合互联网企业价值增长的实际情况,需要寻找另外的描述互联网用户价值变化和企业价值变化之间的增长关系;没有估计市场份额变化对企业价值的影响,DEVA 法假设世界上只有一个互联网企业,用户数就是唯一决定企业价值变化的单变量,但实际上随着进入竞争阶段,其竞争对手会争夺用户,并对用户价值产生影响,进而影响企业价值。

②DEVA 估值法的修正

考虑到 DEVA 存在一定的缺陷,DEVA 估值法的修正沿着以下思路进行:第一,考虑用户价值如何精确计算;第二,考虑用户价值的变化如何与企业价值的变化构建合理的相关性;第三,如何考虑竞争者对企业施加的影响对企业价值的判断。计算公式为

$$V = M \cdot MS \cdot (APRU \cdot YAU) \cdot \ln(APRU \cdot YAU) \qquad (7\text{-}42)$$

式中:$APRU$——单位用户平均贡献值;

YAU——年活跃用户数;

M——市场投资;

MS——市场份额,实际上反映竞争者竞争企业行为对于互联网企业的影响;

V——企业价值。

括号里面的内容是用户贡献价值和年活跃用户数之间的乘积,反映的是按年为时间单位计量的用户贡献值,取对数反映了一个企业用户价值的变化和企业本身之间并不是简单的倍数增长模式,而是采用对数增长模式。通过三个方面的修正,DEVA 方法有更加符合现实实况的实用性。但是还需要思考对数的方法是否能够真正反映互联网用户价值和互联网企业之间的价值变化的规律等问题。

③P/MAU 法

P/MAU 法围绕着核心指标 MAU 来构建,MAU 是衡量用户规模的指标,称为月活跃用户

指标，P 为企业市值。如企业价值与用户规模有强关联性且可找到合适对标公司，则该方法适用。

④P/GMV 估值法

GMV 的计算公式为

$$GMV = 销售额 + 取消订单金额 + 拒收订单金额 + 退货订单金额 \qquad (7-43)$$

式中：GMV——销售总收入。

该估值方法考虑的是电商平台公司能否与消费者产生交易倾向的联系，因此取消、拒收、退货都可以视为总销售收入，这种方法一般适用于如淘宝、京东、拼多多等电商平台公司。其优点是不考虑平台模式差异，只考虑作为电商平台能否吸引一定数量规模的消费者并与消费者产生交互行为，通过 GMV 数据推断与之相类似平台的企业价值。同时，可以将 GMV 视为平台的交易量，拓展到其他的平台型企业的评估上。P/GMV 方法同样存在一定缺陷，可能产生虚假交易问题，例如伪造取消订单金额、拒收订单金额和退货订单金额，这样的数据导致 GMV 指标被高估，进而企业的价值被高估。

⑤市销率(PS)估值法

市销率是每股股价与每股营业收入的比值，其具有四个方面的影响因素，最关键和最主要的因素是营业净利率。营业净利率＝(营业收入–营业成本)/营业收入。营业成本低或者是营业成本率趋同的一些企业用市销率对其进行价值评估是有意义的，诸如沃尔玛、家乐福等零售公司都是用市销率法来进行价值评估。

⑥市盈率(PE)估值法

市盈率是直接反映企业盈利性的指标，是股价与每股盈余的比值，其反映了利润和公司市值之间的关系，使用此方法的前提是企业已经实现盈利。一般情况下，市盈率越低，投资回收期越短，投资者越看好这家企业。

⑦市盈增长比率(PEG)估值法

市盈增长比率是从市盈率衍生出来的一个比率，由股票的未来市盈率除以每股盈余(EPS)的未来增长率预估值得出。粗略而言，PEG 值越低，股价遭低估的可能性越大，这一点与市盈率类似。须注意的是，PEG 值的分子与分母均涉及对未来盈利增长的预测，出错的可能较大。不过，PEG 估值法既反映可比的盈利能力的差异，也反映可比的成长性的差异，此种方法结合了企业的成长性和盈利能力判断公司的价值。对标公司的行业可比性以及如何选择资本市场的市值数据和利润数据是使用 PEG 法的难点。其计算公式为

$$PEG = 市盈率/盈利增长比率 \qquad (7-44)$$

⑧现金流折现(DCF)法

现金流折现法又称为 DCF 估值法，指将一项资产在未来所能产生的自由现金流根据合理的折现率折现，得到该项资产在目前的价值。

一般来说 DCF 估值法对于没有实现盈利的初创期、成长期的独角兽企业不太适用。当独角兽企业进入成熟期后，盈利的可预测性是 DCF 方法应用的前提。

⑨研发费用占比估值法

研发费用占比估值法使用研发费用和销售收入的比例作为可比的核心指标。这种方法主要适用于技术创新公司，例如拥有新技术的制药公司，但是不太适用于商业模式创新公司。一方面，商业模式创新公司的研发费用占比偏小；另一方面，研发费用的占比情况反映了技

术创新公司在成长期阶段投入的资源和战略注意力到相关业务发展中的比重。

通过对研发费用占比的判断能够分析独角兽企业在未来发展当中竞争力的范围，但是研发费用占比法也存一定在问题：由于很多独角兽企业是非上市公司，其研发费用可能存在造假和高估的问题，高估的研发费用可能会导致企业价值的高估。同样，在技术创新企业中，如何找到对标的行业可比、模式可比的公司仍然是进行独角兽企业价值评估的重点和难点。

4.独角兽企业的估值

独角兽是西方神话文化中的一种虚拟的形象，是一匹头上有一个尖角的白色的马，代表着高贵、纯洁和稀有。硅谷的一些学者最早用独角兽来描述成长很快的企业。判断企业是否是独角兽企业的主要依据有两个：时间依据，企业的创立时间在 10 年以内；估值规模，企业的市场规模在 10 亿美元左右。

独角兽企业的特征一般体现在以下三个方面：独角兽企业的出现让人难以置信。例如当今使用手机进行支付的生活常态在过去是难以置信的。独角兽企业可能会改变世界的工作方式。例如在工业化时代，人们要在固定的时间、固定的地点工作，进入互联网时代之后，人们在任何时间任何地点都可以完成工作。很多基于互联网出现的创业企业，比如 Airbnb 和 Uber，改变了世界运行的方式，成为独角兽中的佼佼者。独角兽企业会产生巨大的经济影响，但并不是完全由创始人和风险投资人创造的。独角兽企业能否成为市场接受的一种新的经济形态，能否在风险投资的加注之下持续获得高速增长，并且最后赢家通吃、一家独大，这取决于利益相关者、整个互联网生态圈共同的作用。

在实践的意义上，独角兽企业的估值历来是难点。由于独角兽企业自身的特性，在对独角兽企业估值时存在两个问题：一方面，如果尝试从收益途径的角度来对独角兽企业进行估值，独角兽企业的收益不确定性非常强。另一方面，如果从市场法的角度估值，很难找到可以准确对标的可比公司。独角兽企业自身的快速成长性导致了不同阶段的估值逻辑具有差异，因此要依据独角兽企业自身的发展阶段，通过选取可量化核心指标的方式，来构建估值方法。独角兽企业的发展阶段可分为三部分：初创期、成长期和成熟期。

初创期的独角兽企业往往不盈利，主要以吸引用户为主，因而使得 PE、PEG 等常用估值指标失效。由于互联网的正外部性，互联网背景下的独角兽企业的用户往往会带来新的用户，所以此时期最重要的驱动因素是用户规模。投资者更关注非财务指标，如用户数、市场空间、流量等，因此在初创期的估值核心数据是用户数。

成长期的独角兽企业估值的核心数据是收入数据，即独角兽企业已经要考虑收入实现的问题。此时期，独角兽企业已经初步构建了变现模式，拥有一定的稳定性和不易操纵的销售数据，这时独角兽企业的增长重点不是用户获取，而是如何使用户贡献企业营收。虽然独角兽企业在成长期阶段已经实现了收入，有一定的现金流入，但是由于存在着激烈的市场竞争，以及用高额资本支出的方式驱逐竞争对手的问题，因此盈利概率较低。用市场法评估独角兽企业，能否找到合适的对标行业的可比公司是对成长期内的独角兽企业进行估值时面临的重难点问题。独角兽企业大部分都是具有颠覆性的创新型的企业，因而不一定存在具有满足样本数目的行业公司。

成熟期的独角兽企业已经实现了盈利，因此可以把每股盈利作为企业可比的核心指标。

要判断一个独角兽企业是否进入了成熟期，不能以企业是否上市作为标准。同时，在以上市公司作为可比对象时，不同资本市场上的公司市值无法直接可比。但是大量的独角兽企业上市、进入成熟期后，可能还有很强的成长性，因此如何将对于企业成长性的判断纳入价值评估中是一个问题。

在独角兽企业的不同发展阶段，需要选取一定的核心指标作为构建独角兽估值方法的基础。表 7-11 总结了对互联网企业与独角兽企业在不同的生命周期内进行价值评估时的常用方法。

表 7-11　互联网企业与独角兽企业估值方法

生命周期	互联网企业	独角兽企业
初创期	相对估值法(PE 估值法、PB 估值法、PS 估值法、P/GMV 法)	DEVA 估值法、P/MAU 法、DEVA 估值法的修正
成长期		PS 估值法、P/GMV 估值法、研发费用占比估值法
成熟期	绝对估值法(情景化的 DCF 估值法、B-S 期权定价法、蒙特卡洛模拟法)	PE 估值法、PEG 估值法、DCF 估值法
具有活跃用户特征	主要考虑选用梅特卡夫定律或 DEVA 模型	

案例 7-8　基于修正的 DEVA 方法的携程网企业价值评估

携程网是集酒店住宿预订、交通票务预订、度假产品、商旅服务为一体的在线旅游平台，总部位于上海。它创立于 1999 年，并于 2003 年 12 月在美国纳斯达克上市，目前已在北京、广州、深圳、成都、厦门、香港等 17 个城市以及日本、韩国等多个国家设立分支机构。携程网成功地将传统旅游业与高新技术产业相结合，具有私人向导、酒店预订、票价比价等功能。它向超过 2 亿的会员提供全方位的在线旅游服务。目前，携程占据了中国在线旅游约 40% 以上市场的份额，专注于提供"酒店+机票"为主要利润点的旅游与度假服务。2018 年，携程实现营业收入 310 亿元。在产品上，携程囊括了最丰富的"一站式"在线旅游产品；在渠道上，拥有非常多的线下门店(8000 家)，以"线上+线下"结合的营销模式的推广；在战略上，开拓推进国际化及差旅业务的进程，随之而来的是携程议价权的日益提升。同时，携程的一站式平台提供包括跟团游和自助游在内的在线度假产品，覆盖国内外所有热门旅游景点，并提供相关的目的地服务，例如租车、伴游、景点门票、旅行保险等。

采用修正的 DEVA 方法对携程网进行估值分析：

$$V = M \cdot MS \cdot (APRU \cdot YAU) \cdot \ln(APRU \cdot YAU) \tag{7-45}$$

(1)单体投入资本 M 的确定

携程公司于 2003 年 12 月在美国纳斯达克上市，根据"天眼查"公布的数据显示，初始投入成本为 1.6 亿元人民币。截至 2018 年年底，携程网用户数约为 1.35 亿人，因此单体投入资本 M 约为 1.19 元/人。

(2)市场占有率 MS 的确定

携程网的主营业务包括交通票务、住宿预订、度假产品及商旅服务四大板块。其中，在线交通票务和在线住宿预订业务始终保持着将近七成的市场份额，遥遥领先于同行业竞争者。其相关数据如表 7-12 所示。

表 7-12　携程网的主营业务份额

	在线交通票务	在线住宿预订	在线旅游度假	在线商旅服务
各主营业务市场份额	64.30%	48.30%	12.70%	6.90%
各主营业务公司份额	70.81%	15.51%	8.35%	5.33%

数据来源：携程网 2018 年年报

截至 2018 年末，将四类业务市场份额加权平均后，得出携程网占有在线旅游行业 41.19% 的市场份额。因此选取 41.19% 作为市场占有率 M。

（3）用户贡献值的确定

月活跃用户数 MAU 值的确定：携程的直接客户是中高端的商务会员，拥有较强的消费能力，需求频率非常高。所以真正能给企业创造价值的用户是那些经常旅游、经常线上购买服务产品的活跃用户。2018 年存量用户规模约为 1.35 亿。查询艾瑞数据可知，携程在 2018 年的月活跃用户数 MAU 值为 6948.69 万人。（详见表 7-13）

表 7-13　携程网年月活跃用户数 MAU 值

年度	2016	2017	2018
MAU 值	4932.25	5430.10	6948.69

数据来源：艾瑞数据

ARPU 值的确定：携程网的营业收入主要来源于在线交通票务、在线住宿预订、在线旅游度假产品和在线商旅服务四大板块。从市场构成来看，2018 年交通票务占比 70.81%，住宿预订占比 15.51%，两者之和超过整体规模的 80%，是在线旅游行业收入的最主要的组成部分。因此，对于 ARPU 的确定，将根据主要的两个业务类型来确定。（具体过程详见 7-14）

表 7-14　携程网的 ARPU 值

ARPU 值预测	低端在线住宿预订	高端在线住宿预订
每晚房间单价（元）	205.00	420.00
×每单预订间夜（晚）	1.5	1.5
=单次交易金额	308.00	630.00
×变现率	8%	11.50%
=单次佣金收入（元）	25.00	72.00
×交易频次（次）	2	2
=单客佣金收入（元）	50.00	144.00
-单客获客成本（元）	30.00	80.00

续表7-14

ARPU 值预测	低端在线住宿预订	高端在线住宿预订
=单客用户价值(元)	20.00	64.00
在线住宿业务 ARPU 值(元)	84.00	

通过上述计算可知,平均每人为在线住宿业务创造的营业利润为 84 元,即在线住宿业务类的 ARPU 为 84 元。

交通票务收入主要来源于预订机票、火车票等相关的业务。其中,在线机票业务占在线交通票务的比例为 57.9%,是主力。携程旅行网是国内最早的在线旅游网站。2018 年,携程约为 1.35 亿个旅行者提供了出行服务。根据艾瑞咨询的统计,截至 2018 年 12 月 31 日,携程 2018 年全年交通票务的营业收入为 226.59 亿元人民币。携程 2018 年的交通票务类活跃用户为 4920.37 万人。因此交通票务类的 ARPU 值为 460.51 元。经上述分析,最终的 ARPU 值为 544.51 元。

因此,运用修正的 DEVA 模型对携程网的估值为 1198.69 亿元人民币。

投资项目的国民经济评价

8.1 概述

8.1.1 国民经济评价的概念

建设项目经济评价包括财务评价(也称财务分析)与国民经济评价(也称经济分析)。对于私人投资者而言,财务评价的结果可以满足其投资决策的需要。然而,在现代经济活动中,政府对经济的宏观调控作用越来越大。政府必须通过有效的投资活动,使国家有限的资源在全社会实现合理配置。要实现该目的,只站在企业角度的项目财务评价是不够的,应从国家和全社会的角度对项目进行国民经济评价。所谓国民经济评价是指按照资源合理配置的原则,从国家经济整体利益的角度考察项目的效益和费用,用货物影子价格、影子工资、影子汇率和社会折现率等经济参数分析、计算项目对国民经济净贡献,分析项目的经济效率、效果和对社会的影响,评价项目在宏观经济上的合理性。

8.1.2 国民经济评价的作用

1.国民经济评价是宏观上合理配置国家有限资源的需要

国家的资源(包括资金、外汇、土地、劳动力以及其他自然资源)总是有限的,必须在资源的各种用途中做出选择。而这种选择必须借助于国民经济评价,从国家整体的角度来考虑。我们可以把国民经济作为一个大系统,项目作为这个大系统中的一个子系统,项目的建设与生产,要从国民经济这个大系统中吸取大量的投入物(资金、劳动力、物资、土地等),同时向国民经济这个大系统提供一定数量的产出物(产品、劳务等)。国民经济评价就是评价项目从国民经济中所吸取的投入与向国民经济提供的产出对国民经济这个大系统的经济目标的影响,从而选择对大系统目标优化最有利的项目或方案。

财务评价是一种微观评价,重点考察项目本身的财务盈利性和资金运行状况;国民经济评价是一种宏观评价，将项目置于国民经济整体中来考察其对经济整体的贡献。只有项目的建设符合整个国民经济发展的需要，才能在充分合理利用有限资源的前提下，使国家获得最大的净效益。

2. 国民经济评价是真实反映项目对国民经济净贡献的需要

许多国家，特别是发展中国家，不少商品的价格不能反映价值，也不能反映供求关系。在这种商品价格严重"失真"的条件下按现行价格计算项目的投入和产出，不能确切地反映项目建设给国民经济带来的效益与费用支出。因此，必须运用能反映资源真实价值的影子价格，借以计算建设项目的费用、效益，以得出该项目的建设是否对国民经济总目标有利的结论。

任何项目的费用和效益不仅体现在它的直接投入物和产出物中，还会在国民经济相邻部门及社会中反映出来，这就是项目的间接费用和间接效益，通常称为"外部效果"。例如工业项目产生的废水、废气和废渣引起的环境污染及对生态平衡的破坏。在建设一个钢铁厂的同时，又修建了一套厂外运输系统，它除为钢铁厂服务外，还使当地的工农业生产和人民生活得益。项目财务评价中并没有包括这类外部效果，而这类外部效果又确实使项目给国民经济整体带来了损失或利益，这是不容忽视的。因此，只有通过项目国民经济评价才能全面地权衡项目的"内部效果"和"外部效果"。

3. 国民经济评价是投资决策科学化的需要

这主要体现在以下三个方面：第一，有利于引导投资方向。运用经济净现值、经济内部收益率等指标及体现资源价值的影子价格、影子汇率等参数，可以起到鼓励或抑制某些行业或项目发展的作用，促进国家资源的合理分配。第二，有利于控制投资规模。最明显的是国家可以通过调整社会折现率这个重要的参数来调控投资总规模。当投资规模膨胀时，可以适当提高社会折现率，控制一些项目的通过。第三，有利于提高计划质量。项目是计划的基础，有了足够数量的、经过充分论证和科学评价的备选项目，才便于各级计划部门从宏观经济角度对项目进行排队和取舍。

8.1.3 国民经济评价与财务评价的区别与联系

1. 国民经济评价与财务评价的区别

国民经济评价与财务评价的区别主要表现在如下几个方面：

（1）评价的角度不同。财务评价是从财务角度考察货币收支和盈利情况及借款偿还能力等，侧重从企业角度分析和预测投资行为的财务可行性。国民经济评价则是从国民经济整体的角度考察项目需要国家所付出的代价和给国家做出的贡献，分析和预测项目投资行为的宏观可行性及经济合理性。

（2）费用与效益涉及的范围不同。财务评价根据项目可能发生的直接收入和支出来测算项目的效益和费用。国民经济评价根据项目所消耗的有用资源和对社会提供的有用产品（包括服务）来考察项目的费用和效益，有些在财务评价中列为实际收支的，如税金、国内借款利息和补贴等，在国民经济评价中不作为费用或效益。财务评价只考察项目的直接费用和直接效益。国民经济评价除考察其直接费用和直接效益外，还要考察项目所引起的间接费用和间接效益，如项目对环境造成的影响、技术扩散效果等。

（3）费用与效益计算采用的价格不同。财务评价采用市场价格计量费用与效益。国民经济评价则采用较能反映资源真实价值的影子价格计量费用与效益。

（4）采用的评价标准和评价参数不同。财务评价采用的是财务内部收益率、财务净现值、总投资收益率、行业基准收益率、市场价格、官方汇率等。而国民经济评价则采用经济内部收益率、经济净现值、经济效益费用比、社会折现率、影子价格、影子汇率等。

2. 国民经济评价与财务评价的联系

尽管国民经济评价与财务评价具有很大的差异，但前者是在后者的基础上形成和发展起来的，两者有许多密切的联系。概括起来，其联系主要体现在以下几方面：

（1）国民经济评价以财务评价为基础和出发点，如价格的调整、投入和产出价值的调整、外部效果的计量等往往都以财务分析为出发点。

（2）尽管有关评价指标的实质内容不同，但指标的表现形式和计算方法等基本相同，如 NPV、IRR 和 B/C 值等。

（3）两者的评价结果作为投资决策的依据，互为参考和补充。由于投资主体的评价立场和利益不尽一致，故项目是否投资必须同时考虑财务上的盈利性和经济上的合理性。但在我国，一般以国民经济评价的结论为主来进行决策。国民经济评价与财务评价的结论可能有四种情况：一是财务评价与国民经济评价结论都表明项目可行，项目应予以通过；二是财务评价与国民经济评价结论都表明项目不可行，项目应予以否定；三是财务评价结论表明项目可行，而国民经济评价结论表明项目不可行，项目一般应予以否定；四是财务评价结论表明项目不可行，国民经济评价结论表明是个好项目，则项目一般应予以推荐。

8.2　国民经济评价的费用和效益

8.2.1　费用与效益的识别

项目经济评价的实质就是选择净效益最大的投资方案，而确定项目经济合理性的基本途径是将项目的费用与效益进行比较，进而计算其对国民经济的净贡献。正确地识别费用与效益，是保证国民经济评价正确性的重要条件。相对财务评价来说，国民经济评价费用和效益的识别具有两个显著特点。

第一，识别系统的开放性。财务评价是以项目自身作为相对独立的封闭系统，凡是流入这个系统的款项，都是对项目盈利目标的贡献，即效益，如销售收入、回收固定资产残值等。反之，凡是流出系统的款项，如投资、经营成本、税金等，都是对系统盈利目标的负贡献，即费用。由此可见，在项目财务评价中，考察的系统相对较小，且是封闭和独立的，费用和效益完全是以项目范围内现金流入和流出来识别的。而国民经济评价则不同，它要考察的范围扩大到整个社会，即评价者面对的是一个开放系统，费用和效益不仅发生在项目之内，而且发生在项目之外。

第二，考察内容的物质性和边际性。一方面，项目国民经济评价是以整个社会全部最终产品的总和作为衡量国民收入增长目标的基本依据的。因此，任何导致最终产品减少的都是项目投资所引起的费用，任何导致最终产品增加的都是其效益。如果我们把项目的全部投入和产出都泛称为资源，那么项目的投入，即使用资源，则会因投入物资源的减少而构成费用，而项目的产出由于其产出物资源的增加而构成效益。由此可见，项目国民经济评价所要考察的始终是全部实际有形资源的流动，而不仅仅是追踪货币的流动（即财务收支）。例如，某项目建设需征地 100 亩，占用期为 20 年，平均每亩地需支付土地征用费 1 万元，项目用地共需支付 100 万元。若该土地原为耕地，平均每亩耕地 20 年内的农作物收入按影子价格计算为 6000 元，即占用每亩耕地 20 年内因农作物产出减少而导致的机会成本为 6000 元。因此，占用 100 亩耕地 20 年的总机会成本为 60 万元，即项目国民经济评价中占用该 100 亩土地 20 年的总经济费用为 60 万元，而不是实际支付的 100 万元。实际货币支付的 100 万元，对社会经济整体来说，并非实际资源的消耗，而只是货币使用权由社会的一个实体转移到了另一个实体手中，即新土地使用者对原土地使用者的一种额外补偿，故不构成宏观意义上的费用。另一方面，一个项目的投入和产出，对国民经济整体来说一般都可视为边际的影响，即国民经济中考察项目的费用和效益时，通常只考察其边际变化的数量，而不考察其平均量或总量。例如，项目投入品如果是靠原生产该投入品的企业利用剩余生产能力增产来供应，则该项目所用投入品的费用仅为增产该投入品的可变成本。

国民经济评价是从整个国民经济增长的目标出发，以项目对国民经济的净贡献大小来考察项目。其费用与效益的识别基本原则是：凡项目对国民经济所做的贡献均计为项目的效益；凡国民经济为项目付出的代价均计为项目的费用。经济效益的计算应遵循支付意愿（WTP）原则和（或）接受补偿原则（WTA）；经济费用的计算应遵循机会成本原则。在考察项目的效益与费用时，效益和费用的计算范围必须保持一致。

8.2.2　直接费用与直接效益

财务评价只计算项目本身的直接效益和直接费用，即项目的内部效果。国民经济评价除计算项目的内部效果之外，还应计算项目的间接效益和间接费用，即项目的外部效果。项目的直接效益是由项目本身产生，由其产出物提供，并用影子价格计算的产出物的经济价值。项目直接效益的确定，分为两种情况：如果拟建项目的产出物用以增加国内市场的供应量，其效益就是所满足的国内需求，也就等于所增加的消费者支付意愿。如果国内市场的供应量不变，则（1）项目产出物增加了出口量，其效益为所获得的外汇；（2）项目产出物减少了总进口量，即替代了进口货物，其效益为节约的外汇；（3）项目产出物顶替了原有项目的生产，致使其减产或停产，其效益为原有项目减产或停产向社会所释放出来的资源，其价值也就等于这些资源的支付意愿。项目的直接费用主要指国家为满足项目投入（包括固定资产投资、流动资金及经常性投入）的需要而付出的代价。这些投入物用影子价格计算的经济价值即为项目的直接费用。项目直接费用的确定，也分为两种情况：如果拟建项目的投入物来自国内供应量，即增加国内生产来满足拟建项目的需求，其费用就是增加国内生产所消耗的资源价值。如果国内总供应量不变，则（1）项目投入物来自国外，即增加进口来满足项目需求，其费用就是所花费的外汇；（2）项目的投入物本来可以出口，为满足项目需求，减少了出口量，其费用就是减少的外汇收入；（3）项目的投入物本来用于其他项目，由于改用于拟建项目将减少对其他项目的供应,其费用为其他项目因此而减少的效益,也就是其他项目对该项投入物的支付意愿。

在国民经济评价中,建设项目的直接费用和直接效益的识别和度量通常是在财务评价的基础上来进行的。一般来说,需要对财务费用或效益进行两类调整:一是如果某些投入物和产出物的市场价格与影子价格存在偏差,则必须对其按影子价格进行重新估计;二是在财务评价中被排除的某些费用或效益,可能需要补充进来,一些财务评价中已考虑的费用或效益,可能要根据其对经济整体的性质进行删除或重新归类。

8.2.3　间接费用与间接效益

项目的费用除了由其投入物体现的直接费用外,还包括社会为项目付出的其他代价,即间接费用或外部费用。间接费用是指社会为项目付出了代价,项目本身不需要支付的那部分费用。间接费用的典型例子是工业项目排出三废引起的环境污染所造成的社会损失。项目的效益除了由产出物所体现的直接效益外,还应包括对社会产生的某些其他效益,称为间接效益或外部效益。间接效益是指项目为社会做出了贡献,而项目本身并未得益的那部分效益。

间接费用和间接效益通常较难计量,为了减少计量上的困难,首先应明确项目范围的"边界"。一般情况下是扩大项目的范围,把一些相互关联的项目合在一起作为"联合体"进行评价。另外,采用影子价格计算效益和费用,在很大程度上使项目的外部效果在项目内部得到了体现。因此,通过扩大计算范围和调整价格两步工作,实际上已将很多外部效果内部化了。因此,在国民经济评价中,既要考虑项目的外部效果,又要防止外部效果扩大化。一般情况下,需要考虑下面这些外部效果:

(1)工业项目造成的环境污染和生态的破坏是一种间接费用,一般较难计量,除根据环卫部门规定征收的排污费计算外,可以参照同类企业所造成的损失来计算,至少也应进行定性的描述。

(2)拟建项目的产出物大量出口,从而导致出口价格下降,减少了创汇而减少的效益可计为项目的负效益,或直接计为该项目的外部费用。如果拟建项目的产出增加了国内市场供应量,导致产品价格下降,可使原用户或消费者从中得到降价的好处。但这种好处一般不应计作项目的间接效益,因为产品降价将使原生产厂的效益减少,即减少的效益转移给了用户或消费者,从整个国民经济的角度看,效益并未增加或减少。

(3)技术扩散效果。通常包括技术培训和技术推广等,这是一种较为明显的技术性外部效果。投资兴建一个技术先进的项目,会培养和造就大量的工程技术人员、管理人员或技术性较强的操作工人。人员的流动和技术的外流等最终会给整个社会经济的发展带来好处。这种效果通常是隐蔽的、滞后的,因而是难以识别和计量的,评价实践中大多只对此进行定性描述。

(4)"向前联"的相邻效果,习惯上也可称作对下游企业的效果。这主要是指生产初级产品的项目对以其产出物为原料的经济部门产生的效果。就项目评价而言,如果能够合理地确定这些初级产品的影子价格,就能正确计算这类项目的经济效益,这样就不再需要单独考虑"向前联"的效果了。

(5)"向后联"的相邻效果,通常也称为对上游企业的效果。这主要是指一个项目的建设会刺激那些为该项目提供原材料或半成品的经济部门的发展，从而引起向后联的效果，这可分为两种情况：

第一，项目所需的原材料原来国内没有生产，由于新项目的建设产生了国内需求，刺激了原材料工业的发展。如果其价格低于进口价格，显然建设这种原材料生产项目对国民经济是有利的。就项目评价而言，如果采用这种较低的原材料价格作为影子价格，客观上已把这种"向后联"的效果纳入项目的直接效益和直接费用中去了。

第二，该项目所需的原材料国内原来就生产，由于项目的实施增加了国内需求，使原材料生产企业得以发挥闲置的生产能力或使其达到经济规模，从而产生了新的效益。这种效益很难通过原材料价格反映到拟建项目的效益中去，这样就构成了"向后联"的相邻效果。

根据以上两种情况，为防止外部效果计算的扩大化，需注意以下两点：

第一，随着时间的推移，如果不实施该项目，其"前后联"企业的生产情况也会由于其他原因而发生变化，要按照有无对比的原则计算"前后联"企业的增量效果作为考虑拟建项目外部效果的依据。

第二，应注意其他拟建项目是否也有类似的效果。如果有，就不应把总效果全部归功于某个拟建项目，否则会引起外部效果的重复计算。

考虑了以上两点之后，这种"前后联"的效果相对于拟建项目本身的直接效益来说，一般是较小的，除非特殊情况，一般不去计算这种外部效果。

8.2.4 转移支付

所谓转移支付是指那些虽在财务现金流中表现为财务支出或收入，但它们并不真正反映国民经济整体的有用资源的投入和产出变化。这些收支不影响社会最终产品的增减，即不反映国民收入的变化，它们只是表现为资源的使用权从社会的一个实体转移到了另一个实体手中，即这种转移仅仅是货币在社会实体之间的一种转移而已。这种并不伴随资源增减的纯粹货币性质的转移，称为转移支付(transfer payment)。如税金、国内借款利息和补贴等，这些都是财务评价中实际现金收入或支出，但是从国民经济的角度看，企业向国家缴纳税金、向国内银行支付利息，或企业从国家得到某种形式的补贴，都未造成资源的实际耗费或增加，因此不能计为项目的费用或效益，它们只是国民经济内部各部门之间的转移支付。

增值税、营业税、所得税以及进口环节的关税等是政府调节分配和供求关系的手段，显然属于国民经济内部的转移支付。地税、城乡维护建设税及资源税等是政府为补偿社会耗费而代为征收的费用，这些税种包含了许多政策因素，并不能完全代表国家和社会为项目所付出的代价。因此，原则上可把这些税金统统作为企业与政府间的转移支付，不应作为项目的费用。国家对企业的各种形式的补贴可视为与税金反向的转移支付，不应作为项目的效益。企业支付的国内借款利息，实质上是企业与政府或企业与国内借款机构之间的转移支付，同样不应计为项目的费用。但国外借款利息的支付产生了国内资源向国外的转移，则必须计为项目的费用。

8.3　国民经济评价中的影子价格

8.3.1　影子价格的概念

影子价格的概念是 20 世纪 30 年代末、40 年代初由荷兰数理经济学、计量经济学创始人之一詹思·丁伯根和苏联数学家、经济学家、诺贝尔经济学奖获得者康特罗维奇分别提出来的。

国民经济评价中使用的影子价格，是指由国家有关部门统一测算后颁布的或由项目评价人员具体测定的，独立于实际价格以外的、能反映项目投入和产出物真实社会价值的那种价格。它通常以直接值或换算系数两种形式给出，即把货物的财务价格换为影子价格时，可直接选取某一适宜的价格，也可以用财务价格乘以某一适宜的价格换算系数。

在国外，影子价格是指当社会经济处于某种最优状态下时，能够反映社会劳动的消耗、资源稀缺程度和对最终产品需求情况的价格。也就是说影子价格是人为确定的、比交换价格更为合理的价格。这里所说的"合理"，指它能更好地反映产品的价值，反映市场供求状况，反映资源稀缺程度，能使资源配置向优化的方向发展。

8.3.2　影子价格的类型

项目的投入物和产出物可分为外贸货物、非外贸货物、特殊投入物、资金、外汇等。

1.货物类型的划分

在确定某种货物的影子价格之前，首先要区分该货物的类型。如果一种货物的生产或使用将直接或间接地影响国家的进出口，则应被列为外贸货物，包括项目产出物中的直接出口（增加出口）、间接出口（替代其他企业产品使其增加出口）或替代进口（以产顶进减少进口）者；项目投入物中的直接进口（增加进口）、间接进口（挤占其他企业的投入物使其增加进口）或挤占原可用于出口的国内产品（减少出口）者。非外贸货物是指其生产或使用将不影响国家进出口的货物。除了所谓"天然"的非外贸货物，如建筑、国内运输等基础设施和商业的产品与服务外，还有由于运输费用过高或受国内国外贸易政策和其他条件的限制不能进行外贸的货物。

2.特殊投入物。一般指劳务的投入和土地的投入。

3.资金的影子价格——社会拆现率。

4.外汇的影子价格——影子汇率。

8.3.3　影子价格的确定

1.货物的影子价格

（1）外贸货物的影子价格

如果投入物或产出物是外贸货物，在完善的市场条件下，国内市场价格应等于口岸价格（假定市场就在口岸，进口货物为到岸价格，出口货物为离岸价格）。因为，如果市场价格高于到岸价格，消费者便宁愿进口，而不愿购买国内货物。如果国内市场价格低于离岸价格，生产者宁愿出口，而不愿以较低的国内市场价格销售。因此口岸价格就反映了外贸货物的机会成本或消费者支付意愿。在市场条件下，由于关税、限额、补贴或垄断等原因，存在供需偏差，国内市场价格可能会高于或低于口岸价格。因此，国民经济评价中要以口岸价格为基础来确定外贸货物的影子价格，其计算公式为

$$出口产出的影子价格(出厂价) = 离岸价(FOB) × 影子汇率 - 出口费用$$

$$进口投入的影子价格(到厂价) = 到岸价(CIF) × 影子汇率 + 进口费用$$

其中，离岸价(FOB)是指出口货物运抵我国出口口岸交货的价格；到岸价(CIF)是指进口货物运抵我国进口口岸交货的价格。

(2)非外贸货物的影子价格

对于非外贸货物，其投入或产出的影子价格按下述原则和方法确定。

①如果项目处于竞争性市场环境中，应采用市场价格作为计算项目投入或产出的影子价格的依据。

②如果项目的投入或产出的规模很大，项目的实施将足以影响其市场价格，导致"有项目"和"无项目"两种情况下市场价格不一致，在项目评价中，取二者的平均值作为测算影子价格的依据。

(3)影子价格中流转税(如消费税、增值税、营业税等)应根据产品在整个市场中发挥的作用，分别计入或不计入影子价格。

(4)如果项目的产出效果不具有市场价格，应遵循消费者支付意愿和(或)接受补偿意愿的原则，按以下两种方法测算期影子价格：

①采用"显示偏好"的方法通过其他相关市场价格信号，间接估算产出效果的影子价格。

②利用"陈述偏好"的意愿调查方法分析调查对象的支付意愿或接受补偿的意愿，推断出项目影响效果的影子价格。

2.特殊投入物的影子价格

(1)劳动力的影子价格——影子工资

影子工资是指建设项目使用劳动力资源而使社会付出的代价。影子工资应按下式计算：

$$影子工资 = 劳动力机会成本 + 新增资源消耗$$

式中劳动力机会成本指劳动力在本项目被使用，而不能在其他项目中使用而被迫放弃的边际收益；新增资源消耗指劳动力在本项目新就业或由其他就业岗位转移来本项目而发生的社会资源消耗，如交通运输费用、城市管理费用等，这些资源的消耗并没有提高劳动力的生活水平。

影子工资还可以通过影子工资换算系数得到。影子工资换算系数是指影子工资与项目财务分析中的劳动力工资之间的比值，即：

$$影子工资 = 财务工资 × 影子工资换算系数$$

财务工资(包括职工工资和提取的福利基金)在财务评价中已经列入，在国民经济评价中需要确定的是影子工资换算系数。影子工资换算系数由国家统一测定发布。国外对于劳动力的机会成本做了不少研究。首先区别熟练劳动力和非熟练劳动力，熟练劳动力的工资换算系数常常大于1，非熟练劳动力的工资换算系数常常小于1，甚至接近于零。这表明项目占用熟

练劳动力(包括管理人员和技术人员)时,国民经济付出的代价更大一些。

影子工资应根据项目所在地劳动力就业状况、劳动力就业或转移成本进行测定。技术劳动力的工资报酬一般可由市场供求决定,影子工资一般可以财务实际支付工资计算。对于非技术劳动力,根据我国非技术劳动就业状况,其影子工资换算系数一般取 0.25~0.8,具体可根据当地的非技术劳动力供求状况确定,非技术劳动力较为富余的地区可取较低者,不太富余的地区可取较高值。

尽管可以用不同的方法,不同的取值来估量劳动力的影子价格,但是有一个看法是一致的,在劳动力比较充足的发展中国家,影子工资不是一个敏感因素。也就是说,工资换算系数估得高一点或者低一点,对国民经济评价指标影响不大。

(2)土地的影子价格——土地费用

土地影子价格是指建设项目使用土地资源而使社会付出的代价。土地影子价格应按下式计算:

$$土地影子价格 = 土地机会成本 + 新增资源消耗$$

式中土地机会成本按建设项目占用土地而使国民经济为此放弃的该土地"最佳替代用途"的净效益计算;土地改变用途而发生的新增资源消耗主要包括拆迁补偿费、农民安置补助费等。在实践中,土地平整等开发成本通常计入工程建设费用中,在土地影子价格中不再重复计算。

项目用地可归纳为以下三种类型:第一种是荒地或不毛之地,土地的影子价格为零。第二种是居住用地或其他非生产性建筑、非营利性单位的用地。项目占用之后要引起社会效益的损失,这时主要应该考虑:如果土地被项目所占用,而原有社会效益又必须保持,那么需要使国民经济增加多少资源消耗。假如原来有住户,首先要为原住户购置新的居住用地,其费用是新居住用地的机会成本;其次要使原住户获得不低于以前的居住条件,其代价是实际花费的搬迁和购置费用。两项费用之和,就是项目所占居住用地的影子价格。第三种是经济用地,不管原来是用于农业、工业还是商业,项目占用之后都引起经济损失。这时除应考察土地的机会成本,计算社会被迫放弃的效益外,还应考虑新增资源消耗产生的费用。如:土地上有商店,除了要考虑商店搬迁新址的土地机会成本,和商店关闭期间的净营业额损失外,还要考虑使商店维持原营业水平所需的搬迁和购置费用。

进行国民经济评价时,新增资源消耗作为投资费用,记入固定资产投资总额。至于项目占用土地的机会成本,可以对其采取两种不同的处理方法:一是分年支付,在项目计算期内将项目占用土地的机会成本逐年算出,在现金流量表中作为费用列入经营成本;二是一次支付,将项目占用土地的各年机会成本用社会折现率折算为建设期初的现值,作为项目固定资产投资的一部分。

项目占用土地之后,有时直接导致耕地的减少,有时通过原有用户的搬迁,间接导致耕地的减少。这里侧重介绍农田机会成本的计算方法。

①基础数据的准备。主要有单位面积年产量、农作物影子价格、农作物生产成本等。其中单位面积年产量,可以项目占用前三年的年平均值为基数适当调整而确定。根据具体情况,可以考虑在项目计算期内年产量每年递增某个百分率。确定农作物的影子价格,首先考虑农作物是属于外贸货物,还是非外贸货物,然后按照货物定价原则确定其影子价格。农作物的生产成本要根据调查研究的结果确定,还要视情况对生产成本进行适当调整。

②农田机会成本的计算。根据年产量和影子价格计算出农作物的年产值,扣减生产成本后得到年净收益,即为各年的土地机会成本,然后用折现法计算到建设期初。

通常,在实践中,土地影子价格可根据项目占用土地所处地理位置、项目情况以及取得方式的不同分别进行确定。

第一,通过招标、拍卖和挂牌出让方式取得使用权的土地,其影子价格直接按财务价格计算。

第二,通过划拨、双方协议方式取得使用权的土地,应分析价格优惠或扭曲情况,参照公平市场交易价格,对价格进行调整。

第三,经济开发区优惠出让使用权的国有土地,其影子价格应参照当地土地市场交易价格类比确定。

第四,当难以用市场交易价格类比方法确定土地影子价格时,可采用收益现值法或以开发投资应得收益加土地开发成本确定。当采用收益现值法确定土地影子价格时,应以社会折现率对土地的未来收益及费用进行折现。

第五,建设项目如需占用农村土地,可以土地征用费调整计算影子价格。土地征收补偿费中的土地补偿费及青苗补偿费应视为土地机会成本,地上附着物补偿费及安置补偿费应视为新增资源消耗,征地管理费、耕地占用税、耕地开垦费、土地管理费、土地开发费等其他费用应视为转移支付,不列为费用。土地补偿费、青苗补偿费、安置补偿费的确定,如与农民进行了充分协商,能够充分保证农民的应得利益,土地影子价格可按土地征收费用中的相关费用确定;如果存在征地费用优惠,或在征地过程中缺乏充分协商,导致土地征收补偿费低于市场价格,不能充分保证农民的利益,土地影子价格应参照当地正常土地征收补偿费标准进行调整。

3.资金的影子价格——社会折现率

(1)社会折现率的概念

社会折现率(social rate of discount,通常简写为 SRD 或 i_s,也叫影子利率或计算利率),它是建设项目国民经济评价中衡量经济内部收益率的基准值,也是计算项目经济净现值的折现率。它表示从国家角度对资金机会成本和资金时间价值的估量。采用适当的社会折现率进行建设项目国民经济评价,有助于合理使用建设资金,引导投资方向调控投资规模,促进资金在短期与长期项目之间的合理配置。

社会折现率是投资项目经济可行性和方案比选的主要判别依据。因为社会折现率的取值实质上反映的是国家希望投资项目获得的最低期望盈利率,一个项目是否可行,首先看其是否能达到或超过这一期望盈利水平。社会折现率通常也是经济内部收益率的比较基准值,从这个意义上讲,社会折现率起着国家计划部门在建设资金分配上的"截止利率"的作用,即内部收益率低于社会折现率的项目将不予以批准建设。

(2)采用统一的社会折现率的必要性和重要性

为什么要采用统一的社会折现率?对这个问题,在我国曾有两种不同的看法。一种观点认为,由于我国现行价格体系不完善,价格与价值背离较大,从而使各部门的投资效果指标缺乏可比性。为避免投资分配上的苦乐不均和投资结构失衡,应根据各部门的具体情况制定有差别的折现率。另一种观点则认为,正因为存在着较严重的"价格失真"和经济结构不合理，才更有必要采用统一的社会折现率，以便充分发挥国家对投资的宏观调控职能。之所以要规定统一的社会折现率，主要有如下几方面的理由：

第一，按统一的社会标准评价拟建项目的优劣是实现资源最优分配的前提和条件。因为社会经济是一个有机的整体，从系统观点出发，任何局部的最优都不一定能使整体实现最优，故采用有差别的部门折现率不便于从社会经济整体来判别项目的优劣。

第二，社会折现率可作为政府部门合理调节投资的手段之一。因为折现率偏低，会使拟建项目容易通过，在投资统一安排的前提下，必然会产生"投资饥渴"，进而引发财政赤字和通货膨胀；若折现率偏高，则会使项目难于通过，可能造成投资太少，资金积压，进而导致经济发展迟缓，失业严重。因此，为了加强投资规模的宏观控制，确保社会经济稳定发展，有必要采用统一的社会折现率。

第三，社会折现率可作为调整国民经济产业结构的手段之一。因为高的折现率倾向于选用前期收益高、投资少的方案；反之，低的折现率会倾向于选用投资大、远期效益好的方案。由此可见，折现率偏高不利于经济发展的长期战略部署，但可以缓和短期资金不足的矛盾。因此，折现率的高低会直接影响国民经济产业结构的形成和调整。为建立合理的宏观经济结构，确保社会经济整体协调发展，有必要从国民经济整体出发，而不是从部门经济出发来确定国民经济评价的折现率。

总之，一方面，采用动态方法对投资项目进行国民经济评价，为使各类项目的评价指标之间具有可比性，则必须规定统一的比较基准。因此，社会折现率在形式上起着统一比较基准的作用。另一方面，由于投资多发生在项目前期，而收益多发生在后期，所以，过高或过低的折现率都会贬低或夸大项目的社会经济效益，从而影响评价结论的客观合理性，进而影响不同项目之间的可比性。因此，社会折现率实质上应起到"影子利率"的作用，即合理反映社会资金的平均边际产出率。很显然，上述两方面的职能，都是任何部门折现率所不能替代的。

(3)社会折现率的确定

社会折现率是资金的影子价格或机会成本，它所反映的资金机会成本是对社会而言的，应从全社会的角度考察资金的来源和运用两个方面的各种机会，确定资金的机会成本，即社会折现率。

社会折现率应根据国家的经济发展目标、发展战略、发展优先顺序、发展水平、宏观调控意图、社会成员的费用效益时间偏好、社会投资收益水平、资金供给状况、资金机会成本等因素综合测定。

考虑上述因素，并结合当前的实际情况，测定的社会折现率为8%；对于受益期长的建设项目，如果远期效益较好，效益实现的风险较小，社会折现率可适当降低，但不应低于6%。

社会折现率通常采取的测定方法有如下几种：

①用项目排队的方法测定社会折现率

假定国家可供投资的资金总数是一定的，将所有可能的备选项目按经济内部收益率由高向低排队，选取收益率高的项目实施，直至所有的资金全部用完。资金全部用完时被选中的最后一个项目的经济内部收益率即可定为社会折现率。这种方法只具有理论上的意义，实践中是行不通的。首先，到目前为止，还没有一个国家能将所有待建项目都同时排队决策；其次，若能有效地进行这种项目排队决策，就没有必要再测定社会折现率了。而且在一个大国内，国民经济综合平衡的要求，以及对非经济的政治、社会等因素的考虑，会使得将项目按收益率排序优选变得很不现实。

②根据现行价格下的投资收益率统计数据推测社会折现率

这是根据投资收益率统计值推测社会折现率的方法，它利用一些公开发展的统计资料，用一种简化的模型推测我国平均投资收益率和边际投资收益率，从而估计社会折现率的取值。这种根据宏观年度统计资料推测投资收益率所用的简化模型如下：

假定全国工业建设项目的平均建设期为 M 年，投资在 M 年中平均分配，项目建成后的平均生产期为 N 年。设全国工业建设项目的平均投资收益率为 i，i 由下式决定：

$$(B+D)(P/A, i, N) = \frac{I}{M}(F/A, i, M) \tag{8-1}$$

式中：B——年利税总额；

D——年折旧总额；

T——总投资；

M——工业项目平均建设期；

N——工业项目平均生产期；

i——平均投资收益率。

模型中的 B、D、I 等数据可从现有统计资料中查到。由方程求解 i 时，需用类似求解内部收益率的试差法。

③典型抽样测算社会折现率

这种方法是从现有的投资收益水平出发，通过解剖一批已经实现的典型项目来测算一个近似的社会折现率值。其具体做法如下：先从各部门挑选一批近期上马并已投入运行的有代表性的项目(典型抽样)；然后，根据原来可行性研究的数据和实际运行后的资料加以汇集整理，并在进行适当调整后，再按统一的影子价格、影子汇率和影子工资等分别重新计算各项目的净现金流；最后，从低到高，用不同的折现率进行折现，直到其中有一个项目的净现值恰好等于零时为止。如果承认这批项目的上马都是合理的，则此时的折现率就可作为社会折现率的近似值。

④国际借贷利率与社会折现率

以国际借贷利率来作为社会折现率所要求的条件过于苛刻，世界上的发展中国家很少能够实现完全的对外开放型经济，即国际资本可以毫无困难地自由流进流出，外汇可自由兑换。但是，国际借贷利率对于社会折现率的取值依然可以有一定的影响。首先，在完全开放型经济中，社会折现率接近国际借贷利率。在国际资本可以自由地流入和流出，外汇可以自由兑换的条件下，国家的资金机会成本应该接近国际借贷利率。其次，国际借款利率在大多数发展中国家可作为确定社会折现率的下界。大多数发展中国家缺少资本积累，需要从国外引进投资，国内的投资收益率又大多高于国际借款利率。由于外汇的限制，发展中国家都不能无限制地从国外借钱，国际借款利率也就会低于国内投资的收益率。再次，国际借款利率包含了世界性的通货膨胀率，而社会折现率则是扣除通货膨胀后的复利率。因此，在借用国际借贷利率估计社会折现率时，要注意扣除通货膨胀率。

4. 外汇的影子价格——影子汇率（shadow exchange rate）

（1）影子汇率的含义及作用

影子汇率是指能正确反映国家外汇经济经济的汇率，是两国货币实际购买力的比价关系，亦即外汇的影子价格。它是相对于官方汇率而言的，即泛指没有政府管制和干预的自由市场上正常存在的汇率。在项目国民经济评价中用影子汇率进行外币与人民币之间的换算。为了使贸易货物和非贸易货物之间建立一种合理的价格转换关系，使之具有统一的度量基础，则要求汇率要反映外汇对于国民经济整体的真实价值。但在国家实行外贸管制和不允许外汇自由兑换的条件下，官方汇率往往低估了外汇的实际价值。也就是说，外汇的官方价格低于其影子价格。

影子汇率是项目国民经济评价中的重要通用参数，应由国家统一制定和定期调整。当项目要引进国外设备、技术或零部件时，都要与国内的设备、技术、零部件进行对比。影子汇率取值的高低，影响项目投资决策，影响项目方案的选择和项目的取舍。因此，影子汇率直接影响进、出口物品的影子价格的计算，进而影响项目选择的结果。对于那些主要投入物或产出物为外贸货物的建设项目，影子汇率对项目的可行性往往具有决定性的影响。外汇的影子价格高时，较有利于产出物为外贸货物的项目获得批准实施；外汇的影子价格低时，较有利于投入物为外贸货物的项目获得批准。

（2）影子汇率换算系数

影子汇率可通过影子汇率换算系数得出。影子汇率换算系数是影子汇率与官方汇率（或外汇牌价）的比值系数。影子汇率应按下式进行计算：

$$影子汇率 = 官方汇率（或外汇牌价）× 影子汇率换算系数$$

根据我国现阶段的外汇收支、外汇供求、进出口结构、进出口关税、进出口增值税及出口退税补贴等情况，影子汇率换算系数取为 1.08。

8.4 国民经济评价指标、步骤及基本报表

8.4.1 国民经济评价指标

国民经济评价以经济内部收益率为主要评价指标。根据项目特点和实际需要，还可计算经济净现值和经济效益费用比等指标。此外，还要对难以量化的外部效果进行定性分析。

1. 经济内部收益率（EIRR）

经济内部收益率是反映项目对国民经济净贡献的相对指标。它是项目在计算期内各年经济净效益流量的现值累计等于零时的折现率。其表达式为：

$$\sum_{t=1}^{n} (B - C)_t (1 + EIRR)^{-t} = 0 \tag{8-2}$$

式中：B——经济效益流量；

C——经济费用流量；

$(B—C)_t$——第 t 年的经济净效益流量；

n——项目计算期。

经济内部收益率等于或大于社会折现率表明项目对国民经济的净贡献达到或超过了可以被接受的水平，这时认为项目从经济资源配置的角度是可以接受的。

2. 经济净现值（$ENPV$）

经济净现值是反映项目对国民经济净贡献的绝对指标。它是指用社会折现率将项目计算期内各年的净效益流量折算到建设期初的现值之和，其表达式为

$$ENPV = \sum_{t=1}^{n} (B - C)_t (1 + i_s)^{-t} \tag{8-3}$$

式中：i_s——社会折现率。

经济净现值大于或等于零，表示项目可以达到社会折现率要求的效益水平，或除得到符合社会折现率的社会盈余外，还可以得到以现值计算的超额社会盈余，这时认为项目从经济资源配置的角度是可以接受的。

3. 经济效益费用比（R_{BC}）

效益费用比是指项目在计算期内效益流量的现值与费用流量的现值之比，其表达式为

$$R_{BC} = \sum_{t=1}^{n} (B-C)_t (1+i_s)^{-t} \tag{8-4}$$

式中：B_t——第 t 年的经济效益流量；

C_t——第 t 年的经济费用流量。

如果经济效益费用比大于1，表示项目资源配置的经济效率达到了可以被接受的水平。

8.4.2 国民经济评价的步骤

1. 在财务评价基础上进行国民经济评价的步骤

（1）效益和费用范围的调整

①剔除已计入财务效益和费用中的转移支付。

②识别项目的间接效益和间接费用，对能定量的应进行定量计算，不能定量的，应进行定性描述。编制项目间接费用和间接效益估算表。

（2）效益和费用数值的调整

①固定资产投资调整。剔除属于国民经济内部转移支付的设备、材料的关税和进项税，并用影子价格、影子汇率（针对引进设备而言）、影子运费和贸易费用对设备价值进行调整。

根据建筑、安装工程消耗的人工、三材，其他大宗材料、机械等，用影子工资、货物的影子价格调整建筑和安装工程费用，或通过建筑、安装工程影子价格换算系数直接调整建筑和安装工程费用。若安装费用中有进口安装材料，应按材料的影子价格和影子汇率调整安装工程费用。此外，还要剔除建筑、安装工程费用中的税金。

用土地的影子价格代替财务评价中的土地费用，调整无形资产和其他资产费用。

调整基本预备费，剔除涨价预备费。

编制经济费用效益分析投资费用估算调整表。

②流动资金的调整。调整由于流动资金估算基础的变动引起的流动资金占用量的变动。

③经营费用的调整。先用货物的影子价格、影子工资等参数调整费用要素，然后再加总求得经营费用。编制经济费用效益分析经营费用估算调整表。

④销售收入的调整。先确定项目产出物的影子价格，然后重新计算销售收入。

⑤在涉及外汇借款时，用影子汇率计算外汇借款本金与利息的偿付额。

（3）编制项目投资经济费用效益流量表，并据此计算经济内部收益率和经济净现值指标。

2.直接进行国民经济评价的步骤

识别和计算项目的直接效益，对那些为国民经济提供产出物的项目，按以下步骤进行国民经济评价。

（1）应根据产出物的性质确定是否属于外贸货物，再根据定价原则确定产出物的影子价格。按照项目的产出物的种类、数量及其逐年的增减情况和产出物的影子价格计算项目的直接效益。对那些为国民经济提供服务的项目，应根据提供服务的数量和用户的受益计算项目的直接效益。

（2）用货物的影子价格、土地的影子价格、影子工资、影子汇率、社会折现率等参数直接计算项目的投资。

（3）流动资金估算。

（4）根据生产经营的实物消耗，用货物的影子价格、影子工资、影子汇率等参数计算经营费用。

（5）识别项目的间接效益和间接费用。对能定量的应进行定量计算，对难于定量的，应进行定性描述。

（6）编制有关报表，计算相应的评价指标。

8.4.3 国民经济评价的基本报表

国民经济评价应编制以下基本报表和辅助报表：
①项目投资经济费用效益流量表；
②经济费用效益分析投资费用估算调整表；
③经济费用效益分析经营费用估算调整表；
④项目直接效益估算调整表；
⑤项目间接费用估算表；
⑥项目间接效益估算表。

8.5 案例分析——某化工农药厂经济评价

8.5.1 概述

某化工农药厂是新建项目。该项目经济评价是在可行性研究针对市场需求预测、生产规模、工艺技术方案、原材料、燃料及动力的供应、建厂条件和厂址方案、公用工程和辅助设施、环境保护、工厂组织和劳动定员，以及项目实施规划等诸方面进行研究论证和多方案比较后，确定了最佳方案的基础上进行的。

项目生产两种低毒低残留的农药 A 产品和 B 产品，该产品目前在国外市场较为紧俏。近年来，随着我国高毒高残留农药的强制性淘汰，国内市场上这种低毒低残留农药产品供不应求，每年需要一定数量的进口。本项目投产后，可以减少农药进口量，节约外汇。

本项目工艺生产技术为某大学的专利技术，其中两台关键设备拟从国外引进，其余工艺设备和材料均可从国内购买。

厂址位于城市近郊，占用土地 50 亩(其中农田 2 亩)。厂址的气候、水文、地质条件均能满足生产要求，水、电供应可靠，而且距离主要交通干道、铁路、码头等均在 30 公里以内，交通运输十分方便。厂址靠近主要原料和燃料产地，供应有保证。

该项目主要设施包括生产装置、配套的辅助工程和公用工程设施，以及服务性设施等。

8.5.2　基础数据

1. 生产规模和产品方案

A 产品：10 万吨/年
B 产品：2 万吨/年

2. 实施进度

项目建设期 2 年，第 3 年投产，投产当年生产负荷达到设计能力的 70%，第 4 年达到 90%，第 5 年达到 100%。运营期按 10 年计算，计算期为 12 年。

3. 投资估算

(1)建设投资估算

投资估算主要是依据国家石油和化学工业局发布的《化工建设项目可行性研究投资估算编制办法》(国石化规字〔1999〕195 号)进行编制的。

建筑工程费参照建设地建筑工程造价指标，并结合本项目具体情况进行估算；引进设备价格的计算参照外商公司的报价；国内投资部分，定型设备按制造厂家询价，非标设备按市场制作价计列；安装工程费参照《湖南省安装工程消耗量标准》和《湖南省建筑工程概算定额》，以及类似工程安装估算指标估算；外汇按国家外汇管理局 2009 年 6 月份公布的外汇牌价 100 美元=683.28 元人民币计算；基本预备费率取 8%，未计取涨价预备费。

建设投资估算额为 16981 万元，其中外币为 86 万美元。

建设投资估算见表 8-1。

(2)固定资产投资方向调节税依据财政部、国家税务总局、国家发展计划委员会发布的《关于暂停征收固定资产投资方向调节税的通知》(财税字〔1999〕299 号)，暂未计列。

(3)建设期利息估算为 542 万元，未向国外贷款。建设期利息估算见表 8-2。

(4)固定资产投资

$$固定资产投资=建设投资+固定资产投资方向调节税+建设期利息$$
$$=16981+0+542=17523(万元)$$

（5）流动资金

流动资金按分项详细估算法进行估算，估算总额为 3045 万元，其中铺底流动资金（30% 流动资金）为 914 万元。流动资金估算见表 8-3。

（6）项目总投资

项目报批总投资等于固定资产投资与铺底流动资金之和，共计 18436 万元；项目总投资等于固定资产投资与流动资金之和，共计 20568 万元。

4.资金来源

项目自有资金（资本金）为 7894 万元，其余为借款。固定资产贷款利率按照中国人民银行 2009 年 3 月发布的 5 年以上期利率 5.94% 进行测算；流动资金贷款利率按照同期发布的六个月至一年利率 5.31% 进行测算。

投资使用计划按第 1 年 40%、第 2 年 60% 的比例进行估算，投资使用计划与资金筹措见表 8-4。

8.5.3　财务评价

1.财务分析的依据及说明

（1）财务评价主要依据国家发改委、建设部联合发布的《建设项目经济评价方法与参数》（第三版），以及《化工投资项目经济评价参数》（国石化规发〔2000〕412 号）的有关规定。

（2）固定资产按平均年限法计算折旧。房屋和建筑物的折旧年限按 20 年计，净残值率取 3%；机器设备购置、安装费用，以及其他费用的折旧年限按 10 年计，净残值率取 3%。

（3）无形资产和其他资产摊销年限分别为 10 年和 5 年。

（4）原材料、动力消耗根据工艺专业提供条件，并适当考虑途耗、库耗；主要原材料、动力采用的是市场价格（含税）。

（5）固定资产修理费率取固定资产原值（扣除建设期利息）的 3.5%；其他费用包括其他制造费用、其他管理费用和其他销售费用。其他制造费用按照固定资产原值（扣除建设期利息）的 2% 估算，其他管理费用按照工资总额的 1.2 倍估算，其他销售费用按照销售收入的 3% 估算；土地使用费每年为 50 万元，分年计入其他管理费用中。

（6）项目计算期为 12 年，其中建设期 2 年，生产期 10 年。

（7）A 产品和燃煤的增值税率为 13%，水、电的增值税率为 6%，B 产品和其他的增值税率均为 17%；城乡维护建设税按增值税的 5%，教育费附加按增值税的 4.5% 计。

（8）所得税税率为 25%；盈余公积金按税后利润 10% 计取。

2.营业收入、营业税金及附加和增值税估算

产品销售价格是根据财务评价的定价原则，考虑该产品属国内外市场较紧俏产品，在一段时间内仍呈供不应求状态，经分析论证确定产品销售价格以近几年国内市场已实现的价格为基础，预测到生产期初的市场价格。

A 产品达年产生产 10 万吨，每吨出厂价按 2200 元计算，年销售收入估算值在正常年份为 22000 万元；B 产品达年产生产 2 万吨，每吨出厂价按 7600 元计算，年销售收入估算值在

正常年份为 15200 万元。项目的营业(销售)收入共计 37200 万元。

营业税金及附加和增值税按国家和地方有关税收规定计取,营业税金及附加包括城市维护建设税和教育费附加,在正常生产年份为 89 万元;增值税=销项税额-进项税额=4740-3805=935 万元(达产年),详见表 8-5。

3. 产品成本和费用估算

与产品销售价格相对应,所有的原材料、辅助材料及燃料动力价格均以近几年市场已实现的价格为基础,预测到生产期初的价格。原材料、辅助材料及燃料动力估算见表 8-7 和表 8-8。

固定资产原值 14438 万元,按平均年限法计算折旧,年折旧额为 1279 万元;无形资产为 2250 万元,按 10 年摊销,年摊销为 225 万元;其他资产为 835 万元,按 5 年摊销,年摊销费为 167 万元。固定资产折旧见表 8-9,无形资产和其他资产摊销见表 8-10。

项目定员为 230 人,平均工资及福利参照当地目前同行业的生产企业,平均约 4 万元/年·人估算,达产年工资及福利费为 920 万元。

按照生产要素法对产品的总成本费用进行估算,见表 8-6。总成本费用达产第 1 年为 31824 万元,其中经营成本为 29908 万元。

4. 利润及利润分配

项目年均利润总额为 2905 万元,所得税按利润总额的 25% 计取,盈余公积金按可供分配利润的 10% 计取。年平均所得税为 726 万元,年均净利润 2179 万元,年均息税前利润 3234 万元,年均息税折旧摊销前利润 4821 万元。

5. 财务盈利能力分析

(1)项目投资现金流量表(表 8-12)

所得税后财务内部收益率($FIRR$)为 15.55%,财务净现值($i_c=12\%$)为 2901 万元;所得税前财务内部收益率为 18.84%,财务净现值($i_c=12\%$时)为 5877 万元。财务内部收益率均大于行业基准收益率,说明盈利能力满足了行业最低要求,财务净现值均大于零,该项目在财务上是可以考虑接受的。

税后的投资回收期为 7.08 年(含建设期),所得税前的投资回收期为 8.51 年(含建设期),均小于行业基准投资回收期 10 年,这表明项目投资能按时收回。

(2)项目资本金现金流量表(表已略)

项目资本金财务内部收益率为 23.72%,自有资金财务净现值($I_c=13\%$)为 4882 万元。内部收益率大于投资者的基准收益率 13%,财务净现值大于零,说明自有资金盈利能力满足基本要求,从投资者角度看,也是可以接受的。

(3)财务评价指标

$$总投资收益率(ROI)=\frac{年平均息税前利润}{项目总投资}\times100\%=\frac{3234}{20568}\times100\%=15.72\%$$

$$资本金净利润率(ROE)=\frac{年平均净利润}{项目资本金}\times100\%=\frac{2179}{7894}\times100\%=27.6\%$$

该项目总投资收益率和资本金净利润率均大于同行业的收益率和净利润率参考值,表明项目的盈利能力超过了本行业的平均盈利水平。

8.清偿能力分析(略)

7.不确定性分析(略)

8.5.4　国民经济评价

1.国民经济评价的依据

国民经济评价是在财务评价的基础上进行的,采用《建设项目经济评价方法与参数》(第三版)国家发布的参数。

(1)社会折现率取 8%。

(2)影子汇率换算系数取 1.08。

(3)影子工资:技术人员和管理人员影子工资换算系数取 1;一般工人影子工资换算系数取 0.6。

(4)计算期为 12 年,其中建设期 2 年,运营期 12 年。

2.效益和费用范围的调整

(1)删除已计入财务效益和费用的转移支付

①固定资产投资方向调节税、土地增值税、设备和主材进项税、经营税金及附加均是国民经济内部的"转移支付",并不发生实际资源的增加和耗用,因此,不计为项目费用。

②教育费附加已考虑在影子工资中,在国民经济评价中不做费用处理。

③利息是利润的转化形式,是企业与银行之间的一项资金转移,它不涉及资源的增减变化。所以,利息不能算作国民经济费用,在计算中剔除。

④剔除涨价预备费

(2)间接费用和间接效益的计算

间接费用和间接效益是由项目引起的,在直接费用和效益中未反映的那部分费用,主要有如下项目:

①在项目范围外为项目配套的基础设施投资。如周边城市建设、高速公路和省道、国道的建设等,它们的建设间接地促进了项目的建设和招商引资。

②为满足项目需要而引起的基础服务供应缺口使区域经济产生的损失等。如省、市领导为了关注该项目的建设而拖延了其他项目的进展,导致其他项目遭受损失;本项目的土地平整和基础设施建设占用人员、机械和消耗材料,在人、材、机供不应求的时候,会使其他需要人工、同样机械和材料的项目遭受损失。

③项目通过技术培训、人才流动、技术推广和扩散,整个社会都将受益。这种效果在影子价格中没有得到反映,理应计为项目的间接效益,但由于计量困难,只作定性描述。

3.效益和费用数值的调整

(1)投资调整

①设备购置费和主要材料费的调整。剔除设备和主材进项税;设备和主要材料价格是根

据目前的市场价格,结合对近两年的市场行情判断,可能的涨价水平进行确定的,不做调整。

②建筑安装工程费用的调整。剔除其中的税金。由于项目建设期间正处于经济危机时期,且当地人口众多,劳动力过剩,因此施工中技术工种影子工资换算系数为1,非技术工种影子工资换算系数为0.6,非技术工种人工数量占人工总数量的30%,人工影子价格调整系数为0.88。综合二项,用影子价格换算系数0.9对财务评价的建筑安装工程费用进行调整。

③工程建设其他费用的调整。剔除工程保险费,其他不做调整;

④无形资产费用的调整。专利技术按市场价格购入,不做调整;勘察设计费基本上都是技术人员和熟练的技术工,劳动工资不做调整,但需剔除其中的税金。

项目使用土地为城市近郊土地,目前划为工业用地。随着城市的扩展,属于正在开发建设用地,其中有2亩农田还耕种中。土地的潜在机会成本较大,且本土地取得时得到了当地政府的大力支持,土地费用低于竞争价格,且未要求企业缴纳相关税金和费用(如有,需剔除)。土地费用根据其可能的机会成本和竞争市场价格,用土地影子价格换算系数1.3进行调整。

投资调整见表8-13。

(2)经营费用的调整

根据投入物影子价格的定价原则,对投入物中占比重较大的物品进行了调整,调整项目如下:

①原材料1为外贸货物,其到岸价为878美元/吨,影子汇率=外汇牌价×影子汇率换算系数=683.28×1.08=737.94(元/100美元),外贸手续费率取1.5%,用影子价格计算原材料1的单价为:878×737.94/100×1.015≈6576元/吨。

②原材料2为非外贸货物,该原材料在国内用量少,生产量也少,总产量不到1万吨。本项目需求量为600吨/年,项目的实施将会影响其市场价格。"无项目"时原材料2的单价为12万元/吨;"有项目"时,由于原材料的需求冲击了市场,使其供不应求,价格估计会上涨10%,为13.2万元/吨。原材料2取二者的平均值作为其影子价格,为12.6万元/吨。

③原材料3和原材料4为非外贸货物,且处于竞争性市场环境中,直接用财务价格作为其影子价格。

④外购电力。该地区电的影子价格为0.64元/度。

⑤外购燃料煤。本项目所用类型燃煤,在当地的影子价格为550元/吨。

⑥水和其他项目不予以调整。

⑦其他费用作相应的调整,剔除土地使用费。

以上各项单价中包含了运输费用,难以单列,故不单做调整。

经营费用调整见表8-14。

(3)营业收入的调整

A产品和B产品均为外贸货物,这种产品在国内外市场均属紧俏产品。如果不建该项目,我国还需进口。因此可以按替代进口产品的影子价格来确定。根据近几年A产品和B产品的到岸价平均值,并考虑其变化趋势,估计到生产期初到岸价分别为300美元和1050美元。其计算按下式:

A产品的影子价格=到岸价×影子汇率=到岸价×外汇牌价×影子汇率换算系数=300/100×683.28×1.08=2214元/吨;

　　B 产品的影子价格 = 到岸价×影子汇率 = 1050/100×683.28×1.08 = 7748 元/吨。直接收入调整见表 8-18。

　　(4)流动资金的调整

　　根据以上调整数据,流动资金由 3045 万元调整为 3133 万元,见表 8-19。

4. 国民经济盈利能力分析

　　根据以上调整后的基础数据,编制项目投资经济费用效益流量表(见表 8-20),由该表计算指标如下:

　　(1)项目投资经济内部收益率(EIRR)等于 32.36%,大于社会折现率 8%,说明项目是可以考虑接受的。

　　(2)在社会折现率为 8%时,项目投资的经济净现值为 20981 万元,大于零。这说明国家为这个项目付出代价后,除得到符合社会折现率的社会盈余外,还可以得到 20981 万元现值的超额社会盈余,所以该项目是可以考虑接受的。

5. 不确定性分析(略)

8.5.5　评价结论

　　财务评价,所得税后项目投资财务内部收益率为 15.55%,大于行业基准收益率 12%;所得税后项目投资财务净现值为 2901 万元,大于零;投资回收期从建设期算起为 7.08 年,小于行业基准投资回收期 10 年;项目借款偿还期内偿债备付率和利息备付率均能满足银行借款还贷要求,这说明项目从财务评价角度来看是可以接受的。国民经济评价,项目投资经济内部收益率为 32.36%,大于社会折现率 8%;项目投资的经济净现值为 20981 万元,大于零,这说明项目从国民经济评价角度来看是可以接受的。因此,项目是可以考虑接受的。

表 8-1　建设投资估算表（形成资产法）

单位：万元

序号	工程或费用名称	建筑工程费	设备购置费	主要材料费	安装工程费	其他费用	合计	其中：外币	比例（%）
1	固定资产费用	2504	7333	1870	866	65	12638	80	
1.1	工程费用	2504	7333	1870	866		12573	80	74%
1.1.1	主体工程	1100	7170	1553	646		10469	80	
①	产品A生产装置	480	4150	918	374		5922	50	
②	产品B生产装置	620	3020	635	272		4547	30	
1.1.2	辅助工程	382	739	281	68		1470		
①	配套废水处理装置	188	33	206	10		437		
②	储运工程	182	650	30	28		890		
③	消防	12	56	45	30		143		
1.1.3	公用工程	527	546	318	136		1527		
①	变配电所	35	150	213	62		460		
②	给排水	15	40	35	28		118		
③	总图运输	450					450		
④	冷冻站	15	320	65	43		443		
⑤	空压站	12	36	5	3		56		
1.1.4	服务性工程	460	30	22	16		528		
①	综合楼	460	30	22	16		528		
1.1.5	厂外工程	35					35		
1.1.6	设备、主材进项税额抵扣		−1152	−304			−1456		
1.2	工程建设其他费用					65	65		0%
2	无形资产费用					2250	2250		13%
	其中土地出让费用					600	600		
3	其他资产费用					835	835		5%
4	预备费					1258	1258	6	7%
	基本预备费					1258	1258	6	
	涨价预备费								
5	建设投资合计	2504	7333	1870	866	4408	16981	86	100%
	比例/%	15	43	11	5	26	100		

表 8-2　建设期利息估算表

单位：万元

序号	项目	合计	建设期		
			1	2	3
1	借款				
1.1	建设期利息	542	119	423	
1.1.1	期初借款余额	4119		4119	

续表 8-2

序号	项目	合计	建设期		
			1	2	3
1.1.2	当期借款	10000	4000	6000	
1.1.3	当期应计利息	542	119	423	
1.1.4	期末借款余额	14660	4119	10542	
1.2	其他融资费用				
1.3	小计(1.1+1.2)	542	119	423	
2	债券				
2.1	建设期利息				
2.1.1	期初债务余额				
2.1.2	当期应债务金额				
2.1.3	当期应计利息				
2.1.4	期末债务余额				
2.2	其他融资费用				
2.3	小计(2.1+2.2)				
3	合计(1.3+2.3)	542	119	423	
3.1	建设期利息合计(1.1+2.1)	542	119	423	
3.2	其他融资费用合计(1.2+2.2)				

表 8-3　流动资金估算表

单位：万元

序号	名称	最低周转天数	周转次数	1	2	3	4	5	6	7	8	9	10	11	12
1	流动资产					4396	5505	6059	6060	6060	6060	6060	6060	6060	6060
1.1	应收账款	30	12			1880	2351	2586	2587	2587	2587	2587	2587	2587	2587
1.2	存货					2388	3016	3330	3331	3331	3331	3331	3331	3331	3331
1.2.1	原材料	15	24			681	875	972	972	972	972	972	972	972	972
1.2.2	燃料动力	7	51			52	66	74	74	74	74	74	74	74	74
1.2.3	备品备件	30	12												
1.2.4	在产品	7	51			402	508	560	560	560	560	560	560	560	560
1.2.5	产成品	20	18			1253	1567	1724	1724	1724	1724	1724	1724	1724	1724
1.3	现金	15	24			128	138	142	142	142	142	142	142	142	142
2	流动负债					2110	2713	3014	3015	3015	3015	3015	3015	3015	3015
2.1	应付账款	40	9			2110	2713	3014	3015	3015	3015	3015	3015	3015	3015
3	流动资金					2286	2792	3045	3045	3045	3045	3045	3045	3045	3045
4	本年增加额					2286	506	253	0						

续表8-3

序号	名称	最低周转天数	周转次数	1	2	3	4	5	6	7	8	9	10	11	12
5	流动资金借款					1600	1954	2131	2132	2132	2132	2132	2132	2132	2132
6	借款利息					85	104	113	113	118	113	113	113	113	113
7	自有资金					686	152	76	0						

表 8-4　项目总投资使用计划与资金筹措表

单位：万元

序号	项目	合计	1	2	3	4	5
1	总投资	20568	6911	10611	2286	506	253
1.1	建设投资	16981	6792	10189			
1.2	建设期利息	542	119	423			
1.3	流动资金	3045			2286	506	253
2	资金筹措	20567	6911	10611	2286	506	253
2.1	项目资本金	7894	2792	4189	686	152	76
2.1.1	用于建设投资	6981	2792	4189			
2.1.2	用于流动资金	913			686	152	76
2.1.3	用于建设期利息						
2.2	债务资金	12673	4119	6423	1600	354	177
2.2.1	用于建设投资	10000	4000	6000			
2.2.2	用于建设期利息	542	119	423			
2.2.3	用于流动资金	2131			1600	354	177
2.3	其他资金						

表 8-5　营业收入、营业税金及附加和增值税估算表

单位：万元

序号	项目	单位	合计	计算期											
				1	2	3	4	5	6	7	8	9	10	11	12
1	营业收入	万元	357120			26040	33480	37200	37200	37200	37200	37200	37200	37200	37200
1.1	A产品	万元	211200			15400	19800	22000	22000	22000	22000	22000	22000	22000	22000
	单价	元/吨				2200	2200	2200	2200	2200	2200	2200	2200	2200	2200
	数量	万吨				7	9	10	10	10	10	10	10	10	10
	销项税率	%				13	13	13	13	13	13	13	13	13	13
	销项税额	万元				1772	2278	2531	2531	2531	2531	2531	2531	2531	2531

续表8-5

序号	项目	单位	合计	计算期									
				1	2	3	4	5	6	7	8	9	10	11	12
1.2	B产品	万元	145920			10640	13680	15200	15200	15200	15200	15200	15200	15200	15200
	单价	元/吨				7600	7600	7600	7600	7600	7600	7600	7600	7600	7600
	数量	万吨				1.4	1.8	2.0	2.0	2.0	2.0	2.0	2.0	2.0	2.0
	销项税率	%				17	17	17	17	17	17	17	17	17	17
	销项税额	万元				1546	1988	2209	2209	2209	2209	2209	2209	2209	2209
2	营业税金与附加		853			62	80	89	89	89	89	89	89	89	89
2.1	营业税														
2.2	消费税														
2.3	城市维护建设税					33	42	47	47	47	47	47	47	47	47
2.4	教育费附加					29	38	42	42	42	42	42	42	42	42
2.5	其他税金合计														
3	增值税		8977			655	842	935	935	935	935	935	935	935	935
	销项税额		45499			3318	4266	4740	4740	4740	4740	4740	4740	4740	4740
	进项税额		36523			2663	3424	3804	3805	3805	3805	3805	3805	3805	3805

年均营业收入　　　35712
年均营业税金及附加　85
年均增值税　　　　898

表8-6　总成本费用估算表（生产要素法）

单位：万元

序号	项目	合计	计算期										
			1	2	3	4	5	6	7	8	9	10	11	12
1	外购原材料费	224035			16336	21003	23337	23337	23337	23337	23337	23337	23337	23337
2	外购燃料及动力费	36445			2654	3413	3792	3798	3798	3798	3798	3798	3798	3798
3	工资及福利费	9200			920	920	920	920	920	920	920	920	920	920
4	修理费	4864			486	486	486	486	486	486	486	486	486	486
5	其他费用	24533			2163	2386	2498	2498	2498	2498	2498	2498	2498	2498
5.1	其他制造费用	2779			278	278	278	278	278	278	278	278	278	278
5.2	其他销售费用	10714			1004	1116	1116	1116	1116	1116	1116	1116	1116	1116
5.3	其他管理费用	11040			781	1004	1104	1104	1104	1104	1104	1104	1104	1104
6	经营成本(1+2+3+4+5)	299077			22560	28209	31033	31039	31039	31039	31039	31039	31039	31039

续表8-6

序号	项目	合计	计算期											
			1	2	3	4	5	6	7	8	9	10	11	12
7	折旧费	12790			1279	1279	1279	1279	1279	1279	1279	1279	1279	1279
8	摊销费	3085			392	392	392	392	392	225	225	225	225	225
9	利息支出	3059			711	626	531	426	322	218	113	113	113	113
9.1	长期借款利息	2192			626	522	417	313	209	104	0	0	0	0
9.2	流动资金借款利息	1094			85	104	113	113	113	113	113	113	113	113
9.3	短期借款利息	0												
10	总成本费用合计	318238			24942	30505	33235	33137	33032	32761	32656	32656	32656	32656
	其中：固定成本	54471			5240	5464	5575	5575	5575	5408	5408	5408	5408	5408
	可变成本	263766			19701	25042	27660	27561	27457	27353	27248	27248	27248	27248

计算：年均可变成本　　26376.62
　　　　年均固定成本　　 5447.13
　　　　年均经营成本　　29907.67
　　　　年均总成本　　　31823.75

表8-7　外购原材料费估算表

单位：万元

序号	项目	合计	计算期											
			1	2	3	4	5	6	7	8	9	10	11	12
1	外购原材料费													
1.1	A产品原辅材料													
	原辅材料成本	163200			11900	15300	17000	17000	17000	17000	17000	17000	17000	17000
	进项税额（万元）	23713			1729	2223	2470	2470	2470	2470	2470	2470	2470	2470
1.1.1	原材料1	92160			6720	8640	9600	9600	9600	9600	9600	9600	9600	9600
	单价（元/吨）	6000			6000	6000	6000	6000	6000	6000	6000	6000	6000	6000
	年消耗量（万吨）	15			1.1	1.4	1.6	1.6	1.6	1.6	1.6	1.6	1.6	1.6
	进项税率（%）	17			17	17	17	17	17	17	17	17	17	17
	进项税额（万元）	13391			976	1255	1395	1395	1395	1395	1395	1395	1395	1395
1.1.2	原材料2	69120			5040	6480	7200	7200	7200	7200	7200	7200	7200	7200
	单价（万元/吨）	12			12	12	12	12	12	12	12	12	12	12
	年消耗量（吨）	5760			420	540	600	600	600	600	600	600	600	600
	进项税率（%）	17			17	17	17	17	17	17	17	17	17	17
	进项税额（万元）	10043			732	942	1046	1046	1046	1046	1046	1046	1046	1046
1.1.3	包装袋	1920			140	180	200	200	200	200	200	200	200	200

续表8-7

序号	项目	合计	计算期										
			1	2	3	4	5	6	7	8	9	10	11	12
	单价(元/只)	20.0			20	20	20	20	20	20	20	20	20	20
	年消耗量(万只)	96			7.0	9.0	10.0	10.0	10.0	10.0	10.0	10.0	10.0	10.0
	进项税率(%)		17		17	17	17	17	17	17	17	17	17	17
	进项税额(万元)	279			20	26	29	29	29	29	29	29	29	29
1.2	B产品原辅材料													
	原辅材料成本	60835			4436	5703	6337	6337	6337	6337	6337	6337	6337	6337
	进项税额(万元)	8839			645	829	921	921	921	921	921	921	921	921
1.2.1	原材料3	33792			2464	3168	3520	3520	3520	3520	3520	3520	3520	3520
	单价(元/吨)	1100			1100	1100	1100	1100	1100	1100	1100	1100	1100	1100
	年消耗量(万吨)	31			2.2	2.9	3.2	3.2	3.2	3.2	3.2	3.2	3.2	3.2
	进项税率(%)	17			17	17	17	17	17	17	17	17	17	17
	进项税额(万元)	4910			358	460	511	511	511	511	511	511	511	511
1.2.2	原材料4	26880			1960	2520	2800	2800	2800	2800	2800	2800	2800	2800
	单价(元/吨)	400			400	400	400	400	400	400	400	400	400	400
	年消耗量(万吨)	67			4.9	6.3	7.0	7.0	7.0	7.0	7.0	7.0	7.0	7.0
	进项税率(%)	17			17	17	17	17	17	17	17	17	17	17
	进项税额(万元)	3906			285	366	407	407	407	407	407	407	407	407
1.2.3	包装袋	163			12	15	17	17	17	17	17	17	17	17
	单价(元/只)	1.7			2	2	2	2	2	2	2	2	2	2
	年消耗量(万只)	96			7.0	9.0	10.0	10.0	10.0	10.0	10.0	10.0	10.0	10.0
	进项税率(%)	17			17	17	17	17	17	17	17	17	17	17
	进项税额(万元)	24			2	2	2	2	2	2	2	2	2	2
2	原材料费合计	224035	0	0	16336	21003	23337	23337	23337	23337	23337	23337	23337	23337
3	原材料进项税额合计	32552	0	0	2374	3052	3391	3391	3391	3391	3391	3391	3391	3391

表8-8 外购动力费估算表

单位：万元

序号	项目	合计	计算期										
			1	2	3	4	5	6	7	8	9	10	11	12
1	动力费	3805			274	353	392	398	398	398	398	398	398	398
	进项税额	215			16	20	22	23	23	23	23	23	23	23
1.1	水费	538			39	50	56	56	56	56	56	56	56	56
1.1.1	单价(元/吨)	2			2	2	2	2	2	2	2	2	2	2

续表8-8

序号	项目	合计	计算期										
			1	2	3	4	5	6	7	8	9	10	11	12
1.1.2	年消耗量(万吨)	269			20	25	28	28	28	28	28	28	28	28
1.1.3	进项税率(%)	6			6	6	6	6	6	6	6	6	6	6
1.1.4	进项税额	30			2	3	3	3	3	3	3	3	3	3
1.2	电费	3268			235	302	336	342	342	342	342	342	342	342
1.2.1	单价(元/万度)	0.60			1	1	1	1	1	1	1	1	1	1
1.2.2	年消耗量(万度)	5446			392	504	560	570	570	570	570	570	570	570
1.2.3	进项税率(%)	6			6	6	6	6	6	6	6	6	6	6
1.2.4	进项税额	185			13	17	19	19	19	19	19	19	19	19
2	燃料费	32640			2380	3060	3400	3400	3400	3400	3400	3400	3400	3400
	进项税额	3755			274	352	391	391	391	391	391	391	391	391
2.1	燃煤	32640			2380	3060	3400	3400	3400	3400	3400	3400	3400	3400
2.1.1	单价(元/吨)	500			500	500	500	500	500	500	500	500	500	500
2.1.2	年消耗量(万吨)	65			4.8	6.1	6.8	6.8	6.8	6.8	6.8	6.8	6.8	6.8
2.1.3	进项税率(%)	13			13	13	13	13	13	13	13	13	13	13
2.1.4	进项税额	3755			274	352	391	391	391	391	391	391	391	391
3	燃料及动力费合计	36445			2654	3413	3792	3798	3798	3798	3798	3798	3798	3798
4	进项税总计	3970			289	372	413	414	414	414	414	414	414	414

表8-9 固定资产折旧费估算表

单位:万元

序号	项目	合计	计算期										
			1	2	3	4	5	6	7	8	9	10	11	12
1	房屋、建筑物													
	原值	2504			2504	2504	2504	2504	2504	2504	2504	2504	2504	2504
	当期折旧费	1214			121	121	121	121	121	121	121	121	121	121
	净值	1290			2383	2261	2140	2018	1897	1775	1654	1532	1411	1290
2	设备、主材费													
	原值	9203			9203	9203	9203	9203	9203	9203	9203	9203	9203	9203
	当期折旧费	8927			893	893	893	893	893	893	893	893	893	893
	净值	276			8310	7418	6525	5632	4740	3847	2954	2061	1169	276
3	安装工程费													
	原值	866			866	866	866	866	866	866	866	866	866	866
	当期折旧费	840			84	84	84	84	84	84	84	84	84	84

续表8-9

序号	项目	合计	计算期										
			1	2	3	4	5	6	7	8	9	10	11	12
	净值	26			782	698	614	530	446	362	278	194	110	26
4	其他费用													
	原值	1865			1865	1865	1865	1865	1865	1865	1865	1865	1865	1865
	当期折旧费	1809			181	181	181	181	181	181	181	181	181	181
	净值	56			1684	1503	1322	1141	960	779	599	418	237	56
5	合计													
	原值	14438			14438	14438	14438	14438	14438	14438	14438	14438	14438	14438
	当期折旧费	12790			1279	1279	1279	1279	1279	1279	1279	1279	1279	1279
	净值	1648			13159	11880	10601	9322	8043	6764	5485	4206	2927	1648

表 8-10　无形资产和其他资产摊销估算表

单位：万元

序号	项目	合计	计算期										
			1	2	3	4	5	6	7	8	9	10	11	12
1	无形资产													
1.1	原值	2250			2250	2250	2250	2250	2250	2250	2250	2250	2250	2250
1.2	当期摊销费	2250			225	225	225	225	225	225	225	225	225	225
1.3	净值	0			2025	1800	1575	1350	1125	900	675	450	225	0
2	其他资产													
2.1	原值	835			835	835	835	835	835	835	835	835	835	835
2.2	当期摊销费	835			167	167	167	167	167					
2.3	净值	0			668	501	334	167	0					
3	合计													
	原值	3085			3085	3085	3085	3085	3085	3085	3085	3085	3085	3085
	当期摊销费	3085			392	392	392	392	392	225	225	225	225	225
	净值	0			2693	2301	1909	1517	1125	900	675	450	225	0

表 8-11　借款还本付息计划表

单位：万元

序号	名称	合计	1	2	3	4	5	6	7	8
1	银行1									
1.1	期初借款余额		0	4119	10542	8785	7028	5271	3514	1757

续表8-11

序号	名称	合计	1	2	3	4	5	6	7	8
1.2	期初本息累计		0	4119	10542	8785	7028	5271	3514	1757
1.3	当期借款		4000	6000						
1.4	当期应计息		119	423	626	522	417	313	209	104
1.5	当期还本付息		0	0	2383	2279	2174	2070	1966	1861
1.6	其中：还本				1757	1757	1757	1757	1757	1757
1.7	付息				626	522	417	313	209	104
1.8	年末借款余额		4119	10542	8785	7028	5271	3514	1757	0
2	可供还款资金				1928	3057	3656	3723	3793	3809
2.1	本年未分配利润				257	1386	1985	2052	2122	2305
2.2	用于还款的折旧费				1279	1279	1279	1279	1279	1279
2.3	摊销费				392	392	392	392	392	225
2.4	自有资金									
2.5	短期贷款									
	偿债备付率				0.81	1.34	1.68	1.80	1.93	2.05
	利息备付率				1.74	5.13	8.32	11.07	16.61	34.81

表8-12 项目投资现金流量表

单位：万元

序号	名称	合计	1	2	3	4	5	6	7	8	9	10	17	18
1	现金流入		0	0	26040	33480	37200	37200	37200	37200	37200	37200	37200	41893
1.1	营业收入				26040	33480	37200	37200	37200	37200	37200	37200	37200	37200
1.2	补贴收入													
1.3	回收固定资产余值													1648
1.4	回收流动资金													3045
2	现金流出		6792	10189	25563	29636	32310	32063	32063	32063	32063	32063	32063	32063
2.1	建设投资		6792	10189	0	0	0							
2.2	流动资金				2286	506	253							
2.3	经营成本				22560	28209	31033	31039	31039	31039	31039	31039	31039	31039
2.4	营业税金及附加				62	80	89	89	89	89	89	89	89	89
2.5	增值税				655	842	935	935	935	935	935	935	935	935
2.6	维持运营投资													

续表8-12

序号	名称	合计	1	2	3	4	5	6	7	8	9	10	17	18
3	所得税前净现金流量(1-2)	-6792	-10189	477	3844	4890	5137	5137	5137	5137	5137	5137	5137	9829
4	累计所得税前现金流量	-6792	-16981	-16504	-12660	-7770	-2633	2504	7640	12777	17914	23051	32881	
5	调整所得税			95	513	735	760	786	854	880	880	880	880	
6	所得税后净现金流量(3-5)	-6792	-10189	382	3330	4154	4377	4351	4283	4257	4257	4257	8950	
7	累计所得税后净现金流量	-6792	-16981	-16599	-13268	-9114	-4737	-386	3897	8154	12411	16668	25617	

计算指标

项目投资财务内部收益率(%)(所得税前)　　18.84%

项目投资财务内部收益率(%)(所得税后)　　15.55%

项目投资财务净现值(所得税前)(ic=12%)　　5877

项目投资财务净现值(所得税后)(ic=12%)　　2901

项目静态投资回收期(年)(所得税前)　　6.51

项目静态投资回收期(年)(所得税后)　　7.08

项目动态投资回收期(年)(所得税前)　　8.88

项目动态投资回收期(年)(所得税后)　　10.45

表 8-13　经济费用效益分析投资费用估算调整表

单位：万元

序号	工程和费用名称	财务分析		经济分析		经济比财务分析增减		备注
		投资额	其中：外币	投资额	其中：外币	增减额	其中：外币	
一	建设投资	16981	86	16727	93	-254	7	
1	固定资产费用	12638	80	12289	86	-349	6	
1.1	工程费用	12573	80	12236	86	-337	6	
1.1.1	主体工程	10469	80	9104	86	-1365	6	
①	产品 A 生产装置	5922	50	5145	54	-777	4	
②	产品 B 生产装置	4547	30	3959	32	-588	2	
1.1.2	辅助工程	1470		1285		-185		
①	配意废水处理装置	437		384		-53		
②	储运工程	890		777		-113		
③	消防	143		125		-18		
1.1.3	公用工程	1527		1342		-185		
①	变配电所	460		400		-60		
②	给排水	118		103		-15		

续表8-13

序号	工程和费用名称	财务分析		经济分析		经济比财务分析增减		备注
		投资额	其中：外币	投资额	其中：外币	增减额	其中：外币	
③	总图运输	450		405		-45		
④	冷冻站	443		385		-58		
⑤	空压站	56		49		-7		
1.1.4	服务性工程	528		473		-55		
①	综合楼	528		473		-55		
1.1.5	厂外工程	35		32		-4		
1.1.6	设备、主材进项税额抵扣	-1456		0		1456		经济分析在各子项中直接剔除进项税
1.2	工程建设其他费用	65		53		-12		
2	无形资产费用	2250		2364		114		
	其中：土地出让费用	600		780		180		
3	其他资产费用	835		835		0		
4	预备费	1258	6	1239	7	-19	1	
4.1	基本预备费	1258	6	1239	7	-19	1	
4.2	涨价预备费	0		0		0		
二	建设期贷款利息	542		0		-542		
三	固定资产投资	17523	86	16727	93	-795	7	
四	流动资金	3045				-3045		
	其中：铺底流动资金	914				-914		
五	工程建设总投资	20568	86	16727	93	-3840	7	

表8-14 经济费用效益分析经营费用估算调整表

单位：万元

序号	项目	财务评价			经济评价		
		试运营期	试运营期	达产期	试运营期	试运营期	达产期
	生产负荷	70%	90%	100%	70%	90%	100%
1	外购原材料费	16336	21003	23337	17233	22157	24619
2	外购燃料及动力费	2654	3413	3792	2908	3739	4154
3	工资及福利费	920	920	920	810	810	810
4	修理费	486	486	486	473	473	473
5	其他费用	2163	2386	2498	2023	2246	2358

续表8-14

序号	项目	财务评价			经济评价		
		试运营期	试运营期	达产期	试运营期	试运营期	达产期
5.1	其他制造费用	278	278	278	271	271	271
5.2	其他销售费用	1004	1116	1116	781	1004	1116
5.3	其他管理费用	781	1004	1104	972	972	972
6	经营成本(1+2+3+4+5)	22560	28209	31033	23447	29425	32414
7	折旧费	1279	1279	1279	1203	1203	1203
8	摊销费	392	392	392	403	403	403
9	利息支出	711	626	531	0	0	0
9.1	长期借款利息	626	522	417	0	0	0
9.2	流动资金借款利息	85	104	113	0	0	0
9.3	短期借款利息	0	0	0	0	0	0
10	总成本费用合计	24942	30505	33235	25054	31032	34021
10.1	其中：固定成本	5240	5464	5575	4913	5136	5248
10.2	可变成本	19701	25042	27660	20141	25896	28773

表8-15　原材料、燃料动力费用估算调整表

单位：万元

序号	项目	单位	投入量	财务价格 单价 (元/)	影子价格 单价 (元/)	投入量			财务评价			经济评价		
						试运营期	试运营期	达产期	试运营期	试运营期	达产期	试运营期	试运营期	达产期
	生产负荷					70%	90%	100%	70%	90%	100%	70%	90%	100%
1	原材料及辅助材料								16336	21003	23337	17233	22157	24619
1.1	原材料1	万t	1.6	6000	6576	1.12	1.44	1.6	6720	8640	9600	7365	9469	10522
1.2	原材料2	t	600	12	12.6	420	540	600	5040	6480	7200	5292	6804	7560
1.3	包装袋	万只	10	20	20	7	9	10	140	180	200	140	180	200
1.4	原材料3	万t	3.2	1100	1100	2.24	2.88	3.2	2464	3168	3520	2464	3168	3520
1.5	原材料4	万t	7	400	400	4.9	6.3	7	1960	2520	2800	1960	2520	2800
1.6	包装袋	万只	10	1.7	1.7	7	9	10	12	15	17	12	15	17
2	燃料动力								2654	3413	3792	2908	3739	4154
2.1	水费	万t	28	2	2	19.6	25.2	28	39	50	56	39	50	56
2.2	电费	万 KW·h	560	0.60	0.64	392	504	560	235	302	336	251	323	358
2.3	燃煤	万t	7	500	550	4.76	6.12	6.8	2380	3060	3400	2618	3366	3740

表 8-16　原材料、燃料动力费用估算调整表

单位：万元

序号	项目	合计	计算期											
			1	2	3	4	5	6	7	8	9	10	11	12
1	房屋、建筑物													
	原值	2254			2254	2254	2254	2254	2254	2254	2254	2254	2254	2254
	当期折旧费	1093			109	109	109	109	109	109	109	109	109	109
	净值	1161			2144	2035	1926	1816	1707	1598	1489	1379	1270	1161
2	设备购置费													
	原值	9203			9203	9203	9203	9203	9203	9203	9203	9203	9203	9203
	当期折旧费	8927			893	893	893	893	893	893	893	893	893	893
	净值	276			8310	7418	6525	5632	4740	3847	2954	2061	1169	276
3	安装工程费													
	原值	779			779	779	779	779	779	779	779	779	779	779
	当期折旧费	756			76	76	76	76	76	76	76	76	76	76
	净值	23			704	628	553	477	401	326	250	175	99	23
4	其他费用													
	原值	1292			1292	1292	1292	1292	1292	1292	1292	1292	1292	1292
	当期折旧费	1253			125	125	125	125	125	125	125	125	125	125
	净值	39			1167	1042	916	791	666	540	415	289	164	39
5	合计													
	原值	13528			13528	13528	13528	13528	13528	13528	13528	13528	13528	13528
	当期折旧费	12029			1203	1203	1203	1203	1203	1203	1203	1203	1203	1203
	净值	1499			12325	11122	9919	8717	7514	6311	5108	3905	2702	1499

表 8-17　无形资产和其他资产摊销估算表

单位：万元

序号	项目	合计	计算期											
			1	2	3	4	5	6	7	8	9	10	11	12
1	无形资产													
1.1	原值	2364			2364	2364	2364	2364	2364	2364	2364	2364	2364	2364
1.2	当期摊销费	2364			236	236	236	236	236	236	236	236	236	236
1.3	净值	0			2128	1891	1655	1418	1182	946	709	473	236	0
2	其他资产													
2.1	原值	835			835	835	835	835	835	835	835	835	835	835
2.2	当期摊销费	835			167	167	167	167	167					
2.3	净值	0			668	501	334	167	0					

续表8-17

序号	项目	合计	计算期 1	2	3	4	5	6	7	8	9	10	11	12
3	合计													
	原值	3199			3199	3199	3199	3199	3199	3199	3199	3199	3199	3199
	当期摊销费	3199			403	403	403	403	403	236	236	236	236	236
	净值	0			2796	2392	1989	1585	1182	946	709	473	236	0

表 8-18　项目直接效益估算调整表

单位：万元

序号	项目	单位	财务价格	影子价格	财务评价 试运营期	试运营期	达产期	经济评价 试运营期	试运营期	达产期
	生产负荷				70%	90%	100%	70%	90%	100%
	直接收入	万元			26040	33480	37200	33872	37636	37636
1	A产品	万元			15400	19800	22000	19926	22140	22140
	单价	元/吨	2200	2214	2200	2200	2200	2214	2214	2214
	数量	万吨			7	9	10	9	10	10
2	B产品	万元			10640	13680	15200	13946	15496	15496
	单价	元/吨	7600	7748	7600	7600	7600	7748	7748	7748
	数量	万吨			1.4	1.8	2.0	1.8	2.0	2.0
2	营业税金与附加				62	80	89	0	0	0
2.1	营业税									
2.2	消费税									
2.3	城市维护建设税				33	42	47	0	0	0
2.4	教育费附加				29	38	42	0	0	0
2.5	其他税金合计									
3	增值税				655	842	935	0	0	0
	销项税额				3318	4266	4740	0	0	0
	进项税额				2663	3424	3804	0	0	0

表 8-19　流动资金估算调整表

单位：万元

序号	名称	最低周转天数	周转次数	1	2	3	4	5	6	7	8	9	10	11	12
1	流动资产					4571	5744	6330	6330	6330	6330	6330	6330	6330	6330
1.1	应收账款	30	12			1954	2452	2701	2701	2701	2701	2701	2701	2701	2701
1.2	存货					2499	3164	3497	3497	3497	3497	3497	3497	3497	3497

续表8-19

序号	名称	最低周转天数	周转次数	1	2	3	4	5	6	7	8	9	10	11	12
1.2.1	原材料	15	24			718	923	1026	1026	1026	1026	1026	1026	1026	1026
1.2.2	燃料动力	7	51			57	73	81	81	81	81	81	81	81	81
1.2.3	备品备件	30	12												
1.2.4	在产品	7	51			422	534	590	590	590	590	590	590	590	590
1.2.5	产成品	20	18			1303	1635	1801	1801	1801	1801	1801	1801	1801	1801
1.3	现金	15	24			118	127	132	132	132	132	132	132	132	132
2	流动负债					2238	2877	3197	3197	3197	3197	3197	3197	3197	3197
2.1	应付账款	40	9			2238	2877	3197	3197	3197	3197	3197	3197	3197	3197
3	流动资金					2333	2867	3133	3133	3133	3133	3133	3133	3133	3133
4	本年增加额					2333	533	267							
5	流动资金借款					1633	2007	2193	2193	2193	2193	2193	2193	2193	2193
6	借款利息					87	107	116	116	116	116	116	116	116	116
7	自有资金					700	160	80							

表 8-20　项目投资经济费用效益流量表

单位：万元

序号	名称	合计	1	2	3	4	5	6	7	8	9	10	17	18
1	效益流量		0	0	33872	37636	37636	37636	37636	37636	37636	37636	37636	42268
1.1	项目直接效益				33872	37636	37636	37636	37636	37636	37636	37636	37636	37636
1.2	固定资产余值回收													1499
1.3	流动资金回收													3133
1.4	项目间接效益													
2	费用流量		6691	10036	25781	29959	32681	32414	32414	32414	32414	32414	32414	32414
2.1	建设投资		6691	10036										
2.2	维持运营投资													
2.3	流动资金				2333	533	267							
2.4	经营费用				23447	29425	32414	32414	32414	32414	32414	32414	32414	32414
2.5	项目间接费用													
3	净现金流量（1-2）		-6691	-10036	8092	7677	4955	5222	5222	5222	5222	5222	5222	9854

计算指标

经济内部收益率　32.36%

经济净现值（ic＝8%）　20981

习题八

[8-1] 国民经济评价与财务评价的区别与联系是什么？

[8-2] 国民经济评价的作用是什么？

[8-3] 影子价格的概念与测定方法是什么？

[8-4] 国民经济评价的具体步骤是什么？

公用事业项目的经济评价

公用项目投资的基本出发点是社会公众福利，而非商业利润，项目的产出或提供的服务往往不具有市场价格。因此，这类项目的成本与收益的识别和计量，以及经济评价的方法与标准，较之营利性项目减少了规范性，增加了复杂性和困难。

9.1 公用事业项目的基本特点

公用事业项目通常是由政府或政府与社会资本合作方式兴建的，它不以商业利润为基本追求，而是以社会公众利益为主要目标。公用事业项目的上述特点是由项目产出的基本特性和政府目标的基本指向两个方面的因素决定的。

9.1.1 公用事业项目产出的公共品性和外部性

一个项目所能提供的产品或服务，按其使用或受益的性质可以分为两类：公共品和私有品。公共品和私有品是相对而言的，区分它们的基本标志是使用或受益的排他性。私有品的使用具有明显排他性，即一旦某人享有了消费某物品或服务权利，就排除了他人拥有这种权利，正如一人的衣物、饮食不能同时被他人所享有一样。相反，公共品不具有享用权上的排他性，而具有明显的公共性，即某人的享用不排除他人对同一物品或服务的享用权，正如一条市区道路和一座公园可同时为多人服务那样。公用事业项目所提供的产品或服务往往具有较强的公共品性，这是此类项目的显著特点之一。

从项目的成本与受益的角度来看，一个项目还会或多或少地存在外部性。所谓外部性，是外部收益和外部成本的统称。外部收益系指落在项目投资经营主体之外的收益，此收益由投资经营主体之外的人免费获取。例如某投资主体兴建了一座水电站，它可以通过电能出售获得收益，而电站下游居民也从电站大坝的修建中获得了减少洪水灾害的收益，这种收益尽管可能很大，但下游居民却是免费获得的。外部成本指落在项目投资经营主体之外的社会成本，但此成本却不由该投资经营主体给予等价补偿，而由外部团体和个人无偿地或不等价地承担。例如烟尘和污水的排放损害生态环境进而损害他人，但受损害者却难从污染制造者那里获得等价赔偿。公用事业项目往往具有较强的外部性,这是此类项目的又一显著特点。

9.1.2 公用事业项目的制度特征

一个项目的产出是公共品还是私有品,外部性较大还是较小,不但与项目的产出特征有关,还与制度安排特别是产权制度的安排有关。如修建一所小学,是政府出资公立免费还是私人出资私立收费;又如修建一条道路,是政府出资免费公用还是私人出资谋取利润,是由相应的制度安排决定的。制度是人的行为规则,是一种受益或受损的权利。决定制度安排的基本因素是制度效率或制度成本。任何一种制度安排都有其相应的成本,即建立并实施某项制度的成本(费用),这种成本又称作交易成本或交易费用,交易成本小的安排即为有效率的制度安排。有些项目适于政府投资且是不以营利为基本目的的公用事业项目,而另一些项目则是适于法人和私人投资且以盈利为基本追求的商业性项目,都与项目产生特性下的制度费用有关。

倘若一个项目提供的产品或服务能够方便地计量和交易,使产品或服务的购买者能够获得排他性的享用权,即未经它的同意别人无权享用,使产品或服务的提供者能够获得排他性的全部收益,别人要获取产品或服务,不能不付费或不能付费低于其成本,那就可以推断,这类产出项目适于作为营利性项目来安排。市场机制的价格系统可以有效地对其进行成本与收益的计算,并将其纳入投资经营主体之内,从而为追求利润的投资经营者提供足够的激励,使他们愿意投资那些有利可图的项目。市场机制的竞争法则和供需法则能够有效地调节他们的行为,促使他们提高资源配置效率。

倘若一个项目的产生或服务不具有计量和交易的方便性,购买者不能实际拥有排他性的享用权,提供者不能通过产品或服务的出售而将全部或大部分收益内部化,别人可以免费从购买者或提供者那里获得收益。那就可以推断,这类产品或服务会产生市场供给或(和)需求不足的问题:消费者将不愿花钱购买,他愿意别人购买而自己搭乘别人便车免费享用。提供者不愿投资经营,他不能从产品或服务的销售中获得全部或大部分收益。他的销售收入可能不足以抵偿他的投资支出和其他支出,因而缺乏投资这类项目的利润激励。在这种情况下,即使这类项目具有很大的社会经济效益,但市场机制的竞争法则和供需法则将会失灵,市场机制的价格系统不能有效地引导资源的优化配置。

9.1.3 政府的基本目标与项目属性

政府之所以应该成为公用事业项目的投资主体,一方面是由政府的性质和职责所决定的,另一方面是由其效率所决定的。政府是公共权力机构,其权力是人民赋予的,其职责是为人民服务。政府的基本目标有两个:一是效率目标,即促进社会资源的有效配置,促进国家或地区的经济增长;二是公平目标,即促进社会福利的公平分配,普遍改善人民的福利水平,增强人民的幸福感和获得感。

就效率而言,在市场机制能够充分有效运作的范围内,政府不一定非要在那些以营利为目的的竞争性产业领域进行大量的项目投资,而主要应在市场机制不能充分发挥作用的公用事业领域进行投资,以弥补市场机制的不足,促进全社会的资源配置效率的提高。例如国防项目提供的是保卫人民不受外敌侵犯的服务,这种项目能否由每个个人或家庭去办?肯定不行。诸如立法、司法、执法等,从效率角度也只宜作为公共品由政府等公共权力部门提供,不能指望它们可以通过社会成员的私自交易来完成。有些项目，例如一条高速公路，是可以实行谁受益谁付费的制度，办法之一是设置路卡(我国的许多公路曾大量设置收费站)，向通行者在进口处收费，在出口外验票放行。但这样一来，或者因为进出口处的排队等候而延误时间(时间是稀缺资源，由此产生成本)，或者因为一部分人嫌路费高昂而不肯使用，致使公路使用者较少而不能发挥全部效益潜能。所以，在同样的投资和维护成本条件下，公路由政府出资兴建并提供免费服务也就更有效率。

就公平而言，调节公民之间的福利分配是政府的基本职责。在市场机制的分配范畴内，公民之间的收入分配和福利肯定是有相当差异的。为此，政府一方面可以通过财政税收等政策工具调节人们之间的收入分配，实行多收入多交税原则，用纳税人的钱补助低收入者和无收入者。另一方面，政府可利用税收等财政收入投资兴办有助于改善社会福利分配的公用事业项目，如公立医院、公立学校等。公立医院的低廉收费制度有助于中低收入者就医，公立学校的免费或低廉收费可便利中、低收入家庭的子女就读。

事实上，许多公用事业项目可能不止追求效率或公平的单一目标，而是二者兼有。在前述例子中，政府修建免费公路不但有助于社会效率的提高，而且也有助于改善福利分配，使收入低的人也能享用公路提供的服务。而公立学校不但可以帮助低收入家庭的孩子获得教育，而且受过良好教育的学生长大后，会更加自觉地遵守社会法律秩序，并对未来社会发展做出更大贡献。从这种意义上看，兴办公立学校不但是改善福利分配的举措，也是对未来社会效益所做的公共投资。

9.2　公用事业项目的成本与收益

项目评价就是对项目收益与项目成本的比较评价，要正确地评价项目，就需要对项目的成本与收益予以正确的识别与计算。

在成本与收益的识别与计量上，公用事业项目较之营利性的企业项目具有很多不同之处。营利性项目投资以追求利润为基本目的，因而其成本与收益的识别以利润减少或增加为原则。识别的基本方法是追踪项目的货币流动，凡是流入项目之内的货币就被视作收益——现金流入(如销售收入)，凡是流出项目的货币就被视作支出——现金流出(投资、经营成本、税金等)。由于这些财务收益或支出仅是流入或流出项目的货币，且都可以借助价格系统进行货币计量，故其识别与计量就相对简单和容易。公用事业项目投资的基本目的是追求社会利益，而非项目利润，收益与成本是指广泛的社会收益与成本，大部分难以用货币计量，从而使得公用事业项目的成本与收益的识别和计量相对复杂与困难。

9.2.1　公用事业项目的成本与收益类别

1. 直接收益与成本、间接收益与成本

直接收益与成本是在项目的投资经营中直接产生的收益与成本。例如，灌溉工程可直接提供灌溉用水，增加农作物产量，水污染治理项目要直接减少污水排放量，这些都是直接收益，而这些项目的投资与运营支出都是直接成本。

间接收益与成本又称次级收益与成本，是直接收益与成本以外的收益与成本。间接收益与成本是由直接收益与成本引发生成的。例如，灌溉工程除具有增加农田产出的直接收益外，可能还有助于改善当地人民的营养及体质，促进当地食品加工业发展。污水治理项目除了具有改善生态环境的直接收益外，它还可能由于生态环境的改善而降低沿河周围居民发病率，由此带来医药支出的节省和劳动收入增加的间接收益。

公用事业项目通常能同时带来直接的和间接的收益和成本，这是公用事业项目的一个基本属性。因此，在公用事业项目评价中，除了考察直接收益与成本外，有时还需要考察间接收益与成本，特别是在间接收益与成本较大的时候就更是如此。

2. 内部收益与成本、外部收益与成本

内部收益是由项目投资经营主体获得的收益，内部成本是由项目投资经营主体承担成本。例如，一个治理工厂生产车间噪音的项目，项目投资与运作成本由企业自身负担，减少噪音的收益由企业职工获得。一个收费公路项目，车辆收费的收入是项目的内部收益，而道路维护等支出是其内部成本。

外部收益与成本系指落在项目之外的收益与成本。例如，一个免费通行的公路项目，通行者从通行中获得的收益是项目的外部收益。公立免费学校学生的就读收益也是外部收益。再如，工厂排放的烟尘产生污染，而工厂外部居民承受的污染而带来的损失就是一种外部成本。一个正在施工的市区道路项目给行人的不便带来的损失也是一种外部成本。

由公用事业项目产出的公共品性和外部性强的特点所决定，这类项目的外部收益常会很大，甚至远远超过内部收益，因此，在评价工作中要特别注意对其识别与计量。

这里需要说明的是，公用事业项目的直接收益（或成本）并不一定等同于内部收益（或成本），间接收益（或成本）也不一定等同于外部收益（或成本）。尽管它们之间在有些情况下可能重合，但并非所有项目都能重合，二者之间在概念上的差异不能混淆。例如，一个公共消防项目，它所提供的减少或消除火灾损害的服务，具有公共品的免费服务特性，由它所获得的减少财产损失和人员伤亡的收益是一种直接收益，但这种收益却不是项目的内部收益而是消防部门以外的外部收益。一般而言，间接收益与成本包含在外部收益与成本之内，内部收益与成本包含在直接收益与成本之内。因此，在对项目的成本与收益进行分类识别和计量时，或者按"直接"和"间接"的方式分类，或者按"内部"和"外部"的方式分类，而不能交叉分类，以避免收益与成本的遗漏或重复。

3. 有形收益与成本、无形收益与成本

有形收益与成本是指可以采用货币计量单位或实物计量单位予以计量的收益与成本。由于公用事业项目评价是用经济分析方法对项目的社会经济效益状况进行评价，所以，如果可能，应当尽将项目的收益与成本货币化，使收益与成本具有同一经济价值量纲，可以直接比较。这就需要寻求项目产出物和投入物的价格，以便计算它们各自的货币价值。一般而言，公用事业项目的投入物（内部成本）的货币价值是较易计算的，如投资和经营支出等，而其产出收益则常常由于缺乏市场价格而不易计量其货币价值。在对无市场价格的产出收益的货币化计量方面，通常有两种供选择的方法：方法之一是把可以获得同样收益的替代项目方案的最小成本费用作为该项目方案的收益（即替代方案的成本费用的节省）；方法二是把消费

者支付意愿作为收益的估价，而对项目产出所带来的外部损失，则可以用被损害者愿意接受的最低补偿收入作为外部成本或负收益的估价。前一方法的局限性在于，要对某一项目方案进行评价，必须要有替代方案，把替代方案的成本费用作为待评价方案的收益，其实质是把收益与成本的比较变成两个方案之间的成本费用之间的比较，评价结论仅仅是两个方案之间的相对比较结论，不反映方案自身的经济性。因此，这种方法只适于在互斥方案间相对择优评价时使用，且要求各互斥方案提供同样的产出或服务(收益相同)。后一方法的目的是对项目方案自身的收益与成本进行货币化计算，以便通过收益与成本的比较去评价项目方案自身的经济性。这种方法的实际困难在于，在调查消费者的支付意愿的时候，被调查者在不对项目产出做任何实际支付的情况下，他们可能出于各种不同的动机(如有意压低真实的支付意愿以图免费或廉价地获得产品或服务，或者不认真地报价)降低或高报他们的支付意愿。而在损害补偿意愿的调查中，人们可能会有意夸大损害成本而报高价。

因此，在上述方法难以实行的情况下，有必要采用实物量纲计量项目的有形收益与成本。

无形收益与成本是一些既不存在市场价格(难以货币化计量)，又难以采用其他计量单位度量的收益与成本。例如，建筑物的美学价值，保护古代遗产的文化价值，都是难以用货币或其他计量单位加以度量的。有的公用事业项目，其无形收益与成本可能并不重要，可以忽略不计。但是有的项目，例如古代文物保护项目，无形收益很可能是其根本性收益，就不能忽略不计。因此，对需要考察的无形收益与成本，如果无法货币化，也无法采用其他量纲计量，则应采用图片、音像、文字等各种形式进行描述和阐释。

下面，我们以一个政府出资修建的高速公路为例，说明其可能产生的收益与成本类别。

(1)内部成本

①勘察、设计成本；

②筑路投资支出(包括居民搬迁费、土地征用费等)；

③道路维修养护费用；

④管理费用等。

(2)内部收益：车辆通行缴费收入。

(3)社会公众承担的外部成本

①增加空气污染和邻近居民的噪声污染；

②给公路两侧居民相互通行增加不便(时间与费用增加)。

(4)社会公众所获得的外部收益

①车辆和人员通行时间的额外节省；

②车辆耗油和其他耗费的额外节省；

③增加行车安全性，减少车祸损失；

④增加公路沿线的房地产价值；

⑤促进邻近地区往来和经济发展。

9.2.2 成本、收益识别与计量中的注意事项

1.明确项目基本目标是识别成本与收益的基本前提

成本与收益是相对于目标而言的,收益是对目标的贡献,成本是实现目标所付出的代价。因此,明确项目的基本目标,是识别成本与收益的基本前提。

公用事业项目常常具有多目标性,这也是造成识别复杂性的重要原因。例如,一个大型水利枢纽工程项目,它所要实现的目标并不单一,除了提供电力供给外,还追求防洪、灌溉、航运和游览等其他目标。明确了基本目标,就可以围绕这些目标进行必要的情景分析,进而可对项目的成本与收益进行正确的识别和计量,以表9-1为示例。

表 9-1 大型水电工程项目的成本与收益

目标	内部收益	外部收益	内部成本	外部成本
水力发电	电力销售收入	消费者剩余	投资与运行	土地淹没损失
防洪		减少洪涝灾害	投资与维护	同上
灌溉	水费收入	农作物增产净收入	同上	水库周围土地盐碱化
航运	航船收费	提高运量及成本节省净收入	同上	减少公路运输需求
浏览	开办游览服务净收益	由游览业带动的商业发展	同上	原有自然景观与人文景观的破坏

2.成本与收益的识别与计量范围要保持一致性

项目的成本与收益的发生具有时间性与空间性,在考察项目成本与收益时,须遵循成本与收益在空间分布和时间分布上的一致原则,否则就会多估或少估收益与成本,使项目的收益与成本失去可比性。

成本与收益的空间分布包括两类分布——地域分布和人群分布,空间分布一致性指在相同地域和相同人群中同时考察收益与成本。合理确定空间范围,是正确识别、计量项目成本与收益的基本要求。因为在实践中,有时会有意无意地扩大或缩小识别范围,或者对成本与收益的考察空间不一致。例如,从国家角度去分析一个由当地政府出资的家用煤气项目的收益,就不恰当地扩大了收益考察空间。而对于一个主要由中央财政拨款修建的水利工程,如果仅出于地区利益考虑,在投资成本上仅计入地区出资而将中央财政支出视作"免费",就会造成低估成本的后果。一条专供车辆通行全封闭高速公路,如果只考察它为车辆通行者带来的收益,而不考察它给沿线步行者和骑自行车人带来的不便,便会导致少估成本的后果。

3.成本、收益识别与计量的增量原则

项目的成本与收益,是指项目的增量成本和增量收益,即"有项目"较之"无项目"所增加的成本和收益。因此,在识别和计量项目的成本与收益时,最终落脚点是分析预测项目本身

所引起的成本收益变化。一个灌溉项目能够增加农作物产出，但若没有此项目，由于种植技术和种子的不断改良，也可能使农作物产出逐年增加，若把项目完成后的农作物产出的全部增加都视作灌溉项目的收益而不进行相应的扣除，就高估了项目的收益。所以，在成本与收益的识别和计量上，应该把与项目无关的因素的影响作用剔除。

4. 识别与计量的非重复性原则

公用事业项目的成本与收益通常具有内部性和外部性的双重特征，这种特征加剧了内部效果与外部效果的非重复性识别与计量的难度，稍有不慎，就容易导致成本或收益的重复计算。如前（表 9-1）举过的高速公路的例子，把过往车辆的缴费收入视作内部收益，这里就存在一个如何避免收益的重复计算问题。我们假定在高速公路修建前存在一条免费通行的土路，那么，对于这条土路的原有车流量而言，高速公路所带来的通行时间节省、耗油节省与减少车祸损失的收益总和，应该等于它们的支付意愿总和，即这种支付意愿等于它们从高速公路那里增获的全部价值，因而也包含了它们向高速公路缴费的部分。所以，它们从高速公路项目中获得的外部收益是支付意愿扣除缴费后的余额——消费者剩余，如果把车辆的时间节省、耗油节省及减少车祸的价值全都归于外部收益，就是把车辆缴费既算作内部收益又外部收益的重复计算。此例表明，在内部成本与收益和外部成本与收益共存的情况下，一定要对其仔细识别。

9.3　公用事业项目的经济评价方法

公用事业项目的经济评价建立在项目收益与项目成本比较的基础上，如果项目的成本与收益都采用货币单位来计算，相应的评价方法称为成本-收入评价法。如果成本与收益（主要是收益）不采用货币单位来计量，为了区别于前者，称为成本-效能评价法。

9.3.1　成本-收入评价法

成本-收入评价法建立在成本与收益的货币计量基础上。因此，在决定公用事业项目能否运用成本-收入评价法时，需要考虑下列问题：

其一，项目的受益范围和收益内容是什么？哪些是货币收入？哪些是没有市场价格的非货币性收益？能否比较合理地将非货币性收益转化为等价的货币收入？

其二，项目的成本范围和成本内容是什么？哪些成本是货币支出？哪些成本是没有市场价格的非货币性成本？能否比较合理地将非货币性成本转化为等价的货币成本？

只有在上述问题得到肯定回答之后，采用成本-收入评价法才是适宜的。

1. 评价指标与评价准则

成本-收入评价法是货币化的收益与成本的比较评价，因而，这种评价可以像营利性项目的经济评价那样，使用净现值、净年值、内部收益率等评价指标及评价准则。但在公用事业项目的经济评价中，最常用的评价指标是收益成本比。

2. 成本–收入评价法案例

案例 9–1 某农业地区灌溉工程项目的经济分析

（1）项目背景

某地区干旱少雨，且降雨集中于夏季的一个较短时期，当地农业生产受干旱影响严重，单产低，且很不稳定。当地虽然打了不少机井，但多年抽取地下水灌溉农田，导致地下水位逐年降低，许多老机井已经干涸。为解决农田用水问题，当地政府拟出资修建引水灌溉工程，利用邻近的黄河水灌溉农田。为此，做出工程计划：在临河处修建扬水站；修建引水的主干水渠和若干分水渠；一座集中式的蓄水库和大量分散的农户蓄水池；抽水、分水和灌溉系统。

（2）成本与收益的识别、计算与经济评价

该项目经济分析人员在工程设计人员和农业专家的帮助下，仔细地分析了工程的受益区域和受益类别，对各类收益进行了预测和估算：

①直接灌溉收益。直接受益于该工程而得以灌溉的农田有 150 万亩，预计每亩每年可增产农作物价值 120 元，由此每年直接受益 18000 万元（120×150）。

②节省抽水费用。50 万亩农田（直接受益的）原有机井可以不再使用，由此，每亩地每年可以节省抽水费用 10 元，每年节省抽水费用 500 万元（10×50）。

③农业间接收益。在直接受益地区，农作物产出增加又会导致农产品加工与销售的增加，由此获得的间接净收益估计每年可达 800 万元。

④周边地区间接收益。直接受益区外的周边地区，其农田抽水机井会由于这项工程的供水而使地下水位上升，进而增加灌溉用水和农作物产出，促其相关经济发展，此项间接收益估计每年可达 500 万元。

⑤养鱼收益。集中式蓄水库养鱼净收益估计每年可达 50 万元。

本工程的成本费用主要是投资支出、占地损失、工程的管理、维护和设备更新费用。工程投资预计 3 年完成，总投资额预计 18 亿元。占地损失每年为 60 万元，管理、维护等运行费用每年 250 万元。

本工程的收益、成本列于表 9–2 中。

（3）指标计算及评价结论

①收益现值与成本现值

$$\sum_{t=1}^{33} B_t(1+8\%)^{-t} = 19850(P/A, 8\%, 30)(P/F, 8\%, 3) = 177395(万元)$$

表 9–2　某水利灌溉项目的成本、收益及指标计算（i=8%）　　　　单位：万元

计算期　　　　项目	1	2	3	4~33
1. 收益（1.1+1.2+1.3+1.4+1.5）				19850
1.1 直接灌溉收益				18000
1.2 节省抽水成本				500
1.3 农业间接收益				800

续表9-2

项目　　　　计算期	1	2	3	4～33
1.4 周边地区间接收益				500
1.5 养鱼收益				50
2.成本(2.1+2.2+2.3)	40000	90000	50000	310
2.1 投资支出	40000	90000	50000	
2.2 占地损失				60
2.3 管理、维护等运行支出				250
3.净收益(1-2)	-40000	-90000	-50000	19540

$$\sum_{t=1}^{33} C_t(1+8\%)^{-t} = 40000(P/F, 8\%, 1) + 90000(P/F, 8\%, 2) + 50000(P/F, 8\%, 3)$$
$$+ 310(P/A, 8\%, 30)(P/F, 8\%, 3) = 156660(万元)$$

②收益成本比

$$B/C = \frac{177395}{156660} = 1.13$$

由计算可知，本项目收益成本比大于1，所以，项目是可以接受的。

案例 9-2 某市区道路改建项目的经济评价

(1)项目概况

某市区道路位于某市东北部，东西走向。该路是在1958年修建的，其后虽然经过修整，但由于近年来该城市经济及人口增长快，该路周边人口及道路过往车辆与行人数急剧增加，交通阻塞及道路损坏情况严重，交通事故有增无减。为改善交通状况，方便生产与生活，市政当局拟出资改建此道路，由原先双向四车道改建为六车道，建立交桥两座和若干过街天桥。项目预计两年完成，总投资9亿元。

(2)收益与成本的识别与估算

①收益

a.原有交通流量的收益

·时间节省。原道路流量已达过饱和状态，特别是在每天早晚交通高峰期，阻塞情况更为严重。新路建成后，预计每辆车每日平均节省通行时间0.5小时，时间价值按当地小时平均数20元/小时测算。原路每日平均车流量为1.5万辆，由此每年节省时间价值为5475万元(0.5×20×1.5×365)。此路对步行者和骑自行车者影响不大，有关分析与估算从略。

·通行者增加舒适和方便。新道路会明显增加通行者的舒适性和方便性，原路每天乘车过往人数平均6万人，每人次由此获得的改善价值为0.2元/次，由此每年获得收益为438万元(0.2元/人×6万人/天×365天/年)。

·行驶成本节约。成本节约既包括燃油节约，也包括道路平整性改善和通行时间缩短所带来的车辆磨损的减少。预计每辆车每天由此获得节约额为0.5元/次，故每年的此项收益为274万元(0.5×1.5×365)。

·减少车祸损失。车祸事件有三类：人员死亡、人员受伤和车辆财产损失。由原路的统计资料表明，以往三年该路年平均死亡人数为 15 人，死亡、受伤和财产损失三类事件发生的比例为 1∶40∶120。三类事件的损失额：每死亡 1 人平均损失 20 万元，每受伤 1 人平均损失 1 万元，每项财产事件平均损失 0.8 万元。

根据以上数据，每发生一起单人的死亡事件及相应比例的人员受伤和财产损失事件的损失为：

每名死亡者损失：20 万元

受伤事件损失：40 万元 (1×40)

财产事件损失：96 万元 (0.8×120)

———————————————

合计：156 万元

道路改建后，预计每年至少可以减少 2/3 的死亡率及其他事件，由此每年减少 10 名死亡人数及其他损失的收益为 1560 万元 (156×10)。

以上四项合计，预计该项目每年增加收益 5475+438+274+1560＝7747 万元。

b. 新增交通流量的收益

·时间节省。新道路每日平均车流量预计可达 3 万辆 (实际上每年车流量会有不同比率的增长，本例为计算简便而假设各年相等)，每日新增车流量为 1.5 万辆，若不改建此道路，它们就会加剧道路阻塞或不得不绕道而行，每次平均多浪费时间 0.6 小时，每小时价值为 20 元，由此每年 (365 天) 节约金额为 6570 万元 (0.6×20×1.5×365)。

·行驶成本节约。通行时间的缩短和道路平整性的改善为新增车辆节省燃油和减少车辆磨损，每辆车每次此由受益 0.5 元，新增车辆每年共受益 274 万元 (0.5×1.5×365)。

·新使用者的其他收益。包括道路的新使用者在舒适性等方面的改善，预计此项收益每年为 450 万元。

以上三项合计，每年共受益 6570+274+450＝7294 万元。

c. 非此道路通行者的间接收益

·时间节省。改建道路的新增使用者中有相当一部分来自市区其他道路的使用者。他们是由于改建道路的经济方便、快速舒适而转移过来的使用者，他们的转移改善了其他道路的通行速度。预计该改建道路为其他道路通行者每年省时间价值为 2800 万元。

·行驶成本节约。改建道路减轻了其他部分道路的交通压力，增加了车速，由此每年可节约燃油、修理费用等 250 万元。

·舒适性与方便的改善。该改建道路改善了其他部分道路使用者的舒适性和方便性，由此每年所获收益为 436 万元。

以上三项合计，每年收益为 2800+250+436＝3486 万元。

②成本

a. 投资支出。项目总投资预计为 9 亿元，包括拆迁和补偿费。建设期两年，第一年与第二年投资比例分别为 45% 和 55%。

b. 新增道路维护费。道路改建后，将比原道路每年新增维护费 280 万元。

c.新增管理费可忽略不计。

③道路改建期间的间接受损。道路改建期间，道路通行被阻断，车辆和行人只能改道通行，造成其他道路堵塞，由此每年受损估计为12000万元。

（3）经济分析

道路服务年限为30年，期末残值忽略不计，折现率i=10%。综合前述收益与成本数据，该项目的成本、收益和经济指标计算结果列于表9-3中。

由表9-3计算可知，项目收益成本比大于1，净现值大于零，内部收益率大于基准折现率（10%），故项目经济性良好，可以接受。

（4）敏感性分析（略）

表9-3 道路改建项目成本收益表 单位：万元

计算期 项目	1	2	3~32
1 收益			18527
1.1 原交通流量收益			7747
1.1.1 时间节省			5475
1.1.2 舒适和方便			438
1.1.3 行驶成本节约			274
1.1.4 减少车祸损失			1560
1.2 新增交通流量收益			7294
1.2.1 时间节省			6570
1.2.2 行驶成本节约			274
1.2.3 其他收益			450
1.3 其他道路通行者间接收益			3486
1.3.1 时间节省			2800
1.3.2 舒适与方便			250
13.3 行驶成本节约			436
2 成本	52500	61500	280
2.1 投资支出	40500	49500	
2.2 新增道路维护费			280
2.3 新增管理费			
2.4 改建期间间接损失	12000	12000	
3 净收益（1-2）	-52500	-61500	18247
收益成本比（B/C）	1.43		
净现值（NPV）（i=10%）	43606（万元）		
内部收益率	14.75%		

9.3.2 成本–效能评价法

成本–效能评价法是公用事业项目评价的另一种常用方法,此方法与成本–收入评价法在原理上有相通之处,但又有自身的特点,它在国防工程、学校、医疗、政府机构、环境保护等公用事业项目评价上获得广泛应用。

1.基本概念与应用范围

就公用事业项目的成本与收益的计量而言,项目的成本(如投资支出、运营费用等)常常表现为货币性成本,但其产出或收益却常常不是货币性收益。其中,有的项目产出或提供的服务,不但缺乏市场价格,而且还由于哲学、伦理或技术性困难,难以将其产出或收益货币化。例如一个医疗急救项目,其根本使命是治病救人,但是它所挽救的人的生命,是否能用金钱衡量价值?在这样一个关系人的尊严和生命意义的哲学命题与伦理道德命题面前,即使有人认为是可以的,也会有人断然否定。因此,当项目的产出收益难以或不宜进行货币化计量时,成本–收入评价法就失去了应用前提,而应该采用成本–效能评价法。

在成本–效能评价中,成本是用货币单位计量的,效能(或称效果、效用)是用非货币单位计量的,这样的效能是对项目目标的直接或间接性度量。

在成本–效能评价中,成本与效能的计量单位不同,不具有统一量纲,致使成本–效能评价法不能像成本–收入评价法那样用于项目方案的绝对效果评价。即它不能判定某一方案自身的经济性如何,不能判定单一方案是应该接受还是应该拒绝,因为人们无法给出评价准则。犹如一个投资3000万元、增设300张病床的项目方案,我们既然无法将它所花的钱数(成本)同它能够诊治的病人数(收益)进行比较,也就不存在可行与否的判定准则。

成本–效能评价法的应用必须同时满足以下3个基本条件:

(1)待评价的项目方案数目不少于两个,且所有方案都是相互排斥的方案;

(2)各方案具有共同的目标或目的,即各方案是为实现同一使命而设的;

(3)各方案的成本采用货币单位计量,各方案的收益采用非货币的同一计量单位计量。

2.成本–效能评价法的基本程序与方法

(1)明晰辨别项目所要实现的预期目标或目的。项目的目标可能是单一的,也可能是多目标。单一目标的项目评价相对简单和容易,多目标的项目评价相对复杂和困难,应对项目的预期目标合理界定,防止目标追求的过多过滥。

(2)制订达到目标要求的任务要求。随着项目目标的确定,需要进一步确定实现目标的任务要求。确定任务要求的过程,既是明确如何实现目标的过程,又是检验能否实现目标的过程。因此,目标对制订任务要求具有规定性,任务要求对目标合理制订具有反馈调整作用。例如,一个病人紧急呼救项目,其总的目标可能是改善当地家庭和单位的突发性危急病人的抢救治疗效果,实现目标的关键是缩短抢救时间,为此制订的任务要求可能包括①缩短医院从接到呼救电话到发出救护车的回应时间;②缩短救护车到达病人处并把病人(必要时)送到医院的时间;③缩短医院的紧急诊治时间。如果规定了回应及抢救时间的最低要求,那就要把它分解到上述具体任务上去,并通过这些任务要求的细致分析,对目标制订得适当与否做出评判。

（3）构想并提出完成预定目标和任务的供选方案。供选方案的构想与提出，不仅取决于技术实现的可能性，而且也取决于相关人员的知识、经验和创造性思维的发挥。例如前面提到的病人紧急呼救项目，完成目标及各项任务要求的供选方案至少有以下几种：

①各家医院各自为战，各自准备紧急救护车的方案。②多家医院在紧急呼救通信联网基础上，按就近原则派发救护车并可减少救护车总数的方案。③建立全市紧急呼救中心。该中心的救护车按市区人口密度分布而被分派在各区游弋待命，随时按紧急呼救中心的指令就近救护。该中心也可按及时原则，指令就近医院派发救护车。此方案可能会进一步减少医院自备救护车数，缩短抢救时间。总之，不要在项目的初始阶段就把方案的构思限制在一个狭窄的思路上，要尽可能地发挥创新精神，集思广益，多提可供选择的方案，然后再通过分析比较进行筛选。

（4）对项目方案的成本与收益（效能）予以正确的识别与计量。有关成本与收益的识别与计量问题，本章前面已有所述。这里须着重指出的是，不同项目具有不同的目标，收益的性质千差万别，在效能计量单位的选择上，既要方便于计量，又要能够切实度量项目目标的实现程度。

（5）方案间的比较评价。采用成本-效能评价法比选方案，其基本做法是计算各方案的效能成本比（B/C），并按效能成本比最大准则进行比选，即单位成本之效能越大者相对越优。

这一比较原理及准则，在不同的项目目标要求和约束条件下，可以有不同的变通方式，通常可在下述三种方式中选择其一：

①最大效用成本比法。此法直接按效用成本比最大准则比选方案，即单位成本之效能最大的方案是最优方案。此法通常适用于各供选方案的目标要求和（或）成本要求没有严格限制、允许有一定变动范围的情况。

②固定成本法。此法是在各方案具有相同成本的基础上，按效能最大准则进行方案比选。此法是最大效能成本比法的变通方式，因为各方案若成本相同，效能最大的方案，其效能成本比必然最大。固定成本法通常适用于项目成本有严格限定的情况。

③固定效能法。此法是在各方案具有相同效能的基础上，按成本最小准则进行方案比选。此法是最大效能成本比法的另一种变通方式，因为各方案若效能相同，成本最小的方案，其效能成本比必然最大。固定效能法通常适用于有固定目标要求的情况。

上述三种方法，在如何选用上应视项目的具体要求和特点而定。例如前述病人紧急呼救项目，如果在缩短救护时间的目标上有严格的限定要求，即在各方案具有相同效能情况下，则可选用固定效能法，仅对各方案的投资费用与运营费用的大小进行比较，比较指标可采用费用现值或费用年值。如果项目资金紧张，只能在限定资金条件下进行方案比选，则可采用固定成本法，只对方案的效能大小（救护时间的长短）进行比较，效能大（救护时间短）者为优。如果对项目的效能（救护时间的缩短）要求和成本要求无严格限定，允许一定的变化范围，则可以采用最大效能成本比法。

在有的情况下，项目目标不是一个而是多个，且各目标的效能计量不具有同一物理或其他量纲，无法使用同一计量单位度量效能。这种情况下，可在专家调查的基础上，对项目的不同目标赋予不同权重（各目标的权重之和等于1.0），对方案实现各自目标的满意程度赋以分值（主观效能），再将方案取得的各目标分值分别乘以各目标权重后求和，即为方案实现预期目标的总效能。然后，就可进行方案间的成本-效能评价。这种多目标的项目方案评价，在主观效能(分值)的最终计量上,常用方法有模糊矩阵法、层次分析法等,它们的基本思想都属于对目标实现的满意程度(分值)加权求和一类,只是处理手段不同,有兴趣的读者可以参阅有关书籍。

(6)进一步分析比较候选方案,进行必要的补充研究和深化研究。各供选方案经过上一步骤比较评价后,可以大致排出方案之间的优劣次序,淘汰那些明显较差的方案,保留两个或三个相对较优的方案,供进一步分析比较。在这一阶段,可对项目的目标及其必要性进一步修正和认定,对保留下来的候选方案,进行必要的补充研究,加深关键问题的研究,提高数据质量,然后进行方案比较评价。

(7)进行敏感性分析或其他不确定性分析。在敏感性分析中,在对原有的基本假设做出修正的基础上,对因素变动下的评价指标值进行计算,由此确定各影响因素变动对项目目标的影响程度,对可控制的因素制定控制措施,对无法独自控制的因素,寻找防范措施与对策。

其他不确定性分析方法有情景分析法(设想内外环境变动下的未来各种可能情景,估算每一情景下的评价指标值)、概率分析或风险分析法等。

(8)写出分析或研究报告。分析或研究报告包括项目背景;问题与任务的提出;目标确定及依据;推荐方案与候选方案的技术特征与可行性;资源的可得性,以及资金来源与筹措;项目的组织与管理;成本、收益的识别与计量,以及其有关假设与依据;不确定性分析的有关结论;比较评价分析,提出推荐方案或少数候选方案,分析评述有关方案优点与短处,供最终决策参考。

3. 成本-效能评价案例

例9-3 某自来水厂扩建与新建方案的成本-效能分析

(1)概述

某城市近年来社会经济发展迅速,城区面积不断扩展。目前,决定在该市南郊兴建新区,将市内的部分工厂迁入该区,同时有一批人口迁入。为了满足新区用水需要,现提出两个供选方案。方案一是扩建距该区最近的原市第二自来水厂,方案二是在新区内新建自来水厂,两方案的日供水能力均为3万吨,现须在两方案中择其一。

(2)基础数据预期

①建设期和计算期

扩建方案(下称"甲方案")建设期1年,运营期25年;新建方案(下称"乙方案")建设期1年,运营期25年。

②项目投资与经营成本

两方案的投资估算与经营成本示于表9-4中。

表9-4 投资与经营成本估算表　　　　　　　　　　单位:万元

计算期项目	甲方案(扩建)				乙方案(新建)			
	1	2	3	4~26	1	2	3	4~26
1. 新增建设投资	13200				15800			
2. 新增流动资金		305	228			320	240	

续表9-4

计算期	甲方案(扩建)				乙方案(新建)			
项目	1	2	3	4~26	1	2	3	4~26
3.经营成本		2200	2200	2200		2000	2000	2000
合　计	13200	2505	2428	2200	15800	2320	2240	2000

（3）方案比较评价

由于两方案的供水能力(即效能)相同，故可采用固定效能法，仅对两方案的费用(成本)大小进行比较。本例成本比较采用费用年值法(基准折现率 $i=10\%$)。

扩建方案的费用年值为：$AC_甲 = [13200+305(P/F, 10\%, 1)+228(P/F, 10\%, 2)]$
$(A/P, 10\%, 25)+2200 = 3706$（万元）

新建方案的费用年值为：$AC_乙 = [15800+320(P/F, 10\%, 1)+240(P/F, 10\%, 2)]$
$(A/P, 10\%, 25)+2000 = 3795$（万元）

扩建方案的费用年值小于新建方案的，故前者优于后者，可考虑接受扩建方案。

（4）敏感性分析(略)

例 9-4　消防车配置方案的经济评价

（1）概述

某城市近年来火灾事故呈增长趋势，火灾造成的财产损失和人员伤亡增加。为能有效控制火灾发生，减少火灾损失，当地政府除了加强火灾防范教育外，决定增加日益不足的消防能力，增加消防车及相应配备，为此提出了增加消防能力的几种供选方案。

O 方案：维持现有消防能力不变。

A 方案：原有 6 个消防站，每站增加 2 辆消防车，增配相应设施、器材和人员。

B 方案：在消防力量薄弱的两个市区增建两座消防站，每站配备 3 辆消防车及相应设施、器材及人员；原有 6 个消防站每站增添相应设施、器材及人员。

C 方案：增建 6 个新的消防站，以改善消防站地理分布，每个新站配备 2 辆消防车及相应设施、器材和人员；原有各消防站维持不变。

（2）各方案的费用估算

各方案的费用，包括购置消防车、器材工具、车库及办公设施的扩建或新建、物料消耗及人员费用等，如表 9-5、9-6、9-7 所示(计算期 11 年)。

（3）效能的定义

从最终目的上讲，增加消防能力是为了减少火灾造成的生命与财产损失，这种损失的减少就是消防的效能。但是，若把生命损失的减少直接作为全案例方案的效能，则会产生计量上的困难。这是因为，一方面，财产有货币价值，但人的生命价值却难用金钱衡量；另一方面，不同的水灾损失各异，影响损失的因素极多，事先难以给出适当的估计。有鉴于此，本案例为了便于效能计量，为各方案规定了一个减少火灾损失的间接目标缩短消防车的回应时间，即从接到报警到赶到火灾现场的时间。回应时间缩短越多，方案的效能越大。

表 9-5　A 方案费用估算　　　　　　　　　　　　　　　　单位：万元

计算期 项目	1	2~10	11
1.购置消防车及其他设备器材	480		
2.车库及其他建筑改扩建	120		
3.物料损耗			48
4.人员开支及其他支出	160	240	240
5.资产期末净残值			−68
6.费用合计(1+2+3+4−5)	760	288	220
费用现值[PC(i=10%)]	760(P/F,10%,1)+288(P/A,10%,9)(P/F, 10%,1)+220(P/F,10%,11)=2276(万元)		
费用年值 [AC=PC(A/P,10%,11)]	2276(A/P,10%,11)=350(万元)		

表 9-6　B 方案费用估算　　　　　　　　　　　　　　　　单位：万元

计算期 项目	1	2~10	11
购置消防车及其他设备器材	300		
车库及其他建筑新建和改扩建	420		
物料损耗		72	72
人员开支及其他支出	240	360	360
资产净残值			−198
费用合计(1+2+3+4−5)	960	432	234
费用现值(i=10%)	3216(万元)		
费用年值(i=10%)	495（万元）		

表 9-7　C 方案费用估算　　　　　　　　　　　　　　　　单位：万元

计算期 项目	1	2~10	11
1.购置消防车及其他设备器材	600		
车库新建、改扩建及其他设施	900		
物料损耗		48	48
人员开支及其他支出	300	500	500
资产净残值			−423
费用合计(1+2+3+4−5)	1800	548	125

续表9-7

计算期 项目	1	2~10	11
费用现值（i=10%）		4549（万元）	
费用年值（i=10%）		700（万元）	

依据目标追求的具体差异，还可把方案效能区分为两类，一类是同维持现有消防布局与能力不变的（O方案）现状相比，A、B、C各方案平均缩短的每次火灾的回应时间，一类是回应时间不超过20分钟的次数比率，此比率越高，救火的有效性也就越强。

（4）预测影响回应时间缩短的方法及预测结果

由于影响回应时间的因素很多，如火灾的随机发生，报警与下达指令的通信系统状况、消防站与火灾现场的区位分布、消防车及人员多少、道路与交通状况等，许多因素都是随机变动的，难以采用普通方法测算回应时间缩短情况。为此，本案例采用蒙特卡罗模拟技术进行预测，表9-8给出了有关预测结果。

表9-8　各方案回应时间预测结果

	每次火灾平均回应 时间缩短（分）	回应时间不超过20分钟 的次数比率（%）
A方案	3.2	11
B方案	9.8	19
C方案	12.6	28

（5）评价指标与评价结论

本案例的评价指标有三个。

①单位费用（成本）的回应时间缩短，即每次火灾的回应时间缩短/费用年值；

②回应时间不超过20分钟的次数比率；

③单位费用（成本）的回应时间不超过20分钟次数比率，即回应时间不超过20分钟的次数比率/费用年值，有关计算结果见表9-9。

表9-9　指标计算

指标 方案	单位费用的回应时 间缩短（分/万元） （1）	回应时间不超过20 分钟的次数率（%） （2）	回应时间不超过20 分钟次数率/费用年值 （3）
A	0.0091	11	0.031
B	0.0158	19	0.038
C	0.0180	28	0.040

根据表9-9的计算结果，方案选择可从三个方面考虑：如果特别重视平均回应时间缩短和资金利用效率，则可以按指标(1)，即回应时间缩短与费用年值比值最大准则选择。本例应选C方案。

如果资金方面没有太多限制，而且特别强调20分钟以内的回应率，则应按指标②最大准则进行选择。本例应选C方案。

如果重视20分钟以内的回应率，且重视资金效率，则应按指标③最大准则选择。本例应选C方案。

综合以上分析，本案例最终推荐C方案。

习 题 九

[9-1]什么是公用事业项目产出的公共品性和外部性？举例说明。

[9-2]影响公用事业项目效率的主要因素有哪些？你是否有不同见解或新见解？

[9-3]公用事业项目的成本与收益都有哪些分类？为了防止不恰当的识别和计量，应该注意哪些事项？

[9-4]在例9-1中，若项目管理单位每年向农户收取一定数额的用水费，你认为是否应在表9-2原有数据不变的基础上，将此项费用再列入收益中去？为什么？

[9-5]在公用事业项目评价中，最常用的经济评价指标是收益(效能)成本比，而不是净现值、内部收益率，这是为什么？

[9-6]某地农村地区近年开发建设了一座新城镇。为了解决当地孩子上学问题，提出了两个建校方案。

A方案：在城镇中心建中心小学一座；

B方案：在狭长形的城镇东西两部各建小学一座。

倘若A、B方案在接纳入学学生数量和教育水准方面并无实质差异，而在成本费用方面(包括投资、运作及学生路上往返时间价值等)如下表所示(单位：万元)，你应如何选择($I=10\%$)？

方案 计算期	0	1~20
A方案	1000	280
B方案	1500	160

[9-7]在公用事业项目评价中，在什么条件下可以采用成本-收益法？在什么条件下采用成本-效能法？

第10章

特大型建设项目的区域与宏观经济影响分析

10.1 特大型建设项目的特征与类型

10.1.1 特大型建设项目的特征

特大型建设项目的特征如下：

(1)在国民经济和社会发展中占有很重要的战略地位；

(2)建设工期或实施周期长；

(3)投资总额或人力、物力、财力的投入量大，而且年度投入量的分布非常不均匀；

(4)项目上马前和完成后国家经济发展水平有很大变化，潜在需求变化大，因而导致效益的突变性大；

(5)项目的技术风险大；

(6)对生态环境会产生很大影响；

(7)对国家经济安全带来较大影响。

10.1.2 特大型建设项目的具体类型

特大型建设项目的具体类型如下：

(1)特大型基础设施项目，如铁路、高速公路、水利工程、港口等；

(2)特大型资源开发项目，如油田开发，气田开发，其他矿藏开采，油、气长距离管道输送等；

(3)特大型重型工业企业建设；

(4)大规模区域开发项目；

(5)特大型高科技攻关项目，如尖端科研国际合作项目，航空、航天、国防等高科技关键技术攻关项目等；

(6)特大型生态保护工程等。

特大型建设项目也是一个相对的概念。随着经济发展、生产力水平的不断提高，一些在当时被认为投资规模巨大、可称得上特大型的建设项目，在后来却只能算作一般工程。但在实际进行分析评估时，应以当时的情况为准进行取舍。

10.2 特大型建设项目的区域经济和宏观经济影响分析的概念与目的

10.2.1 特大型建设项目的区域经济和宏观经济影响分析的概念

1. 区域经济影响分析

区域经济影响分析是指从区域经济的角度出发，综合分析特大型项目的建设对项目所在区域乃至较大区域的经济活动的各方面影响，包括对区域现存发展条件、经济结构、城镇建设、劳动就业、土地利用、生态环境等方面现实和长远影响的分析。

2. 宏观经济影响分析

宏观经济影响分析是指从国民经济整体角度出发，综合分析项目的建设对国家宏观经济的各方面影响，包括对国民经济总量增长、产业结构调整、生产力布局、自然资源开发、劳动就业结构变化、物价变化、收入分配等方面影响的分析，以及国家承担项目建设的能力即国力的分析、项目时机选择对国民经济影响的分析等。

10.2.2 特大型建设项目的区域和宏观经济影响分析的目的

特大型建设项目区域经济影响分析的目的在于通过分析做到有效地开发利用资源，合理配置人力、财力、物力，使部门之间、企业之间、生产性建设和非生产性建设之间在地区分布上协调组合，提高社会经济效果，保持良好的生态环境，促进地区开发建设顺利进行。

特大型建设项目宏观经济影响分析的目的在于通过分析判断国家承担项目投资建设的能力，项目对国民经济总量增长和结构改善的贡献，项目对劳动就业、收入分配、物价变化等方面的影响，项目可能存在的各种风险，从而选择有利的投资机会和上马时机，促进项目开发建设顺利进行，实现生产力在宏观范围内合理布局，推动国民经济协调发展。

10.3 特大型建设项目对区域和宏观经济的影响

特大型建设项目对区域和宏观经济的影响是多方面的，既有有利的影响（正效益），也有不利的影响（负效益）。不利影响表明了特大型建设项目除实际发生的投资外，区域范围内及国民经济整体为项目建设所付出的代价。项目总的效益应为正效益与负效益相抵并扣除实际投资后的余额。特大型建设项目对区域和宏观经济影响的多方面性还表现在以下方面：既有总量影响,也有结构影响;既有对资源开发的影响,也有对资源利用的影响;既有经济影响,也有社会影响、环境影响等。

特大型建设项目影响的广泛性也意味着对其分析更多的是采用个案分析,从实际出发,具体问题具体分析;还意味着要强调专项分析,对某一方面影响进行专门分析,如对国力承担能力的分析等。

10.3.1 特大型建设项目对所在区域经济的影响

1.特大型建设项目可能改变其所在区域的功能与发展条件

伴随着特大型建设项目的建设,所在区域的基础设施如交通、能源供应条件等首先得到相应的发展,其他有利于投资建设的环境条件也会相应出现,如有专业技能的劳动力供给、生活及服务设施的改善等。

2.特大型建设项目的建设可能改变所在区域的产业结构

在一个原有基础比较薄弱的地区,特大型建设项目的建设可能建立起一套全新的经济结构,通过国家强制性布置产业,迅速推进地方经济的成长与进步。在原有经济基础较好、经济实力较强的地区,特大型建设项目所在区可能会分离而成某城市的卫星城、大功能区或新城区,促进城市规模迅速扩大,从而改变原有经济结构,推动经济发展。

3.特大型建设项目可以促进区域产业循环的形成

特大型建设项目由于投资大、产出多、占地广、技术水平高等特点,很容易形成所在区域的核心产业,并可能围绕核心产业出现一系列辅助性产业,或者利用特大型建设项目的建设提供的基础设施形成一定规模的地方产业集聚,有利于推动所在区域的整体发展。

4.特大型建设项目对所在区域也可能带来负面影响

特大型建设项目对所在区域也可能带来负面影响主要表现在耕地减少、环境污染、人与环境关系紧张、历史文化遗产遭到破坏、冲击区域经济、削弱地方原有优势等。这些影响有的是直接并立即表现出来的,有些则是间接且缓慢地表现出来的。

10.3.2 特大型建设项目对宏观经济的影响

特大型建设项目建成后,通过项目自身发挥效益,促进国民经济总量增长;通过带动所在区域经济结构调整和经济总量增长,导致国民经济结构优化和总量增长;通过吸纳有一定专长的劳动力和其他类型劳动力,增加劳动就业,改变就业结构(包括就业的产业结构、知识结构等);通过提供国民经济发展急需的基础设施或能源或技术等,减轻乃至消除经济发展中的制约因素的作用;推进国家的城市化进程,从而提升国民经济整体实力,促进现代化建设。特大型建设项目还有利于改变地区发展不平衡的现状,促进地区之间产业合理布局协调发展,有利于改变国民收入分配格局,帮助贫困落后地区脱贫致富。特大型建设项目一般都采用先进技术设备和最新技术成果,因而也有利于加快技术进步,提高技术进步对经济增长的贡献份额。

特大型建设项目建设规模巨大，需要大量的人财物力，一方面可以通过投资拉动作用促进经济增长，另一方面也大量增加了对某些类型投入资源或物品的需求，导致这些资源或物品价格上涨，进而影响到价格总水平。项目建成后，由于其产量巨大，会改变某些物品的供求格局，可能消除这些物品供应的制约作用或者供给大大超过需求，对国家经济安全带来有利影响或不利影响。

特大型建设项目在规划建设的过程中越来越强调以人为本，追求人与环境的和谐统一，因而有利于环境保护、生态改善。特大型建设项目建成后提供的产出物一般应具有档次高、质量好、资源利用率高等特点，这也为环境保护和资源开发与保护更加协调提供了有利条件。当然，也可能情形相反，某些特大型建设项目也可能在短期和局部范围内会造成环境污染，破坏生态平衡。

10.4　特大型建设项目区域和宏观经济影响分析的原则与指标体系

10.4.1　特大型建设项目的区域和宏观经济影响分析的原则

1. 系统性原则

特大型建设项目本身就是一个系统，但从国民经济的全局来看，它又是国民经济这个大系统中的一个子系统。一个子系统的产生与发展，对于原有的大系统内部结构和运行机制将会带来冲击。原来的大系统会由于特大型建设项目的加入而改变原来的运行轨迹或运行规律。按照协同理论，系统总是可以按照自身的结构与机制，使得原有的大系统能够"容忍"或"接纳"特大型建设项目的存在。这种协调的过程，或者使特大型建设项目与国民经济融为一体，或者特大型建设项目适当改变自己的结构与机制，以适应国民经济大系统的运行规律，甚至使特大型建设项目被排除在国民经济大系统之外，而这意味着特大型建设项目的失败。为了保证特大型建设项目的建设成功和国民经济系统稳定运行，对特大型建设项目一定要从全局的观点，用系统论的方法来分析其可能带来的各方面的影响，尤其是对区域经济和宏观经济的影响。

2. 综合性原则

特大型建设项目建设周期长，投资巨大，影响面广泛。特大型项目的投入（包括建设和投产）将给原有经济系统的结构（包括产业结构、投资结构、就业结构、供给结构、消费结构、价格体系和区域经济等）、状态和运行带来重大的变化。它不仅影响到经济总量，而且影响到经济结构；不仅影响到资源开发，而且影响到资源利用，人力、物力、财力配置；不仅对局部区域有影响，而且对国民经济整体产生影响。因此，分析特大型建设项目对区域和宏观经济影响要坚持综合性原则，进行综合分析，不能仅分析某一方面的影响而忽略其余。

3. 定量分析与定性分析相结合原则

特大型建设项目对区域和宏观经济的影响是广泛而深刻的，既包括实实在在的有形效果和经济效果，可以用价值型指标进行量化，也包括更大量的无形效果和非经济效果，难以用价值型指标进行量化。对于前者，无疑要以定量分析为主，把握其数值大小；对于后者，必须进行定性分析或进行比较性描述，或者用其他类型指标或指标体系进行描述或数量分析，以便对其做出准确评价，为项目决策提供充分依据。

10.4.2　特大型建设项目的区域和宏观经济影响分析与经济费用效益分析的联系与区别

特大型建设项目的区域经济和宏观经济影响分析与一般经济费用效益分析，既有相同的方面，又有很大的不同。

相同的方面表现在，两者都着眼于项目对经济整体的影响，分析项目可能带来的各方面效益和需要的各种投入，都具有旨在促进资源优化配置实现社会福利最大化的目的。

但两者的不同方面更多，具体表现如下：

（1）一般项目经济分析的核心是费用效益分析，即从全社会的角度出发，考察项目能否有利于资源的最优化配置并实现国民收入（社会福利）的最大增长，主要通过货物影子价格、影子工资、影子汇率和社会折现率等经济参数分析、计算项目对国民经济的净贡献，评价项目的经济合理性。一般经济费用效益分析中，通常通过采用考虑到时间价值的社会折现率来体现动态分析要求，但费用和效益的加总仍然基于现行价格和评价价格的不变性，同时还假定了时间因素的不变性。仅以社会折现率指标对费用和效益进行时间贴现，实际上没有完全体现动态特征。对于特大型建设项目，由于建设周期相当长，资源的供求关系变化很大，在建设期间巨大的物力、人力和财力的投入就有可能改变资源供求格局，以致工程投产时所面临的经济态势便已完全改变了。一般经济费用效益分析的假设和分析方法显然已不适用，需要进行多方面的分析和考虑。特大型建设项目的效益也是多方面的，既包括正效益，也包括负效益。如果仅用社会折现率一个指标，则会低估某些效益而高估另一些效益，无法反映效益的真实性。

（2）一般项目的经济费用效益分析将国际市场价格视为评价价格的比较基础，以此达到实现引导投资、调整产业结构的目的，这有可能对我国特定的产业结构施加不利的影响。对特大型建设项目的宏观经济分析则要立足于我国的现实国情，具体情况具体分析。

（3）一般项目的经济费用效益分析可采用总量指标（如净产值、社会纯收入、国内生产总值等）来衡量项目的经济效益。对特大型建设项目来说，仅采用总量指标是不完全的，还需要进行结构分析才能真正把握项目的经济效益。

（4）一般项目的经济费用效益分析忽略不同利益主体的偏好差异，认为只要项目有净效益，就必然对各个利益主体（或者对社会的每一个人）都有利，不必考虑各利益主体之间的矛盾以及最终分配。特大型建设项目涉及的利益主体复杂，不仅包括中央政府或主管的政府部门，而且包括项目所在地区的政府、项目所在地区的居民、项目主持单位、项目受益单位等，彼此价值判断不同，因而要全面权衡，使各主体利益协调一致。

10.4.3 特大型建设项目对区域和宏观经济影响的评价指标体系

1. 总量指标

评价特大型建设项目对区域和宏观经济影响的总量指标包括增加值、净产值、社会纯收入等经济指标。

增加值是指项目投产后对国民经济的净贡献，即每年形成的国内生产总值。对项目而言，按收入法计算增加值较为方便。

增加值＝项目范围内全部劳动者报酬+固定资产折旧+生产税净额+营业盈余

净产值是指项目全部效益扣除各项费用（不包括工资及附加费）后的余额。

社会纯收入是指净产值扣除工资及附加费后的余额。

增加值、净产值和社会纯收入的年值可分别由各自的总现值折算。

由于特大型建设项目一般均为综合性项目，具有多种效益，具体计算时，应根据项目发挥效益的类别逐项计算。

2. 结构指标

评价特大型建设项目对区域和宏观经济影响的结构指标主要包括影响力系数、三次产业结构、就业结构等。

影响力系数也被称为带动度系数，是指特大型建设项目所在的产业，当它增加产出满足社会需求，每增加一个单位最终需求时，对国民经济各部门产生的增加产出的影响，用公式表示为

$$\text{影响力系数} = \sum_{i=1}^{n} b_{ij} \Big/ \Big(\sum_{j=1}^{n} \sum_{i=1}^{n} b_{ij} \Big) / n \tag{10-1}$$

式中：b_{ij} 为列昂惕夫逆矩阵系数，即完全消耗系数，表示生产第 j 个部门的一个最终产品对第 i 个部门的完全消耗量；n 为国民经济的产业部门总数。

影响力系数大于1，表示该产业部门增加产出对其他产业部门产出的影响程度超过社会平均水平。影响力系数越大，该产业部门对其他产业部门的带动作用越大，对经济增长的影响越大。

产业结构可以各产业增加值计算，反映各产业在国内生产总值中所占份额大小。特大型建设项目建设前后产业结构的变化反映了项目对产业结构的影响。

就业结构包括就业的产业结构、就业的知识结构等，前者指各产业就业人数的比例，后者指不同知识水平就业人数的比例。特大型建设项目建设前后就业结构的变化反映了项目对就业结构的影响。

3. 社会与环境指标

（1）就业效果指标

实现社会充分就业是宏观经济致力于实现的重要目标之一。评价特大型建设项目的就业效果对存在大量过剩劳动力的我国尤其具有意义。劳动力就业效果一般用项目单位投资带来的新增就业人数表示，即：

$$单位投资就业效果 = \frac{新增总就业人数(包括本项目与相关项目)}{项目总投资(包括直接投资与间接投资)} \tag{10-2}$$

总就业效果可分为直接投资所产生的直接就业效果和与该项目直接相关的其他项目的投资产生的间接就业效果。

$$直接就业效果 = \frac{本项目新增的就业人数}{本项目的直接投资}(人/万元) \tag{10-3}$$

$$间接就业效果 = \frac{相关项目新增就业人数}{相关项目投资} \tag{10-4}$$

(2)收益分配效果

分配效果指标用于检验项目收益分配在国家、地方、企业、职工间的分配比重是否合理，主要有以下几项：

$$国家收益分配比重 = \frac{项目上缴国家的收益}{项目的总收益} \tag{10-5}$$

$$地方收益分配比重 = \frac{项目上缴地方的收益}{项目的总收益} \tag{10-6}$$

$$企业收益分配比重 = \frac{企业的收益}{项目的总收益} \tag{10-7}$$

$$职工收益分配比重 = \frac{职工的收益}{项目的总收益} \tag{10-8}$$

为体现国家对老、少、边、穷等地区的重视，使这类地区的项目得以优先通过，也可设置相关地区的收益分配指标，通过对相关地区赋予较高的收益分配权重，判定其对相关地区收益分配的贡献。

(3)对资源和环境的影响效果指标

对资源和环境的影响效果指标主要有节能效果指标、节约时间效果指标、节约用地效果指标、节约水资源效果指标等几类。

节能效果以项目的综合能耗水平(可折合成"年吨标煤消耗")来反映。

$$项目的综合能耗水平 = \frac{项目综合能耗}{项目的净产重} \tag{10-9}$$

项目的综合能耗水平低于社会平均能耗水平，则说明项目具有较好的节能效果。

节约时间的效果分析应结合具体项目进行。此类指标对交通运输类特大型建设项目尤其具有意义。

节约用地效果用单位投资占地反映。

$$单位投资占地 = \frac{项目土地占用量}{项目总投资}(平方米/万元) \tag{10-10}$$

项目单位投资占地低于社会平均水平，则说明项目具有较好的节约用地效果。

与之类似，节约用水效果以项目单位产值或产品耗水量来反映。

$$项目单位产值耗水量 = \frac{项目总耗水量}{项目总产值}(立方米/日) \tag{10-11}$$

将项目单位产值耗水量和国家与地区规定的定额比较，可判定项目的节水效果。对生产性项目应分别计算单位产品生产用水和项目人均耗水量，单位产品耗水量应与行业规定的定额进行比较。

4.国力适应性指标

特大型建设项目建设规模巨大,需要耗费大量的人力、物力、财力、自然资源等,这自然会产生国力能否承受的问题。因为特大型建设项目耗费过多,必然会影响到国民经济其他地区、其他部门的建设和发展。如果特大型建设项目挤占资源过多,可能导致其他领域所需资源不足,从而阻碍项目的发展进程。或者特大型建设项目使用的投入品过多,引发该物品供应紧张,抬升了重要物品的价格,乃至加剧通货膨胀水平,说明国力承担该项目的能力不足。

我国劳动力资源极其丰富,因而对国力承担能力即国力适应性的评价主要分析财力和物力,这也是我们要重点分析的。但项目对特殊技能人才的需求、项目对人才资源的开发和利用等也需进行专门分析。

国家财力是指一定时期内国家拥有的资金实力,其构成要素包括国内生产总值(或国民收入)、国家财政收入、信贷总额、外汇储备、可利用的国外资金等。其中最主要的指标是国内生产总值(或国民收入)和国家财政收入。国内生产总值(或国民收入)水平和增长速度反映了国家当前的经济实力和未来实力增长趋势,对特大型建设项目的投资规模具有直接影响。财力承担能力一般通过国内生产总值(或国民收入)增长率、特大型建设项目年度投资规模分别占国内生产总值(或国民收入)、全社会固定资产投资和国家预算内投资等指标的比重等指标来衡量。对运用财政资金的项目,财政投入占财政收入比例的高低反映财政对项目资金需求承受能力的大小。

国家物力是指国家所拥有的物质资源,包括工农业主要产品及储备量,矿产资源储备量、森林、草场以及水资源等。物力取决于国家可供追加的生产资料和消费资料的数量和构成。一般特大型建设项目物力承担能力主要指能源、钢材、水泥和木材等主要物资能否支持项目兴建。物力承担能力评价一般通过特大型建设项目对这几类主要物资的年度需要量占同期产量的比重来衡量。

特大型建设项目的国力承担能力评价需要结合对国家未来经济发展的预测来进行。

10.5 特大型建设项目的区域和宏观经济影响分析常用经济数学模型

10.5.1 宏观经济计量模型

宏观经济计量模型是在一定的经济假设下,依据一定的经济理论,建立众多经济变量之间的关系式,利用变量的历史序列数据对关系方程式组成的联立方程组进行回归分析运算,确定方程式中的经济参数和其他参数数值,从而得出方程的确定形式,并在此基础上预测未来经济发展趋势,或者判定经济变量或经济参数对经济发展的影响。模型一般包括生产、收入、投资、消费、劳动力、财政、金融、价格、贸易、能源等模块,能较全面地反映现实经济结构及其数量关系。模型还应包括受特大型建设项目影响的区域经济模型块,并进行联立计算求解。利用宏观经济计量模型分析特大型建设项目对区域和宏观经济的影响，主要是考察有无该项目的两种情况下宏观经济计量模型的运算结果，从而判定项目对区域和宏观经济影响的大小和好坏。

10.5.2　经济递推优化模型

经济递推优化模型是将国家长远战略目标和短期平衡发展目标有机结合起来，在国力约束和供需平衡下，以年度国民收入最大为标函数的模型。其具体约束因素还包括产业间投入产出均衡、年度产业产出能力、消费基金年增长水平、积累率上下限、非生产性和更新改造投资比例、外资平衡、必要性进口等。模型通过调整投资、消费结构和状态转移方程，使产业结构趋于合理化，在影响国力环境的因素约束下寻找特大型建设项目对宏观经济的有利影响和国民经济发展的合理途径。

10.5.3　动态投入产出模型

投入产出模型是指依据美国著名经济学家列昂惕夫（W. Leontief）创立的投入产出经济学的原理，利用大量实际经济数据，构造反映国民经济各部门之间生产联系的投入产出表。根据该表可计算出各部门的投入系数（即直接消耗系数）和完全消耗系数，并可以进一步计算各部门的影响力系数和感应度系数，分析判断各部门对国民经济其他部门的影响或其他部门发展对某一部门的影响。简言之，投入产出分析可以从数量上系统地研究一个复杂经济实体的各不同部门之间的相互关系。这个经济实体可以大到一个国家，甚至整个世界，小到一个省、市或一个企业部门的经济。

动态投入产出模型通过引入投资具有一个多年延迟的生效过程，以及不同部门的投资具有对其他部门不同的实物需求，使动态投入产出模型可以从时间上反映国民经济在某一个时期的发展轨迹，表述国民经济各部门之间实物上的平衡和结构上的协调。应用动态投入产出模型可以分析特大型建设项目对国民经济各部门的增长和结构的影响。在时间上可以考虑从准备期、建设期到建成后这一较长时间跨度。

10.5.4　系统动力学模型

经济系统的动力学模型可以动态地模拟经济发展趋势。系统动力学建模型不是建立纯数学符号的数学模型，而是借助于 DYNAMO 语言编写的面向计算机的仿真程序，然后再借助于计算机的模拟技术定量地进行系统结构、功能与行为的模拟。模型可考虑短缺对国民经济的影响，还可以通过对比其他工程项目，分析其财力承受能力。在处理特大型建设项目时，以不同集资方式和不同投资时机，动态模拟国民经济发展状况，对比有无此项工程国民经济的状态，再分析判断国家财力对特大型建设项目的承受能力。

10.5.5　动态系统计量模型

动态系统计量模型是专为长远模拟开发的一种模型。它按照一定的规则，把经济计量模型的构模思想和方法、系统动力学模型的构模思想和方法、优化搜索的技巧和控制思想组合为一体，使模型能够更加合理地反映系统的长期理性行为，描述系统的长期变化。

模型由主导结构、时变参数和决策结构的方程以及控制结构组成。模型可用来考察特大型建设项目对国民经济的长期影响(包括有利的影响和不利的影响)。

习 题 十

[10-1]特大型建设项目的特征与类型是什么?

[10-2]特大型建设项目的区域经济和宏观经济影响分析的目的是什么?

[10-3]特大型建设项目的区域经济和宏观经济影响分析与一般经济费用效益分析的联系与区别是什么?

[10-4]特大型建设项目的区域经济和宏观经济影响分析的原则是什么?

[10-5]特大型建设项目的区域经济和宏观经济影响的评价指标是什么?

附录　复利系数表

复利系数表(i =3%)

n	一次支付		等额序列				等差序列		n
	(F/P, i, n)	(P/F, i, n)	(F/A, i, n)	(A/F, i, n)	(P/A, i, n)	(A/P, i, n)	(P/G, i, n)	(A/G, i, n)	
1	1.03000	0.97087	1.00000	1.00000	0.97087	1.03000	0.00000	0.00000	1
2	1.06090	0.94260	2.03000	0.49261	1.19347	0.52261	0.94260	0.49261	2
3	1.09273	0.91514	3.09090	0.32353	2.82861	0.35353	2.77288	0.98030	3
4	1.12551	0.88849	4.18363	0.23903	3.71710	0.26903	5.43834	1.46306	4
5	1.15927	0.86261	5.30914	0.18835	4.57971	0.21835	8.88878	1.94090	5
6	1.19405	0.83748	6.46841	0.15460	5.41719	0.18460	13.07620	2.41383	6
7	1.22987	0.81309	7.66246	0.13051	6.23028	0.16051	17.95475	2.88185	7
8	1.26677	0.78941	8.89234	0.11246	7.01969	0.14246	23.48061	3.34496	8
9	1.30477	0.76642	10.15911	0.09843	7.78611	0.12843	29.61194	3.80318	9
10	1.34392	0.74409	11.46388	0.08723	8.53020	0.11723	36.30879	4.25650	10
11	1.38423	0.72242	12.80780	0.07808	9.25262	0.10808	43.53300	4.70494	11
12	1.42576	0.70138	14.19203	0.07046	9.95400	0.10046	51.24818	5.14850	12
13	1.46853	0.68095	15.61779	0.06403	10.63496	0.09403	59.41960	5.58720	13
14	1.51259	0.66112	17.08632	0.05853	11.29607	0.08853	68.01413	6.02104	14
15	1.55797	0.64186	18.59891	0.05377	11.93794	0.08377	77.00020	6.45004	15
16	1.60471	0.62317	20.15688	0.04961	12.56110	0.07961	86.34770	6.87421	16
17	1.65285	0.60502	21.76159	0.04595	13.16612	0.07595	96.02796	7.29357	17
18	1.70243	0.58739	23.41444	0.04271	13.75351	0.07271	106.01367	7.70812	18
19	1.75351	0.57029	25.11687	0.03981	14.32380	0.06981	116.27882	8.11788	19
20	1.80611	0.55368	26.87037	0.03722	14.87747	0.06722	126.79866	8.52286	20

续上表

n	一次支付		等额序列				等差序列		n
	(F/P, i, n)	(P/F, i, n)	(F/A, i, n)	(A/F, i, n)	(P/A, i, n)	(A/P, i, n)	(P/G, i, n)	(A/G, i, n)	
21	1.86029	0.53755	28.67649	0.03487	15.41502	0.06487	137.54964	8.92309	21
22	1.91610	0.52189	30.53678	0.03275	15.93692	0.06275	148.50939	9.31858	22
23	1.97359	0.50669	32.45288	0.03081	16.44361	0.06081	159.65661	9.70934	23
24	2.03279	0.49193	34.42647	0.02905	16.93554	0.05905	170.97108	10.09540	24
25	2.09378	0.47761	36.45926	0.02743	17.41315	0.05743	182.43362	10.47677	25
26	2.15659	0.46369	38.55304	0.02594	17.87684	0.05594	194.02598	10.85348	26
27	2.22129	0.45019	40.70963	0.02456	18.32703	0.05456	205.73090	11.22554	27
28	2.28793	0.43708	42.93092	0.02329	18.76411	0.5329	217.53197	11.59298	28
29	2.35657	0.42435	45.21885	0.02211	19.18845	0.05211	229.41367	11.95582	29
30	2.42726	0.41199	47.57542	0.02102	19.60044	0.05102	241.36129	12.31407	30

复利系数表(i = 4%)

n	一次支付		等额序列				等差序列		n
	(F/P, i, n)	(P/F, i, n)	(F/A, i, n)	(A/F, i, n)	(P/A, i, n)	(A/P, i, n)	(P/G, i, n)	(A/G, i, n)	
1	1.04000	0.96154	1.00000	1.00000	0.96154	1.04000	0.00000	0.00000	1
2	1.08160	0.92456	2.04000	0.49020	1.88609	0.53020	0.92456	0.49020	2
3	1.12486	0.88900	3.12160	0.32035	2.77509	0.36035	2.70255	0.97386	3
4	1.16986	0.85480	4.24646	0.23549	3.62990	0.27549	5.26696	1.45100	4
5	1.21665	0.82193	5.41632	0.18463	4.45182	0.22463	8.55467	1.92161	5
6	1.26532	0.79031	6.63298	0.15076	5.24214	0.19076	12.50264	2.38571	6
7	1.31593	0.75992	7.89829	0.12661	6.00205	0.16661	17.06575	2.84332	7
8	1.36857	0.73069	9.21423	0.10853	6.73274	0.14853	22.18058	3.29443	8
9	1.42331	0.70259	10.58280	0.09449	7.43533	0.13449	27.80127	3.73908	9
10	1.48024	0.67556	12.00611	0.08329	8.11090	0.12329	33.88135	4.17726	10
11	1.53945	0.64958	13.48635	0.07415	8.76048	0.11415	40.37716	4.60901	11
12	1.60103	0.62460	15.02581	0.06655	9.38507	0.10655	47.24773	5.03435	12
13	1.66507	0.60057	16.62684	0.06014	9.98565	0.10014	54.45462	5.45329	13
14	1.73168	0.57748	18.29191	0.05467	10.56312	0.09467	61.96179	5.86586	14
15	1.80094	0.55526	20.02359	0.04994	11.11839	0.08994	69.73550	6.27209	15
16	1.87298	0.53391	21.82453	0.04582	11.65230	0.08582	77.74412	6.67200	16
17	1.94790	0.51337	23.69751	0.04220	12.16567	0.08220	85.95809	7.06563	17
18	2.02582	0.49363	25.64541	0.03899	12.65930	0.07899	94.34977	7.45300	18

续上表

n	一次支付		等额序列				等差序列		n
	(F/P, i, n)	(P/F, i, n)	(F/A, i, n)	(A/F, i, n)	(P/A, i, n)	(A/P, i, n)	(P/G, i, n)	(A/G, i, n)	
19	2.10685	0.47464	27.67123	0.03614	13.13394	0.07614	102.89333	7.83416	19
20	2.19112	0.45639	29.77808	0.03358	13.59033	0.07358	111.56449	8.20912	20
21	2.27877	0.43883	31.96920	0.03128	14.02916	0.07128	120.34136	8.57794	21
22	2.36992	0.42196	34.24797	0.02920	14.45112	0.06920	129.20242	8.94065	22
23	2.46472	0.40573	36.61789	0.02731	14.85684	0.06731	138.12840	9.29729	23
24	2.56330	0.39012	39.08260	0.02559	15.24696	0.06559	147.10119	9.64790	24
25	2.66584	0.37512	41.64591	0.02401	15.62208	0.06401	156.10400	9.99252	25
26	2.77247	0.36069	44.31174	0.02257	15.98277	0.06257	165.12123	10.33120	26
27	2.88337	0.34682	47.08421	0.02124	16.32959	0.06124	174.13846	10.66399	27
28	2.99870	0.33348	49.96758	0.02001	16.66306	0.06001	183.14235	10.99092	28
29	3.11865	0.32065	52.96629	0.01888	16.98371	0.05888	192.12059	11.31205	29
30	3.24340	0.30832	56.08494	0.01783	17.29203	0.05783	201.06183	11.62743	30

复利系数表(i =5%)

n	一次支付		等额序列				等差序列		n
	(F/P, i, n)	(P/F, i, n)	(F/A, i, n)	(A/F, i, n)	(P/A, i, n)	(A/P, i, n)	(P/G, i, n)	(A/G, i, n)	
1	1.05000	0.95238	1.00000	1.00000	0.95238	1.05000	0.00000	0.00000	1
2	1.10250	0.90703	2.05000	0.48780	1.85941	0.53780	0.90703	0.48780	2
3	1.15763	0.86384	3.15250	0.31721	2.72325	0.36721	2.63470	0.96749	3
4	1.21551	0.82270	4.31013	0.23201	3.54595	0.28201	5.10281	1.43905	4
5	1.27628	0.78353	5.52563	0.18097	4.32948	0.23097	9.23692	1.90252	5
6	1.34010	0.74622	6.80191	0.14702	5.07569	0.19702	11.96799	2.35790	6
7	1.40710	0.71068	8.14201	0.12282	5.78637	0.17282	16.23208	2.80523	7
8	1.47746	0.67684	9.54911	0.10472	6.46321	0.15472	20.96996	3.24451	8
9	1.55133	0.64461	11.02656	0.09069	7.10782	0.14069	26.12683	3.67579	9
10	1.62889	0.61391	12.57789	0.07950	7.72173	0.12950	31.65205	4.09909	10
11	1.71034	0.58468	14.20679	0.07039	8.30641	0.12039	37.49884	4.51444	11
12	1.79586	0.55684	15.91713	0.06283	8.86325	0.11283	43.62405	4.92190	12
13	1.88565	0.53032	17.71298	0.05646	9.39357	0.10646	49.98791	5.32150	13
14	1.97993	0.50507	19.59863	0.05102	9.89864	0.10102	56.55379	5.71329	14
15	2.07893	0.48102	21.57856	0.04634	10.37966	0.09634	63.28803	6.09731	15
16	2.18287	0.45811	23.65749	0.04227	10.83777	0.09227	70.15970	6.47363	16

续上表

n	一次支付		等额序列				等差序列		n
	(F/P, i, n)	(P/F, i, n)	(F/A, i, n)	(A/F, i, n)	(P/A, i, n)	(A/P, i, n)	(P/G, i, n)	(A/G, i, n)	
17	2.29202	0.43630	25.84037	0.03870	11.27407	0.08870	77.14045	6.84229	17
18	2.40662	0.41552	28.13238	0.03555	11.68959	0.08555	84.20430	7.20336	18
19	2.52695	0.39573	30.53900	0.03275	12.08532	0.08275	91.32751	7.55690	19
20	2.65330	0.37689	33.06595	0.03024	12.46221	0.08024	98.48841	7.90297	20
21	2.78596	0.35894	35.71925	0.02800	12.82115	0.07800	105.66726	8.24164	21
22	2.92526	0.34185	38.50521	0.02597	13.16300	0.07597	112.84611	8.57298	22
23	3.07152	0.32557	41.43048	0.02414	13.48857	0.07414	120.00868	8.89706	23
24	3.22510	0.31007	44.50200	0.02247	13.79864	0.07247	127.14024	9.21397	24
25	3.38635	0.29530	47.72710	0.02095	14.09394	0.07095	134.22751	9.52377	25
26	3.55567	0.28124	51.11345	0.01956	14.37519	0.06956	141.25852	9.82655	26
27	3.73346	0.26785	54.66913	0.01829	14.64303	0.06829	148.22258	10.12240	27
28	3.92013	0.25509	58.40258	0.01712	14.89813	0.06712	155.11011	10.41138	28
29	4.11614	0.24295	62.32271	0.01605	15.14107	0.06605	161.91261	10.69360	29
30	4.32194	0.23138	66.43885	0.01505	15.37245	0.06505	168.62255	10.96914	30

复利系数表(i = 6%)

n	一次支付		等额序列				等差序列		n
	(F/P, i, n)	(P/F, i, n)	(F/A, i, n)	(A/F, i, n)	(P/A, i, n)	(A/P, i, n)	(P/G, i, n)	(A/G, i, n)	
1	1.06000	0.94340	1.00000	1.00000	0.94340	1.06000	0.00000	0.00000	1
2	1.12360	0.89000	2.06000	0.48544	1.83339	0.54544	0.89000	0.48544	2
3	1.19102	0.83962	3.18360	0.31411	2.67301	0.37411	2.56924	0.96118	3
4	1.26248	0.79209	4.37462	0.22859	3.46511	0.28859	4.94552	1.42723	4
5	1.33823	0.74726	5.63709	0.17740	4.21236	0.23740	7.93455	1.88363	5
6	1.41852	0.70496	6.97532	0.14336	4.91732	0.20336	11.45935	2.33040	6
7	1.50363	0.66506	8.39384	0.11914	5.58238	0.17914	15.44969	2.76758	7
8	1.59385	0.62741	9.89747	0.10104	6.20979	0.16104	19.84158	3.19521	8
9	1.68948	0.59190	11.49132	0.08702	6.80169	0.14702	24.57677	3.61333	9
10	1.79085	0.55839	13.18079	0.07587	7.36009	0.13587	29.60232	4.02201	10
11	1.89830	0.52679	14.97164	0.06679	7.88687	0.12679	34.87020	4.42129	11
12	2.01220	0.49697	16.86994	0.05928	8.38384	0.11928	40.33686	4.81126	12
13	2.13293	0.46884	18.88214	0.05296	8.85268	0.11296	45.96239	5.19198	13
14	2.26090	0.44230	21.01507	0.04758	9.29498	0.10758	51.71284	5.56352	14

续上表

n	一次支付		等额序列				等差序列		n
	(F/P, i, n)	(P/F, i, n)	(F/A, i, n)	(A/F, i, n)	(P/A, i, n)	(A/P, i, n)	(P/G, i, n)	(A/G, i, n)	
15	2.39656	0.41727	23.27597	0.04296	9.71225	0.10296	57.55455	5.92598	15
16	2.54035	0.39365	25.67253	0.03895	10.10590	0.09895	63.45925	6.27943	16
17	2.69277	0.37136	28.21288	0.03544	10.47726	0.09544	69.40108	6.62397	17
18	2.85434	0.35034	30.90565	0.03236	10.82760	0.09236	75.35692	6.95970	18
19	3.02560	0.33051	33.75999	0.02962	11.15812	0.08962	81.30615	7.28673	19
20	3.20714	0.31180	36.78559	0.02718	11.46992	0.08718	87.23044	7.60515	20
21	3.39956	0.29416	39.99273	0.02500	11.76408	0.08500	93.11355	7.91508	21
22	3.60354	0.27751	43.39229	0.02305	12.04158	0.08305	98.94116	8.21662	22
23	3.81975	0.26180	46.99583	0.02128	12.30338	0.08128	104.70070	8.50991	23
24	4.04893	0.24698	50.81558	0.01968	12.55036	0.07968	110.38121	8.79506	24
25	4.29187	0.23300	54.86451	0.01823	12.78336	0.07823	115.97317	9.07220	25
26	4.54938	0.21981	59.15638	0.01690	13.00317	0.07690	121.46842	9.34145	26
27	4.82235	0.20737	63.70577	0.01570	13.21053	0.07570	126.85999	9.60294	27
28	5.11169	0.19563	68.52811	0.01459	13.40616	0.07459	132.14200	9.85681	28
29	5.41839	0.18456	73.63980	0.01358	13.59072	0.07358	137.30959	10.10319	29
30	5.74349	0.17411	79.05819	0.01265	13.76483	0.07265	142.35879	10.34221	30

复利系数表(i = 7%)

n	一次支付		等额序列				等差序列		n
	(F/P, i, n)	(P/F, i, n)	(F/A, i, n)	(A/F, i, n)	(P/A, i, n)	(A/P, i, n)	(P/G, i, n)	(A/G, i, n)	
1	1.07000	0.93458	1.00000	1.00000	0.93458	1.07000	0.00000	0.00000	1
2	1.14490	0.87344	2.07000	0.48309	1.80802	0.55309	0.87344	0.48309	2
3	1.22504	0.81630	3.21490	0.31105	2.62432	0.38105	2.50603	0.94593	3
4	1.31080	0.76290	4.43994	0.22523	3.38721	0.29523	4.79472	1.41554	4
5	1.40255	0.71299	5.75074	0.17389	4.10020	0.24389	7.64666	1.86495	5
6	1.50073	0.66634	7.15329	0.13980	4.76654	0.20980	10.97838	2.30322	6
7	1.60578	0.62275	8.65402	0.11555	5.38929	0.18555	14.71487	2.73039	7
8	1.71819	0.58201	10.25980	0.09747	5.97130	0.16747	18.78894	3.14654	8
9	1.83846	0.54393	11.97799	0.08349	6.51523	0.15349	23.14041	3.55174	9
10	1.96715	0.50835	13.81645	0.07238	7.02358	0.14238	27.71555	3.94607	10
11	2.10485	0.47509	15.78360	0.06336	7.49867	0.13336	32.46648	4.32963	11
12	2.25219	0.44401	17.88845	0.05590	7.94269	0.12590	37.35061	4.70252	12

续上表

n	一次支付		等额序列				等差序列		n
	(F/P, i, n)	(P/F, i, n)	(F/A, i, n)	(A/F, i, n)	(P/A, i, n)	(A/P, i, n)	(P/G, i, n)	(A/G, i, n)	
13	2.40954	0.41496	20.14064	0.04965	8.35765	0.11965	42.33018	5.06484	13
14	2.57853	0.38782	22.55049	0.04434	8.74547	0.11434	47.37181	5.41673	14
15	2.75903	0.36245	25.12902	0.03979	9.10791	0.10979	52.44605	5.75829	15
16	2.95216	0.33873	27.88805	0.03586	9.44665	0.10586	57.52707	6.08968	16
17	3.15882	0.31657	30.84022	0.03243	9.76322	0.10243	62.59226	6.41102	17
18	3.37993	0.29586	33.99903	0.02941	10.05909	0.09941	67.62195	6.72247	18
19	3.61653	0.27651	37.37896	0.02675	10.33560	0.09675	72.59910	7.02418	19
20	3.86968	0.25842	40.99549	0.02439	10.59401	0.09439	77.50906	7.31631	20
21	4.14056	0.24151	44.86518	0.02229	10.83553	0.09229	82.33932	7.59901	21
22	4.43040	0.22571	49.00574	0.02041	11.06124	0.09041	87.07930	7.87247	22
23	4.74053	0.21095	53.43614	0.01871	11.27219	0.08871	91.72013	8.13685	23
24	5.07237	0.19715	58.17667	0.01719	11.46933	0.08719	96.25450	8.39234	24
25	5.42743	0.18425	63.24904	0.01581	11.65358	0.08581	100.67648	8.69310	25
26	5.80735	0.17220	68.67647	0.01456	11.82578	0.08456	104.98137	8.87733	26
27	6.21387	0.16093	74.48382	0.01343	11.98671	0.08343	109.16556	9.10722	27
28	6.64884	0.15040	80.69769	0.01239	12.13711	0.08239	113.22642	9.32894	28
29	7.11426	0.14056	87.34653	0.01145	12.27767	0.08145	117.16218	9.54270	29
30	7.61226	0.13137	94.46079	0.01059	12.40904	0.08059	120.97182	9.74868	30

复利系数表(i=8%)

n	一次支付		等额序列				等差序列		n
	(F/P, i, n)	(P/F, i, n)	(F/A, i, n)	(A/F, i, n)	(P/A, i, n)	(A/P, i, n)	(P/G, i, n)	(A/G, i, n)	
1	1.08000	0.92593	1.00000	1.00000	0.92593	1.08000	0.00000	0.00000	1
2	1.16640	0.85734	2.08000	0.48077	1.78326	0.56077	0.85734	0.48077	2
3	1.25971	0.79383	3.24640	0.30803	2.57710	0.38803	2.44500	0.94874	3
4	1.36049	0.73503	4.50611	0.22192	3.31213	0.30192	4.65009	1.40396	4
5	1.46933	0.68058	5.86660	0.17046	3.99271	0.25046	7.37243	1.84647	5
6	1.58687	0.63017	7.33593	0.13632	4.62288	0.21632	10.52327	2.27635	6
7	1.71382	0.58349	8.92280	0.11207	5.20637	0.19207	14.02422	2.69366	7
8	1.85093	0.54027	10.63663	0.09401	5.74664	0.17401	17.80610	3.09852	8
9	1.99900	0.50025	12.48756	0.08008	6.24689	0.16008	21.80809	3.49103	9
10	2.15892	0.46319	14.48656	0.06903	6.71008	0.14903	25.97683	3.87131	10

续上表

n	一次支付		等额序列				等差序列		n
	(F/P, i, n)	(P/F, i, n)	(F/A, i, n)	(A/F, i, n)	(P/A, i, n)	(A/P, i, n)	(P/G, i, n)	(A/G, i, n)	
11	2.33164	0.42888	16.64549	0.06008	7.13896	0.14008	30.26566	4.23950	11
12	2.51817	0.39771	18.97713	0.05270	7.53608	0.13270	34.63391	4.59575	12
13	2.71962	0.36770	21.49530	0.04652	7.90378	0.12652	39.04629	4.94021	13
14	2.93719	0.34046	24.21492	0.04130	8.24424	0.12130	43.47228	5.27305	14
15	3.17217	0.31524	27.15211	0.03683	8.55948	0.11683	47.88566	5.59446	15
16	3.42594	0.29189	30.32428	0.03298	8.85137	0.11298	52.26402	5.90463	16
17	3.70002	0.27027	33.75023	0.02963	9.12164	0.10963	56.58832	6.20375	17
18	3.99602	0.25025	37.45024	0.02670	9.37189	0.10670	60.84256	6.49203	18
19	4.31570	0.23171	41.44626	0.02413	9.60360	0.10413	65.01337	6.76969	19
20	4.66096	0.21455	45.76196	0.02185	9.81815	0.10185	69.08979	7.03695	20
21	5.03383	0.19866	50.42292	0.01983	10.01680	0.09983	73.06291	7.29403	21
22	5.43654	0.18394	55.45676	0.01803	10.20074	0.09803	76.92566	7.54118	22
23	5.87146	0.17032	60.89330	0.01642	10.37106	0.09642	80.67259	7.77863	23
24	6.34118	0.15770	66.76476	0.01498	10.52876	0.09498	84.29968	8.00661	24
25	6.84848	0.14602	73.10594	0.01368	10.67478	0.09368	87.80411	8.22538	25
26	7.39635	0.13520	79.95442	0.01251	10.80998	0.09251	91.18415	8.43518	26
27	7.98806	0.12519	87.35077	0.01145	10.93516	0.09145	94.43901	8.63627	27
28	8.62711	0.11591	95.33883	0.01049	11.05108	0.09049	97.56868	8.82888	28
29	9.31727	0.10733	103.96594	0.00962	11.15841	0.08962	100.57385	9.01328	29
30	10.06266	0.09938	113.28321	0.00883	11.25778	0.08883	103.45579	9.18971	30

复利系数表（i = 10%）

n	一次支付		等额序列				等差序列		n
	(F/P, i, n)	(P/F, i, n)	(F/A, i, n)	(A/F, i, n)	(P/A, i, n)	(A/P, i, n)	(P/G, i, n)	(A/G, i, n)	
1	1.10000	0.90909	1.00000	1.00000	0.90909	1.10000	0.00000	0.00000	1
2	1.21000	0.82645	2.10000	0.47619	1.73554	0.57619	0.82645	0.47619	2
3	1.33100	0.75131	3.31000	0.30211	2.48685	0.40211	2.32908	0.93656	3
4	1.46410	0.68301	4.64100	0.21547	3.16987	0.31547	4.37812	1.38117	4
5	1.61051	0.62092	4.64100	0.16380	3.79079	0.26380	6.86180	1.81013	5
6	1.77156	0.56447	6.10510	0.12961	4.35526	0.22961	9.68417	2.22356	6
7	1.94872	0.51316	7.71561	0.10541	4.86842	0.20541	12.76312	2.62162	7
8	2.14359	0.46651	9.48717	0.08744	5.33493	0.18744	16.02867	3.00448	8

续上表

n	一次支付		等额序列				等差序列		n
	(F/P, i, n)	(P/F, i, n)	(F/A, i, n)	(A/F, i, n)	(P/A, i, n)	(A/P, i, n)	(P/G, i, n)	(A/G, i, n)	
9	2.35795	0.42410	11.43589	0.07364	5.75902	0.17364	19.42145	3.37235	9
10	2.59374	0.38554	13.57948	0.06275	6.14457	0.16275	22.89134	3.72546	10
11	2.85312	0.35049	15.93742	0.05396	6.49506	0.15396	26.39628	4.06405	11
12	3.13843	0.31863	18.53117	0.04676	6.81369	0.14676	29.90122	4.38840	12
13	3.45227	0.28966	21.38428	0.04078	7.10336	0.14078	33.37719	4.69879	13
14	3.79750	0.26333	24.52271	0.03575	7.36669	0.13575	36.80050	4.99553	14
15	4.17725	0.23939	37.97498	0.03147	7.60608	0.13147	40.15199	5.27893	15
16	4.59497	0.21763	31.77248	0.02782	7.82371	0.12782	43.41642	5.54934	16
17	5.05447	0.19784	35.94973	0.02466	8.02155	0.12466	46.58194	5.80710	17
18	5.55992	0.17986	45.59917	0.02193	8.20141	0.12193	49.63954	6.05256	18
19	6.11591	0.16351	51.15909	0.01955	8.36492	0.11955	52.58268	6.28610	19
20	6.72750	0.14864	57.27500	0.01746	8.51356	0.11746	55.40691	6.50808	20
21	7.40025	0.13513	64.00250	0.01562	8.64869	0.11562	58.10952	6.71888	21
22	8.14027	0.12285	71.40275	0.01401	8.77154	0.11401	60.68929	6.91889	22
23	8.95430	0.11168	79.54302	0.01257	8.88322	0.11257	63.14621	7.10848	23
24	9.84973	0.10153	88.49733	0.01130	8.98474	0.11130	65.48130	7.28805	24
25	10.83471	0.09230	98.34706	0.01017	9.07704	0.11017	67.69640	7.45798	25
26	11.91818	0.08391	109.18177	0.00916	9.16095	0.10916	69.79404	7.61865	26
27	13.10999	0.07628	121.09994	0.00826	9.23722	0.10826	71.77726	7.77044	27
28	14.42099	0.06934	134.20994	0.00745	9.30657	0.10745	73.64953	7.91372	28
29	15.86309	0.06304	148.63093	0.00673	9.36961	0.10673	75.41463	8.04886	29
30	17.44940	0.05731	164.49402	0.00608	9.42691	0.10608	77.07658	8.17623	30

复利系数表（i = 12%）

n	一次支付		等额序列				等差序列		n
	(F/P, i, n)	(P/F, i, n)	(F/A, i, n)	(A/F, i, n)	(P/A, i, n)	(A/P, i, n)	(P/G, i, n)	(A/G, i, n)	
1	1.12000	0.89286	1.00000	1.00000	0.89286	1.12000	0.00000	0.00000	1
2	1.25440	0.79719	2.12000	0.47170	1.69005	0.59170	0.79719	0.47170	2
3	1.40493	0.71178	3.37440	0.29635	2.40183	0.41635	2.22075	0.92461	3
4	1.57352	0.63552	4.77933	0.20923	3.03735	0.32923	4.12731	1.35885	4
5	1.76234	0.56743	6.35285	0.15741	3.60478	0.27741	6.39702	1.77459	5
6	1.97382	0.50663	8.11519	0.12323	4.11141	0.24323	8.93017	2.17205	6

续上表

n	一次支付		等额序列				等差序列		n
	(F/P, i, n)	(P/F, i, n)	(F/A, i, n)	(A/F, i, n)	(P/A, i, n)	(A/P, i, n)	(P/G, i, n)	(A/G, i, n)	
7	2.21068	0.45235	10.08901	0.09912	4.56376	0.21912	11.64427	2.55147	7
8	2.47596	0.40388	12.29969	0.08130	4.96764	0.20130	14.47145	2.91314	8
9	2.77308	0.36061	14.77566	0.06768	5.32825	0.18768	17.35633	3.25742	9
10	3.10585	0.32197	17.54874	0.05698	5.65022	0.17698	20.25409	3.58465	10
11	3.47855	0.28748	20.65458	0.04842	5.93770	0.16842	23.12885	3.89525	11
12	3.89598	0.25668	24.13313	0.04144	6.19437	0.16144	25.95228	4.18965	12
13	4.36349	0.22917	28.02911	0.03568	6.42335	0.15568	28.70237	4.46830	13
14	4.88711	0.20462	32.39260	0.03087	6.62817	0.15087	31.36242	4.73169	14
15	5.47357	0.18270	37.27971	0.02682	6.81086	0.14682	33.92017	4.98030	15
16	6.13039	0.16312	42.75328	0.02339	6.97399	0.14339	36.36700	5.21466	16
17	6.86604	0.14564	48.88367	0.02046	7.11963	0.14046	38.69731	5.43530	17
18	7.68997	0.13004	55.74971	0.01794	7.24967	0.13794	40.90798	5.64274	18
19	8.61276	0.11611	63.43968	0.01576	7.36578	0.13576	42.99790	5.83752	19
20	9.64629	0.10367	72.05244	0.01388	7.46944	0.13388	44.96757	6.02020	20
21	10.80385	0.09256	81.69874	0.01224	7.56200	0.13224	46.81876	6.19132	21
22	12.10031	0.08264	92.50258	0.01081	7.64465	0.13081	48.55425	6.35141	22
23	13.55235	0.07379	104.60289	0.00956	7.71843	0.12956	50.17759	6.50101	23
24	15.17863	0.06588	118.15524	0.00846	7.78432	0.12846	51.69288	6.64064	24
25	17.00006	0.05882	133.33387	0.00750	7.84314	0.12750	53.10464	6.77084	25
26	19.04007	0.05252	150.33393	0.00665	7.89566	0.12665	54.41766	6.89210	26
27	21.32488	0.04689	169.37401	0.00590	7.94255	0.12590	55.63689	7.00491	27
28	23.88387	0.04187	190.69889	0.00524	7.98442	0.12524	56.76736	7.10976	28
29	26.74993	0.03738	214.58275	0.00466	8.02181	0.12466	57.81409	7.20712	29
30	29.95992	0.03338	241.33268	0.00414	8.05518	0.12414	58.78205	7.29742	30

复利系数表（i = 15%）

n	一次支付		等额序列				等差序列		n
	(F/P, i, n)	(P/F, i, n)	(F/A, i, n)	(A/F, i, n)	(P/A, i, n)	(A/P, i, n)	(P/G, i, n)	(A/G, i, n)	
1	1.15000	0.86957	1.00000	1.00000	0.86957	1.15000	0.00000	0.00000	1
2	1.32250	0.75614	2.15000	0.46512	1.62571	0.61512	0.75614	0.46512	2
3	1.52088	0.65752	3.47250	0.28798	2.28323	0.43798	2.07118	0.90713	3
4	1.74901	0.57175	4.99338	0.20027	2.85498	0.35027	3.78644	1.32626	4

续上表

n	一次支付		等额序列				等差序列		n
	(F/P, i, n)	(P/F, i, n)	(F/A, i, n)	(A/F, i, n)	(P/A, i, n)	(A/P, i, n)	(P/G, i, n)	(A/G, i, n)	
5	2.01136	0.49718	6.74238	0.14832	3.35216	0.29832	5.77514	1.72281	5
6	2.31306	0.43233	8.75374	0.11424	3.78448	0.26424	7.93678	2.09719	6
7	2.66002	0.37594	11.06680	0.09036	4.16042	0.24036	10.19240	2.44985	7
8	3.05902	0.32690	13.72682	0.07285	4.48732	0.2285	12.48072	2.78133	8
9	3.51788	0.28426	16.78584	0.05957	4.77158	0.20957	14.75481	3.09223	9
10	4.04556	0.24718	20.30372	0.04925	5.01877	0.19925	16.97948	3.38320	10
11	4.65239	0.21494	24.34928	0.04107	5.23371	0.19107	19.12891	3.65494	11
12	5.35025	0.18691	29.00167	0.03448	5.42062	0.18448	21.18489	3.90820	12
13	6.15279	0.16253	34.35192	0.02911	5.58315	0.17911	23.13522	4.14376	13
14	7.07571	0.14133	40.50471	0.02469	5.72448	0.17469	24.97250	4.36241	14
15	8.13706	0.12289	47.58041	0.02102	5.84737	0.17102	26.69302	4.56496	15
16	9.35762	0.10686	55.71747	0.01795	5.95423	0.16795	28.29599	4.75225	16
17	10.76126	0.09293	65.07509	0.01537	6.04716	0.16537	29.78280	4.92509	17
18	12.37545	0.08081	75.83636	0.01319	6.12797	0.16319	31.15649	5.08431	18
19	14.23177	0.07027	88.21181	0.01134	6.19823	0.16134	32.42127	5.23073	19
20	16.36654	0.06110	102.44358	0.00976	6.25933	0.15976	33.58217	5.36514	20
21	18.82152	0.05313	118.81012	0.00842	6.31246	0.15842	36.64479	5.48832	21
22	21.64475	0.04620	137.63164	0.00727	6.35866	0.15727	35.61500	5.60102	22
23	24.89145	0.04017	159.27638	0.00628	6.39884	0.15628	36.49884	5.70398	23
24	28.62518	0.03493	184.16784	0.00543	6.43377	0.15543	37.30232	5.79789	24
25	32.91895	0.03038	212.79302	0.00470	6.46415	0.15470	38.03139	5.88343	25
26	37.85680	0.02642	245.71197	0.00407	6.49056	0.15407	38.69177	5.96123	26
27	43.53531	0.02297	283.56877	0.00353	6.51353	0.15353	39.28899	6.01390	27
28	50.06561	0.01997	327.10408	0.00306	6.53351	0.15306	39.82828	6.09600	28
29	57.57545	0.01737	377.16969	0.00265	6.55088	0.15265	40.31460	6.15408	29
30	66.21177	0.01510	434.74515	0.00230	6.56598	0.15230	40.75259	6.20663	30

复利系数表(i = 20%)

n	一次支付		等额序列				等差序列		n
	(F/P, i, n)	(P/F, i, n)	(F/A, i, n)	(A/F, i, n)	(P/A, i, n)	(A/P, i, n)	(P/G, i, n)	(A/G, i, n)	
1	1.20000	0.83333	1.00000	1.00000	0.83333	1.20000	0.00000	0.0000	1
2	1.44000	0.69444	2.20000	0.45455	1.52778	0.65455	0.69444	0.45455	2

续上表

n	一次支付		等额序列				等差序列		n
	(F/P, i, n)	(P/F, i, n)	(F/A, i, n)	(A/F, i, n)	(P/A, i, n)	(A/P, i, n)	(P/G, i, n)	(A/G, i, n)	
3	1.72800	0.57870	3.64000	0.27473	2.10648	0.47473	1.85185	0.87912	3
4	2.07360	0.48225	5.36800	0.18629	2.58873	0.38629	3.29861	1.27422	4
5	2.48832	0.40188	7.44160	0.13438	2.99061	0.33438	4.90612	1.64051	5
6	2.98598	0.33490	9.92992	0.10071	3.32551	0.30071	6.58061	1.97883	6
7	3.58318	0.27908	12.91590	0.07742	3.60459	0.27742	8.25510	2.29016	7
8	4.29982	0.23257	16.49908	0.06061	3.83716	0.26061	9.88308	2.57562	8
9	5.15978	0.19381	20.79890	0.04808	4.03097	0.24808	11.43353	2.83642	9
10	6.19174	0.16151	25.95868	0.03852	4.19247	0.23852	12.88708	3.07386	10
11	7.43008	0.13459	32.15042	0.03110	4.32706	0.23110	14.23296	3.28929	11
12	8.91610	0.11216	39.58050	0.02526	4.43922	0.22526	15.46668	3.48410	12
13	10.69932	0.09346	48.49660	0.02062	4.53268	0.22062	16.58825	3.65970	13
14	12.83918	0.07789	59.19592	0.01689	4.61057	0.21689	17.60078	3.81749	14
15	15.40702	0.06491	72.03511	0.01388	4.67547	0.21388	18.50945	3.95884	15
16	18.48843	0.05409	87.44213	0.01144	4.72956	0.21144	19.32077	4.08511	16
17	22.18611	0.04507	105.93056	0.00944	4.77463	0.20944	20.04194	4.19759	17
18	26.62333	0.03756	128.11667	0.00781	4.81219	0.20781	20.68048	4.29752	18
19	31.94800	0.03130	154.74000	0.00646	4.84350	0.20646	21.24390	4.38607	19
20	38.33760	0.02608	186.6800	0.00536	4.86958	0.20536	21.73949	4.46435	20
21	46.00512	0.02174	225.02560	0.00444	4.89132	0.20444	22.17423	4.53339	21
22	55.20614	0.01811	271.03072	0.00369	4.90943	0.20369	22.55462	4.59414	22
23	66.24737	0.01509	326.23686	0.00307	4.92453	0.20307	22.88671	4.64750	23
24	79.49685	0.01258	392.48424	0.00255	4.93710	0.20255	23.17603	4.69426	24
25	95.39622	0.01048	471.98108	0.00212	4.94759	0.20212	23.42761	4.73516	25
26	114.47546	0.00874	567.37730	0.00176	4.95632	0.20176	23.64600	4.77088	26
27	137.37055	0.00728	681.85276	0.00147	4.96360	0.20147	23.83527	4.80201	27
28	164.84466	0.00607	819.22331	0.00122	4.96967	0.20122	23.99906	4.82911	28
29	197.81359	0.00506	984.06797	0.00102	4.97472	0.20102	24.14061	4.85265	29
30	237.37631	0.00421	1181.88157	0.00085	4.97894	0.20085	24.26277	4.87308	30

复利系数表(i=25%)

n	一次支付		等额序列				等差序列		n
	(F/P, i, n)	(P/F, i, n)	(F/A, i, n)	(A/F, i, n)	(P/A, i, n)	(A/P, i, n)	(P/G, i, n)	(A/G, i, n)	
1	1.25000	0.80000	1.00000	1.00000	0.80000	1.25000	0.00000	0.00000	1
2	1.56250	0.64000	2.25000	0.44444	1.44000	0.69444	0.64000	0.44444	2
3	1.95313	0.51200	3.81250	0.26230	1.95200	0.51230	1.66400	0.85246	3
4	2.44141	0.40960	5.76563	0.17344	2.36160	0.42344	2.89280	1.22493	4
5	3.05176	0.32768	8.20703	0.12185	2.68928	0.37185	4.20352	1.56307	5
6	3.81470	0.26214	11.25879	0.08882	2.95142	0.33882	5.51424	1.86833	6
7	4.76837	0.20972	15.07349	0.06634	3.16114	0.31634	6.77253	2.14243	7
8	5.96046	0.16777	19.84186	0.05040	3.32891	0.30040	7.94694	2.38725	8
9	7.45058	0.13422	25.80232	0.03876	3.46313	0.28876	9.02068	2.60478	9
10	9.31323	0.10737	33.25290	0.03007	3.57050	0.28007	9.98705	2.79710	10
11	11.64153	0.08590	42.566613	0.02349	3.65640	0.27349	10.84604	2.96631	11
12	14.55192	0.06872	54.20766	0.01845	3.72512	0.26845	11.60195	3.11452	12
13	18.18989	0.05498	68.75958	0.01454	3.78010	0.26454	12.26166	3.24374	13
14	22.73737	0.04398	86.94947	0.01150	3.82408	0.26150	12.83341	3.35595	14
15	28.42171	0.03518	109.68684	0.00912	3.85926	0.25912	13.32599	3.45299	15
16	35.52714	0.02815	138.10855	0.00724	3.88741	0.25724	13.74820	3.53660	16
17	44.40892	0.02252	173.63568	0.00576	3.90993	0.25576	14.10849	3.60838	17
18	55.51115	0.01801	218.04460	0.00459	3.92794	0.25459	14.41473	3.66979	18
19	69.38894	0.01441	273.55576	0.00366	3.94235	0.25366	14.67414	3.72218	19
20	86.73617	0.01153	342.94470	0.00292	3.95388	0.25292	14.89320	3.76673	20
21	108.42022	0.00922	429.68077	0.00233	3.96311	0.25233	15.07766	3.80451	21
22	135.52527	0.00738	538.10109	0.00186	3.97049	0.25186	15.23262	3.83646	22
23	169.40659	0.00590	673.62636	0.00148	3.97639	0.25148	15.36248	3.86343	23
24	211.75824	0.00472	843.03295	0.00119	3.98111	0.25119	15.47109	3.88613	24
25	264.69780	0.00378	1054.7912	0.00095	3.98489	0.25095	15.56176	3.90519	25
26	330.87225	0.00302	1319.4890	0.00076	3.98791	0.25076	15.63732	3.92118	26
27	413.59031	0.00242	1650.3612	0.00061	3.99033	0.25061	15.70019	3.93456	27
28	516.98788	0.00193	2063.95152	0.00048	3.99226	0.25048	15.74241	3.94574	28
29	646.23485	0.00155	2580.9394	0.00039	3.99381	0.25039	15.79574	3.95506	29
30	807.79357	0.00124	3227.1743	0.00031	3.99505	0.25031	15.83164	3.96282	30

复利系数表(i =30%)

n	一次支付		等额序列				等差序列		n
	(F/P, i, n)	(P/F, i, n)	(F/A, i, n)	(A/F, i, n)	(P/A, i, n)	(A/P, i, n)	(P/G, i, n)	(A/G, i, n)	
1	1. 30000	0. 76923	1. 00000	1. 00000	0. 76923	1. 30000	0. 00000	0. 00000	1
2	1. 69000	0. 59172	2. 30000	0. 43478	1. 36095	0. 73478	0. 59172	0. 43478	2
3	2. 19700	0. 45517	3. 99000	0. 25063	1. 81611	0. 55063	1. 50205	0. 82707	3
4	2. 85610	0. 35013	6. 18700	0. 16163	2. 16624	0. 46163	2. 55243	1. 17828	4
5	3. 71293	0. 26933	9. 04310	0. 11058	2. 43557	0. 41058	3. 62975	1. 49031	5
6	4. 82681	0. 20718	12. 75603	0. 07839	2. 64275	0. 37839	4. 66563	1. 76545	6
7	6. 27485	0. 15937	17. 58284	0. 05687	2. 80211	0. 35687	5. 62183	2. 00628	7
8	8. 15731	0. 12259	23. 85769	0. 04192	2. 92470	0. 34192	6. 47995	2. 21559	8
9	10. 60450	0. 09430	32. 01500	0. 03124	3. 01900	0. 33124	7. 23435	2. 39627	9
10	13. 78585	0. 07254	42. 61950	0. 02346	3. 09154	0. 32346	7. 88719	2. 55122	10
11	17. 92160	0. 05580	56. 40535	0. 01773	3. 14734	0. 31773	8. 44518	2. 68328	11
12	23. 29809	0. 04292	74. 32695	0. 01345	3. 19026	0. 31345	8. 91723	2. 79517	12
13	30. 28751	0. 03302	97. 62504	0. 01024	3. 22328	0. 31024	9. 31352	2. 88946	13
14	39. 37376	0. 02540	127. 91255	0. 00782	3. 24867	0. 30782	9. 64369	2. 96850	14
15	51. 18589	0. 01954	167. 28631	0. 00598	3. 26821	0. 30598	9. 91721	3. 03444	15
16	66. 54166	0. 01503	218. 47220	0. 00458	3. 28324	0. 30458	10. 14263	3. 08921	16
17	86. 50416	0. 01156	285. 01386	0. 00351	3. 29480	0. 30351	10. 32759	3. 13451	17
18	112. 45541	0. 00889	371. 51802	0. 00269	0. 30369	0. 30269	10. 47876	3. 17183	18
19	146. 19203	0. 00684	483. 97343	0. 00207	3. 31053	0. 30207	10. 60189	3. 20247	19
20	190. 04964	0. 00526	630. 16546	0. 00159	3. 31579	0. 30159	10. 70186	3. 22754	20
21	247. 06453	0. 00405	820. 21510	0. 00122	3. 31984	0. 30122	10. 78281	3. 24799	21
22	321. 18389	0. 00311	1067. 2796	0. 00094	3. 32296	0. 30094	10. 84819	3. 26462	22
23	417. 53905	0. 00239	1388. 4635	0. 00072	3. 32535	0. 30072	10. 90088	3. 27812	23
24	542. 80077	0. 00184	1806. 0026	0. 00055	3. 32719	0. 30055	10. 94326	3. 28904	24
25	705. 64100	0. 00142	2348. 8033	0. 00043	3. 32861	0. 30043	10. 97727	3. 29785	25
26	917. 33330	0. 00109	3054. 4443	0. 00033	3. 32970	0. 30033	11. 00452	3. 30496	26
27	1192. 5333	0. 00084	3971. 7776	0. 00025	3. 33054	0. 30025	11. 02632	3. 31067	27
28	1550. 2933	0. 00065	5164. 3109	0. 00019	3. 33118	0. 30019	11. 04374	3. 31526	28
29	2015. 3813	0. 00050	6714. 6042	0. 00015	3. 33168	0. 30015	11. 05763	3. 31894	29
30	2619. 9956	0. 00038	8729. 9855	0. 00011	3. 33206	0. 30011	11. 06870	3. 32188	30

复利系数表(i =35%)

n	一次支付		等额序列				等差序列		n
	(F/P, i, n)	(P/F, i, n)	(F/A, i, n)	(A/F, i, n)	(P/A, i, n)	(A/P, i, n)	(P/G, i, n)	(A/G, i, n)	
1	1.35000	0.74074	1.00000	1.00000	0.74074	1.35000	0.00000	0.00000	1
2	1.82250	0.54870	2.35000	0.42553	1.28944	0.77553	0.54870	0.42553	2
3	2.46038	0.40644	4.17250	0.23966	1.69588	0.58966	1.36158	0.80288	3
4	3.32151	0.30107	6.63288	0.15076	1.99695	0.50076	2.26479	1.13412	4
5	4.48403	0.22301	9.95438	0.10046	2.21996	0.45046	3.15684	1.42202	5
6	6.05345	0.16520	14.43841	0.06926	2.38516	0.41926	3.98282	1.66983	6
7	8.17215	0.12237	20.49186	0.04880	2.50752	0.39880	4.71702	1.88115	7
8	11.03240	0.09064	28.66401	0.03489	2.59817	0.38489	5.35151	2.05973	8
9	14.89375	0.06714	39.69641	0.02519	2.66531	0.37519	5.88865	2.20937	9
10	20.10656	0.04974	54.59016	0.01832	2.71504	0.36832	6.33626	2.33376	10
11	27.14385	0.03684	74.69672	0.01339	2.75188	0.36339	6.70467	2.43639	11
12	36.64420	0.02729	101.84057	0.00982	2.77917	0.35982	7.00486	2.52048	12
13	49.46967	0.02021	138.48476	0.00722	2.79939	0.35722	7.24743	2.58893	13
14	66.78405	0.01497	187.95443	0.00532	2.81436	0.35532	7.42209	2.64433	14
15	90.15847	0.01109	254.73848	0.00393	2.82545	0.35393	7.59737	2.68890	15
16	121.71393	0.00822	344.89695	0.00290	2.83367	0.35290	7.72061	2.72460	16
17	164.31381	0.00609	466.61088	0.00214	2.83795	0.35214	7.81798	2.75305	17
18	221.82364	0.00451	630.92469	0.00158	2.84426	0.35158	7.89462	2.77563	18
19	299.46192	0.00334	852.74834	0.00117	2.84760	0.35117	7.95473	2.79348	19
20	404.27359	0.00247	1152.2103	0.00087	2.85008	0.35087	8.00173	2.80755	20
21	546.76935	0.00183	1556.4838	0.00064	2.85191	0.35064	8.03837	2.81859	21
22	736.78862	0.00136	2102.2532	0.00048	2.85327	0.35048	8.06687	2.82723	22
23	994.66463	0.00101	2839.0418	0.00035	2.85427	0.35035	8.08899	2.83400	23
24	1342.7973	0.00074	3833.7064	0.00026	2.85502	0.35026	8.10612	2.83926	24
25	1812.7763	0.00055	5176.5037	0.00019	2.85557	0.35019	8.11936	2.84334	25
26	2447.2480	0.00041	6989.2800	0.00014	2.85598	0.35014	8.12957	2.84651	26
27	3303.7848	0.00030	9436.5280	0.00011	2.85628	0.35011	8.13744	2.84897	27
28	4460.1095	0.00022	12740.313	0.00008	2.85650	0.35008	8.14350	2.85086	28
29	6021.1478	0.00017	17200.422	0.00006	2.85667	0.35006	8.14815	2.85233	29
30	8128.5495	0.00012	23221.570	0.00004	2.85679	0.35004	8.15172	2.85345	30

复利系数表（i = 40%）

n	一次支付		等额序列				等差序列		n
	(F/P, i, n)	(P/F, i, n)	(F/A, i, n)	(A/F, i, n)	(P/A, i, n)	(A/P, i, n)	(P/G, i, n)	(A/G, i, n)	
1	1.40000	0.71429	1.00000	1.00000	0.71429	1.40000	0.00000	0.00000	1
2	1.96000	0.51020	2.40000	0.41667	1.22449	0.81667	0.51020	0.41667	2
3	2.74400	0.36443	4.36000	0.22936	1.58892	0.62936	1.23907	0.77982	3
4	3.84160	0.26031	7.10400	0.14077	1.84923	0.54077	2.01999	1.09234	4
5	5.37824	0.18593	10.94560	0.09136	2.03516	0.49136	2.76373	1.35799	5
6	7.52954	0.13281	16.32384	0.06126	2.16797	0.46126	3.42778	1.58110	6
7	10.54135	0.09486	23.85338	0.04192	2.26284	0.44192	3.99697	1.76635	7
8	14.75789	0.06776	34.39473	0.02907	2.33060	0.42907	4.47129	1.91852	8
9	20.66105	0.04840	49.15262	0.02034	2.37900	0.42034	4.85849	2.04224	9
10	28.92547	0.03457	69.81366	0.01432	2.41357	0.41432	5.16964	2.14190	10
11	40.49565	0.02469	98.73913	0.01013	2.43826	0.41013	5.41658	2.22149	11
12	56.69391	0.01764	139.23478	0.00718	2.45590	0.40718	5.61060	2.28454	12
13	79.37148	0.01260	195.92869	0.00510	2.46850	0.40510	5.76179	2.33412	13
14	111.12007	0.00900	275.30017	0.00363	2.47750	0.40363	5.87878	2.37287	14
15	155.56810	0.00643	386.42024	0.00259	2.48393	0.40259	5.96877	2.40296	15
16	217.79533	0.00459	541.98833	0.00185	2.48852	0.40185	6.03764	2.42620	16
17	304.91347	0.00328	759.78367	0.00132	2.49180	0.40132	6.09012	2.44406	17
18	426.87885	0.00234	1064.6971	0.00094	2.49414	0.40094	6.12994	2.45773	18
19	597.63040	0.00167	1491.5760	0.00067	2.49582	0.40067	6.16006	2.46815	19
20	836.68255	0.00120	2089.2064	0.00048	2.49701	0.40048	6.18277	2.47607	20
21	1171.3556	0.00085	2925.8889	0.00034	2.49787	0.40034	6.19984	2.48206	21
22	1639.8978	0.00061	4097.2445	0.00024	2.49848	0.40024	6.21265	2.48658	22
23	2295.8569	0.00044	5737.1423	0.00017	2.49891	0.40017	6.22223	2.48998	23
24	3214.1997	0.00031	8032.9993	0.00012	2.49922	0.40012	6.22939	2.49253	24
25	4499.8769	0.00022	11247.199	0.00009	2.49944	0.40009	6.23472	2.49444	25
26	6299.8314	0.00016	15747.079	0.00006	2.49960	0.40006	6.23869	2.49587	26
27	8819.7640	0.00011	22046.910	0.00005	2.49972	0.40005	6.24164	2.49694	27
28	12347.670	0.00008	30866.674	0.00003	2.49980	0.40003	6.24382	2.49773	28
29	17286.737	0.00006	43214.343	0.00002	2.49986	0.40002	6.24544	2.49832	29
30	24201.432	0.00004	60501.081	0.00002	2.49990	0.40002	6.24664	2.49876	30

参考文献

[1]杨华峰，编著.项目评估[M].北京：科学出版社，2008.

图书在版编目(CIP)数据

投资项目经济评价与决策 / 游达明主编. —长沙：
中南大学出版社, 2022.4
ISBN 978-7-5487-4811-3

Ⅰ. ①投… Ⅱ. ①游… Ⅲ. ①投资项目—项目评价②
投资项目—项目决策 Ⅳ. ①F830.59

中国版本图书馆 CIP 数据核字(2022)第 010639 号

投资项目经济评价与决策
TOUZI XIANGMU JINGJI PINGJIA YU JUECE

游达明　主编

□出 版 人	吴湘华		
□责任编辑	郑　伟		
□封面设计	李芳丽		
□责任印制	唐　曦		
□出版发行	中南大学出版社		
	社址：长沙市麓山南路	邮编：410083	
	发行科电话：0731-88876770	传真：0731-88710482	
□印　　装	长沙印通印刷有限公司		

□开　　本	787 mm×1092 mm 1/16	□印张 23.5	□字数 598 千字
□版　　次	2022 年 4 月第 1 版	□印次 2022 年 4 月第 1 次印刷	
□书　　号	ISBN 978-7-5487-4811-3		
□定　　价	58.00 元		

图书出现印装问题，请与经销商调换